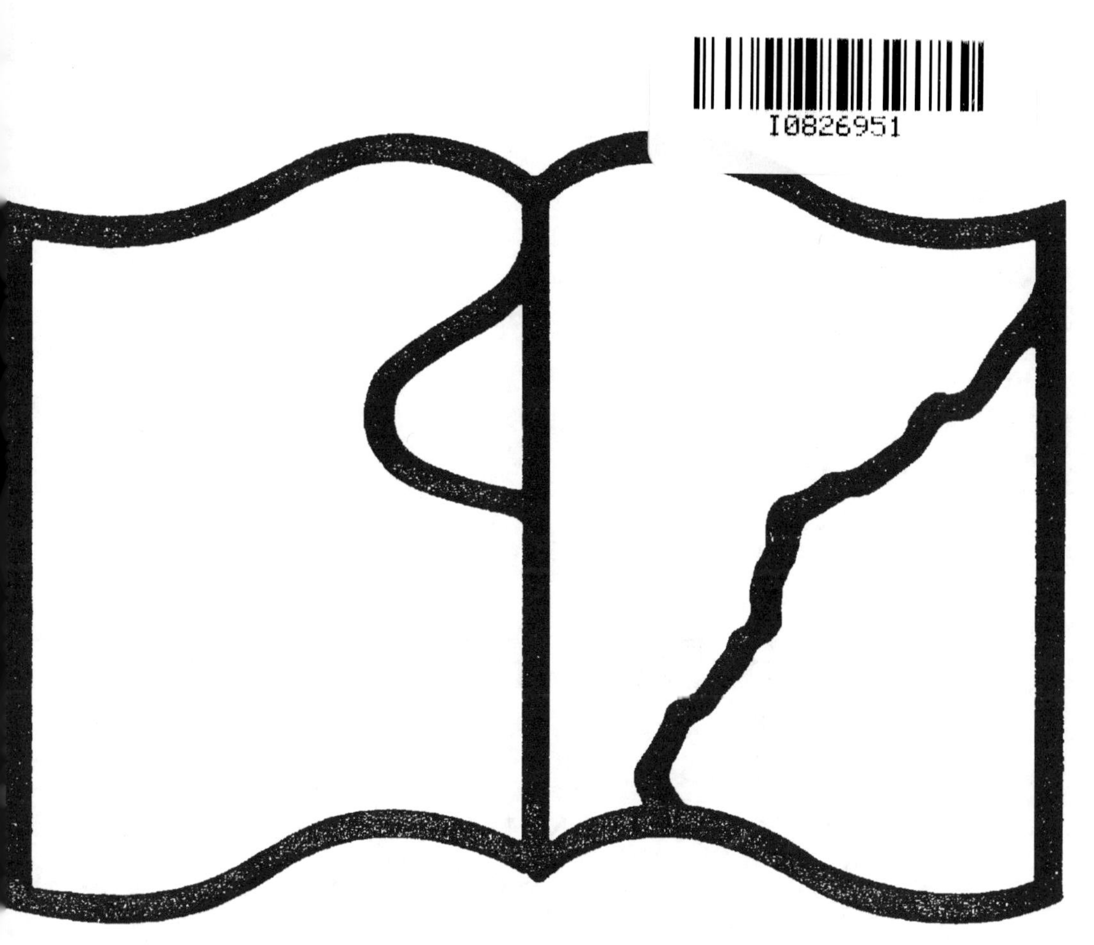

Texte détérioré — reliure défectueuse

NF Z 43-120-11

LE

LIVRE DES PEINTRES

DE

CAREL VAN MANDER

BIBLIOTHÈQUE NATIONALE RF IMPRIMÉS

f° M
233

ÉDITION TIRÉE A 500 EXEMPLAIRES

PARIS. — IMPRIMERIE DE L'ART

E. MÉNARD ET J. AUGRY, 41, RUE DE LA VICTOIRE

BIBLIOTHÈQUE INTERNATIONALE DE L'ART

LE LIVRE DES PEINTRES

DE

CAREL VAN MANDER

BIBLIOTHÈQUE NATIONALE R.F.

Vie des Peintres flamands, hollandais et allemands

(1604)

TRADUCTION, NOTES ET COMMENTAIRES

PAR

HENRI HYMANS

Conservateur à la Bibliothèque Royale de Belgique
Membre de l'Académie Royale des Sciences, des Lettres et des Beaux-Arts
Professeur à l'Académie Royale des Beaux-Arts d'Anvers

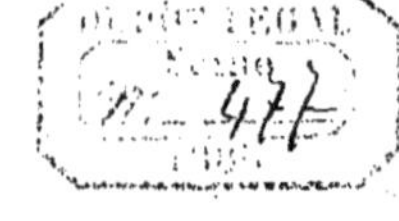

TOME II

SUIVI D'UNE TABLE ANALYTIQUE DES MATIÈRES CONTENUES DANS L'OUVRAGE

PARIS
LIBRAIRIE DE L'ART
JULES ROUAM, ÉDITEUR
29, CITÉ D'ANTIN, 29

1885

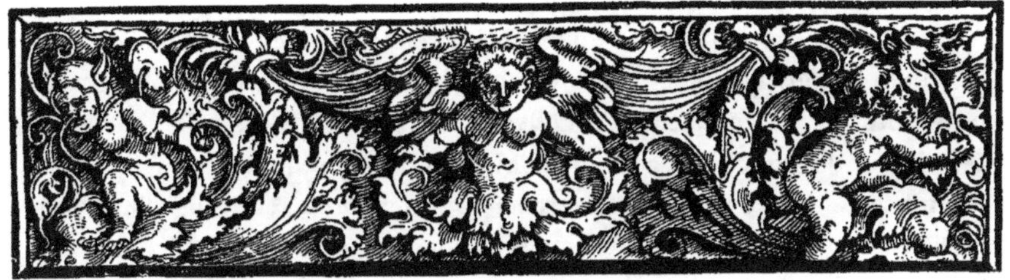

I

LUCAS DE HEERE[1]

PEINTRE ET POÈTE GANTOIS

J'ai dit ailleurs que de la savante école de Frans Floris procèdent des maîtres habiles, dignes nourrissons d'une telle mère.

Entre les meilleurs, il faut citer Lucas De Heere, issu d'une souche essentiellement artistique, car Jean De Heere, son père, comptait parmi les meilleurs statuaires des Pays-Bas[2], et sa mère, dame Anne Smijters, était une excellente enlumineuse, auteur de travaux rares exécutés avec une étonnante délicatesse de pinceau[3]. Elle avait peint, entre autres, un moulin avec ses ailes, le meunier, chargé d'un sac, gravissant l'escalier, et, sur la butte, une charrette attelée d'un cheval; enfin, les passants; et le tout pouvait être caché sous un demi-grain de blé[4].

Ce furent là les parents de Lucas De Heere, qui naquit à Gand en 1534.

1. Aussi *d'Heere, Mynheer* et *Derus*. Son tableau *Salomon et la reine de Saba*, à la cathédrale de Gand, porte cette dernière signature.

2. Il exécuta, en effet, de nombreux travaux pour les églises et les monuments de sa ville natale, où il mourut en 1578.

3. De Smytere. Guichardin (*Description de tout le Pays-Bas*, 1567, page 134) parle d'elle en ces termes : « Anne Smiters de Gand, vrayement peintresse excellente et digne. »

4. Bien qu'il y ait nécessairement ici de l'exagération, nous pouvons faire observer que l'une des miniatures de la réduction du *Bréviaire Grimani*, possédée par la Bibliothèque royale de Belgique, montre un moulin avec sa butte, etc., concordant fort bien avec la description de van Mander.

Il commença, de bonne heure, à apprendre le dessin chez son père qui était, non seulement un sculpteur entendu, mais encore bon architecte, et qui a laissé d'excellents travaux d'albâtre, de marbre et de pierre de touche [1], ce qui l'obligeait à se rendre fréquemment à Namur et à Dinant pour y chercher des marbres, et, plus d'une fois, il se fit accompagner dans ces excursions par son jeune fils, qui déjà retraçait, d'après nature, d'une plume adroite et ferme, les villes et les châteaux ruinés des bords de la Meuse.

Arrivé, par l'enseignement de ses parents, à être un dessinateur passable, il fut mis en apprentissage chez Frans Floris, grand ami de son père. De rapides progrès le mirent bientôt à même de rendre de grands services à son maître, notamment dans les dessins exécutés pour les peintres verriers et pour les tapissiers, œuvres qui ont passé pour être de Frans Floris, ce qui donne la preuve de l'habileté du dessinateur.

Lucas De Heere se mit ensuite à voyager à l'étranger : en France, où il exécuta beaucoup de cartons de tapisseries pour la reine, mère du roi [2]. Il allait fréquemment à Fontainebleau où il y avait beaucoup de belles choses à voir : figures antiques, tableaux, etc.

Revenu de France, il épousa une honnête jeune fille nommée Éléonore Carboniers, fille du receveur de la ville de Vere [3].

Il a peint beaucoup de portraits d'après nature, en quoi il procédait avec une grande sûreté, et posait bien ses modèles ; il faisait aussi le portrait de mémoire, et assez ressemblant pour qu'il fût possible de reconnaître ses personnages.

1. Il exécuta, entre autres, en 1529, le mausolée d'Isabelle d'Autriche, reine de Danemark, épouse de Christian II et sœur de Charles-Quint, morte en exil à Zwynaerde en 1526. Ce tombeau, que décorait une peinture de Mabuse, fut détruit en 1579 ; il avait été érigé à l'abbaye de Saint-Pierre, à Gand. L'exhumation des restes mortels de la malheureuse princesse a eu lieu au mois de mai 1883, et la dépouille a été transportée à Copenhague pour être inhumée dans le caveau de la famille royale.

2. Catherine de Médicis. Bryan Stanley affirme que De Heere séjourna en Angleterre sous le règne de Marie Tudor, mais il est impossible que ses portraits de la reine d'Angleterre et de Philippe II, son époux, soient datés de 1544, comme l'assure W. Bürger. (*Trésors d'art en Angleterre*, page 347. Bruxelles, 1860.) Il faut accepter la date de 1554 donnée par De Busscher. (*Biographie nationale de Belgique*, tome V, page 159.)

3. Elle était également poète. Son mari lui dédia de nombreuses pièces de vers dans son *Hof en Boomgaert van Poësien* (1565).

Il peignit le seigneur de Wacken et son épouse [1], ainsi que *Cosijntgen,* leur bouffon; c'étaient les volets d'un triptyque.

A l'église Saint-Pierre, à Gand, il y avait, aussi de lui, des volets où l'on voyait une *Pentecôte,* dans laquelle étaient représentés les apôtres remarquablement bien drapés. A Saint-Jean, on voyait une grande épitaphe ayant comme panneau central la *Résurrection,* sur l'un des volets, les *Disciples d'Emmaüs,* et sur l'autre, la *Madeleine aux pieds du Christ* dans le jardinet [2].

Il existe de sa main divers tableaux et portraits fort habilement peints, et il y en aurait certainement davantage s'il n'avait perdu une bonne partie de son temps en compagnie des hauts personnages qui le recherchaient pour l'agrément de son commerce, non moins que pour son talent comme artiste et comme poète, car de tels arts vont aisément de compagnie. Il fut si bien avec de certains princes, qu'ils lui donnèrent de magnifiques offices [3].

Un jour, en Angleterre, il fut chargé de peindre, pour l'amiral de Londres [4], une galerie qui devait être décorée de la représentation des costumes des différents peuples. Il les peignit tous, à l'exception de l'Anglais qu'il représenta tout nu, plaçant près de lui toutes sortes d'étoffes de laine et de soie, des ciseaux de tailleur, et un morceau de craie.

Voyant cette image, l'amiral demanda au peintre ce qu'il avait entendu figurer. Lucas répondit qu'il n'aurait su quel costume donner à l'Anglais, attendu qu'il en changeait chaque jour : que s'il l'avait représenté de telle sorte, demain il lui eût fallu changer de la française à l'italienne, à l'espagnole ou à la flamande. « Je me suis donc contenté de l'étoffe, ajouta-t-il, et des outils pour que l'on puisse en faire ce que l'on veut. »

L'amiral montra cette nouveauté à la reine qui, la voyant, se prit

1. Antoine de Bourgogne, seigneur de Wackene, Cappelle, etc., vice-amiral et grand-bailli de Gand, mort en Zélande, le 7 juillet 1568.

2. Ces tableaux ont péri en 1566, pendant les troubles religieux.

3. Il eut, en effet, le titre de *greffier de la chambre des comptes et pensionnaire du prince d'Orange et de Sainte-Aldegonde.*

4. Édouard, lord Clinton, créé comte de Lincoln en 1572, mort en 1584.

à dire : « N'a-t-on pas raison de faire voir la versatilité de notre nation qui lui vaut les railleries des étrangers[1] ? »

A vrai dire, les Anglais et les Français ne sont pas les seuls peuples que l'on puisse accuser d'aimer le changement ; le reproche peut s'adresser tout aussi bien aux Flamands, qui se plaisent beaucoup trop à copier le costume des autres nations, particulièrement de celles qui leur sont le plus voisines, ou avec lesquelles ils entretiennent les relations les plus suivies.

Sous ce rapport, les Allemands et les Suisses encourent de moindres critiques, eux qui, le plus souvent, se contentent de leurs vieilles braies. Chez nous, au contraire, on va parfois les jambes embarrassées de chausses flottantes, serrées du bas, qui empêchent presque la marche.

Tantôt nous nous faisons des ventres qui pendent de beaucoup au-dessous de la ceinture ; tantôt nous nous serrons dans nos habits au point de pouvoir à peine respirer et remuer les bras ; ou bien nous avons des culottes de galériens comme les esclaves enchaînés à la rame, et telle chose est d'origine française, telle autre d'origine espagnole ou portugaise. Parfois, les chausses devaient être si étroites qu'il eût fallu un chausse-pied pour les mettre.

Mais nos dames atteignent le comble du grotesque avec leur *cache-enfant,* comme il est bien permis de l'appeler. Cela les rend aussi larges et rebondies que le cheval Bayard ; à peine savent-elles franchir une porte et, en même temps, elles se pincent et se serrent la taille au point de ne savoir se courber ni respirer.

Et, non contentes de se mettre elles-mêmes à la torture, elles martyrisent encore les innocentes fillettes qui peuvent à peine se développer.

1. Les archives de Gand possèdent un recueil d'aquarelles répondant à la description de ces peintures. Il porte pour titre *Théâtre de tous les peuples et nations de la terre*, etc., par Luc Dheere, et ne paraît avoir été achevé qu'en 1576. (De Busscher, *Recherches sur les peintres et sculpteurs à Gand*, page 185. 1866.) Walpole observe que l'idée de représenter l'Anglais sans vêtements, armé de drap et de ciseaux, était empruntée à une épigramme d'Andrew Borde (Andreas Perforatus), qui vivait sous le règne de Henri VIII :

« I am an Englishman, and naked I stand here
Musing in my mind what rayment I shall wear. »

On en est venu à un tel degré de sottise en ce pays, que la sécheresse, la maigreur, — qu'il est permis de qualifier une maladie, — est tenue pour un ornement et une qualité.

Les Italiens sont plus sages. Depuis l'antiquité ils aiment à voir leurs belles matrones bien en chair, comme elles le sont encore, et font les habits de femmes si amples qu'on pourrait, semble-t-il, sans effort, en faire sortir d'une secousse les occupantes, système le meilleur de tous.

Pour retourner à Lucas De Heere, il a laissé un certain nombre de pièces de vers, entre autres, le *Verger des poèmes,* dans lequel il a fait figurer un certain nombre de pièces traduites du français, telles que le *Temple de Cupidon,* de Marot, et autres choses, avec nombre de pièces de sa propre composition, mais non pas d'après le mètre français qu'il a beaucoup suivi par la suite [1].

Il avait également entrepris d'écrire, en vers, la vie des peintres, mais je n'ai pu me procurer ce commencement d'ouvrage, quelque peine que je me sois donnée dans l'espoir d'en pouvoir tirer parti ou d'en faire la publication [2].

C'était un homme de grand savoir et de beaucoup de jugement, amateur passionné d'antiquités, de médailles et d'autres curiosités, dont il s'était formé un joli cabinet. Il possédait, entre autres, quelques figurines de bronze de Mercure, dans des attitudes curieuses ; elles avaient été trouvées à Velseke, en Flandre, près d'Audenarde, dans un endroit où l'on suppose qu'était la ville de *Belgis.*

1. C'est dans ce recueil, déjà cité, que figure le poème sur l'*Agneau mystique* de van Eyck, dont l'ensemble a été reproduit par van Mander. (Voyez tome Ier, page 34.) On doit à M. Blommaert une excellente étude sur Lucas De Heere, envisagé spécialement comme lettré. Ce travail a été inséré dans les *Annales de la Société royale des beaux-arts et de littérature de Gand.* 1852.

2. Voici ce que dit à ce sujet M. De Busscher (*Biographie Nationale*) : « En 1824 devait se vendre à Gand, en même temps que le *Théâtre Cosmopolite,* le manuscrit biographique, mais il fut retiré avant l'enchère. L'instituteur Delbecq, savant amateur de gravures anciennes, eut en communication le poème du peintre gantois et en prit d'intéressants extraits qui ont été publiés dans le *Bulletin de l'Alliance des Arts* (Paris, 1845), dans un opuscule flamand, *Oud en Nieuw* (Gand, 1865), et dans les *Recherches sur les Peintres et les Sculpteurs, à Gand, au XVIe siècle.* (Gand, 1866.) La connaissance que l'on acquit ainsi de l'importance de ce curieux document augmente le regret d'en avoir perdu la trace. On espéra, un instant, que le manuscrit était entré dans la riche bibliothèque de feu S. M. Guillaume II, roi de Hollande ; cet espoir fut déçu. D'après les extraits, c'est un *Précis historico-artistique,* ou, comme l'auteur l'appelle, un *Traité* (*Tractact*), *disposé par ballades véridiques selon l'ordre chronologique et l'honneur du pays* ».

Il possédait une chaussure antique qu'on avait déterrée en Zélande et qui consistait en une semelle munie de beaucoup de curieuses bandelettes, comme on les voit aux statues romaines.

Comme il avait été mon premier maître[1], je lui envoyai, en gage d'affectueux souvenir, une molaire naturelle qui pesait cinq livres et qui avait été trouvée entre notre village de Meulebeke et Ingelmunster, à l'endroit qu'on appelle « Terre des Morts » *(het dooder lieder landt)*, avec d'autres ossements et des armures de fer, chose extrêmement curieuse.

Sa devise était un curieux anagramme de son nom : « Le dommage vous éclaire » *(Schade leer u)*, phrase correspondante, par le nombre des lettres, à *Lucas De Heere*[2].

A mon sens cela était fort ingénieusement trouvé, outre que c'était une précieuse maxime, car, sentant son propre dommage, et voulant en déterminer la cause, de même qu'en remontant à la source de celui des autres, on s'instruit de la meilleure façon sur le moyen d'échapper à ces revers ou d'en racheter les conséquences.

Lucas mourut en 1584, le 29 août, âgé de cinquante ans[3].

COMMENTAIRE

Les notices assez nombreuses que l'on a consacrées à Lucas De Heere n'ont pas suffi à reconstituer la carrière d'une personnalité fort marquante de l'histoire des Pays-Bas au XVIe siècle.

1. Van Mander le quitta en 1568 pour retourner chez ses parents et entra, ensuite, dans l'atelier de Vlerick, à Courtray. La cause de ce départ se trouve dans le fait du bannissement de Lucas De Heere, qui était un des adhérents de la Réforme et le traducteur des *Psaumes* de Marot, Théodore de Bèze, etc. Il se présenta, du reste, à Middelbourg en 1577, avec sa femme, à la Cène des Réformés, mais ne séjourna point. (Voyez S'Gravezande : *Tweehonderd Jarige Gedachtenis van het eerste Synode der Nederlandsche Kerken*, page 209. Middelbourg, 1769.)

2. Il se servit encore d'autres devises : T' OUDSTE IS T' BESTE (*les vieilles choses sont les meilleures*), PAEIJS IS GOEDT (*la Paix est bonne*), etc.

3. Balkema assure que ce fut à Paris, où il s'était réfugié après l'assassinat du Taciturne alors que les Gantois entrèrent en négociations avec Farnèse pour la reddition de leur ville. De Busscher ajoute, — et sa qualité d'archiviste de Gand lui permit de se renseigner à bonne source, — qu'en 1594, De Heere figurait encore sur la liste des fugitifs en retard de payer leurs contributions de guerre; il en conclut que la nouvelle de la mort du peintre-poète n'était pas parvenue à ses concitoyens. Une chose est certaine, c'est qu'au mois d'octobre 1584, Éléonore Carboniers, déclarée veuve de Lucas De Heere, se présentait seule à la Cène à Middelbourg. (S'Gravezande, *loc. cit.*)

Comme le dit van Mander, le peintre était issu d'une ancienne famille d'artistes et le nom de De Heere apparaît fréquemment dans les registres des corporations artistiques de Gand et d'Anvers, à dater du xve siècle.

Nous avons rappelé l'influence que, sans nul doute, le caractère et les goûts du peintre gantois durent exercer sur les aptitudes de son élève van Mander. On vient de lire que, même après leur séparation, des rapports très cordiaux continuèrent d'exister entre deux hommes si bien faits pour s'entendre.

La question de savoir si, vraiment, notre historien eut connaissance des notes recueillies par son maître a été plusieurs fois agitée. Nous avons sous les yeux un exemplaire de Walpole annoté par Mols, et cet érudit n'hésite pas à proclamer que, si van Mander ne réussit pas à retrouver le manuscrit de De Heere, il profita, sans nul doute, des matériaux que celui-ci put rassembler sur les peintres des Pays-Bas

Il convient, nous paraît-il, de repousser ce sous-entendu. Van Mander a dû tenir des renseignements de son maître, mais la nature de son travail exclut la vraisemblance d'une transcription faite sans contrôle.

Et quel degré de confiance méritaient les notes de De Heere ? « Ce n'était pas, dit De Busscher, un assemblage de biographies, comme l'ouvrage de van Mander, mais un *Précis historique*, un *Traité*, disposé par ballades ou chants, dans l'ordre chronologique. Au dire de feu J. B. Delbecq, ce manuscrit ne comprend qu'un volume petit in-folio. »

Qu'est devenu ce recueil ? A-t-il vraiment passé dans la bibliothèque du roi de Hollande ? — En 1866, les journaux d'art[1] firent connaître qu'il venait d'être retrouvé et que la publication s'en ferait par les soins de la Société des Bibliophiles gantois ; rien n'a paru, cependant, et nous ne sachions pas que l'on soit à la veille de voir se réaliser la promesse.

Bien que Lucas De Heere occupe parmi les littérateurs flamands et hollandais une place importante, nous n'avons à nous occuper de lui que comme artiste, et notre tâche se borne à signaler les rares travaux qui nous restent pour caractériser son talent.

Walpole, dans ses notes à Vertue[2], énumère un assez bon nombre de portraits, qu'il est impossible, pourtant, de considérer comme authentiques à moins de supposer que Lucas De Heere les exécuta d'après d'autres œuvres plus anciennes ; car, en supposant même qu'il séjourna en Angleterre dès l'année 1554, comme le prétend Stanley, encore est-il sans vraisemblance qu'on lui eût demandé de peindre un si grand nombre de personnes décédées. On profitait au contraire de la présence des artistes pour leur demander les œuvres qu'on ne pouvait obtenir que grâce à leur concours ; les portraits étaient du nombre.

Plusieurs de ses portraits ont passé pour être de Holbein, et Dieu sait si le maître s'est vu attribuer des ouvrages de l'espèce ! — Mais les œuvres où figure le monogramme H. E., que l'on prétend être celui de De Heere, ne peuvent elles-mêmes entrer en ligne de compte, attendu que ce monogramme se rencontre associé à la date 1550,

1. *Kunst Chronik*, page 91. Leipzig, 1866.
2. *Anecdotes of Painting in England* (édition Dallaway), tome Ier, page 255. 1828.

ce qui est le cas, notamment, pour le portrait de sir Anthony Denny, à Longford Castle[1].

En somme, il est sage de n'accepter que sous toutes réserves l'idée d'un premier séjour du peintre en Angleterre. Pour ce qui concerne les travaux qu'il fit en France, aucun document ne les a fait connaître jusqu'à ce jour.

Restent les œuvres connues.

L'église de Saint-Bavon, à Gand, possède un tableau de *Salomon et la reine de Saba* signé LUCAS DERUS et daté de 1559. Cette œuvre, dont une gravure au trait se rencontre dans le travail de M. Blommaert et dans celui de M. De Busscher, est conçue absolument dans l'esprit des créations de Frans Floris et exécutée avec une moindre correction. Elle avait, croit-on, fait partie d'un ensemble décoratif érigé dans l'église à l'occasion du Chapitre de la Toison d'or, tenu par Philippe II, précisément en 1559, et dont la distribution générale avait été confiée à Jean De Heere, le père du peintre. — Le roi Salomon rappelle les traits de Philippe II.

M. De Busscher nous apprend, en outre, que les écus d'armes des chevaliers de la Toison d'or qui, aujourd'hui encore, figurent au-dessus des stalles du chœur de l'église, procèdent également du pinceau de Lucas De Heere.

La même année 1559 il donna, pour une des nefs de la cathédrale, des modèles de verrières, verrières qui, du reste, ont dès longtemps disparu.

Enfin, la salle du Chapitre conserve une *Vue perspective de l'abbaye de Saint-Bavon*, vaste toile reproduisant, dans un format plus grand, une œuvre antérieure.

A côté de ces peintures dont l'authenticité est absolument établie, la ville de Gand possède un précieux recueil de *Costumes de tous les peuples*, ensemble d'aquarelles fort bien exécutées.

Il n'y a pas moins de cent quatre-vingt-neuf études disposées, pour la plupart, à deux figures par page, figures en pied, d'un dessin généralement correct, et surtout dignes d'être consultées lorsque l'auteur reproduit des types qu'il a pu étudier sur nature. Comme, d'autre part, Lucas De Heere ne se borne pas à représenter les costumes de son temps, il fait largement emploi d'œuvres de ses prédécesseurs, et nous voyons, par exemple, utilisés tous les costumes orientaux de Pierre Coeck. Il y a plus ; à la page 111 ce maître lui-même est représenté dans son costume turc, sans que De Heere le désigne autrement que *soldat turc*.

Le recueil de costumes fut acquis par les archives gantoises en 1865, à la vente Chedeau, à Saumur. Il avait appartenu au peintre Louis David, lequel, dit-on, l'avait reçu, pendant son exil, de M. De Potter, de Gand.

Nous avons pu, grâce à ces dessins de Lucas De Heere, restituer au maître un tableau du musée de Lille : *Saint Amand et un abbé* (n° 692), que le catalogue attribue à l'école de Lambert Lombard. Un évêque et un abbé, représentés à la page 92, offrent une si grande analogie de type et de caractère avec les figures du panneau lillois, qu'une communauté d'origine entre les deux œuvres nous semble en quelque sorte prouvée. Un document publié par M. De Busscher fait connaître que

1. A. Woltmann, *Zeitschrift für bildende Kunst*, tome Ier, page 200.

Lucas De Heere peignit, en 1565, pour une église de Saint-Paul (Flandre Orientale), un *Christ entre les larrons*. Ce tableau existe toujours mais fort endommagé par des retouches.

Nous avons dit, pour ce qui concerne les portraits des collections anglaises, que leur attribution à De Heere est souvent très risquée. La nomenclature de Walpole ne peut donc être maintenue qu'en partie.

A Hampton Court, quatre portraits, dont deux de la reine Élisabeth, semblent procéder du pinceau de notre peintre.

Les figures de lord Darnley et de Charles Stuart enfants sont datées de 1563, elles reproduisent une peinture plus développée qui existe au palais de Holyrood, à Édimbourg.

Quant au portrait d'Élisabeth portant le monogramme H F, et daté de 1569, il figure déjà à l'Inventaire de 1652, sous le nom de « *De Cheere* » [1].

Un portrait de Marie d'Angleterre, cité comme très remarquable, parut à l'Exposition de l'Académie Royale de Londres en 1877 [2]. C'est probablement le même portrait que cite Waagen (*Art treasures*), comme faisant partie de la collection Labouchère.

Enfin, le catalogue du musée de Copenhague (n° 130) attribue à De Heere un tableau des *Vierges sages et des Vierges folles* signé H. E. et daté de 1570.

On a vu que les églises de Gand ne possèdent plus qu'un seul tableau de « *Lucas Mynsheeren* », comme l'appelle van Vaernewyck, son contemporain. Nous savons, par cet auteur, que le *Serpent d'airain* qui décorait l'église Saint-Michel, en 1566, fut enlevé mais non détruit. D'autre part, longtemps après les dévastations du XVIe siècle, il restait encore dans diverses églises de Gand des œuvres qui n'y sont plus aujourd'hui et dont voici les titres : la *Résurrection*, la *Descente du Saint-Esprit sur les apôtres*, les *Disciples d'Emmaüs*, le *Noli me tangere*, la *Foi*, *l'Espérance et la Charité*, le *Christ au jardin des Oliviers*, enfin le *Jeune Tobie et l'Ange*. On ne sait malheureusement quelles étaient les dimensions de ces peintures.

La célébrité de De Heere, attestée par tous les contemporains, lui attira de nombreux élèves qui, pour la majeure partie, n'arrivèrent pas à se faire un nom. En dehors de van Mander, le plus célèbre est Marc Gérard, plutôt Geeraerts, de Bruges, qui fut admis à la gilde d'Anvers en 1577, comme élève de Lucas De Heere, dit M. De Busscher. Nous devons ajouter toutefois que nous avons vainement cherché cette mention dans les matricules de la gilde publiées par MM. Rombouts et van Lerius. Marc est, au contraire, admis à l'apprentissage, à Bruges, en 1558, comme élève de son père.

M. George Scharf, directeur de la Galerie Nationale des portraits, à Londres, a bien voulu nous faire connaître que le portrait de la reine Élisabeth, attribué à Lucas De Heere par Walpole (page 155, n° 6), est l'œuvre de Marc Gérard, le monogramme de ce maître ayant été retrouvé sur l'œuvre par notre honorable correspondant.

1. Voir le catalogue de M. Ernest Law, nos 349, 572, 635 et 639.

2. *Kunst Chronik*, 1877, page 441, article de M. J. Beavington Atkinson.

Les illustrations de De Heere se rencontrent dans le livre d'emblèmes de Sambucus édité par Christophe Plantin. Nous devons à l'extrême obligeance de M. Max Rooses le relevé des paiements faits à l'artiste en décembre 1562, novembre 1563, février et avril 1564.

« Il paraît, dit notre savant confrère, que Plantin ne fut pas satisfait d'une partie de l'ouvrage du peintre gantois, car il fit refaire quarante des Emblèmes par Pierre Huys. »

Lucas De Heere ne vint pas à Anvers, mais envoya de Gand ses illustrations qui étaient au nombre de 168. M. Rooses a joint la reproduction de quelques-unes de ces planches à son bel ouvrage : *Christophe Plantin, imprimeur anversois.* (Anvers, 1882, grand in-folio, page 273.)

II

JACQUES GRIMMAER[1]

EXCELLENT PAYSAGISTE ANVERSOIS

La gilde rhétoricienne des peintres anversois reçut, en 1546, parmi ses membres, Jacques Grimmaer, d'Anvers. Il avait étudié sous Matthias Cock[2] et, plus tard, sous Chrétien Queburgh, d'Anvers[3]. Il peignit beaucoup de vues d'après nature, aux environs d'Anvers et ailleurs[4], et se distingua comme paysagiste au point que, sous plus d'un rapport, je ne lui connais pas de supérieur tant il mettait de vie et de charme dans ses ciels, étudiant leur beauté dans la nature qu'il suivait très consciencieusement aussi pour ses fabriques, ses lointains et ses avant-plans.

En fait de figures, je ne saurais citer de lui rien de saillant[5].

Il avait un vif penchant pour la rhétorique et jouait bien la comédie. Il est mort à Anvers[6]. Ses belles œuvres sont tenues en haute estime par tous les amateurs.

COMMENTAIRE

La date de la naissance de Jacques Grimmer est donnée d'une manière très différente par les biographes. M. vanden Branden peut avoir raison en le faisant naître vers 1526,

1. Plus généralement Grimmer ou Grimer. La forme Grimmaer et même Griemer se rencontre cependant aussi.

2. Il fut d'abord élève de Gabriel Bouwens, d'Anvers. (Voyez les *Liggeren*, tome Ier, page 135.)

3. Van Queeboorn ou van Queeckboorne.

4. Adrien Collaert a gravé d'après lui une suite de douze paysages fort curieux dont la première pièce porte Jacopo Grimmer, *By Antwerpen*.

5. Le musée de Bruxelles possède, sous le n° 25, un triptyque de la *Vie de saint Eustache*, attribué à Jacques Grimmer. L'auteur du catalogue, M. Ed. Fétis, fait toutes ses réserves quant à cette attribution des anciens inventaires. Le tableau n'est pas sans offrir quelque analogie avec le style de Mabuse. M. Fétis possède lui-même un tableau, représentant un *Concert dans un parc*, signé *J. Grimmer* (1564 ?).

6. En 1590. (Vanden Branden, page 300.) Il serait né, d'après le même auteur, vers 1526.

attendu que nous trouvons le paysagiste admis comme franc-maître de la gilde de Saint-Luc, à la date de 1548, qui est, en outre, celle de son mariage.

Si Jacques Grimmer n'alla point en Italie, sa réputation n'en gagna pas moins la Péninsule, car Vasari le mentionne avec éloge : « *Quanto al fare bellissimi paesi, non ha pari Jacopo Grimer, Hans Bol e altri*..... »

Malheureusement, les peintures du maître sont très rares et nous ne sachions pas qu'on les rencontre dans un seul musée, si ce n'est celui de Pesth où, dans la cinquième salle, nos 137-140, figurent quatre charmants petits paysages, figurant les *Quatre Saisons*.

La ville d'Anvers conserve la vue du faubourg du *Kiel*, un petit paysage remarquable daté de 1575[1], et M. vanden Branden fait connaître une *Kermesse* appartenant à M. van Lerius, avec la signature de Grimmer, et la date 1586. Enfin, le musée d'antiquités du Steen, à Anvers, possède une vue des environs de la ville.

Le musée de Gand, parmi ses œuvres anonymes, conserve un petit tableau du *Christ et la Femme adultère* (no 109), que l'auteur du catalogue déclare pouvoir être de Jacques Grimmer. Nous avons attribué plus haut cette peinture à Pierre Coeck.

Il faut ajouter ici que M. vanden Branden a trouvé dans les anciens inventaires la mention de deux tableaux de figures de J. Grimmer : le *Christ et la Samaritaine* et le *Denier de César*. — L'archiduc Ernest d'Autriche avait de lui douze tableaux des *Mois* en 1595[2], et Rembrandt possédait un *Hiver* par « Grummers[3] ». L'Albertina de Vienne possède un dessin de l'*Adoration des Mages*, exécuté par notre artiste.

On attribue à son propre burin, et sans doute à tort, quatre paysages ronds signés *Griemer invenit* et représentant l'histoire de *Vénus et Adonis* dans des sites flamands. Ces pièces, extrêmement rares, portent l'adresse de Philippe Galle et sont probablement gravées par ce dernier.

Abraham Griemer et Grimmaer, dont le nom se rencontre comme éditeur au bas d'une estampe, un portrait de Requesens, est fils de Jacques (vanden Branden, p. 300) et frère d'Abel, dont il reste des tableaux signés et datés, et qui se maria en 1591, avant sa réception à la gilde de Saint-Luc d'Anvers.

Les peintures d'Abel ne sont pas moins rares que celles de Jacques Grimmer, et lorsque Waagen (*Treasures of art in Great Britain*, IV, 319), rencontra chez lord Enfield un *Intérieur*, dans le goût de van Bassen, signé *Abel Grimmer, 1608*, il déclara que le nom était pour lui entièrement nouveau. En effet, le musée de Bruxelles paraît être seul à posséder une œuvre de lui. Elle représente *Jésus chez Marthe et Marie*, fort joli intérieur, traité avec finesse et portant au bas d'un des tableaux qui ornent l'appartement la signature et la date 1614. M. Édouard Fétis, de son côté, possède deux charmants petits paysages signés et datés[4]. M. Siret (*Dictionnaire des peintres*) mentionne

1. Il figura à l'Exposition rétrospective d'Anvers, en 1877, sous le n° 499 du catalogue.

2. Voyez l'inventaire des tableaux de l'archiduc dans le *Bulletin de la commission royale d'histoire*, tome XIII, page 141.

3. C. Vosmaer, *Rembrandt*, etc., 2e édition, page 433.

4. L'un nous a paru daté de 1604; il nous a été impossible de préciser le millésime de l'autre.

une autre œuvre d'Abel Grimmer datée de 1614 : la *Marche vers le Calvaire* avec nombreuses figures (larg., 1^m,43; haut., 1^m,8), et M. van Lerius, nous apprend

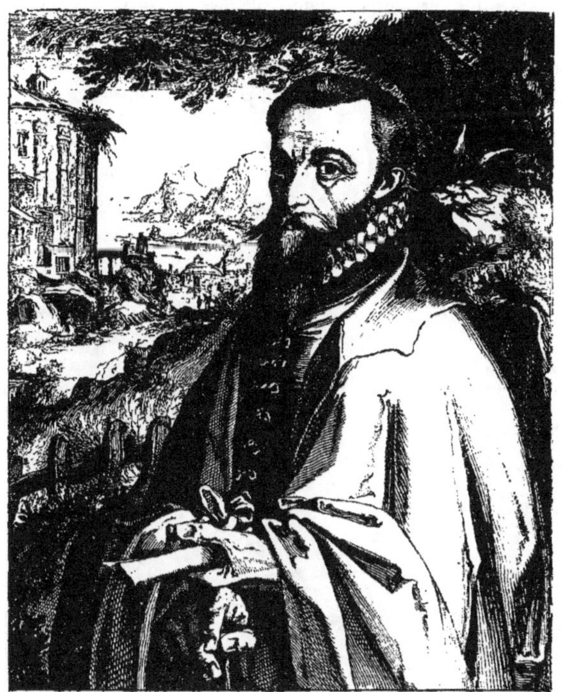

CHRÉTIEN VAN QUEEBOORN.
D'après la gravure de S. Frisius.

M. vanden Branden, possédait une *Scène de patinage sur les remparts d'Anvers*, portant également la signature et la date 1604.

Abel Grimmer est un très joli peintre et ses œuvres se confondent sans doute avec celles de Sébastien Vrancx et de François Francken.

Tels seraient, peut-être, les intérieurs n° 322 du musée d'Amsterdam, attribué au premier, et n° 45 du musée de Douai, attribué à Abraham Bosse.

Abel Grimmer était aussi architecte et paraît avoir dessiné un projet de façade pour le transept sud de l'église Notre-Dame d'Anvers. Deux grands dessins portant son nom figurèrent à l'Exposition d'architecture de Bruxelles en 1883[1]. Ils appartiennent à M. Paul Saintenoy, architecte à Bruxelles.

1. Voyez aussi P. Génard : *les Architectes anversois au XVIe siècle.* (*Bulletin de l'Académie d'archéologie de Belgique*, 1882, page 413.)

III

CORNEILLE MOLENAER, D'ANVERS

DIT NEEL LE LOUCHE[1].

Je ferais tort au paysage en m'abstenant de parler de Corneille Molenaer, d'Anvers, que son infirmité faisait surnommer « Neel le Louche ».

En effet, si l'on compte des paysagistes qui ont excellé dans la manière de traiter les arbres et d'autres parties, je ne vois vraiment personne qui ait traité le feuillé d'une manière plus charmante ni plus pittoresque. Cette opinion sera partagée, je crois, par tout le monde.

Quant à la disposition générale de ses paysages et de ses horizons, je n'en puis dire que ceci : que toutes ses productions plaisent infiniment aux peintres. Pour les figures, son habileté était moindre.

Corneille procédait à la façon des peintres à la détrempe, sans se servir d'appui-main; il était d'ailleurs fort expéditif et travaillait à la journée pour qui voulait.

En un seul jour, si l'œuvre était quelque peu préparée, il trouvait le moyen de faire un grand et beau paysage. Une journée pleine se payait un daller[2]; un arrière-plan ou un petit terrain, sept sous.

Il était d'un caractère faible, et beaucoup d'artistes l'exploitaient à leur profit[3]. Son ménage, mal tenu et mal administré, se ressentait de la gène par l'effet de l'intempérance. La faute, — il n'en est que trop souvent ainsi ! — devait être imputée à la femme; elle escomptait les rentrées et le travail de la maison ne se faisait pas.

Le père de Molenaer était un peintre médiocre; à sa mort, Cor-

1. Il est inscrit à la gilde de Saint-Luc d'Anvers, comme franc-maitre en 1564, sous le nom de Corneille de Meulener.

2. Monnaie valant 1 fl. 50 des Pays-Bas.

3. Gilles Coignet, mort en 1599, passe pour avoir recouru au talent de C. Molenaer pour peindre ses fonds. (Voir la biographie de Coignet, chapitre XVII du présent volume.)

neille alla se mettre sous la direction de son beau-père, le second mari de sa mère, un peintre non moins obscur.

Corneille est mort à Anvers; ses œuvres sont estimées des amateurs. Il eut un imitateur qui, toutefois, ne réussit pas à l'égaler comme paysagiste, mais le surpassa dans la figure. Ce fut Jean Nagel, de Harlem ou d'Alckmaar, qui mourut à La Haye, en 1602[1].

COMMENTAIRE

Autant abondent les peintures de Nicolas (Klaas) Molenaer et de J. Miense Molenaer, autant celles de Corneille sont rares. Encore, le plus souvent, est-ce par erreur que lui sont attribuées les œuvres inscrites sous son nom dans les divers musées. C'est ainsi, par exemple, que le *Paysage* de la Galerie de Brunswick (nº 677), signé du monogramme C. M., et daté de 1591, s'est trouvé être réellement un van Goyen parfaitement signé et daté (Voir Riegel : *Beiträge zur Niederländischen Kunstgeschichte,* II, 352) ; c'est ainsi encore, que, sur un *Intérieur* du musée d'Arras (nº 127), nous avons relevé la signature de J. M. Molenaer, et qu'un tableau de la Galerie de Schleissheim est signé *K. Molenaer* et daté de 1659. Toutefois, la même Galerie et le musée de Berlin (nº 706) possèdent des peintures authentiques de Corneille Molenaer : *Un homme et une femme jouant aux cartes*, le *Bon Samaritain*, une peinture excellente. Au musée de Madrid, trois *Marines* figurent sous le nom du peintre (nºs 1466-1468), et au musée de Stuttgart deux *Scènes rustiques* et une *École de village.* (Nºs 534, 545 et 563.)

On s'explique suffisamment la rareté des créations d'un artiste dont le principal rôle paraît avoir été de compléter les travaux de ses confrères, et la difficulté non moins grande de déterminer ses œuvres personnelles.

1. Deux « grands » tableaux de lui sont cités dans l'inventaire des œuvres délaissées en 1623, à La Haye, par Agathe Andries Oldenburch. (Communication de M. P. A. Leupe à l'*Archief* d'Obreen, tome II, page 146.)

IV

PIERRE BALTEN[1]

PEINTRE D'ANVERS

En 1579[2] est entré dans la gilde des peintres d'Anvers Pierre Balten, très bon peintre de paysages, qui suivait de près la manière de Pierre Breughel et travaillait aussi très bien à la plume. Il avait parcouru divers pays et peint d'après nature des sites variés.

Il peignait à la détrempe et à l'hûile d'une manière agréable et adroite. Il traitait aussi très bien la figure, faisait des kermesses villageoises et autres motifs de l'espèce. Ses œuvres sont recherchées.

L'empereur possède de lui une *Prédication de saint Jean-Baptiste,* où, en lieu et place du saint, il a fait peindre un éléphant, de sorte que la foule paraît réunie pour considérer la bête[3]. J'ignore le motif et la signification de ce changement.

Balten était bon poète, rhétoricien et acteur; Corneille Ketel de Gouda[4] et lui ont échangé des épîtres et des chansons.

Il est mort à Anvers[5].

COMMENTAIRE

Pierre Baltens est le graveur-éditeur connu sous le nom de Pierre Balthazar, de son nom patronymique De Coster latinisé en *Custos.* Le nom de Baltens et celui de Custos sont également connus dans l'histoire de la gravure. Nous trouvons cependant le nom de « Pierre Balthazar » sur le titre d'une suite de *ducs de Brabant*, avec la date

1. Il est connu également sous le nom de Pierre Balthasar, Custos, Custodis et De Coster.

2. Les registres matricules disent 1540; doyen en 1569, il fonctionne, en 1571, par ordre du magistrat, comme *ancien* de la gilde, avec Antoine van Palerme comme doyen, et Martin de Vos comme sous-doyen.

3. Nous ne connaissons pas ce tableau.

4. Voir ci-dessous, chapitre XXVI.

5. M. De Busscher, dans la *Biographie nationale de Belgique* (tome Ier, page 680), pense que ce fut vers 1598. Pourtant Lucas Kilian a gravé son portrait en 1609.

1575, et nous savons qu'il était locataire de la fabrique de Notre-Dame en 1557-1558. Nous ignorons, toutefois, si P. Balthazar fut lui-même graveur ou simplement éditeur; si fréquemment que son nom se rencontre sur des estampes, il n'est jamais suivi du mot *fecit.*

Il paraît résulter, pourtant, d'un manuscrit des archives gantoises cité par M. De Busscher, dans sa notice-biographie de Baltens, que la *Généalogie des comtes de Flandre* portait sur le titre : PETRUS BALTENIUS, *ex antiquissimis tabulis imagines ad vivum expressit.*

Nous n'avons pas à insister sur les estampes où se trouve le nom de Pierre Baltens, quelle que soit leur importance historique.

Voici quelques vers du poète anversois J. van der Noot, à l'adresse de P. Baltens; ils sont de 1580 et reproduits par M. De Busscher :

« Comme a faict cest autheur (Pierre Baltens sçavant,
Un des meilleurs esprits de nostre heureux Brabant),
Non seulement gentil en l'art de la peinture,
Mais bon rhétoricien et prompt en l'escriture :
Comme il démonstre à nous et à tous estrangers
Par cest œuvre, en parlant des premiers Forestiers
Et des comtes après de Flandre la fertile :
Œuvre vraiment gentil, très propice et utile.... »

Selon toute vraisemblance, les tableaux de Baltens, pour peu qu'ils soient signés de ses initiales, se confondent avec ceux de Pierre Breughel. Le Musée Néerlandais possède, depuis 1872, un grand tableau, une *Fête de la Saint-Martin*, avec de très nombreuses figures, signé PEETER BALTEN. (*Allgemeines Künstler-Lexikon*, de Julius Meyer, tome Ier, page 658.)

Le buffet d'orgues de l'église Notre-Dame d'Anvers était clôturé de portes peintes, en 1558, par Pierre Baltens. (Voyez les *Liggeren*, tome Ier, page 139.)

V

JOSSE VAN LIERE

PEINTRE D'ANVERS

Il y eut aussi à Anvers un très habile paysagiste, peignant à l'huile et à la détrempe, très correct dans ses figures, un excellent maître qui fit également des patrons de tapisseries ; il se nommait Josse van Liere et était natif de Bruxelles [1]. Pendant les derniers troubles, il quitta les Pays-Bas, renonça à la peinture et alla se fixer à Franckenthal, où il devint membre de la municipalité [2]. C'était un homme lettré, et, comme il suivait la doctrine de Calvin, on le vit venir comme prédicant à Swyndrecht, dans le pays de Waes, à deux lieues d'Anvers ; ses coreligionnaires d'Anvers faisaient le voyage pour aller l'entendre [3].

Il est mort à Swyndrecht environ un an avant le siège d'Anvers, c'est-à-dire vers 1583. Ses œuvres sont rares et très estimées comme elles méritent de l'être [4].

1. Il fut doyen de la corporation de Saint-Luc d'Anvers en 1546.

2. Cette circonstance demande à être expliquée. Ce fut réellement à dater de 1562, que Frankenthal prit quelque importance par le fait du séjour des protestants néerlandais, en quelque sorte exclus de Francfort, par le refus d'accepter en tout le luthéranisme. L'Électeur Frédéric III leur fit de grandes concessions, leur accorda le couvent de Frankenthal et plusieurs églises à Heidelberg, Schonau et ailleurs. Ainsi Frankenthal devint bientôt un centre important où vécurent de très nombreuses familles flamandes. Voyez Adr. S'Gravezande : *Twee Honderdjarige Gedachtenis van het Eerste Synode der Nederlandsche Kerken onder het Kruis*, page 53. Middelbourg, 1769.

3. « Van Liere ne figure pas sur les tables de proscription dressées par le duc d'Albe. » (Alph. Wauters, *les Tapisseries bruxelloises*, page 129.)

4. Nous n'en connaissons aucune. M. Siret assure qu'il a gravé ; ses planches nous sont inconnues. Abraham van Lier a gravé d'après Martin De Vos une planche de la *Flagellation*.

VI

PIERRE & FRANÇOIS POURBUS[1]

PEINTRES BRUGEOIS

On me pardonnerait de grand cœur le mince produit de mes chasses incessantes aux renseignements concernant la vie des grands peintres, si l'on pouvait se rendre compte de l'étendue des peines que je me suis données. Mais à qui donc appartient-il de voir se réaliser complètement l'œuvre à laquelle il se voue avec toute la conscience dont il se sent capable ?

Et pourtant, je ne laisserais pas volontiers dans l'ombre quelques-uns des hommes les plus marquants. Aussi donnerai-je place ici à Pierre Pourbus, originaire ou natif de la Hollande, de la ville de Gouda [2], mais qui se fixa de bonne heure à Bruges où il épousa la fille de Lancelot (Blondeel), comme je l'ai dit ailleurs [3].

Il était bon peintre de figures, compositions et portraits d'après nature. Plusieurs de ses tableaux se trouvaient à Bruges ; sa meilleure œuvre pourtant était à Gouda dans la grande église, et représentait la *Légende de saint Hubert.*

Le panneau central est un *Baptême* où deux personnages reçoivent le sacrement de la main d'un évêque escorté de deux porteurs de torches. La cérémonie a lieu dans un beau temple, avec une perspective très bien observée. Sur l'un des volets est représentée une *Tentation* où les mauvais génies offrent des trésors au saint qui les repousse ; sur l'autre volet, la tentation s'accomplit par des femmes.

1. A proprement parler *Poer-bus*, poire à poudre. Le nom, ainsi orthographié, se rencontre fréquemment, entre autres au bas de l'estampe de Wiericx, une *Vanitas.* (Alv., n° 990.) Voyez aussi vanden Branden, *Geschiedenis*, page 278 (note 1).

2. Les archives de la grande église de Gouda ne remontent qu'à 1552; celles de la ville ne commencent qu'en 1580. C'est donc arbitrairement que l'on fixe à 1570 ou 1573 la date de la naissance de P. Pourbus.

3. Anne Blondeel. Voir tome Ier, page 64.

A l'extérieur, on voit, en grisaille, la *Jeune Vierge gravissant les degrés du temple* et la *Visitation*. Ces peintures sont encore à Delft [1].

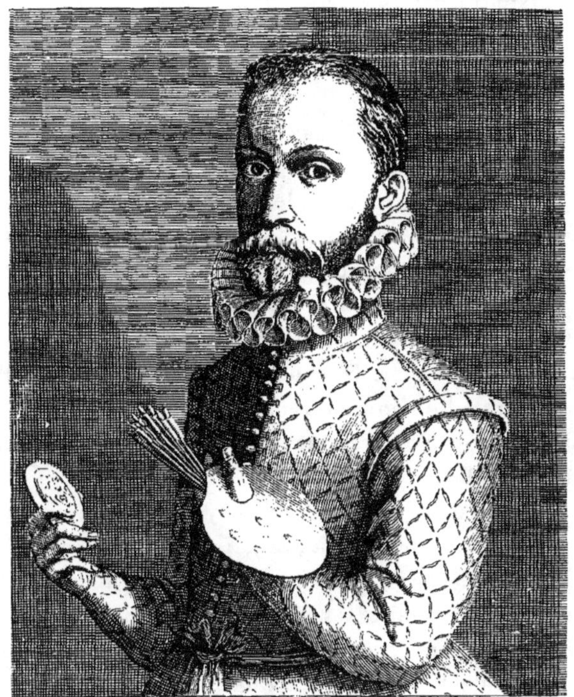

FRANÇOIS POURBUS (LE VIEUX).

D'après la gravure de H. Hondius.

Il était bon cosmographe ou géomètre, et exécuta, pour la municipalité de Bruges, une grande toile, peinte à l'huile, représentant le

1. Ce tableau a disparu. L'importance que van Mander lui accorde doit faire admettre avec Taurel (*Art chrétien*, etc., tome II, page 224) que le peintre avait de vingt à trente ans lorsqu'il vint se fixer à Bruges.

Franc, avec tous les villages et lieux qui en dépendent ; mais, comme la toile était revêtue d'une épaisse couche de couleur à la colle et qu'elle était souvent roulée et déroulée, la peinture eut beaucoup à souffrir et s'écailla en maint endroit [1].

La dernière œuvre que j'ai vue de lui était un *Portrait du duc d'Alençon*, qu'il avait peint d'après nature à Anvers ; c'était une chose excellente [2].

Je ne vis jamais d'atelier mieux disposé que le sien. Il est mort vers 1583 [3].

François Pourbus, fils et disciple du précédent, et plus tard de Frans Floris, surpassa de beaucoup son père, et peut être cité comme le meilleur élève sorti de l'atelier de Frans [4].

Celui-ci avait coutume de dire d'un ton mi-sérieux : « Voici mon maître », et le jeune homme était tant aimable et charmant, qu'on pouvait dire de lui qu'il était la courtoisie personnifiée. Il entra dans la gilde des peintres d'Anvers en 1564 [5].

Il peignit beaucoup d'œuvres magnifiques et d'admirables portraits, un genre où il excellait.

Le seul voyage qu'il fit hors du pays eut lieu vers 1566. Son intention était de partir pour l'Italie, et je l'ai vu, en costume de voyage, venir à Gand prendre congé de Lucas De Heere. Mais, s'étant rendu ensuite à Anvers pour y faire ses adieux, il y fut retenu, car son cœur était enchaîné, et, en fin de compte, il s'unit par les liens du mariage à la fille de Corneille Floris [6], le frère de son maître.

Il excellait aussi à peindre d'après nature les animaux, et j'ai vu de lui un *Paradis terrestre* avec quantité d'animaux et d'arbres peints d'après nature, et de telle manière que l'on distinguait les poiriers, les

1. Cette vue, qui avait été prise du haut de la tour des Halles, fut exécutée en 1566 et payée 3,352 livres 14 escalins parisis ; elle fut remplacée, en 1597, par la copie de Pierre Claeissens qui orne encore l'hôtel de ville de Bruges. (Weale, *Bruges et ses environs*, page 26. 1875.)

2. Cette peinture ne s'est pas retrouvée. Il n'est question nulle part d'un séjour de Pierre Pourbus à Anvers, bien que certains auteurs le fassent mourir dans cette ville. Le portrait du duc d'Alençon devrait dater de 1582, pour avoir été peint à Anvers.

3. Le 30 janvier 1584. Van Mander parle nécessairement de l'atelier de Bruges.

4. Il naquit à Bruges en 1545. (Vanden Branden, *Geschiedenis*, page 278.)

5. En 1569.

6. Suzanne Floris, fille du sculpteur-architecte Corneille De Vriendt.

pommiers et les noyers et, bien que l'œuvre fût de ses premiers temps, elle était extrêmement jolie [1].

J'ai vu plusieurs de ses tableaux d'autel à Gand, dans l'église Saint-Jean [2].

Le président Viglius avait de lui un tableau représentant le *Baptême du Christ,* dont un des volets représentait la *Circoncision* avec d'autres sujets, ainsi que plusieurs portraits [3].

A Audenarde, dans un couvent, on voyait de lui un tableau de l'*Adoration des Mages* avec une *Nativité* et un autre sujet, toutes choses fort bien traitées [4].

A Bruges, chez son père, il y avait un tableau d'autel avec volets, représentant *Saint Georges,* peint pour les habitants de Dunkerque. Il est encore dans cette ville.

Au centre, on voit la *Décollation de saint Georges;* au fond, dans un beau paysage, le combat contre le dragon. Les volets représentaient d'autres épisodes de la vie du saint, celui, notamment, où l'on veut le contraindre à adorer les faux dieux, et autres sujets semblables. Sans conteste, c'est une œuvre excellente et bien peinte, donnant amplement témoignage de la supériorité de son auteur, alors même qu'il n'existerait de sa main aucune autre production [5].

François Pourbus était porte-enseigne de la garde bourgeoise d'Anvers. Un jour qu'il s'était fort échauffé à faire tournoyer sa bannière, se reposant au corps de garde, il y respira les émanations d'un égout que l'on venait de curer. Rentré dans sa demeure, il y tomba malade et ne tarda pas à expirer. C'était en l'an 1580 [6].

Il se maria deux fois [7]; sa veuve épousa Hans Jordaens, un élève

1. Ce tableau nous est inconnu.

2. C'est-à-dire l'église de Saint-Bavon, où se trouvent encore le fameux triptyque du *Christ parmi les docteurs,* daté de 1571, et un ensemble de quatorze panneaux illustrant les *Actes de saint André,* avec la date 1572.

3. Van Mander confond. Le tableau commandé par Viglius, et qui se trouve encore à l'église de Saint-Bavon, a pour volets le *Baptême du Christ* et la *Circoncision.*

4. Ce tableau n'existe plus à Audenarde.

5. Le *Martyre de saint Georges* est depuis 1852 au musée de Dunkerque, après avoir orné jusqu'alors l'église de Saint-Éloi. Il est signé FRANCISCUS POURBUS IV, ET PICTOR 1577. Le peintre s'y est représenté.

6. François Pourbus mourut le 19 septembre 1581. (Vanden Branden, page 282.)

7. La seconde fois en 1578, avec Anne Mahieu. (Vanden Branden, page 281.)

de Martin van Cleve [1], et qui, pour employer une locution vulgaire, n'abandonna pas son maître trop tôt, car il est excellent peintre de figures, de paysages, de compositions, et très habile dans la représentation des paysans, soldats, marins, pêcheurs, comme dans l'interprétation des effets de nuit, incendies, rochers, etc. Il fut reçu membre de la gilde d'Anvers en 1579 [2] et demeure actuellement à Delft, en Hollande [3].

François Pourbus a laissé un fils, portant le même prénom que lui et qui est fort bon peintre de portraits d'après nature [4].

COMMENTAIRE

Les trois Pourbus constituent un groupe important de l'histoire de la peinture aux Pays-Bas. Pierre, le plus ancien artiste du nom qui nous soit connu, peut être envisagé comme le dernier représentant de l'école de Bruges. De 1540 à 1584, son pinceau y livre de nombreuses peintures dont plusieurs méritent d'être qualifiées de chefs-d'œuvre. Le musée, l'hôtel de ville et les églises possèdent de sa main neuf pages authentiques et plusieurs autres figurent chez des particuliers, notamment dans la belle Galerie du docteur De Meyer.

On trouvera l'énumération de ces œuvres dans les ouvrages de MM. Weale (*Bruges et ses environs*, 1875), Duclos (*Bruges en trois jours*, 1883), Kervyn de Volkaersbeke (*les Pourbus*, 1870), C. E. Taurel (*l'Art chrétien*, II, 223). Hors de Bruges et de la Belgique, les peintures religieuses du maître sont peu communes. Le Louvre possède de lui une *Résurrection de Lazare* datée de 1566, mais c'est avant tout comme portraitiste qu'on apprend à le connaître dans les Galeries de l'Europe. Nous ajouterons que la peinture des portraits est aussi la forme la plus intéressante de son génie.

Dire que les effigies de Pierre Pourbus se confondent avec celles de Holbein et d'Antonio Moro, suffit à faire l'éloge de ces admirables spécimens.

La signature habituelle du maître se compose d'un monogramme formé de ses initiales P. P., séparées par une croix surmontée d'un 4. Néanmoins on trouve aussi son nom écrit en entier, comme sur un portrait du musée de Bruxelles, nº 386, daté du mois de mai 1583, par conséquent, une des dernières œuvres du maître.

1. Dès le 19 juin 1582.
2. Son admission comme franc-maître eut lieu en 1572.
3. M. Kervyn de Volkaersbeke (*les Pourbus*, 1870) fixe sa mort à l'année 1599; M. vanden Branden place le même événement en 1604. Son nom figure en 1613 dans le livre des maîtres de la gilde de Saint-Luc à Delft, mais il y est suivi du mot *dood*, décédé. On assure, dans l'*Archief* d'Obreen (tome V, page 281), qu'il décéda peu après 1613. Toutefois les Jordaens sont extraordinairement nombreux en Hollande, à Delft et à Leyde. Voyez Bredius dans l'*Archief* d'Obreen, tome V, page 203.
4. Il naquit à Anvers en 1569 et mourut à Paris en 1622.

Sa veuve, Anne Blondeel, vécut jusqu'en 1588 et touchait une pension de la ville de Bruges.

Pierre Pourbus était aussi ingénieur, comme le dit van Mander. Il fut chargé, en 1578, de dresser un plan de défense de la ville de Bruges et présenta, à ce sujet, un fort savant mémoire dans lequel il tirait parti des ressources de la contrée [1].

De même que son père, François Pourbus l'aîné se distingua surtout comme portraitiste. Ses pages religieuses ne sont pas communes et se trouvent surtout à Gand. Le triptyque du *Christ parmi les docteurs*, à l'église de Saint-Bavon, est une œuvre fort curieuse où le peintre a introduit un nombre considérable de portraits d'hommes, d'hommes fameux du XVIe siècle : Charles-Quint, Philippe II, le duc d'Albe, Viglius, des artistes, entre autres Frans Floris, et enfin son père et lui-même [2].

Nous faisons observer, toutefois, que c'est à tort que l'on prête à plusieurs des personnages du tableau les traits de certaines notabilités contemporaines du peintre. Le cardinal Granvelle y manque certainement.

Quelques pages religieuses, parmi lesquelles un retable de vingt panneaux au musée de Gand (n° 95), annoncent peu l'extraordinaire talent de portraitiste de leur auteur. L'*Évangéliste Saint Mathieu*, au musée de Bruxelles (n° 388), est cependant une œuvre vigoureuse et correcte.

Mais aucun éloge n'est au-dessus du mérite déployé par François Pourbus dans ses portraits. D'admirables spécimens le classent au rang des plus grands peintres du genre. Un portrait d'homme à barbe rousse, avec les armoiries de la famille De Smidt, au musée de Bruxelles (n° 387), son pendant, attribué à Morone, à l'Académie de Venise (n° 138), les mêmes personnages à l'Académie des Beaux-Arts de Vienne, attribués à Pierre Pourbus (nos 358 et 361) [3], les deux merveilleux portraits d'homme et de femme (nos 161 et 162) de la Galerie Liechtenstein, le petit portrait de prélat de la collection Czernin, à Vienne, enfin le portrait dit de Maurice de Nassau, au musée de Pesth (salle IX, n° 6), sont de véritables chefs-d'œuvre.

M. Max Rooses [4] a fait observer avec raison que le portrait de la Galerie de Florence, daté de 1591, et qui figure dans la galerie des portraits d'artistes comme représentant François Pourbus le jeune, peint par lui-même, ne peut être accepté comme tel, par la simple raison que le peintre avait alors vingt-deux ans et que le portrait porte *ætatis suæ 49*.

Comme François Pourbus l'aîné mourut âgé de trente-cinq ans, et que le portrait est signé *Francesco Pourbus*, l'artiste représenté ne peut être accepté davantage comme

1. Voir Gilliodts van Severen, *Pièces inédites de la Réforme à Bruges*, dans la revue *la Flandre*, tome III, page 252.

2. Voir les gravures de l'ensemble dans Kervyn de Volkaersbeke, *les Pourbus*, et du panneau central dans Taurel, *l'Art chrétien*, planche XXVIII.

3. Il faut remarquer que les superbes effigies d'A. T. Key du musée d'Anvers, datées de 1575 (nos 228 et 229), représentent les portraits de Gilles de Smidt, sa femme et ses enfants; qu'enfin le *Portrait de femme* (n° 233), musée de Rotterdam, attribué à Pierre Pourbus, reproduit à son tour les traits de l'épouse de Gilles de Smidt.

4. *Geschichte der Malerschule Antwerpens*, trad. Reber, page 374. Munich, 1881.

une effigie du père, peinte par le fils. Ce dernier lui-même n'avait que vingt ans en 1569.

Marié deux fois, comme on l'a vu, François Pourbus l'aîné mourut au sein du protestantisme, à ce que nous apprend M. vanden Branden [1].

M. Kervyn de Volkaersbeke a cru à tort que Suzanne Floris survécut à son mari. Ce fut la seconde femme du peintre qui devint l'épouse de Hans Jordaens.

Les œuvres de ce dernier sont peu communes et, d'ailleurs, difficiles à déterminer, l'histoire de l'art comptant jusqu'à trois peintres du nom de Hans (Jean) Jordaens. Nous signalons, toutefois, comme infiniment remarquable un cabinet à treize compartiments, existant au musée de Dunkerque (n° 217) et illustrant *la Genèse*. Le caractère de l'œuvre et la nature des sujets nous ramènent vers l'école hollandaise de la fin du XVIe siècle. On lit à la droite du bas : H. JORDAENS. C'est évidemment du même maître que procède le bel *Intérieur* du Belvédère, à Vienne (n° 941), attribué à Jean Jordaens, d'Anvers, né en 1595.

François Pourbus le jeune, devenu franc-maître de la gilde de Saint-Luc en 1591, passa loin du pays la majeure partie de son existence. M. Armand Baschet [2] a reconstitué d'une façon magistrale la brillante carrière que parcourut l'artiste à dater de la fin du XVIe siècle [3].

Après avoir exécuté des travaux pour les archiducs Albert et Isabelle, travaux dont la trace se retrouve probablement dans le curieux tableau du musée de La Haye : un *Bal à la cour des archiducs* (n° 207), et le *Portrait de l'Infante*, à Hampton Court (n° 343, catal. Ernest Law), il devint peintre de la cour de Mantoue et fut chargé successivement de travaux et de missions pour Vincent de Gonzague, et peintre de Marie de Médicis à dater de 1611 ; il a laissé de nombreuses effigies de la reine et de Henri IV, qu'il peignit même après sa mort [4]. Il mourut à Paris le 19 février 1622 [5].

En parlant de François Pourbus le jeune, M. Kervyn de Volkaersbeke a pu dire que « les princes et les princesses, les grands seigneurs et les intrigants, les maîtresses des rois et les favoris de l'aveugle Fortune, se trouvent parmi ses modèles ». Énumérer tous ses portraits serait une tâche impossible, rectifier toutes les erreurs d'attribution en ce qui concerne ses peintures un travail des plus considérables. On voit de ses portraits attribués à tous les maîtres : allemands, espagnols, italiens surtout.

Un *Portrait d'homme*, au musée de Parme (n° 337), attribué à Alessandro Allori, est certainement de son pinceau. Ses portraits de *Marie de Médicis* sont nombreux et particulièrement remarquables. Celui du Louvre est d'une célébrité universelle. Celui du musée Pitti (dit de Pulsone), n° 192 du catalogue, n'est pas moins beau, et celui d'Éléonore de Mantoue, attribué au même Pulsone (Pitti, n° 187), est encore une de ses œuvres.

Peignant tour à tour en petit et en grand, il a laissé de délicieuses effigies de très

1. *Geschiedenis*, page 281.

2. *Gazette des Beaux-Arts*, tome XXV, page 277. 1868.

3. Nous avons résumé ce travail dans un article consacré aux Pourbus, dans *l'Art*, tome XXXIV, page 101.

4. Musée de Berlin, n° 673; répétition au musée de Mayence, salle VI, n° 192.

5. Jal, *Dictionnaire critique de biographie et d'histoire*, page 990. 1872.

petit format de Henri IV (Louvre, nos 394 et 395), et de Marie de Médicis. (Valenciennes, n° 184).

Le musée de Valenciennes possède en outre de très remarquables portraits en pied de *Dorothée de Croy* (daté de 1615), et de *Philippe-Emmanuel de Croy et de sa sœur Marie.*

Les tableaux religieux du maître sont plus rares. Le Louvre possède une *Cène*, datée de 1618, provenant de l'église Saint-Luc-et-Saint-Gilles, à Paris, et un *Saint François d'Assise recevant les stigmates*, provenant des Jacobins. Il est daté de 1620 et parait indiquer que les dernières années de la vie du maître le virent moins absorbé que précédemment par les portraits.

Il y avait à l'Hôtel de ville de Paris, avant la Révolution, deux grandes pages de Pourbus : les *Prévôts et Échevins de Paris au pied du trône de Louis XIII*, d'abord avant, puis après sa majorité.

François Pourbus paraît avoir vécu dans une position peu régulière.

M. Jal, dans son *Dictionnaire critique de biographie et d'histoire* (page 990), rapporte que le 20 janvier 1614 on baptisa à Saint-Germain-l'Auxerrois « Élisabeth, fille naturelle de François Pourbus et d'Élisabeth Franque ». Isabelle ou Élisabeth était la fille de Jérôme Francken.

M. Jal nous parle, enfin, d'un *Jacques* Pourbus, peintre, habitant Paris et qui présenta au baptême, le 27 juin 1578, une fille, et, le 15 mars 1580, un fils, également Jacques. — Jacques Pourbus avait été parrain, en 1571, d'une fille de Jean Dumonstier, peintre de quelque renom.

VII

MARC GEERARTS

PEINTRE BRUGEOIS

Il y eut encore à Bruges un ornement de notre art, digne de prendre place parmi les célébrités : Marc Geerarts, un fort bon maître, qui produisit, à Bruges et ailleurs, divers travaux. Il était habile dans tous les genres : la figure, le paysage, l'architecture, la composition, le dessin, la gravure à l'eau-forte, l'enluminure; bref, tout ce qui relève de l'art.

Il excellait surtout dans le paysage et introduisait fréquemment dans ses tableaux une petite femme accroupie sur un pont ou ailleurs et satisfaisant un besoin. Il dessina beaucoup pour les peintres verriers et autres artistes.

En 1566, lorsque, par le fait de la prédication des nouvelles doctrines, l'activité artistique se ralentit, il traduisit et illustra de ses planches le livre des *Fables d'Ésope,* qui est une fort jolie chose et très bien exécutée [1].

Précédemment déjà, il avait dessiné et gravé à l'eau-forte un plan de Bruges qui formait une grande carte, œuvre que je considère comme ne pouvant être surpassée, tant il y avait mis de temps, de soin et de précision dans le rendu des choses [2].

Il mourut en Angleterre [3]. J'aurais eu soin de préciser la date de son décès ainsi que son âge, si son fils avait consenti à me fournir ces renseignements; mais il n'a pas jugé à propos de le faire, trouvant

1. *De Warachtighe Fabulen der Dieren.* Bruges, Pierre de Clerck, 1567. Le privilège est du 7 juin, la dédicace à Hubert Goltzius du 18 juillet. L'ouvrage, qui est précédé d'un poème en vers alexandrins de Lucas De Heere, est, en réalité, l'œuvre du poète brugeois Édouard De Dene, et illustré de 107 eaux-fortes par Marc Geeraerts. La seconde édition (latine) parut à Anvers en 1579.

2. Ce magnifique ensemble de dix feuilles est de 1562.

3. En 1590 d'après M. Guilmard, *les Maitres ornemanistes,* page 483.

apparemment qu'il ne lui incombait pas de me mettre à même de pouvoir rendre hommage à la mémoire de son père[1].

COMMENTAIRE

Marc Gérard, Gheeraerts ou Geeraerts, naquit sans doute vers 1530, car, en 1558 déjà, il est deuxième « *Vinder* » de la gilde de Saint-Luc, à Bruges, et, en 1561, par contrat du 16 juillet, se charge d'achever le grand triptyque de la *Passion* que Marguerite d'Autriche avait commandé à Bernard van Orley et qui n'était point achevé à l'époque du décès de ce peintre[2]. Ce tableau est à l'église de Notre-Dame, à Bruges.

A en croire le titre de la suite des *Ours*, de Marc De Bye, les dessins que reproduisait cet habile graveur auraient été faits par Marc Gérard, en 1559.

Une note manuscrite de Mols, à un exemplaire de Walpole, note répétée par lui dans l'exemplaire du *Voyage*, de Descamps, tous deux à la Bibliothèque royale de Bruxelles, mentionne un triptyque de Marc Geeraerts décorant la chapelle derrière le maître-autel de l'église des Récollets, à Bruges. Ce tableau, qui représentait la *Descente de croix*, ayant pour volets le *Portement de la croix* et la *Résurrection*, était marqué d'un monogramme composé des lettres M. G. et daté de 1563.

Il n'est fait aucune autre mention de cette œuvre dans le *Voyage pittoresque*, de Descamps, ni dans les guides plus récents, à Bruges.

En réalité, la réputation de Marc Geeraerts se fonde sur quelques estampes : le grand *Plan de Bruges*, de 1562, admirable vue à vol d'oiseau, où chaque maison est indiquée avec une extraordinaire précision et qui peut être citée comme le modèle du genre ; les eaux-fortes, non moins parfaites, illustrant les *Fables d'Ésope*. Aucun graveur flamand ne s'est montré plus habile, surtout à une époque où l'eau-forte était rarement pratiquée. Une suite intitulée : *Volucrum... diversa genera* (14 pl.), et un cortège des *Chevaliers de l'ordre de la Jarretière*, reproduit en 12 planches, par Théodore de Bry, constituent des ensembles de haute valeur. Comme le dit M. Guilmard (*les Maîtres ornemanistes*, page 483), c'était un maître universel.

La date inscrite sur le *Cortège de la Jarretière* doit faire supposer que Marc Geeraerts passa de bonne heure en Angleterre ; il y fut peintre de la reine Élisabeth en 1577, mais son inscription à la gilde de Saint-Luc d'Anvers, en 1577, et le paiement de sa cotisation en 1585 et 1586, excluent l'idée d'un séjour permanent à l'étranger.

Un assez bon nombre de portraits des collections anglaises sont attribués à Marc Geeraerts. M. Waagen désigne une effigie de la *Reine Élisabeth*, chez le marquis d'Exeter, à Burleigh House ; une autre chez le duc de Northumberland, une troisième figure à Hampton Court sous le n° 619, et M. George Scharf, directeur de la Galerie

1. Marc Geeraerts le Jeune, né en 1561 et mort à Londres en 1635, a laissé en Angleterre des travaux importants. Wenceslas Hollar a gravé son portrait d'après l'original peint par lui-même en 1627. Parthey, n° 1407.

2. J. Weale, *Bruges, etc.*, page 145, note 22.

Nationale des portraits, à Londres, veut bien nous faire connaître qu'il a trouvé le monogramme de Marc Geeraerts sur un portrait de la reine, attribué précédemment à Lucas De Heere, une œuvre extrêmement remarquable appartenant au duc de Portland.

Il y a d'autres portraits à Wardour Castle, etc. Enfin deux portraits : un *Jeune Homme* et une *Jeune Femme*, ce dernier surtout remarquable, sont exposés sous son nom au Belvédère. (Nos 849 et 850.)

Le style de l'artiste ne se juge nulle part mieux que dans ses illustrations extrêmement variées des *Fables d'Ésope*. Jugeant par le caractère de ce remarquable ensemble, nous inclinons à lui attribuer un *Saint Martin à cheval*, exposé à l'église de Saint-Martin, à Courtray, une œuvre de premier ordre.

On trouvera dans le livre de M. Guilmard, *les Maîtres ornemanistes*, la description d'un certain nombre de pièces décoratives, cartouches, etc., gravés d'après les dessins de Marc Geeraerts par différents maîtres. Ce sont des travaux d'un goût excellent.

Bien que l'année 1590, donnée comme celle de la mort du peintre brugeois, ne puisse être qu'approximative, on peut l'envisager comme assez proche de la vérité. Ainsi que le fait observer avec raison M. Siret, Marc Geeraerts le Vieux avait cessé de vivre à l'époque où écrivait van Mander, soit au début de 1600.

Walpole confond évidemment le père et le fils Geeraerts, attendu qu'il ne cite que les années 1561 et 1635 comme dates de la naissance et de la mort du personnage dont il résume la carrière. Or, les dates en question sont inscrites au bas du portrait de Hollar. De plus, Marc le Jeune fut peintre de la reine Anne de Danemark. Il était, paraît-il, venu en Angleterre en 1580.

La Galerie Nationale des portraits d'Angleterre acquit, en 1882, au prix de soixante-trois mille francs, un groupe de personnages historiques faisant partie de la collection Hamilton.

VIII

CHRISTOPHE SCHWARTZ

PEINTRE DE MUNICH

Le maître qui, de nos jours, a été la perle de l'Allemagne entière, dans la peinture, est Christophe Schwartz, de Munich, en Bavière [1]. Il était au service de la cour du sérénissime duc de Bavière [2]. C'était un coloriste éminent, comme le prouvent les grandes et excellentes œuvres de l'église des Jésuites [3] et d'autres conservées à Munich.

Plusieurs de ses compositions ont été reproduites par Jean Sadeler en de très belles estampes, notamment celle de la *Passion* où le Christ est le plus souvent étendu sur le sol [4], et beaucoup d'autres choses qui vous font connaître le génie de l'auteur dans le groupement et l'attitude des figures. Goltzius, étant à Munich en 1591, fit son portrait au crayon. Il mourut en 1594 [5].

COMMENTAIRE

L'éloge que van Mander fait de Christophe Schwartz met en relief les véritables prédilections de notre auteur. Les frères Zucchero, B. Spranger, Henri Goltzius, dans leurs allures les plus excessives, lui semblent dans la bonne voie. La constatation n'en fait que plus honneur à l'indépendance des vues de l'historien mis en présence de travaux plus sérieux.

1. Il paraît avoir vu le jour non loin d'Ingolstadt, vers 1550, selon quelques auteurs, mais Nagler (*Künstler-Lexikon*, chapitre XVI, page 115) n'admet pas cette date et il a certainement raison. Il résulte, en effet, des papiers de la corporation des peintres de Munich, qu'en l'année 1560 Melchior Bocksperger passa un contrat avec Christophe Schwartz qui devait alors avoir plus de dix ans.

2. Guillaume V (1548-1626).

3. Notamment la grande *Chute des anges* et le *Martyre de saint André*.

4. La suite se compose de huit estampes, grand in-folio, portant pour titre *Præcipua Passionis D. N. Jesu Christi Mysteria ex Seren. Principis Bavariæ Renatæ Sacello desumta. Pinxit Chr. Schwarz Monach. Joan Sadeler Belga sculpsit Monachii, 1589*. Elles sont exécutées d'après les peintures qui décorent la grande église d'Ingolstadt. Les dessins originaux se conservent au château de Nymphenbourg.

5. Vers 1597, à Munich. G. C. Kilian a gravé son portrait.

De fait, Christophe Schwartz, que l'on surnommait le « Raphael de l'Allemagne », était un grand maniériste, bien qu'il eût été à même d'étudier à Venise, sous le Tintoret. Quelques auteurs lui assignent même le Titien pour maître, ce qui n'est guère acceptable, attendu que l'apprentissage de Schwartz ne semble avoir pris fin que très peu de temps avant la mort du glorieux coloriste.

Les œuvres du peintre bavarois ne sont point communes hors d'Allemagne. La Pinacothèque de Munich conserve les meilleures : *Sainte Catherine, Saint Jérôme*, une *Madone environnée d'anges*, créations singulièrement éclipsées par un admirable *Portrait de famille*, la famille même du peintre. Exemple de plus d'un véritable savoir gâté par la convention. La Galerie de Schleissheim a un *Christ en croix*, *Jésus-Christ devant Pilate*, le *Portement de la croix*, la *Transfiguration*. Il y a en outre dans les églises de Saint-Zenon, près de Reichenhall et d'Ingolstadt, de vastes ensembles : la *Mort* et l'*Assomption de la Vierge*, la *Passion*, les *Prophètes*, etc. Quelques maisons de Munich gardent, sur leurs façades, des restes de peintures murales attribuées à C. Schwartz. M. Sighart mentionne parmi les œuvres de l'espèce une *Nativité* et un *Enlèvement des Sabines*. (*Geschichte der bildenden Künste in Bayern*, page 707.)

Sandrart donne pour élèves de Christophe Schwartz les trois Sustris : Lambert, Frédéric et Joseph. M. Nagler, qui fit un examen soigneux des registres de la corporation artistique de Munich, n'y trouve inscrit qu'un seul élève de Schwartz : André Khrumer, admis en 1583.

IX

MICHEL COXCIE[1]

ÉMINENT PEINTRE DE MALINES

Avec quelle puissance opère chez certains individus le noble désir de s'illustrer dans l'art, on a pu le constater par l'exemple du célèbre Michel Coxcie, né à Malines en 1497.

Dès sa jeunesse il s'appliqua à suivre une autre voie que ses concitoyens, de fort médiocres sires pour la plupart.

Élève de Bernard de Bruxelles[2], il se montra très appliqué au travail et voyagea ensuite hors du pays, notamment en Italie, où il fit un long séjour, et dessina beaucoup d'après les œuvres de Raphael et d'autres maîtres[3]. Il peignit également à fresque, dans l'ancienne église de Saint-Pierre, à Rome, une *Résurrection,* ainsi que dans l'église allemande de Santa Maria della Pace[4] et ailleurs.

Lorsqu'il revint au pays[5], il ramenait une femme qu'il avait épousée en Italie et qui exerça sur lui une grande influence[6]. Il raisonnait souvent avec elle de ses peintures et devint, de la sorte, un homme savant et riche. A la mort de cette femme[7], il se remaria, mais n'eut pas d'enfant de cette nouvelle union.

1. Son nom était *van Coxcyen*. M. Pinchart (*Archives des arts, etc.*, tome II, page 6) donne le fac-similé de sa signature.

2. Bernard van Orley. Toutefois, le père de Coxcie, également peintre, lui donna ses premières leçons.

3. Ce fut lui, notamment, qui dessina d'après Raphael la suite des compositions de la *Fable de Psyché* que l'on connaît par les planches du maître au Dé (Beatricus). Vasari, éd. Lemonnier, tome IX, page 293.

4. Il faut lire Santa Maria *dell' Anima*, l'église des Allemands, où existent encore, dans la troisième chapelle, les fresques tirées de la *Légende de sainte Barbe*, par Coxcie.

5. Ce fut, paraît-il, en 1539, car le 11 novembre de la même année on le trouve inscrit à la gilde des peintres malinois.

6. La femme de van Coxcie se nommait Ida van Hesselt et le maître l'épousa, paraît-il, à Hasselt. (Alph. Wauters, *Bulletin de l'Académie royale de Belgique*, 1884, tome Ier, page 63.)

7. Arrivée au printemps de 1569. Ida laissait deux fils, Raphael (né en 1540), Guillaume et une

Sa première et principale œuvre fut le maître-autel de l'église d'Alsemberg, à deux ou trois lieues de Bruxelles. C'était un grand tableau, un *Crucifiement,* œuvre remarquable, que plus d'un artiste de Bruxelles allait contempler. Cet excellent morceau fut transporté en Espagne, au temps des troubles, par un négociant bruxellois, Thomas Werry, et acquis par le cardinal Granvelle pour le compte du roi Philippe [1]. Le même marchand fit passer beaucoup d'autres belles choses des Pays-Bas en Espagne.

Il y avait aussi de Coxcie, à l'église Sainte-Gudule, à Bruxelles, un tableau de la *Mort de la Vierge,* une de ses principales œuvres, achetée à fort bon compte ici et revendue très cher en Espagne [2].

A Malines, il y avait de la main du maître deux volets d'un triptyque de *Saint Luc* dont le panneau central était de Bernard de Bruxelles [3]. Ces volets étaient en la possession de l'archiduc Mathias qui les emporta avec lui en quittant les Pays-Bas, car ils pouvaient compter parmi les meilleurs travaux de Coxcie [4].

On voyait de lui, à Notre-Dame d'Anvers, le tableau d'autel de *Saint Sébastien,* qu'il avait peint pour la confrérie des archers, une fort bonne œuvre [5].

L'église de Sainte-Gudule de Bruxelles possédait encore de lui une *Cène* qui était également un très bon tableau [6].

Il fit encore beaucoup de tableaux d'autel et autres que l'on voit

fille, Anne. Le maître se remaria la même année avec Jeanne van Schèlle dont il eut, contrairement à l'assertion de van Mander, deux autres fils : Michel, qui mourut en 1616, Conrad, et une fille.

1. Le *Christ entre les larrons,* à l'Escurial. En 1623, il en fut fait une copiè par Henri De Clerck (1570-1629), pour orner le maître-autel de l'église de Saint-Josse-ten-Noode, près de Bruxelles. (Pinchart, *Archives,* tome II, page 177.) Stirling ne parle pas du *Crucifiement,* mais assure que Coxcie fut lui-même en Espagne. (*Annals,* tome Ier, page 222.)

2. Musée royal de Madrid, nos 1300-1302. Les volets représentent, à droite, la *Naissance de la Vierge* (revers l'*Annonciation*); à gauche, la *Présentation au temple* (revers la *Visitation*) et au bas de chacun des volets le peintre a figuré en grisaille la *Nativité* et l'*Adoration des rois.* Le musée de Bruxelles possède un autre tableau de la *Mort de la Vierge,* par Coxcie, no 232.

3. On sait qu'il s'agit du tableau de Mabuse, emporté par l'archiduc Mathias, le 9 avril 1580, et qui se trouve à Prague. Voyez à ce sujet, tome Ier, page 237.

4. Ils représentent *Saint Jean à Pathmos* et *Saint Jean-Baptiste dans la chaudière.*

5. Musée d'Anvers, no 371. Le tableau porte la signature du maître et la date 1575. (*Ætatis suæ* 76.)

6. Musée de Bruxelles, no 231. C'est un triptyque ayant pour volets : à gauche, le *Lavement des pieds des apôtres;* à droite, *Jésus-Christ au Jardin des Oliviers.* Bonne réduction ancienne à l'église de Sainte-Waudru, à Mons.

en divers lieux, car il vécut longtemps, travailla beaucoup et amassa aussi une grande fortune. A Malines, il possédait trois maisons comparables à des palais [1].

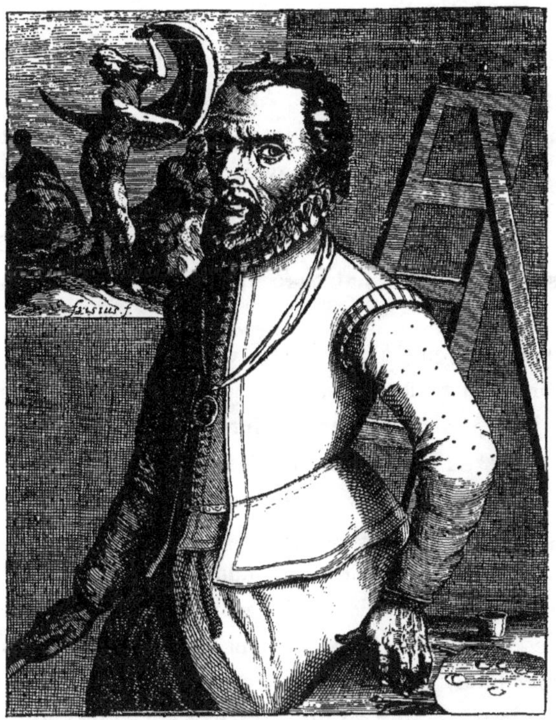

MICHAEL COEXIUS, MECHLINIENS
PICTOR.. ob: an: 1595.
Coexius illustris pictor, Mechlinia cujus
Patria, doctorum quæ fuit artificum.
Hic magno pinxit. nam Zeuxis creditur esse
Carus divitibus, principibúsque Viris.

MICHEL COXCIE.

D'après la gravure de S. Frisius.

Il existe de Coxcie divers tableaux qui ne sont à obtenir à aucun prix. On dit que ses dernières œuvres ne peuvent être comparées à

1. Sa maison était située rue du Brul, vis-à-vis de la ruelle de la Vigne. C'est aujourd'hui l'hôtel du comte de Bergeyck. M. Neefs assure, toutefois, que van Mander a exagéré la richesse du peintre.

celles de sa jeunesse et sont d'un moindre mérite[1]. Il était extrêmement suave et onctueux dans sa manière de peindre et soigneux de son ornementation. Quelques-unes de ses *Madones* sont d'un excellent effet[2].

Pourtant Coxcie n'était pas fort original dans ses créations et s'aidait parfois d'œuvres italiennes. Aussi ne fut-il nullement enchanté lorsque Jérôme Cock publia l'estampe de l'*École d'Athènes* de Raphael[3], dont il avait tiré des études qu'il avait grandement utilisées pour son tableau d'autel de la *Mort de la Vierge* à Sainte-Gudule, à Bruxelles, ce qui alors sauta aux yeux de tout le monde. Quand il était un peu pris de boisson, il avait l'habitude de crayonner au fusain sur les murailles.

Il avait l'esprit prompt à la répartie et ne mesurait pas ses termes, à l'occasion. Un jour qu'il était appelé à voir beaucoup de jolies choses rapportées de Rome par un jeune peintre, et que celui-ci se plaignait du mal qu'il avait eu à les réunir, Coxcie demanda s'il n'aurait pas trouvé plus commode de les rapporter dans son sein que sur ses épaules. L'autre objecta que le paquet était trop volumineux pour le porter dans son sein; mais Coxcie voulait dire dans son cœur ou sa mémoire, c'est-à-dire que mieux eût valu que le jeune peintre revînt meilleur artiste que de se charger du bagage d'autrui. Ayant entrepris un travail pour l'hôtel de ville d'Anvers, il tomba de son échafaudage et mourut peu après, en l'an de grâce 1592, âgé de quatre-vingt-quinze ans[4].

(*Histoire de la peinture, etc., à Malines*, tome Ier, page 154.) Il résulte, en effet, d'une lettre, adressée le 1er avril 1589 par Philippe II au prince de Parme, que Coxcie, alors nonagénaire, était dans une position de fortune peu brillante. (Pinchart, *Archives*, tome Ier, page 320.)

1. L'église des Saints-Michel-et-Gudule, à Bruxelles, possède de lui un tableau de la légende de la sainte patronne de la collégiale, œuvre datée de 1592. Coxcie avait donc quatre-vingt-treize ans et, en réalité, l'œuvre se ressent du grand âge de son auteur, ce qui n'a rien que de très explicable.

2. Une œuvre de l'espèce existe au Belvédère de Vienne, n° 766. Il faut citer, toutefois, comme le meilleur échantillon de cette catégorie de peintures, la *Madone avec l'Enfant Jésus et saint Jean* (attribuée à Lambert Lombard), au musée de Bruges.

3. Estampe de Georges Ghisi, de Mantoue (Bartsch, n° 24), gravée à Anvers, en 1550, par cet illustre maître.

4. Sa mort arriva le 10 mars 1592. Coxcie s'occupait de retoucher le *Jugement de Salomon* qu'il avait peint pour la ville d'Anvers en 1583. (Vanden Branden, *Geschiedenis*, page 330.) Le tableau dont il s'agit est sans doute aujourd'hui au musée d'Anvers (sous le nom de F. Floris).

COMMENTAIRE

L'histoire de l'art n'accorde qu'un rang secondaire à Michel Coxcie. Van Mander lui-même, comme on l'a vu, n'entreprend pas de le ranger parmi les maîtres originaux. Pour avoir vécu presque centenaire et avoir créé un nombre d'œuvres pouvant constituer à elles seules un musée, le peintre malinois ne laisse qu'une trace légère de son passage dans l'école flamande.

Cela dit, nous sommes à l'aise pour constater que Michel van Coxcyen ou Coxcie, — comme on voudra, — fut un des maîtres de son temps les plus considérés, et l'opinion publique s'égara, en ce qui le concerne, jusqu'à le décorer du titre de *Raphael flamand!*

La tradition prétend faire de Michel Coxcie l'élève même de Raphael ; à cet égard, il n'y a aucune certitude[1]. Il est vrai que Vasari le connut à Rome en 1532, puisqu'il le dit, mais Raphael avait depuis douze ans cessé de vivre. D'autre part, le *Michele Fiammingo* que Bertolotti trouve mentionné en 1573[2] comme ayant reçu d'un compatriote un coup de couteau à la face, ne saurait être notre peintre, attendu que celui-ci était, à l'époque indiquée, un vieillard, et que l'on connaît les œuvres qu'il peignit dans la dernière période de sa carrière.

Si nous prenons Coxcie à son retour aux Pays-Bas, il avait dépassé la quarantaine et se trouvait en mesure de créer des choses importantes. Quentin Metsys avait cessé de vivre, van Orley touchait à la fin de sa carrière[3]; par la force des choses, leur succession allait échoir à celui des Flamands venu le plus fraîchement d'Italie, porteur des traditions du grand art de la Péninsule. Il sera le peintre de l'empereur et de son fils[4], qui, non contents d'acheter de seconde main ses œuvres enlevées des églises des Pays-Bas, lui commanderont directement des travaux. Nous savons qu'il dessina pour Charles-Quint une tapisserie de sa grande victoire de Mühlberg[5]. Son pinceau décora, pour la reine Marie de Hongrie, le palais de Binche[6], et c'est encore de lui que procède la copie de la *Descente de croix*, de Roger vander Weyden, destinée à remplacer, à Louvain, l'œuvre originale enlevée par la gouvernante. Philippe II lui compte deux

1. M. Eugène Müntz l'exclut formellement de la liste des élèves du grand peintre. (*Raphael*, page 624. 1881.)

2. A. Bertolotti, *Artisti Belgi ed Olandesi à Roma, nei secoli XVI e XVII*, page 53. C'était peut-être Michel Joncquoit, de Tournay, que van Mander connut à Rome. (Tome Ier, page 395, et ci-après, chapitre XXV.)

3. Frans Floris n'avait pas vingt ans; van Orley mourut en janvier 1542 et, en 1543, Coxcie est reçu bourgeois de Bruxelles. (Voyez Alph. Wauters, *Bulletin de l'Académie royale de Belgique*, 1884, tome VII, page 63.)

4. Nous ne savons toutefois s'il obtint officiellement le titre de peintre de Charles V. M. Alphonse Wauters, archiviste de Bruxelles, ne le trouve cité comme peintre de Philippe II qu'en 1556.

5. Pinchart, *Tableaux et sculptures de Marie de Hongrie*. (*Revue universelle des arts*, 1856, page 133.)

6. *Ibid.*, page 118.

mille ducats, somme énorme alors, pour obtenir la copie de l'*Agneau mystique* de van Eyck [1], et lui demande les dessins des victoires de l'empereur [2].

A Bruxelles, Coxcie peint pour la ville un *Jugement dernier* (1552), et touche une pension municipale pour les cartons qu'il livre aux fabricants tapissiers [3]; il y dessine des verrières pour l'église de Sainte-Gudule et en fait de même à Gand, pour l'église de Saint-Bavon. A Anvers, la municipalité, songeant à décorer son hôtel de ville, à peine réédifié après la furie espagnole, lui confie, comme au plus digne, l'étrange mission d'équarrir le panneau, jusqu'alors cintré, de l'*Ensevelissement du Christ*, le chef-d'œuvre de Quentin Metsys, sauvé des mains des menuisiers [4]. Le magistrat, processionnellement, comme pour un prince, va au-devant du peintre lorsqu'il arrive à Anvers, en 1582, pour y traiter de l'exécution d'un tableau pour le palais municipal, tableau qui se paye 700 florins [5].

Ainsi donc, partout la présence des œuvres de l'artiste témoigne de l'admiration que son talent inspire à ses contemporains. A Malines, où il habite un véritable palais [6], resté, de nos jours même, une demeure patricienne, les peintres eux-mêmes lui donnent pour mission de compléter par des volets le chef-d'œuvre de Mabuse, créé par ce grand peintre pour l'autel de leur saint patron.

On a vu, par la biographie de Pierre Aertsen (tome Ier, page 355), que la fabrique de l'Église Neuve d'Amsterdam songea à confier à Coxcie l'exécution d'une *Nativité*, commande que le maître refusa d'accepter lorsqu'il connut la *Mort de la Vierge* de son confrère.

Coxcie eut le bonheur de jouir jusqu'à sa mort de cette position privilégiée, tout en voyant l'aîné de ses fils, Raphael, comblé lui-même d'honneurs. En 1588, la ville de Gand confiait à ce dernier l'exécution du grand tableau du *Jugement dernier*, aujourd'hui placé au musée de la ville [7], et, en 1596, après la mort de son père, Raphael fut chargé de faire les portraits de Philippe II, d'Élisabeth de France et d'Anne-Marie

1. Cette copie, achevée en 1559, ne fut jamais transportée en Espagne. Ses fragments sont aujourd'hui partagés entre Gand, Berlin et Munich. Mais c'est évidemment à tort que l'on désigne comme procédant également de Coxcie une autre reproduction qui fut à l'hôtel de ville de Gand jusqu'en 1806, et qui était exécutée *sur toile*, à ce que nous apprend une lettre de M. Goesin Verhaege, adressée en 1814 à M. le comte de Lens, maire de la ville de Gand. Le retable, mis en vente publique, fut adjugé à M. Hissette, serrurier gantois. (Renseignement dû à l'obligeance de M. l'avocat Du Bois, conseiller communal à Gand.) C'est le même tableau qui passa plus tard en Angleterre et figura à l'Exposition de Manchester en 1857 comme appartenant à M. Lemmé. (W. Bürger, *Trésors d'art en Angleterre*, page 151, et *Rapport annuel de l'Académie royale des Beaux-Arts à Anvers*, 1866, par M. Kempeneers, administrateur.) Il est aujourd'hui au musée d'Anvers.

2. Alph. Wauters, *les Tapisseries bruxelloises*, page 75. Bruxelles, 1878.

3. *Ibid.*, page 129. Le successeur de Coxcie fut le célèbre peintre Pierre de Kempeneer (Pedro Campana).

4. Vanden Branden, *Geschiedenis*, page 237.

5. *Ibid.*, page 324.

6. Il ne quitta Bruxelles que vers 1563. (Alph. Wauters, *Bulletin de l'Académie de Belgique*, 1884, tome Ier, page 63.)

7. Voir à ce sujet De Busscher, *Recherches sur les peintres et sculpteurs à Gand aux XVIe, XVIIe et XVIIIe siècles*, pages 1-21 (avec gravure du tableau). 1866.

d'Autriche, femme du roi, ainsi que celui de l'infante Isabelle, sa fille, peintures destinées à Frédéric-Guillaume de Saxe[1].

Les deux Coxcie avaient obtenu du duc d'Albe l'exemption des logements militaires, ce qui constituait une très haute faveur, et, en 1589, nous voyons le roi Philippe II intervenir personnellement auprès de son neveu, Alexandre Farnèse, pour faire liquider la pension arriérée du « pauvre vieillard », afin qu'il « se puist entretenir et remédier, en tel grand eaige et extrême nécessité ». (Pinchart, *Archives*, II, 320.) Michel dut une bien plus grande faveur au roi qui fit rendre la liberté, en 1570, au second fils du peintre, Guillaume Coxcie, condamné par le Saint-Office, à Rome, à dix années de galères pour cause d'hérésie. Ce fait a été exposé par M. Castan, dans un travail communiqué à l'Académie royale de Belgique, en janvier 1884, sous le titre : *L'un des peintres du nom de Coxcie aux prises avec l'Inquisition*[2].

M. Alphonse Wauters a fait connaître, à l'occasion de cette notice, diverses particularités encore inédites de l'histoire de Michel Coxcie : son premier mariage célébré, non pas en Italie, mais dans l'ancienne principauté de Liège, à Hasselt ; sa réception à la bourgeoisie de Bruxelles, en 1543, etc.

Nous ne passons pas en revue l'œuvre des Coxcie, qui forment, dans l'histoire de l'art, une lignée importante[3].

Outre les tableaux déjà cités, la ville de Malines conserve quelques-unes des meilleures peintures de Michel Coxcie. A Saint-Rombaut, une *Circoncision* avec fond d'architecture, par Vredeman De Vries, tableau de 1580 ; un triptyque du *Martyre de saint Georges*, dans la même église, fut peint alors que l'artiste avait quatre-vingt-huit ans. Le musée de Bruxelles possède encore un *Ecce Homo*. (N° 233.)

Charles-Quint, dans sa retraite, emportait à Yuste un *Portement de croix* et un *Crucifiement* de Coxcie[4].

Michel Coxcie a-t-il gravé ? Cette question posée par les biographes est définitivement résolue par un passage de Vasari[5] où nous lisons, qu'étant à Rome, maître Michel grava une planche du *Serpent d'airain*. Or, nous avons sous les yeux cette estampe qui porte les mots : MIGHEL FIAMMINGO INVENTOR. C'est la même planche qu'Andresen (*Handbuch für Kupferstichsammler*, II, 655) attribue à J. C. Vermeyen et croit gravée d'après Michel-Ange.

Quant aux estampes signées , que M. le docteur W. Schmidt décrit dans les *Jahrbücher* de von Zahn, tome V, page 263, si elles reproduisent incontestablement des œuvres de Coxcie, nous n'avons là que des interprétations.

1. Alex. Pinchart, *Archives*, etc., tome Ier, page 282. Raphael Coxcie eut pour élève Gaspard De Crayer.

2. *Bulletin de l'Académie royale des Sciences, des Lettres et des Beaux-Arts de Belgique*, 3e série, tome VII, page 63.

3. Un Jean Coxcie, né à Malines, fut peintre de Frédéric Ier de Prusse, et mourut en Allemagne en 1720. Voir la généalogie dans Neefs, *Histoire de la peinture, etc., à Malines*, tome Ier, page 142.

4. A. Pinchart, *Tableaux et sculptures de Charles-Quint*. (*Revue universelle des arts*, tome III, page 224.)

5. Édition Lemonnier, tome IX, page 293.

Il importe de prévenir le lecteur que les douze peintures illustrant la *Vie de saint Rombaut*, dans l'église de ce nom, à Malines, et dont il existe, sous le nom de Coxcie, un recueil de planches lithographiées par Borremans, n'ont pu être jusqu'à ce jour assignées à aucun maître [1].

1. Voyez Neefs, *Inventaire historique des tableaux et des sculptures existant dans les églises de Malines*, page 24.

X

THÉODORE BARENTSEN[1]

EXCELLENT PEINTRE D'AMSTERDAM

S'il arrive que quelqu'un de ces êtres privilégiés, dont la nature stimule les penchants artistiques, obtient la faveur de pouvoir s'abreuver à la source du meilleur des enseignements, on ne tarde point à observer chez lui la plus vigoureuse croissance et à voir éclore des œuvres telles, qu'à juste titre leur auteur est compté parmi les peintres les plus fameux.

Il en fut ainsi de Théodore Barents qui, non content d'être né peintre, eut l'avantage d'être le nourrisson de l'illustre Titien, et qui devint un tel homme, que l'on peut avancer avec certitude qu'il est le plus éminent d'entre ceux qui ont introduit dans les Pays-Bas, pure et sans mélange, la vraie manière italienne.

Il avait vu le jour à Amsterdam en l'an de grâce 1534; son père était un assez bon peintre qu'on nommait « Bernard le Sourd ». On voit de lui, à l'hôtel de ville d'Amsterdam, une série de peintures représentant l'histoire d'une secte enragée qui, en 1535, conçut le projet insensé d'imposer à la ville sa domination, chose terrible à considérer et, pour le temps, d'une assez bonne exécution[2].

Agé d'environ vingt et un ans, Théodore partit pour l'Italie et entra à Venise chez le Titien, qui lui témoigna beaucoup de bienveillance et le traita comme l'enfant de la maison. Il faisait bon accueil aux compatriotes qui venaient le visiter, comme le tolérait ou l'exigeait son maître[3].

1. Théodore Bernard, Bernardi, en hollandais Barentsen.

2. M. A. D. De Vries Az., dans le remarquable travail qu'il a consacré à T. Bernard (C. E. Taurel, *l'Art chrétien*), émet la supposition qu'il y avait six tableaux de Bernard le Sourd, représentant les supplices infligés aux anabaptistes. Ils sont reproduits dans la *Description d'Amsterdam* par Domselaer. Nous suivons pour ces notes la précieuse étude de notre regretté confrère et ami.

3. Circonstance omise dans la monographie du Titien de MM. Crowe et Cavalcaselle.

Doué, en outre, d'un esprit élevé et d'une remarquable intelligence, il recherchait surtout la société des personnages de marque et des savants, étant lui-même lettré et bon latiniste. Il avait été fort lié en Italie avec le seigneur d'Aldegonde [1], et leurs relations se continuèrent dans les Pays-Bas, Aldegonde ne venant jamais à Amsterdam sans rendre visite à Théodore et recourir à ses services. Sa liaison avec Lampsonius [2] n'était pas moins intime. Ils entretenaient une correspondance en latin, ce qui démontre que Théodore était un esprit sérieux et cultivé. Avec cela, il était bon musicien et jouait bien de divers instruments [3] que l'on voyait toujours dans sa demeure.

Après sept ans d'absence, Théodore rentra au pays [4] en traversant la France et vint se fixer à Amsterdam, où il se maria, prenant pour femme l'une des demoiselles les plus distinguées de la ville [5]. Il avait alors vingt-huit ans, et fit son portrait et celui de sa femme, œuvres que conserve encore sa fille à Amsterdam. Ce sont des peintures agréables et d'une belle facture, comme l'est aussi un autre portrait de lui-même, exécuté vers la fin de sa vie [6].

Il s'appliqua beaucoup au portrait, qu'il traitait largement et auquel il savait donner un bon effet [7].

Il peignit quelques beaux tableaux d'église ; d'abord pour les archers d'Amsterdam une *Chute des anges* avec de nombreuses figures nues, très remarquablement peintes. Cette œuvre fut détruite par les iconoclastes ; on en conserve un fragment dans la salle de réunion des archers [8].

Sa meilleure œuvre est une *Judith*, qui se trouve à Amsterdam. C'est une peinture excellente. Une *Vénus* qui est chez Sybrandt Buyck

1. Philippe de Marnix. Van Mander est seul à parler du séjour de cet illustre Flamand en Italie.

2. Poète, littérateur et artiste, originaire de Bruges (1532-1599). Il fut secrétaire de trois princes-évêques de Liège, et composa pour les portraits de peintres flamands, édités par la veuve de Jérôme Cock, des éloges en vers latins. On lui attribue un *Crucifiement* conservé dans l'église de Saint-Quentin, à Hasselt, œuvre, du reste, fort médiocre.

3. Ce qui ne concorde pas, fait observer M. De Vries, avec l'assertion de Baldinucci, qu'il était sourd comme son père.

4. Vers 1562. (De Vries.)

5. Son nom n'est point connu. (De Vries.)

6. Toutes ces œuvres sont perdues. (De Vries.)

7. Le Belvédère, à Vienne, possède un portrait d'homme (n° 675), attribué à Barents.

8. Ce fragment n'a pas été retrouvé. (De Vries.)

compte également parmi ses meilleures productions [1]. Il y a, de plus, à Gouda, chez les Frères, une *Nativité*, extraordinairement bien

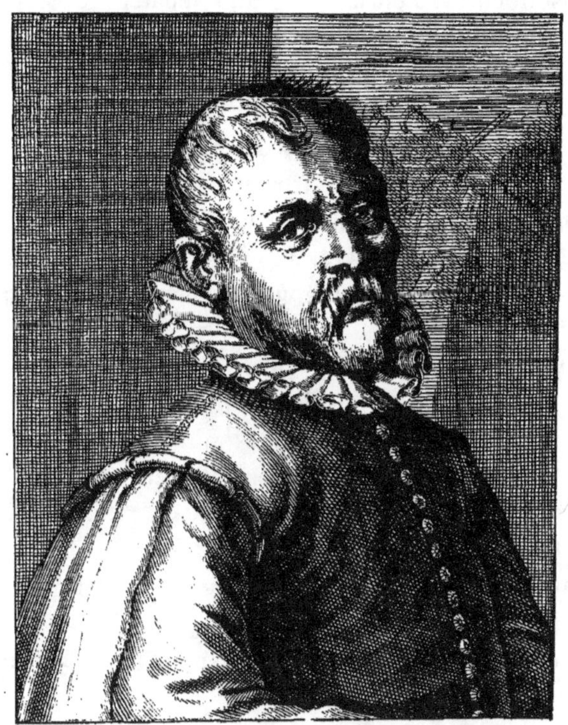

THÉODORE BERNARD.

D'après la gravure de H. Hondius.

peinte dans la manière italienne, et qui est une de ses principales œuvres [2].

1. La *Judith* et la *Vénus* ont disparu.

2. Grand triptyque aujourd'hui déposé au musée de Gouda. Les volets représentent à l'intérieur la

A Amsterdam, chez Jacques Razet, on voit une grande toile en hauteur, un *Crucifiement,* où la Madeleine est agenouillée au pied de la croix, peinture étonnamment bien exécutée [1].

Chez Isbrandt Willemsz, le grand amateur d'Amsterdam, comme en d'autres lieux, on trouve de lui de très belles œuvres et de nombreux portraits.

Mais c'est surtout à Amsterdam, dans les lieux de réunion des confréries d'archers, que l'on rencontre de sa main de beaux groupes de portraits. D'abord, chez les arbalétriers, il y a un tel groupe où l'on voit un tambour extrêmement bien fait [2].

Puis, chez les arquebusiers, un groupe de personnages réunis autour d'une table où est servi un ragoût de poisson qu'on appelle en Hollande *pors* [3].

La confrérie de Saint-Sébastien possède un excellent tableau où paraissent quelques faces hâlées de bateliers, et, dans une galerie supérieure, on voit des personnages qui tiennent une grande corne à boire en argent. C'est supérieurement bien exécuté [4].

Dans cette peinture, et dans d'autres, on retrouve la belle manière italienne et titianesque.

Il a fait aussi un portrait du Titien, qui est encore chez Pierre Isaaks, peintre à Amsterdam [5].

Lorsqu'il parlait l'italien, il avait complètement l'accent qui convient à cette langue.

Mort de la Vierge et l'*Assomption*. A l'extérieur, étant fermés, ils représentent l'*Annonciation*. Gravure dans l'ouvrage de Taurel, *l'Art chrétien*, planche XXV.

1. Tableau perdu.

2. « Les différents tableaux provenant des tirs de la garde civique reposent à l'hôtel de ville d'Amsterdam. Quoique ayafit étudié avec soin ces tableaux, nous n'en avons rencontré aucun sur lequel se trouve un *ketelaer* (tambour), ni des personnes ayant une corne à boire en argent. » (De Vries, *apud* Taurel, nos 13-15.)

Nous devons faire observer que dans la *Description historique* des œuvres existant à l'hôtel de ville d'Amsterdam, par le docteur P. Scheltema (*Historische Beschrijving der Schilderijen van het Stadhuis te Amsterdam*, 1879), les nos 11, 12 et 13 sont des peintures attribuées à Théodore Barentsen. M. De Vries ne tenait pour authentique que le no 11.

3. Sur le tableau de l'hôtel de ville d'Amsterdam, coté 12 de la notice de M. Scheltema, dix-neuf personnages sont réunis. Ils font un repas de poisson. L'œuvre est datée de 1566; M. De Vries admettait son authenticité.

4. On a vu, par une note précédente, que ce tableau n'existe pas à l'hôtel de ville d'Amsterdam.

5. Œuvre perdue. Van Mander donne la biographie de Pierre Isaacs, qui fut un élève de Corneille Ketel, à la suite de la notice qu'il consacre à Jean van Achen. Voir ci-après, chapitre XXXII.

Il aimait les champs et l'agriculture, bien qu'il ne s'y adonnât point, mais la mer lui plaisait peu, sans quoi il eût volontiers visité Harlem et d'autres villes. Il était, d'autre part, trop corpulent pour aller en carrosse [1].

Il y avait encore de lui, à Amsterdam, un *Jugement dernier,* avec les sept œuvres de miséricorde, resté inachevé, et que l'on voit à l'hôpital [2]. Le peintre s'occupait de cette création lorsqu'il mourut en 1592, vers la Pentecôte, âgé de cinquante-huit ans [3].

COMMENTAIRE

La consciencieuse étude consacrée à Théodore Bernards (Barentsen) par M. De Vries a complété, dans la mesure du possible, la notice de van Mander. On ne peut nier que le triptyque de la *Nativité* de Gouda ne soit une œuvre de mérite, inspirée de fort bons maitres, sans rappeler en aucune sorte, pourtant, le style du Titien. Quant aux portraits de l'hôtel de ville d'Amsterdam, l'ensemble en est curieux et fort intéressant, mais la peinture a souffert et ne peut servir à caractériser un maitre. Le musée d'Amsterdam possède un *Portrait du duc d'Albe* [4] attribué également à Théodore Barents, mais c'est une œuvre de peu de style, alors surtout que l'on songe que son auteur présumé était un élève du Titien, le plus grandiose des portraitistes. Nous en dirons autant du portrait de Vienne.

En somme, le caractère du maitre d'Amsterdam ne peut être étudié avec une certitude absolue que dans les estampes nombreuses où ses contemporains retracent des compositions peut-être peintes, mais plus probablement dessinées, car il serait étrange qu'aucun des tableaux reproduits par le burin ne se fût retrouvé jusqu'à ce jour. Il nous suffira de citer le *Bal vénitien* de Goltzius [5] pour évoquer le souvenir d'une œuvre remarquable et très suffisante à donner la mesure du talent de son auteur, alors même que le mérite supérieur d'un Goltzius ne lui viendrait pas en aide.

Pour ce qui concerne les compositions religieuses de Théodore Barents, la prédilection marquée de certains graveurs, tels que les Sadeler, le classe d'emblée à la tête du cortège des maniéristes.

Peintre habile et onctueux, coloriste assez effacé, Théodore Barents est, en somme, une individualité de médiocre relief dans l'école illustrée par Jean Schoorel et qui

1. Ce qui n'est pas confirmé par le portrait du maître, comme le fait observer M. De Vries.

2. Ce tableau n'existe plus à Amsterdam.

3. Les registres aux inhumations de l'Église Neuve d'Amsterdam, compulsés par M. De Vries, ont fait connaître que les funérailles de Barents eurent lieu le 26 mai.

4. N° 15. Cette peinture provient du musée national de La Haye.

5. Gravé en 1584. Bartsch, n° 247.

devait voir un jour certains de ses représentants jeter un si vif éclat sur le nom hollandais[1].

On trouvera dans le *Dictionnaire des Artistes* de Heineken (tome II, page 552), un relevé des estampes exécutées d'après Barendsz. M. De Vries, de son côté, fournit une liste générale de tous les tableaux et dessins dont il a pu relever la mention dans les auteurs qui se sont occupés du maître.

L'Albertina, à Vienne, possède l'unique dessin mentionné jusqu'ici de l'artiste qui nous occupe : les *Disciples d'Emmaüs*. C'est, du reste, une œuvre non signée.

L'histoire n'a point parlé d'un second Théodore Barendszen. Il est digne de remarque, dès lors, qu'en l'année 1644 on trouve inscrit à la gilde de Saint-Luc d'Alkmaar un nouveau « Dirk (Théodore) Barendsz, peintre[2] ». Il ne nous appartient pas de dire quel était le degré de parenté de ce nouveau venu avec son homonyme du siècle précédent.

1. M. le docteur Bode (*Künstler-Lexikon* de Meyer, tome III, page 15) insiste sur l'influence des Italiens dans la peinture de Barents, envisagé comme portraitiste. Il cite deux portraits d'homme, l'un au musée du Belvédère, l'autre au palais Liechtenstein, à Vienne. Ce dernier représente Olden-Barneveldt, le pensionnaire de Hollande, âgé, dit une inscription, de soixante-dix ans. Si le portrait est authentique, l'inscription est nécessairement fausse, comme le fait très justement observer M. Bode.

2. *Archief* d'Obreen, tome II, page 45.

XI

LUCAS ET MARTIN VAN VALCKENBORGH

PEINTRES MALINOIS

Comme la détrempe se prête à l'exécution de jolis paysages sur toile, et que la pratique en était fort répandue à Malines, on y vit se produire plusieurs bons maîtres en ce genre, comme je l'ai dit ailleurs.

Ce fut à Malines que naquirent entre autres Lucas et Martin van Valckenborgh[1]. Je ne sache point qu'en leur jeunesse ils aient jamais quitté le pays, mais ils séjournèrent surtout à Malines et à Anvers jusqu'à l'époque des premiers troubles qui commencèrent en 1566[2]. Ils se rendirent alors en compagnie de Jean De Vries[3], à Aix-la-Chapelle et à Liège, où ils travaillèrent beaucoup d'après nature, les bords de la Meuse et les environs de Liège offrant de jolis points de vue. Comme ils étaient aussi d'habiles joueurs de la flûte allemande, — particulièrement Lucas, — ils se divertirent fort bien à eux trois.

Lorsque les choses changèrent de face dans les Pays-Bas, le prince d'Orange et les États se tournant contre l'Espagne, ils retournèrent dans leur patrie[4].

Lucas n'étant pas seulement bon paysagiste, mais excellent aussi dans les tableaux de petit format et les portraits à l'huile, ainsi que dans la miniature, eut, par ses œuvres, l'occasion de se faire connaître

1. M. Neefs (*Histoire de la peinture et de la sculpture à Malines*) donne comme suit les dates de naissance des van Valckenborgh : Lucas, en 1530 ; Martin, en 1542.

2. Lucas avait été admis à la gilde des peintres malinois le 26 août 1560 et proclamé franc-maître en 1564. Il dut s'enfuir en 1567, étant signalé comme suspect à cause de ses sympathies pour le mouvement de la Réforme. (Neefs, *loc. cit.*) Il n'en fut pas de même de Martin, assure M. Neefs, bien que la date de son départ concorde avec celle de la fuite de Lucas. Nous n'avons aucune raison pour ne pas croire exacte l'assertion du départ simultané des deux frères.

3. Hans (Jean) Vredeman De Vries, le célèbre architecte et peintre. (Voir ci-après, chapitre XXII.) Il avait quitté Malines en 1563-1564. Son départ d'Anvers eut lieu en 1570, après la proclamation du « Pardon » de Philippe II.

4. Nous trouvons Martin inscrit à Anvers, la même année, comme un des anciens de la gilde de Saint-Luc. Son frère était alors à Linz.

de l'archiduc Mathias, et quand ce prince quitta le pays[1], il le suivit à Linz, sur le Danube, et demeura dans cette ville auprès de l'archiduc, pour lequel il fit de nombreux travaux[2]. Lorsque les Turcs vinrent guerroyer en Hongrie, il changea de résidence et alla mourir quelque part au fond de la contrée[3].

Martin mourut à Francfort[4], laissant des fils fort habiles dans notre partie[5].

COMMENTAIRE

Lucas et Martin van Valckenborgh sont les membres les plus illustres d'une famille artistique ayant compté, à Malines même, de nombreux représentants. Le jour même où Lucas se faisait inscrire à la gilde de Saint-Luc, un de ses frères, Henri, y était inscrit également, et le nom de Quentin van Valckenborgh paraît dans les registres matricules dès le mois de juillet 1559, c'est-à-dire même avant celui de Martin[6].

L'histoire de l'art connaît encore un Jean van Valckenborgh[7], un Frédéric[8], un Martin le Jeune, un Égide[9], un Maurice, un Nicolas[10], ce qui n'empêche que leurs œuvres à tous sont des plus rares et que le nom de Valckenborgh n'apparaît dans les catalogues que de loin en loin.

Si le récit des premières années de Lucas et de Martin, tel que le donne M. Neefs, est conforme à la vérité, le premier seul aurait dû se soustraire par la fuite aux conséquences de ses sympathies pour le mouvement anti-espagnol. Martin aurait quitté Malines de son plein gré, ce qui paraît peu admissible. On ne s'exposait pas de gaieté de cœur, au XVIe siècle, aux peines terribles comminées contre les rebelles, et le fait que Martin se prépara ouvertement au départ ne prouve en aucune sorte qu'il pensât autrement que son frère.

Les peintures de Lucas van Valckenborgh, exposées au musée de Madrid, paraissent représenter des *Vues des bords de la Meuse* et du *Palais de Bruxelles*. (N° 1788.) Elles

1. En 1580.

2. Ils sont pour la majeure partie à Vienne, au Belvédère, et datés de 1580 à 1598.

3. M. Fétis (*Artistes belges à l'étranger*, tome II, page 144) cite plusieurs faits qui établissent la présence de Lucas à Nuremberg jusqu'en 1622, époque où Sandrart déclare l'avoir connu.

4. La date précise est ignorée.

5. Un fils, nommé également Martin, mourut à Francfort-sur-le-Mein en 1636.

6. Neefs, *Histoire de la peinture et de la sculpture à Malines*, tome Ier, page 224. 1876.

7. Il est inscrit en 1551 à la gilde des peintres d'Anvers.

8. Deux tableaux au Belvédère portent les dates de 1594 et 1595, n°s 1328 et 1329 du catalogue de 1884. Il était fils de Lucas. Woermann, *Geschichte der Malerei*, tome III, page 92.

9. On ne connaît de lui qu'un seul tableau : la *Défaite de l'armée de Sennacherib*, à Brunswick, n° 421. Voyez Riegel, *Beiträge zur Niederländischen Kunstgeschichte*, tome II, page 36.

10. Ayant tous les deux vécu et travaillé à Nuremberg dans la première moitié du XVIIe siècle. On en peut conclure qu'ils étaient fils de Lucas.

dateraient ainsi des premiers temps du maître. C'est encore au même temps que se rattache un petit tableau rond : *Kermesse villageoise*, daté de 1574, au musée de Gotha.

M. Édouard Fétis, dans l'excellent travail qu'il consacre aux van Valkenborgh[1], fixe à l'année 1540 la date de naissance de Lucas. Cette version s'accorde parfaitement avec la date de l'inscription de l'artiste aux rôles de la corporation malinoise de Saint-Luc en 1560, et nous inclinons à l'admettre, tout en faisant observer que le musée Stædel, à Francfort, possède une *Vue d'Anvers* avec des patineurs sur l'Escaut, signée et datée de 1559[2].

Un document du 19 juillet 1585 établit que ni l'un ni l'autre des frères ne se trouvait à Malines cette année. En effet, Lucas avait suivi l'archiduc Mathias en Autriche et, qui sait? peut-être convoyé le *Saint Luc* de Mabuse. Martin, on l'a vu, était à Anvers, et sa nomination par le magistrat, en qualité d'*ancien* de la gilde des peintres[3], suppose un séjour préalable d'une certaine durée.

A quelle date s'expatria-t-il de nouveau, et cette fois définitivement? Il serait difficile de le dire. Une chose paraît vraisemblable, la réunion tout au moins temporaire de Lucas et de Martin à Francfort, où Martin finit ses jours. C'est qu'en effet il résulte de documents authentiques que, de 1594 à 1597, Lucas travaillait à Francfort et fournissait des tableaux à l'archiduc Ernest[4].

C'est dans la même ville qu'il entra en relations, à ce que l'on croit, avec Georges Hoefnagel. Il est beaucoup plus vraisemblable que les deux artistes se connaissaient de longue date. Quoi qu'il en soit, la Galerie d'Oldenbourg possède de Lucas van Valckenborgh une *Vue de Linz*[5] dont il existe une reproduction dans le livre du chanoine Braun : *Civitates orbis Terrarum*, 1572-1618, tome V, avec les mots *Effigiavit Lucas a Walkenburgh communicavit Georgii Hoffnagelius 1594.*

M. Fétis, qui mentionne cette planche, en cite une seconde du même ouvrage : le *Lac de Gmunden.*

A l'époque dont il s'agit, les relations de Lucas van Valckenborgh avec l'archiduc Mathias avaient pris fin. Plusieurs peintures, conservées aujourd'hui au musée du Belvédère proprement dit et dans la collection d'Ambras (Belvédère inférieur), attestent le talent du maître et l'admirable façon dont il répondit à l'attente du prince qui l'avait choisi pour son peintre. Waagen cite avec raison comme une de ses plus belles œuvres la *Fête champêtre*, datée de 1585[6]. (Ambras.)

Non moins admirable est la suite des Quatre Saisons du Belvédère, surtout l'*Hiver*[7], daté de 1586. L'*Été* et l'*Automne* sont de 1585; le *Printemps* de 1587. Un *Paysage*

1. *Les Artistes belges à l'étranger*, tome II, page 136. 1865.
2. Catalogue de 1883, n° 120.
3. Rombouts et van Lerius, *les Liggeren*, tome Ier, page 289.
4. Fétis, *loc. cit.*, et Coremans : *Bulletin de la commission royale d'histoire*, tome XIII (1847), page 85.
5. Catalogue du musée, n° 140.
6. *Kunstdenkmäler in Wien*, tome II, page 335.
7. 2° étage, salle III, n° 49. (N° 1334 du catalogue de 1884.)

avec une forge date de 1580, et la même date figure sur un paysage où sont représentés le comte de Burgau et son écuyer, avec un fond de ville et une armée.

Enfin, nous trouvons le millésime de 1590 sur une belle *Vue des Environs de Linz*, où Mathias pêche à la ligne, tandis que, dans le lointain, plusieurs autres personnes se livrent à la chasse au faucon [1].

En 1597, Lucas van Valckenborgh était à Nuremberg et y travaillait pour Paul de Praun, le célèbre amateur [2], et Sandrart le connut personnellement dans la même ville en 1622. Il y peignit, assure cet historien : la *Tour de Babel*, la *Destruction de Jérusalem*, le *Festin de Balthazar* et la *Chute de Troie*. Un tableau de la *Tour de Babel*, à la Pinacothèque de Munich, est daté de 1568.

Nous ne pouvons omettre de citer parmi les œuvres de Lucas une copie du fameux *Combat de Paysans* de P. Breughel, d'après l'original existant aujourd'hui à Dresde. La copie en question est au Belvédère, et tient fort bien sa place parmi les admirables créations du célèbre peintre de mœurs rustiques. Rembrandt possédait *Trois petites têtes* de L. van Valckenborgh [3].

Si, enfin, nous mentionnons un tableau de la collection Liechtenstein à Vienne, un *Site montagneux*, et un second paysage au musée de Francfort, où le peintre s'est représenté lui-même dessinant, œuvre datée de 1595, il nous restera, pour clore la liste des œuvres d'un des artistes les plus intéressants de l'école flamande, à mentionner les deux seules peintures qui soient dans son pays : le *Paysage avec l'Enfant prodigue* attribué à Paul Bril, au musée d'Anvers (n° 30 [4]), et un *Paysage avec des forges* signé et daté de 1575, faisant partie de la collection de M. Delebecque, de Bruxelles.

Lucas van Valckenborgh mourut, selon l'acception commune, à Bruxelles, en 1625.

La carrière de Martin van Valckenborgh est moins connue encore que celle de son frère.

Leurs œuvres présentent une grande analogie et, rapprochées comme elles le sont au musée du Belvédère, cette analogie est frappante. Les peintures de Martin se rencontrent plus rarement encore que celles de son aîné. La collection Ambras (Belvédère inférieur) possède une suite des *Mois* [5], mais le Belvédère ne conserve qu'un seul paysage, une *Kermesse* [6]; un autre paysage au musée de Gotha [7] et une assez vaste composition de la *Tour de Babel* datée de 1595, au musée de Dresde [8], le représentent seuls dans les musées.

Crispin de Passe a gravé d'après lui trois paysages ayant chacun au centre une figure

1. Belvédère, 2e étage, salle III, n° 58; n° 1336 du catalogue de 1884. L'archiduc Mathias eut à combattre les Turcs à dater de 1593.
2. Ed. Fétis, *loc. cit.*, page 142.
3. Vosmaer, *Rembrandt*, etc., 2e édition, page 433.
4. Attribution de M. Woermann, *Geschichte der Malerei*, tome III, page 92.
5. Conf. Waagen, *Kunstdenkmäler*, page 338.
6. N° 1340. Cette œuvre fait pendant à un sujet analogue de Frédéric van Valckenborg, datée de 1595.
7. Catalogue de 1883 par H. J. Schneider, n° 18.
8. N° 820. (Catalogue de 1868.)

assez grande d'un prophète, *Élie*, *Isaïe* et *Ézéchiel*[1]. La présence de ces saints personnages n'empêche pas les sites d'être purement flamands.

La date de la mort de Martin est inconnue. Son portrait fut gravé à Venise par Lucas Kilian en 1602, et pour sûr il était à Rome à la fin de 1604, car, le 22 décembre, il y comparaissait comme témoin d'une querelle qui avait surgi entre certains de ses compatriotes et un Allemand[2].

Martin van Valckenborgh le Jeune naquit à Francfort vers l'année 1590 et y mourut de la peste en 1636.

Un tableau historique daté de 1633, le *Cortège triomphal de Sésostris*, orne encore aujourd'hui l'hôtel de ville de Francfort[3].

Lucas et Martin van Valckenborgh ont signé leurs tableaux de monogrammes ainsi disposés :

L M
VV VV

1. Francken, *Catalogue de l'Œuvre des van de Passe*, n° 1364.
2. A. Bertolotti, *Artisti Belgi ed Olandesi a Roma nei secoli XVI e XVII*, page 67. Florence, 1880.
3. Dr Ph. Friedrich Gwinner, *Kunst und Künstler in Frankfurt am Main*, page 78. 1862.

XII

HANS BOL

PEINTRE DE MALINES

François Boels. — Jacques et Roland Savery.

Tout comme Pierre Vlerick[1] put devenir célèbre dans une ville où il y avait beaucoup de médiocres peintres sur toile, Hans Bol parvint à se former à Malines, où l'on comptait plus de cent cinquante ateliers de l'espèce[2].

Il appartenait à une famille honorable[3] et vit le jour à Malines, le 16 décembre 1534.

A l'âge de quatorze ans, il commença son apprentissage chez un des médiocres peintres[4] de l'endroit et passa chez lui deux années. Il se rendit alors en Allemagne et se fixa à Heidelberg où il travailla également l'espace de deux ans; après quoi il retourna à Malines[5] et, livré pour ainsi dire à ses seules inspirations, se mit à créer des paysages et autres sujets, mettant au jour des toiles peintes à la détrempe avec beaucoup de soin et de précision, car il possédait l'art de préparer et de finir ses œuvres d'une très jolie manière.

J'ai vu de lui, chez mon cousin, M. Jean vander Mander, aujourd'hui pensionnaire de la ville de Gand, une grande toile à la détrempe, représentant *Dédale et Icare* s'échappant de leur prison par les airs. Il y avait un rocher surgissant de l'onde et que dominait un château, peint de telle sorte qu'on n'eût pu le désirer mieux, tant le rocher était joliment garni de mousse et de plantes aux couleurs variées;

1. Voyez la biographie de ce peintre, tome Ier, page 384.
2. M. Neefs (*Histoire de la peinture et de la sculpture à Malines*, page 15) assure que ce nombre est très exagéré.
3. Son père était Simon Bol, receveur du Saint-Esprit; sa mère, Catherine vander Stock. Un tableau généalogique de la famille Bol figure dans le livre de M. Neefs, page 202.
4. M. Neefs assure qu'il eut ses oncles Jacques et Jean pour premiers guides.
5. On le trouve inscrit parmi les peintres malinois, le 10 février 1560.

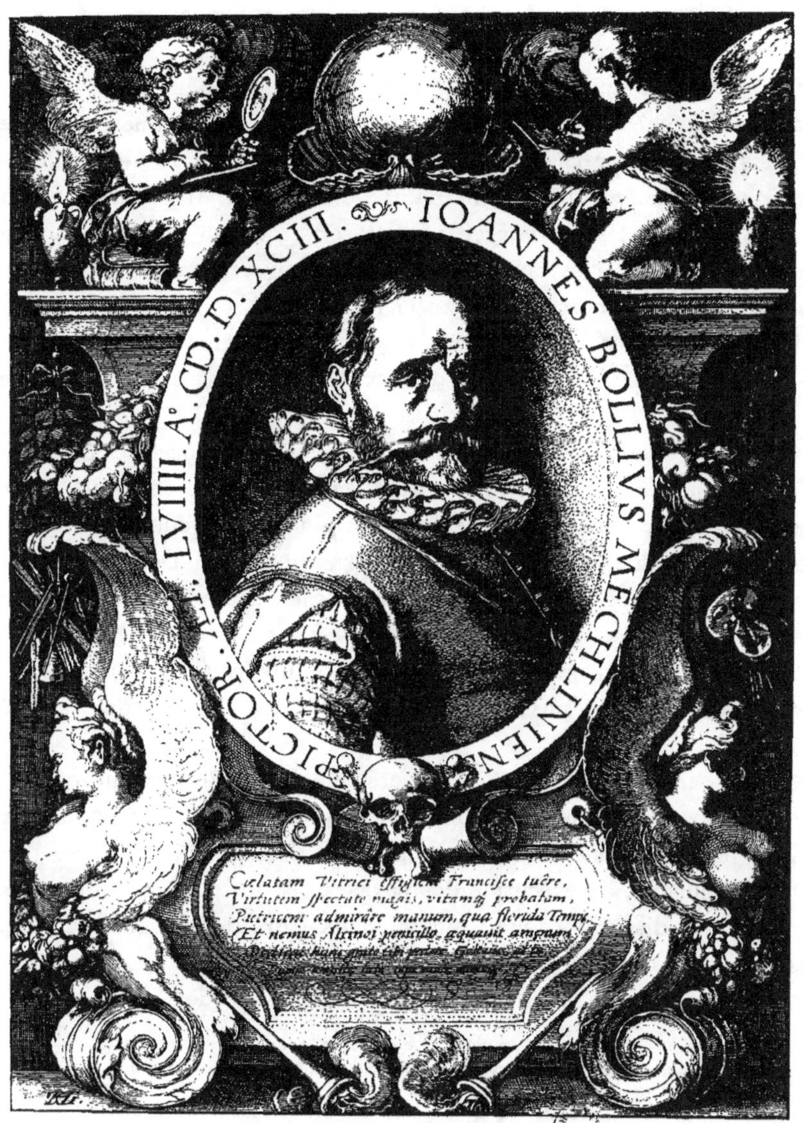

HANS BOL, DE MALINES.

D'après la gravure de Henri Goltzius.

il en était de même du vieux château, qui semblait naître du rocher lui-même. C'était extrêmement joli[1].

Le lointain n'était pas moins bien rendu, de même que l'eau où venait se réfléchir le rocher, et l'on voyait jusqu'aux plumes détachées des ailes d'Icare par la fonte de la cire, poussées par le vent, aller se poser d'une manière absolument naturelle sur l'eau. Il y avait aussi de beaux avant-plans où un berger gardait son troupeau, et, un peu plus loin, un laboureur à sa charrue, considérant avec stupéfaction ce prodigieux spectacle, comme le porte le récit[2].

Hans Bol fit beaucoup d'autres paysages de divers genres; j'en ai vu quelques-uns. Les marchands recherchaient ses œuvres et les payaient bien.

Quand la ville de Malines fut lamentablement surprise et pillée par la soldatesque en 1572, il vint à Anvers complètement dépouillé et nu, et y trouva asile chez un ami des arts, originaire de Belle, en Flandre : Antoine Couvreur, qui le rhabilla magnifiquement. Donc, il ne lui manqua rien, grâce à son art, et c'est le cas de dire, comme du sage Bias, qu'il portait sur lui tout son avoir[3].

Parmi les choses qu'il fit à Anvers, était un livre de toutes sortes de quadrupèdes, d'oiseaux, de poissons, exécutés d'après nature. Cela méritait d'être vu.

Ce fut pendant son séjour à Anvers que Hans Bol, voyant que l'on achetait ses œuvres pour les copier et vendre les copies sous son nom, renonça pour jamais à la peinture sur toile. Il s'adonna dès lors, d'une manière exclusive, à l'exécution des paysages et des petites compositions en miniature, disant : « Qu'ils sifflent dans leurs doigts ceux qui désormais pourront me contrefaire. »

En 1584, il partit d'Anvers par suite des discordes et des fureurs

1. Une gravure in-4° en largeur, par Égide Sadeler, nous redonne ce sujet.

2. M. De Bruyne, antiquaire à Malines, possède une miniature de Bol répondant complètement à cette description. Elle est datée de 1580.

3. Inscrit parmi les membres de la gilde de Saint-Luc d'Anvers en 1574, il obtint le droit de bourgeoisie le 16 septembre 1575. Une estampe datée de 1577 nous donne un échantillon de sa manière de travailler à cette époque. C'est un in-folio représentant la citadelle d'Anvers avec le titre en flamand : *Waerachtige conterfeytinghe*, etc., et en français : *la vraye pourtraiture de l'admirable forteresse et citadelle d'Anvers.... par le tres expert paintre maitre Hans Bol, laquelle.... a esté fidèlement rendue aux estats le 1er d'Agoust, 1577.*

de Mars, et s'en alla à Bergen-op-Zoom; de là, à Dordrecht où il résida une couple d'années; puis, à Delft; enfin, dans la riche et floris-

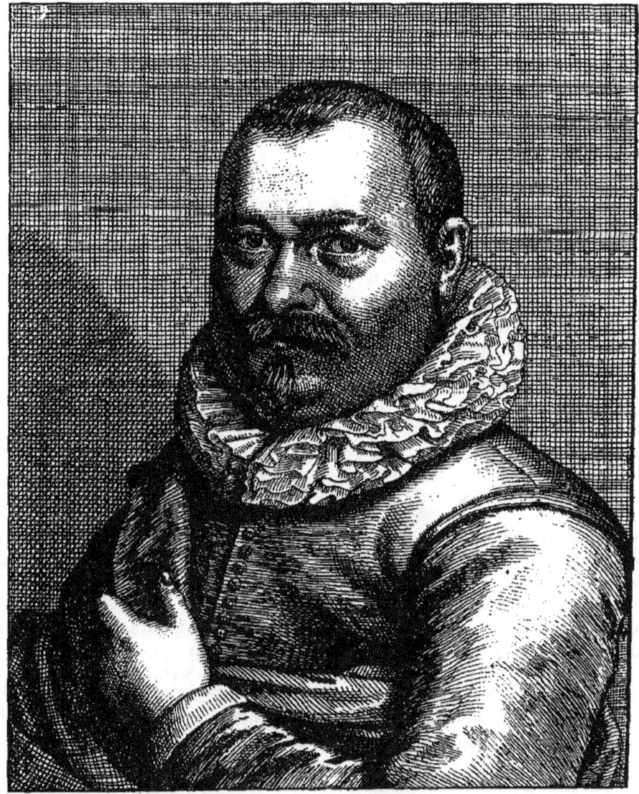

ROLAND SAVERY.

Fac-similé de la gravure de J. Meyssens, d'après A. Willaert.

sante ville d'Amsterdam[1] où il fit nombre de belles miniatures, entre autres des vues de la ville, prises du côté de l'eau avec les navires, et

1. Le droit de bourgeoisie lui fut conféré à Amsterdam le 4 novembre 1591. Il ne peut y avoir aucun doute sur l'identité du maître, bien que les registres lui donnent le prénom de Jacques. (Obreen,

du côté de la terre d'une manière très animée, ainsi que des vues de villages. Il gagna ainsi beaucoup d'argent.

On voit encore de lui à Amsterdam, chez M. Jacques Razet, de belles miniatures : un *Crucifiement* de moyenne grandeur, œuvre approfondie, avec des figures nues et drapées, des chevaux, des fabriques, des lointains; en un mot, un vaste ensemble distribué avec art et fort bien traité.

Il a été fait beaucoup d'estampes d'après ses dessins[1].

Hans Bol est mort à Amsterdam le 20 novembre 1593[2].

Il ne contracta qu'un seul mariage et eut pour femme une veuve qui ne lui donna pas d'enfants, mais qui avait un fils de son premier mariage, nommé François Boels, lequel fut élève de Bol et fit de jolis paysages en miniature[3]. Il mourut peu d'années après son beau-père.

Un autre élève de Bol fut Jacques Savery, de Courtray, qui mourut de la peste à Amsterdam, en 1602[4]. Ce fut son meilleur élève; il était appliqué au travail et signait ses œuvres comme le fait son frère et élève, Roland Savery, qui n'est point inférieur à son maître[5].

Le portrait de Bol a été exécuté en gravure par Goltzius en manière d'épitaphe. Il est très ressemblant et remarquablement bien exécuté[6].

Archief, tome II, page 274.) D'autre part, la supposition de M. le docteur Scheltema, l'auteur de la communication à l'*Archief*, qu'il s'agirait d'un fils de Hans Bol, ne peut tenir, attendu que Bol ne laissa pas d'enfants.

1. Hans Bol compte, en effet, parmi les peintres flamands qui ont fourni aux graveurs le plus grand nombre de compositions; il est, de plus, un des maîtres les plus curieux à étudier, à cause de la variété très grande de ses compositions. Il paraît avoir traité tous les genres avec une égale facilité : figures, paysages, animaux et ornements. Comme représentant de ce dernier genre, M. D. Guilmard l'admet dans son grand ouvrage sur *les Maîtres ornemanistes*. (Page 485. Paris, 1880.) Graveur à l'eau-forte, il a laissé un ensemble remarquable et recherché de planches dont plusieurs retracent les mœurs de son pays avec une finesse et une verve charmantes. M. Philippe vander Kellen les décrit dans son *Peintre-Graveur hollandais et flamand*. (Page 85. Utrecht, 1866.)

Les Galle, les Collaert, Goltzius, Crispin de Passe, les Sadeler, Pierre vander Heyden (*à Merica*), Nicolas De Bruyn, Jérôme Cock ont vulgarisé ses compositions par des planches très intéressantes. Une suite des Quatre Saisons, composée par P. Breughel et Hans Bol (l'*Automne* et l'*Hiver*), est gravée par Pierre à Merica.

2. Nous hésitons à admettre cette date, par la raison qu'il nous est passé par les mains une magnifique *Adoration des bergers*, peinte à l'huile sur vélin, signée en lettres d'or : *Hans Bol F. 1595*. Cette peinture et une autre sans date, la *Résurrection de Jésus-Christ*, signée *H. Bol F.*, mesuraient 290 millimètres de haut sur 225 de large. Les deux œuvres appartenaient, en juin 1883, à M. Meder (Amsler et Ruthardt), de Berlin. Nous n'avons aucune raison de douter de leur authenticité.

3. Nous n'avons jamais rencontré aucune de ses œuvres.

4. Il reçut le droit de bourgeoisie à Amsterdam en 1591. (*Archief* d'Obreen, tome II, page 274.)

5. Roland Savery, né à Courtray en 1576, mort à Utrecht en 1639.

6. C'est le n° 161 de Bartsch, daté de 1593. Goltzius a gravé un second portrait de Bol beaucoup plus petit. (Bartsch, n° 162.)

COMMENTAIRE

Hans Bol est principalement connu, de nos jours, comme miniaturiste et graveur. Nous avons vu de sa main de merveilleuses petites peintures à la gouache dans un Cabinet de la vieille résidence de Munich et au Cabinet des estampes de Dresde, œuvres d'une incroyable finesse et rappelant beaucoup, par l'exécution et les sujets, les travaux de Jean Breughel. Ce sont, le plus souvent, des paysages, des marines, etc., d'un vif éclat de couleur et d'un très grand fini. La Bibliothèque Nationale de Paris possède un livre d'heures d'une perfection rare daté de 1582 [1].

Le musée de Berlin, qui possède aussi plusieurs miniatures, est entré en possession, avec la Galerie Suermondt, d'un curieux petit tableau peint à l'huile, attribué avec raison à Hans Bol dont pourtant il ne porte pas la signature. (N° 650 A.)

Les deux peintures appartenant à M. Meder, de Berlin, la *Nativité*, datée de 1595, et la *Résurrection*, citées plus haut, étaient, nous a-t-il semblé, exécutées à l'huile. Les nombreux personnages et les fonds rehaussés d'or caractérisaient une habileté peu commune.

Quant au tableau de la Pinacothèque de Munich, un *Ecce Homo* vu au fond d'un marché, désigné comme une œuvre de Hans Bol dans l'*Histoire de la Peinture flamande* de M. Michiels (tome VI, pages 140 et 152), c'est, croyons-nous, une peinture de Joachim Beuckelaer. (Catalogue de 1872, n° 78.) [2]

Mais l'unique tableau signé du maître est au musée de Bruxelles, une *Vue panoramique d'Anvers*, datée de 1572.

Hans Bol, Félibien l'assure, fit des cartons pour les fabricants de tapisseries à Bruxelles [3]. Aucune œuvre de l'espèce n'a pu lui être assignée jusqu'à ce jour.

Le talent du maître se prêtait du reste à merveille à un ordre de créations nécessitant à un haut degré l'art de disposer les groupes. Quelques-unes de ses eaux-fortes sont d'un rare mérite. M. vander Kellen lui en attribue vingt-six [4], mais il nous semble que l'on peut aller au delà.

Déjà M. Thausing a signalé plusieurs pièces supplémentaires [5] et nous en avons d'autres sous les yeux dont la signature est parfaitement authentique, telles, par exemple, que l'*Histoire de Jephté* et celle de *Tobie*.

Rien n'est plus joli que les paysages de Bol, animés de petites figures et encadrés, comme les miniatures plus anciennes, de fleurs, d'insectes, d'oiseaux et de quadrupèdes.

1. Waagen, *Manuel*, II, 174.
2. Le Dr W. Schmidt, qui confirme à cet égard nos vues, nous apprend que le tableau est maintenant à Schleissheim. Il a cessé d'être mentionné par le catalogue de la Pinacothèque.
3. Félibien, *Entretiens sur les vies et les ouvrages des peintres*, tome Ier, page 615; Wauters, *les Tapisseries bruxelloises*, page 18.
4. J. Philippe vander Kellen, *le Peintre-Graveur hollandais et flamand*, tome Ier, page 85.
5. *Zeitschrift für bildende Kunst*, tome VIII, page 223.

C'est ainsi que se présentent les planches gravées par Adrien Collaert, et recherchées à juste titre.

M. vander Kellen n'admet pas l'authenticité d'une suite des *Mois*, également encadrés. La gravure de ces planches est assez peu semblable, en effet, à celle pratiquée par Hans Bol, toutefois les compositions sont dans le style du maître. C'est une suite non moins récréative que celle du *Bon Samaritain*, gravée en six feuilles par Crispin de Passe[1].

Les petits épisodes se déroulent dans des paysages où se trahissent tout ensemble l'étude naïve de la nature et le souvenir de la Flandre et de la Hollande, que, depuis peu de temps, les artistes avaient jugé pouvoir leur fournir des sites pour embellir leurs œuvres d'art.

1. Francken, *les van de Passe*, nos 1264-1269.

XIII

LES FRÈRES FRANÇOIS ET GILLES MOSTART

DE HULST, EN FLANDRE.

Hans Soens.

Il n'arrive pas une fois sur cent, voire sur mille, que la nature produit deux individus si exactement semblables par la taille et le visage, qu'on ne les distingue à quelque particularité. Pourtant le contraire s'est vu en ce qui concerne les frères jumeaux François et Gilles Mostart, si pareils l'un à l'autre, que leurs parents eux-mêmes ne parvenaient pas à les distinguer.

Ils avaient vu le jour à Hulst, en Flandre, endroit qui n'est pas très éloigné d'Anvers[1], ville qu'ils habitaient avec leur père, un peintre fort médiocre. Ils descendaient pourtant du vieux Mostart, de Harlem, et étaient originaires de la Hollande.

Il se fit un jour que Gilles, venant considérer l'ouvrage de son père, s'assit par mégarde sur le siège où était déposée la palette de celui-ci. Lorsque le père vit les couleurs de sa palette ainsi brouillées, il cria à François de monter et, le trouvant exempt de tache, il reconnut l'innocence du garçon. Alors il appela Gilles qui tint conseil avec son frère; François était coiffé d'un bonnet particulier qui lui servait de signe distinctif; Gilles le mit et s'en alla trouver son père qui, ne voyant aucune tache, crut ses deux fils non coupables et s'en étonna fort, car il ne parvenait pas à les identifier.

Gilles apprit la peinture chez Jean Mandyn, le peintre de drôleries[2], et François chez le sévère Henri met de Bles[3]; tous deux devinrent

1. Il s'agit d'un village de la Flandre occidentale. Le catalogue du musée d'Anvers donne l'année 1525 comme date de leur naissance. M. vanden Branden recule cette date jusqu'en 1534.

2. Voyez tome Ier, chapitre IV. Il fut aussi le maître de Barthélemy Spranger, toujours selon notre auteur.

3. Voyez tome Ier, chapitre XXII. On peut se demander si réellement ce ne fut pas à Anvers que François suivit les leçons de ce maître, dont le séjour en pays flamand n'est pas établi.

de bons maîtres, François se distinguant comme paysagiste, et Gilles peignant les figures, particulièrement celles de petite dimension[1].

François commença par peindre ses propres personnages; mais, un peu plus tard, il en confia l'exécution à d'autres.

Les deux frères entrèrent dans la gilde des peintres d'Anvers en 1555[2]. François mourut de la suette étant encore assez jeune, lorsque déjà il était arrivé à se faire un nom[3]. Le principal de ses élèves fut Hans Soens, un habile maître qui s'est fixé à Parme, en Italie, et excelle dans le paysage et les petites figures, et ne le cède à nul autre, ni à Rome, ni à Parme, comme le prouvent les œuvres de son habile main[4].

Gilles était fort distingué dans les figures et les compositions, et si charmant causeur que bien des personnes avaient du plaisir à se trouver avec lui. Il n'était pas des plus portés pour sa religion ni pour les Espagnols et fit plus d'un tour.

C'est ainsi, par exemple, qu'ayant à faire une *Vierge* pour un Espagnol, et celui-ci ne voulant pas le payer fort largement, Gilles prit un pinceau et couvrit toute sa peinture d'une couche de blanc à la colle. Il accoutra la Vierge d'une manière débraillée et lui donna l'aspect d'une courtisane. Prétendant être sorti, il donna l'ordre de laisser monter l'Espagnol qui s'empressa de retourner la peinture qu'il connaissait comme s'il l'avait faite et, voyant une telle Vierge, entra dans une grande fureur et courut chercher le Margrave. Ceci se passait sous Ernest[5]. Dans l'intervalle, Gilles avait lavé la peinture et l'avait mise sur le chevalet.

Le Margrave vint, et apostrophant Gilles lui dit : « Que viens-je d'apprendre, Gilles? C'est de votre part un méfait qui m'afflige. A quoi donc songez-vous de faire pareille chose? »

Le peintre l'introduisit et lui montra la peinture; tout était en ordre et l'Espagnol ne savait que dire.

1. Cela n'est pas absolument exact; nous connaissons de très jolis paysages de Gilles.
2. Les livres matricules disent 1553 et 1554 pour l'un et l'autre frère.
3. En 1560. (Vanden Branden.)
4. Voir ci-après, chapitre XXXI.
5. C'est-à-dire, sous le gouvernement de l'archiduc Ernest d'Autriche en 1594.

Alors ce fut au tour de Gilles de faire ses doléances au sujet de l'Espagnol qui refusait de payer son œuvre un prix équitable et pour cela lui cherchait noise afin d'obtenir la peinture pour rien; bref, l'Espagnol eut tous les torts du monde.

Je pourrais citer de lui quantité d'autres niches de l'espèce; l'histoire d'une *Cène* où l'on se battait et qu'il savait également modifier en la lavant; un *Jugement dernier,* dans lequel il s'était mis en enfer, jouant au trictrac avec un ami, et nombre de bons mots qu'il serait trop long de rapporter, car j'en aurais de quoi faire un volume.

En mourant il léguait l'univers à ses enfants [1], disant qu'ils y trouveraient du bien en abondance, avec cette réserve qu'il leur faudrait trouver le moyen de le gagner. Il mourut à un âge avancé, le 28 décembre 1598.

Il y a à Middelbourg, chez M. Wijntgis, un grand et beau tableau de lui, où les sieurs de Schetz sont reçus en grande pompe par les paysans, comme seigneurs de Hoboken[2]. Il y a encore un *Portement de la croix* et une perspective, effet de nuit, où *Saint Pierre est délivré de prison et conduit par l'ange,* et plusieurs autres choses très bien faites.

COMMENTAIRE

Les deux Mostaert méritent les éloges que van Mander leur accorde et, de même que Jacques Grimmer, Savery, etc., font preuve d'une véritable initiative en qualité de paysagistes et de peintres de vues de ville. C'est ainsi que Jules Goltzius nous a laissé une suite des *Mois* gravée d'après Gilles, extrêmement bien étudiée et rendant à merveille les sites de la Flandre aux diverses saisons.

Le burin de Henri Causé nous reproduit également une vue de la grande place d'Anvers avec l'ancien hôtel de ville, démoli en 1564. Nous en concluons qu'un *Ecce Homo*, appartenant à l'administration communale d'Anvers, et où le Christ est présenté au peuple du haut du perron de cet ancien hôtel de ville, est l'œuvre, non pas de Gilles, mais de François Mostaert [3].

1. Marié en 1564, il eut dix enfants. (Vanden Branden, page 306.) Quand il mourut, sa famille était dans une profonde misère. Le portrait de Gilles Mostaert, peint par Guillaume Key, est au musée du Belvédère, à Vienne, n° 952 du catalogue de 1884.

2. Gaspard, Balthasar et Melchior Schetz, d'Anvers. Melchior fut banquier et trésorier général de Philippe II (1514-1581).

3. Ce tableau figura à l'Exposition rétrospective d'Anvers en 1877, n° 500 du catalogue.

Le Belvédère, à Vienne, possède trois paysages, des sites montagneux, également dus au pinceau de François. (2e étage, nos 1037, 1038 et 1039.) Il est évident que, pour s'être fait une réputation à l'époque de sa mort, le jeune artiste avait dû produire un nombre d'œuvres au moins suffisant pour qu'on apprît à le connaître. Il partage donc jusqu'ici le sort de son maître, de Bles, de Mandyn et de nombre d'autres oubliés.

Les œuvres de Gilles Mostaert, chose remarquable, ne sont pas plus nombreuses que celles de son frère.

Contrairement à l'assertion de van Mander, il ne peignit pas seulement la figure, puisque nous venons de signaler une suite de paysages gravés d'après lui par Goltzius. Nous le trouvons, en outre, en 1595, recevant de la part de l'archiduc Ernest d'Autriche une somme de 98 fl. 8 sous, pour deux tableaux acquis par le gouverneur et qui devraient se trouver encore à Vienne, où l'on envoya la collection rassemblée par le frère de l'empereur. Il s'agissait d'un *Effet de lune* et d'un *Effet d'incendie*[1]. Le no 1037, attribué à François Mostaert, est précisément un clair de lune. Augustin Carrache fit une gravure du *Couronnement de la Vierge* d'après G. Mostaert ; de même beaucoup d'autres graveurs, Jean Sadeler, Henri Hondius, les Wierix, nous permettent de juger ses compositions religieuses conçues dans le goût de Michel van Coxcyen[2]. Au surplus, le musée d'Anvers possède de l'artiste un tableau d'une certaine importance ; plusieurs personnages entourant un *Christ en croix*. (No 261.)

Le musée de Copenhague possède de lui un autre *Christ en croix* authentiqué par la signature. (No 246.)

Un second Gilles Mostaert, né en 1588, devint franc-maître de la gilde de Saint-Luc d'Anvers en 1612. Il était fils de notre artiste[3].

M. vanden Branden donne une liste étendue d'œuvres de Gilles Mostaert désignées dans les inventaires anversois, notamment celui du célèbre amateur van Valkenisse où ne figurent pas seulement une soixantaine de tableaux, mais *dix-huit assiettes* peintes par l'habile praticien. Que sont devenues toutes ces œuvres ? En dehors de celles que nous avons mentionnées, M. vanden Branden n'a pu retrouver que quelques petits panneaux de la *Passion* appartenant aux hospices d'Anvers.

Gilles Mostaert comptait parmi les bons peintres de son temps. Ce qui le prouve, c'est qu'il fut appelé, conjointement avec Martin De Vos, Ambroise Francken et Bernard De Ryckere, à estimer la valeur du *Jugement dernier* de Raphael Coxcie, commandé par la municipalité gantoise[4]. Les missions de ce genre ne se confiaient qu'à des artistes d'un talent éprouvé.

1. Voyez le *Voyage d'Ernest d'Autriche*, etc., par le docteur Coremans, dans le *Bulletin de la commission royale d'histoire*, tome XIII, page 120.

2. Nous pouvons citer l'*Homme des douleurs*, par Wierix (Alvin, nos 198, 224, 1132); le *Christ en croix*, par Jean Sadeler; *Saint Jérôme au désert*, par le même; *Saint Paul à Malte*, par H. Hondius; le *Couronnement de la Vierge*, par Augustin Carrache; *Madeleine au pied de la croix*, par un anonyme : *Hans Liefrinck excud.*

3. Vanden Branden, *Geschiedenis*, page 306.

4. Edmond De Busscher, *Un Procès artistique au XVIe siècle.* (*Bulletin de l'Académie royale de Belgique*, 2e série, tome XVI.)

XIV

MARINUS LE ZÉLANDAIS, DE ROMERSWAEL

La réputation qu'il s'est acquise ne permet pas que l'on passe sous silence un bon peintre du nom de Marin de Romerswael ou Marin le Zélandais. Ses œuvres se rencontraient beaucoup autrefois en Zélande.

C'était un habile praticien à la manière moderne, plus dure qu'agréable, à en juger par ce que j'ai vu de lui. Chez Wijntgis, à Middelbourg, il y a un *Receveur,* assis dans son bureau, œuvre bien composée et fort joliment peinte[1]. J'ignore les dates de sa naissance et de sa mort, mais je sais qu'il florissait au temps de Frans Floris.

COMMENTAIRE

Il y a peu de temps encore Marinus était un inconnu. Rathgeber et Passavant le passent sous silence dans leurs études sur l'école flamande, et Waagen, qui le fait vivre à Bâle, l'appelle maitre *Maximin*, probablement sur la foi d'une signature mal lue. Ce fut Mündler qui, le premier (*Journal des Beaux-Arts*, 1863, page 127), mit sur la voie du nom véritable du peintre. Le doute était d'autant moins possible que plusieurs de ses tableaux, entre autres le n° 138 de la Pinacothèque de Munich, portent le mot *Reymerswaelen* avant ou après le nom. Marinus, bien qu'il se présente comme un imitateur, et presque un plagiaire de Quentin Metsys, n'en est pas moins un peintre intéressant et expressif, en même temps qu'un praticien d'une rare habileté. Guichardin le connaissait tout au moins de nom; il l'appelait *Marino di Sirissea*, c'est-à-dire de Zierickzee. Vasari se contente de dire *Marino di Siressia*, ce qui ne signifie plus rien. En somme, Marinus, Marin, est un prénom parfaitement connu, et le qualificatif *Zeeuw*, le Zélandais, n'est qu'un simple surnom. L'auteur du catalogue du musée de Dresde croyait que Marinus était la traduction de vander Meer.

Le catalogue de la Galerie Nationale de Londres croit également à tort que *Zeeuw* est l'équivalent de *Marinus*, le prénom, et *Romerswaal*, le nom patronymique. Le lecteur sait à quoi s'en tenir. Nous avons découvert que le peintre s'appelait Marin Claeszoon, était Zélandais *(Zeeuw)* et, enfin, natif de Romerswaal ou Reimerswael, une des villes submergées de l'île de Walcheren.

1. Peut-être le tableau du musée de Munich, n° 44. (N° 139, catalogue Reber.)

L'apprentissage de Marinus se fit à Anvers où son père avait été reçu franc-maître en 1475 à la gilde de Saint-Luc, sous le nom de Claes (Nicolas) de Zierickzee[1]. Nous disons son père, attendu qu'en l'année 1509 « Marin Claessone (fils de Nicolas), le *Zélandais* », est inscrit comme élève chez Simon van Daele, peintre sur verre. Le mot *Zeelander*, employé à Anvers, équivaut à celui de *Zeeuw*, employé en Hollande pour désigner les Zélandais. Il devient donc probable que Marin Claeszone de Zeeuw a fait à Anvers, et dans le voisinage de Quentin Metsys, ses débuts.

Jusqu'à ce jour les œuvres reconnues du maître sont assez peu nombreuses ; elles se confondent plus d'une fois, sans doute, avec celles de Quentin Metsys, comme l'a fait observer avant nous M. Max Rooses.

Il faut remarquer aussi que les deux artistes furent contemporains, car, en réalité, un *Saint Jérôme en méditation*, au musée de Madrid, est daté de 1521[2].

Les autres dates que l'on a relevées sur les peintures de Marinus sont 1538 et 1542, sur deux admirables panneaux de la Pinacothèque de Munich, un *Changeur et sa femme* et un *Receveur*. Un tableau de Dresde, reproduction presque textuelle du tableau de Quentin Metsys du Louvre, les *Peseurs d'or*, est daté de 1541. Un autre, à Madrid, porte la date de 1558 qui figure également sur une version à Nantes, enfin, sur une dernière répétition à Copenhague, figure la date de 1560[3].

Ajoutons, pour compléter l'œuvre du maître : une *Vierge avec l'Enfant Jésus* et un second *Saint Jérôme*, au musée de Madrid. Un admirable *Usurier* ou *Banquier* à Londres, à la Galerie Nationale (nº 944), et un tableau très proche de celui-ci attribué à Quentin Metsys : le *Comptable*, au musée d'Anvers (nº 244). Puis encore deux répétitions des *Usuriers* à Anvers et à Valenciennes, un *Banquier* chez le marquis de Lansdowne, à Londres[4], un *Saint Jérôme* au palais Brignole Sale, à Gênes, et une *Sainte Famille* au palais Balbi Piovera, attribués l'un et l'autre à Lucas de Leyde[5] ; un autre *Saint Jérôme* au Belvédère, à Vienne (nº 989), et l'*Administrateur infidèle*, (nº 988), du même musée ; un *Saint Jérôme* chez M. le chevalier de Burbure, à Anvers, et un autre au musée de Douai, et nous en passons très probablement.

Le catalogue de la Galerie Nationale de Londres recule jusqu'en 1567, « et même au delà », la date de la mort de l'artiste. Voici qui tend à confirmer cette présomption :

Par sentence du 23 juin 1567, Marin Claeszoon, né à Romerswael, est condamné à

1. Rombouts et van Lerius, *les Liggeren*, tome Ier, page 25.

2. Catalogue, nº 144. M. Fernand Petit (*l'Espagne artistique*, page 54, Lyon, 1879) nous apprend qu'un second *Saint Jérôme*, absolument pareil, existe au musée de l'Académie de Séville. On le conservait précieusement dans le cabinet du directeur comme une œuvre de Dürer. Il faut lire aussi sur Marinus de Romerswaal la remarquable étude de M. Max Rooses, *Geschichte der Malerschule Antwerpens* (traduction de M. Reber), pages 82-83. Munich, 1881.

3. Voyez les articles de MM. Fernand Petit, Burton, Houdoy et Sigurd Muller dans la *Chronique des arts*, 1879, pages 217, 230 et 265.

4. Exposé à l'Académie royale en 1884, sous le nom de Holbein, attribution rejetée par tous les critiques. (M. Claude Philipps dans la *Gazette des Beaux-Arts*, 1884, page 181, et la correspondance de M. J. P. Richter dans l'*Academy*, 1884, page 34.)

5. M. O. Eisenmann (Dohme, *Kunst und Künstler*, tome Ier, article Quentin Metsys) attribue cette *Sainte Famille* à Jean Joest (Joesten), de Calcar.

figurer, en chemise, et portant un cierge, dans la procession de la Westmunsterkerk, à Middelbourg, ensuite à être banni de la ville l'espace de six ans, pour avoir assisté à la destruction des images de la Westmunsterkerk, au mois d'août précédent[1].

Sachant que le peintre a commencé son apprentissage en 1509, nous pouvons fixer vers l'année 1497 la date de sa naissance. Marinus aurait donc eu environ soixante-neuf ans à l'époque de la dévastation des églises. On ne dit pas qu'il y joua un rôle actif, mais, enfin, il y fut présent et laissa faire[2].

Sommes-nous fondés d'accuser Marinus d'être le copiste de Quentin Metsys? Est-il certain qu'un grand nombre des *Banquiers*, des *Peseurs d'or* et des *Avares* attribués à ce dernier ne procèdent pas du Zélandais? Une chose est avérée, c'est que notre peintre trouva lui-même un copiste en Bernard De Ryckere, de Courtray, peintre fixé à Anvers. A la mort de ce dernier, en 1590, il fut constaté qu'il avait chez lui un certain nombre de peintures originales, servant de modèles aux nombreuses copies qui sortaient de l'officine du Courtraisien. Au nombre de ces prototypes, figurait le tableau des *Changeurs* de Marinus[3] *et sa copie*. Il est donc permis de croire que Bernard De Ryckere n'est pas étranger aux nombreuses éditions que l'on trouve de ce tableau célèbre, et de plusieurs autres parmi lesquels le *Saint Jérôme* doit occuper une des premières places.

1. Adrien S'Gravezande, *Tweede Eeuw-Gedachtenis der Middelburghsche Vrijheid*, page 98. Middelbourg, 1774. La Westmunsterkerk ou église Saint-Martin fut démolie en 1575 lors de l'agrandissement de la place du Marché.

2. Henri Hymans, *Marin le Zélandais, de Romerswaal.* (*Bulletin de l'Académie royale de Belgique*, 1884, page 211.)

3. P. Génard, *le Peintre Bernard De Ryckere.* (*Revue artistique*, première année, pages 27, 252, 287. Anvers, 1879.)

XV

HENRI VAN STEENWYCK

Les amateurs recherchent avec raison les œuvres de Henri van Steenwyck, un maître qu'il convient de ranger parmi les meilleurs et dont le nom mérite de passer à la postérité.

Il était, je crois, originaire de Steenwyck[1] et élève de Jean De Vries[2]. Toutefois il s'adonna exclusivement à la peinture des intérieurs d'églises modernes, et l'on en voit de sa main d'extraordinairement jolies ayant de charmants étoffages, le tout traité avec une parfaite entente; il ne serait pas possible de rien faire de meilleur en ce genre.

De même que les Valckenborgh et De Vries, il abandonna les Pays-Bas[3] pour fuir les fureurs de Mars et se fixa enfin à Francfort-sur-le-Mein[4] où je crois qu'il est mort en 1603[5], laissant un fils, digne héritier de son mérite, et qui peint également des perspectives d'après les ordres des colonnes antiques[6].

1. Commune de l'Overyssel.

2. Il s'agit de Jean Vredeman De Vries. (Voir ci-après, chapitre XXII.)

3. En 1577 il se fit recevoir franc-maître à Anvers.

4. La présence du peintre dans cette ville, où s'étaient réfugiés de nombreux protestants néerlandais, paraît indiquer qu'il s'était expatrié à cause de ses opinions religieuses.

5. On a souvent rappelé que la fameuse *Délivrance de saint Pierre* au Belvédère, à Vienne, n° 1271, est datée de 1604. Riegel (*Beiträge zur Niederländischen Kunstgeschichte*, tome II, page 35) remarque, avec raison, que cette peinture pourrait être une œuvre de jeunesse de Steenwyck le fils, ce qui est d'autant plus admissible que la Galerie de Hampton Court possède plusieurs fois le même sujet, peint par ce dernier.

6. Henri van Steenwyck le Jeune naquit à Amsterdam en 1580 (ou 1589) et mourut à Londres après 1649. Ces dates ne sont toutefois qu'arbitraires. Bien que Steenwyck le Jeune ait habité l'Angleterre, Walpole ne nous donne à son sujet aucune indication précise. Son tableau, un *Intérieur de prison*, au musée de Berlin, est daté de 1649. Pierre Neefs fut, dit-on, l'élève de Steenwyck le Jeune, bien qu'on puisse douter qu'il soit venu à Anvers.

Ant. van Dyck a donné place dans son *Iconographie* au portrait de Steenwyck le Jeune, gravé par Pontius. Au deuxième état, cette planche porte les mots : PICTOR ARCHITECTONICES HAGÆ COMITIS.

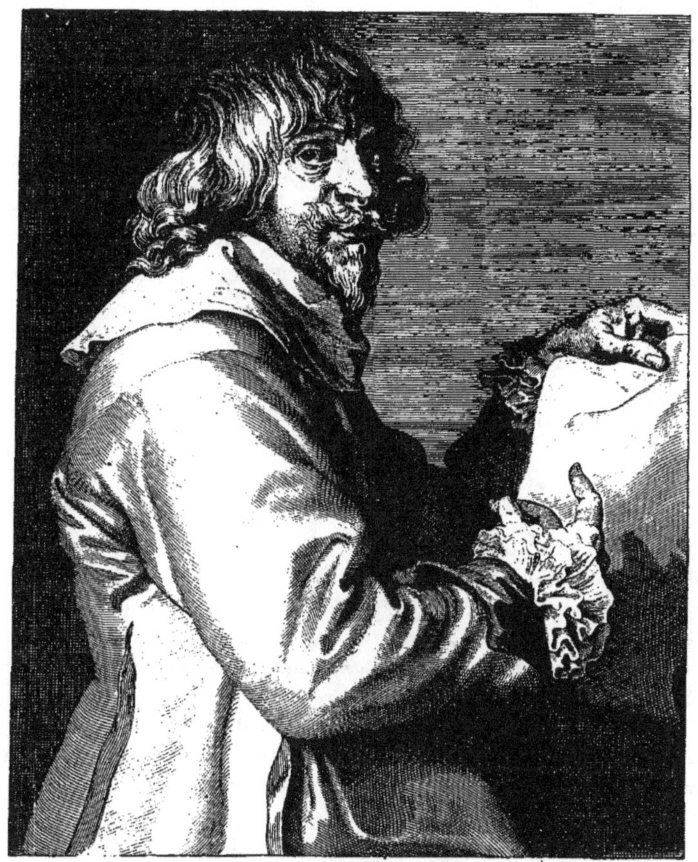

HENRICVS STEENWYCK.
· PICTOR ARCHITECTONICES HAGÆ COMITIS.

HENRI VAN STEENWYCK LE JEUNE.

Fac-similé de la gravure de Paul Pontius, d'après van Dyck.

XVI

BERNARD DE RYCKE[1], DE COURTRAY

Il faut consigner ici honorablement le souvenir de Bernard De Rycke, originaire de Courtray, dont la peinture était facile et agréable, comme on peut encore le constater par un *Portement de la croix,* à l'église de Saint-Martin, à Courtray[2]. C'est une œuvre des premiers temps du maître. Plus tard, il modifia et, à l'en croire, perfectionna sa manière. Je laisse à d'autres le soin d'apprécier s'il en fut ainsi.

En 1561, il entra dans la gilde d'Anvers; c'est dans cette ville qu'il est mort[3].

COMMENTAIRE

Bernard De Ryckere, né à Courtray, on ignore en quelle année, alla se fixer à Anvers en 1561. M. vanden Branden suppose qu'il devait être, à cette époque, âgé de vingt-six ans à peu près. Il se maria à Anvers en 1563. On ne connaît de lui d'autres œuvres que deux tableaux de l'église Saint-Martin, de Courtray : le *Portement de la croix* (1560), cité par van Mander, et un grand triptyque de la *Descente du Saint-Esprit*, une œuvre vraiment imposante, ayant pour volets intérieurs la *Création de l'homme* et le *Baptême du Christ*, et portant à l'intérieur, en grisaille, les figures de *saint Sauveur* et de *saint Martin*. Cette peinture, commandée en 1585 au prix de 200 livres de gros[4], porte la précieuse mention : *Bernardus De Ryckere pinxit et solùs fecit*, 1587. Il résulte de là que, d'ordinaire, pour les œuvres d'une telle importance les peintres recouraient à des collaborateurs. De Ryckere se glorifie d'avoir accompli seul la lourde tâche qu'il avait assumée.

Le triptyque de la *Pentecôte* est vraiment une création remarquable, sagement ordonnée, d'une grande distinction de type et d'un coloris vigoureux. Comparée au *Portement de la croix*, elle accuse certainement chez son auteur un progrès.

1. Lisez De Ryckere.

2. Ce tableau est toujours conservé à l'église Saint-Martin, à Courtray. Il est de moyenne grandeur, signé et daté de 1560.

3. Le 1er janvier 1590. (F. De Potter, *Geschiedenis van Kortrijk*, tome IV, page 278.)

4. Le contrat existe encore. Nous en avons sous les yeux une traduction française insérée par

Après la mort du peintre, on trouva chez lui une quantité énorme de tableaux de tout genre, originaux et copies. Il y avait là quelque chose comme *cinq cents* peintures, dont quelques-unes servant peut-être de modèle et, parmi ces dernières, nous voyons figurer une scène de *Changeurs*, de Marinus [1]. De Ryckere pourrait donc bien avoir une part aux nombreuses éditions des *Usuriers*, que l'on rencontre dans les Galeries. Des habitudes de copiste expliqueraient, peut-être, l'inscription *Solus pinxit et fecit* du tableau de Courtray.

Bernard De Ryckere fut, en 1589, chargé, conjointement avec Martin De Vos, Ambroise Francken et Gilles Mostaert, d'évaluer le tableau de Raphael Coxcie, le *Jugement dernier*, commandé par la ville de Gand [2]. Il mourut peu de temps après, le 1er janvier 1590, laissant cinq fils et deux filles. Abraham, l'aîné des fils, âgé de vingt-cinq ans, était un peintre déjà distingué. Le musée d'Anvers et l'église Saint-Jacques, de la même ville, conservent de ses œuvres [3]. Il mourut en 1599 [4].

Tous les tableaux délaissés par B. De Ryckere furent vendus, les uns de la main à la main, les autres publiquement. Une partie de la collection passa entre les mains des Duarte, marchands de tableaux célèbres du temps; le prince d'Orange figura aussi au nombre des acquéreurs. Il est à observer, toutefois, que l'ensemble ne réalisa qu'une somme peu importante [5].

Mols dans son exemplaire du *Voyage pittoresque* de Descamps. Le texte original a été publié par M. De Potter dans son histoire de Courtray (en langue flamande), tome III, page 94.

1. Max Rooses, *Geschichte der Malerschule Antwerpens*, traduction F. Reber, page 107. Vanden Branden, *Geschiedenis*, etc., page 334. P. Génard, *le Peintre Bernard de Ryckere.* (*Revue artistique*, pages 27, 232 et 287. Anvers, 1878-79.)

2. Edmond De Busscher, *Procès artistique au conseil de Flandre.* (*Recherches sur les peintres et les sculpteurs à Gand au XVIe siècle.* Gand, 1866.)

3. *Catalogue du musée d'Anvers*, 3e édition, page 119. M. Génard attribue ces tableaux à Bernard lui-même, contrairement à l'avis de M. T. van Lerius, auteur du catalogue.

4. Vanden Branden, *loc. cit.*, page 339.

5. P. Génard, *loc. cit.*

XVII

GILLES COIGNET, D'ANVERS

Parmi les Flamands qui se signalèrent dans l'art de faire un bon emploi des couleurs, il convient de comprendre et de mentionner Gilles Coignet, peintre anversois, qui logeait chez Antoine Palerme, à Anvers [1], avant son départ pour l'Italie.

Il avait un compagnon qu'on nommait Stello, en collaboration duquel il fit plusieurs œuvres, notamment à Terni, entre Rome et Lorette, où ils ornèrent une salle de grotesques à la manière française, et peignirent à fresque un autel.

Stello trouva la mort sur le pont du Château [2], par la chute d'une fusée qui l'atteignit en pleine poitrine un jour de fête pontificale.

Coignet visita aussi Naples, la Sicile et divers lieux d'Italie, peignant à l'huile et à fresque.

Il entra, en 1561, dans la gilde, ou chambre des peintres la *Giroflée* d'Anvers [3], et se fixa dans cette ville. Il y produisit un grand nombre d'œuvres, particulièrement des toiles et des tableaux, ayant parfois recours à Corneille Molenaer, surnommé le Louche [4], pour faire ses fonds.

Il travailla beaucoup pour les marchands et se rendit célèbre sous le sobriquet de « Gilles à la tache », d'un signe qu'il portait à la joue et qui était velu comme une souris dont sa mère avait pris peur dans sa grossesse.

La guerre, au temps du prince de Parme, le fit partir d'Anvers [5];

1. Voyez au sujet de cet artiste la biographie de Jacques de Backer, tome Ier, page 286.
2. Le pont Saint-Ange, à Rome.
3. Il fut le doyen de cette gilde en 1584-1585.
4. Voyez ci-dessus, chapitre III.
5. Ce ne fut que vers la fin de 1586. Le 28 septembre de la même année il sollicita de la municipalité d'Anvers un certificat de bonne vie et mœurs qu'il obtint, sur la foi des attestations de deux doyens de la gilde de Saint-Luc : Antoine van Palerme et Jean vanden Kerckhove. Il n'est pas fait

il vint alors à Amsterdam et y réussit assez bien[1]; toutefois, pour un motif que j'ignore, il s'en est allé à Hambourg et y est mort en 1600[2].

C'était un aimable et gai compère, grand farceur, et très habile dans son art, autant pour la figure que pour le paysage et les fonds. Il avait une jolie manière de rendre les effets de nuit, se servant parfois de l'or pour rehausser la flamme des torches ou des lampes, ce qui contribuait beaucoup à l'illusion. Tout le monde n'approuvait pas cependant cette manière de procéder, beaucoup de connaisseurs étant d'avis que le peintre doit se servir exclusivement de couleurs pour produire ses effets. D'autres, au contraire, pensent que tout procédé est bon lorsqu'il contribue à l'effet et augmente l'illusion aux yeux du spectateur.

On blâme avec plus de raison Coignet d'avoir vendu les copies de ses élèves comme des œuvres de sa main lorsqu'il y avait fait quelques retouches.

Parmi ses élèves[3] était le fils d'un certain Claes Pietersen, orfèvre

mention dans le document des opinions religieuses de Coignet qui, précisément, s'expatriait pour ne pas abjurer le protestantisme. (Voyez Léon de Burbure, *Biographie nationale de Belgique*.)

1. La seule trace de son passage que nous trouvions dans cette ville est la dédicace qu'il fit, en 1594, à Jacques Razet, de la *Cène*, grande estampe gravée par Jean Muller d'après un de ses tableaux. (Bartsch, n° 28.) Musée de Gotha, n° 80.

2. Le 27 décembre 1599. Il eut sa sépulture dans l'église protestante de Saint-Jacques. Son épitaphe, publiée pour la première fois par le *Journal des Beaux-Arts* (1865, page 111), est ainsi conçue :

MEMORIÆ
ORNATISS. VIRI ÆGIDII COIGNET
ANTVERPIANI, PICTORIS EXIMII ET
CUM SUMMIS HUJUS TEMPORIS
ARTIFICIB. QUIBUS IN BELGICIS PROVINCIIS
ET IN GERMANIA, GALLIA ET ITALIA
FAMILIARITER INNOTUIT, MERITO COMPARANDI
ANNO CIↃ·IↃ·XCIX·XXVII XBRIS IN
HAC URBE PIE DEMORTUI ET IN HAC
ECCLESIA RELIGIOSE SEPULTI.
MAGDALENA * MAESTISSIMA VIDUA
ET JULIANA FILIA UNICA SUPERSTITES
CUM LACHRYMIS F. F.

3. A Anvers on trouve inscrits, en cette qualité, Simon Ykens (1570); Jacques Hermans (1571); Gaspard Dooms (1574); Robert Huls (1584).

* Elle s'appelait Kempeneers.

d'Amsterdam[1], qui était gaucher, et débuta excellemment. Malheureusement, il mourut jeune d'une maladie de langueur, comme son frère aîné qui avait également bien débuté.

COMMENTAIRE

Gilles Coignet ou Congniet, dont on fixe approximativement la naissance entre les années 1535 et 1540, était fils d'un orfèvre d'Anvers, nommé également Gilles.

On le trouve inscrit, en 1553, comme élève d'un peintre peu connu, Lambert Wenselyns, et il reçut, paraît-il, les leçons d'Antoine de Palerme, plus marchand que peintre, et de qui peut-être Coignet apprit à trafiquer des œuvres de ses élèves.

Le séjour du jeune artiste en Italie peut avoir été de quatre ans au plus, son apprentissage n'ayant sans doute pris fin qu'en 1557, et son admission à la maîtrise étant de 1561. Nous avons relaté plus haut les particularités de l'existence du maître recueillies dans les divers auteurs qui se sont occupés de lui d'une manière spéciale.

Les œuvres existantes de Gilles Coignet sont extrêmement rares. Le musée d'Anvers possède de lui, sous le n° 35 de son catalogue, un portrait en pied de *Pierson de la Hues* (de la Housse ?), tambour du vieux Serment de l'arc, et, sous le n° 36, un *Saint Georges combattant le Dragon*. Ces deux œuvres sont datées de 1581. Le portrait, figure de grandeur naturelle, est bien posé et traité avec goût. La facture en est cependant assez molle.

En dehors de ces deux peintures, nous ne connaissons que le musée de Gotha où existe une œuvre originale du maître : une réduction de la *Cène*, gravée par J. Muller, et que Rathgeber envisage avec raison, sans doute, comme l'esquisse d'une page plus développée ayant servi à l'estampe qui est en contre-partie de la composition.

Peut-être, — et nous ne citons ce tableau que pour la manière étrange dont y sont appliquées les lumières, toutes en relief, — peut-être le *Festin de Balthazar*, au musée d'Arras (n° 199), est-il une autre œuvre de Coignet. La composition est d'ailleurs très proche de celle du tableau de Douai, infiniment supérieur, attribué à François Franck le Vieux.

Le musée de Cassel possède de Coignet, sous le n° 86, une copie, datée de 1579, de la *Vénus au miroir* du Titien, tableau dont il existe de nombreuses répétitions.

Le musée de Bruxelles, sous le nom d'Adam van Noort, montre un tableau du *Christ bénissant les enfants*, attribué à Gilles Coignet, dans les précédentes éditions du catalogue.

1. Nicolas Pietersen est cité dans les comptes de la gilde de Saint-Luc de La Haye de 1568 à 1569, comme ayant adapté un nouveau pied au calice de la corporation. (Voyez *Archief* d'Obreen, tome IV, page 22; communication de M. A. Bredius.) Ne connaissant pas le prénom du fils, nous n'avons pu le distinguer d'entre le grand nombre de ses homonymes.

Un élève qui fit plus d'honneur à Gilles Coignet fut Corneille Cornelisz, de Harlem, dont on trouvera la monographie au chapitre xxxv du présent volume.

L'œuvre nous paraît se rapprocher davantage du style de ce dernier que de celui du maître de Rubens. De plus, les fabriques du fond offrent beaucoup d'analogie avec celles d'une estampe de Jean Wierix, reproduisant un dessin de Coignet : *les Vierges sages*. (Alvin, nº 1400.)

Gilles Coignet a été gravé par les burins les plus habiles de son temps : Raphael et Jean Sadeler, Philippe Galle, les Wierix, Jean Muller et Jacques Matham nous ont conservé des compositions dont les peintures ne sont mentionnées nulle part[1]. Il n'est donc pas tout à fait exact d'attribuer la rareté des œuvres du maître dans les Pays-Bas à leur transport à l'étranger.

1. Voyez Rathgeber, *Annalen der Niederländischen Malerei*, etc., page 381.

XVIII

GEORGES HOEFNAGHEL, D'ANVERS

PEINTRE ET POÈTE[1]

Je constate qu'il existe chez nous un usage meilleur que chez les autres peuples, et qui consiste, même de la part de parents fortunés, à faire apprendre à leurs enfants, encore jeunes, un art ou un métier, ce qui, en temps de guerre ou en cas d'expatriation, peut venir singulièrement à point. En effet, il est constant que les vicissitudes du sort atteignent beaucoup moins l'art que la fortune, et que le métier que l'on a appris dans sa jeunesse devient comme une ancre de salut dans les épreuves, une précieuse garantie contre les atteintes de la misère. Le sort permit au très intelligent Georges Hoefnaghel, d'Anvers, d'en faire l'expérience.

Il naquit l'an 1545[2], de parents riches[3] qui, très fort contre son gré, le poussèrent vers le commerce, car ses penchants l'entraînaient vers la peinture et ne permettaient point que ce que le jeune homme faisait à la maison ou à l'école allât à l'encontre de ce que dame nature attendait de lui. Si le maître lui ôtait des mains le papier, il amassait la poussière ou le sable du parquet et y traçait des images à l'aide du doigt ou d'une baguette; chez lui, il montait au grenier pour pouvoir faire en secret des dessins à la craie.

1. Voir sur cet artiste : Ed. Fétis, *les Artistes belges à l'étranger*, tome Ier, page 84, Bruxelles, 1857; *Biographie nationale*, article de M. L. Alvin; Max Rooses, *Geschichte der Malerschule Antwerpens*, page 106, Munich, 1881; Ch. Kramm, *de Levens en Werken der Hollandsche en Vlaamsche Kunstschilders*, etc., page 702, Amsterdam, 1859. Outre ces notices étendues, consulter Nagler, *Künstler-Lexikon*.

2. Jean Sadeler a gravé son portrait avec l'indication : *Ætat. 48, 1591*. Hoefnaghel serait donc venu au monde en 1543. Les registres de naissance de l'époque n'existent plus à Anvers.

3. Son père était Jacques Hoefnaghel, marchand de pierreries. Pinchart (*Archives*, tome II, page 91) le cite comme ayant vendu à Marie de Hongrie un magnifique éventail en 1553; sa mère, Élisabeth Vezeler ou Veselaers, était fille d'un orfèvre qui vendit de nombreux joyaux à François Ier de France. (De Laborde, *Comptes des bâtiments du roi*.)

Un jour il lui arriva de dessiner sur une planche une de ses mains d'après l'autre; ce que voyant, un envoyé du duc de Savoie, qui était

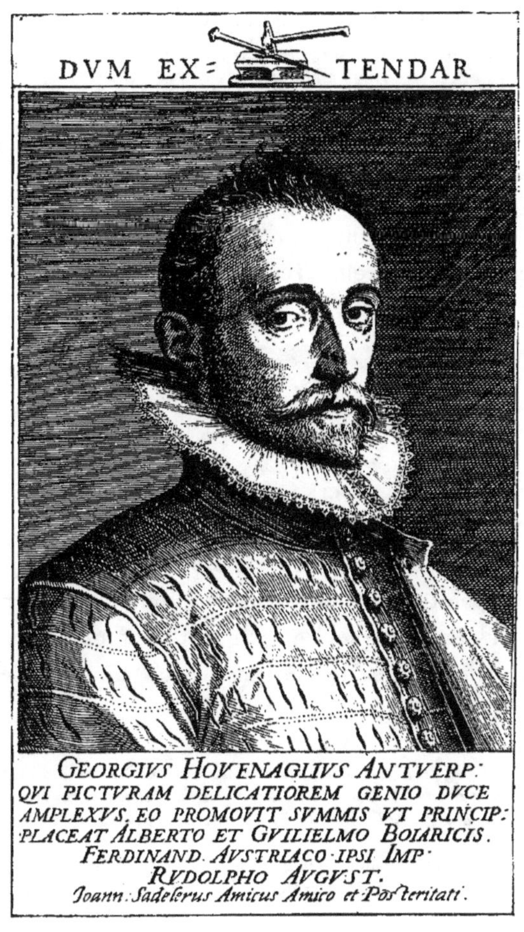

GEORGES HOEFNAGHEL.

Gravé d'après nature par Jean Sadeler, en 1591.

logé chez son père, intervint en sa faveur; le maître d'école en fit autant, de sorte qu'à dater d'alors Hoefnaghel fut autorisé à s'appliquer plus ou moins au dessin.

On le mit aussi à l'étude des lettres, pour lesquelles il avait du reste un penchant prononcé, et il devint un homme très instruit et bon poète.

Quand il se mit ensuite à voyager, il fit un très gros volume de tout ce qui le frappait : des scènes rustiques, des pressoirs, des travaux hydrauliques, des scènes de mœurs : mariages, danses, fêtes, etc. Il dessina partout des villes et des châteaux d'après nature, des costumes, comme on peut le voir dans un livre imprimé de vues de villes, dont les plus pittoresques sont signées de son nom : Hoefnaghel[1].

A Calis Malis, en Espagne[2], un peintre flamand lui envoya toutes sortes de couleurs à l'aquarelle, renfermées dans une boîte, et il s'en servit pour faire une jolie vue de Calis, la première chose qu'il fit en couleur.

Lorsqu'il revint aux Pays-Bas, rapportant beaucoup de curiosités et de représentations d'animaux et de plantes exotiques, il reçut les conseils de Hans Bol[3].

Pendant son séjour à Anvers, il perdit tout ce qu'il avait gagné par son négoce, car il faisait avec son père le commerce de pierreries et il avait caché pour des milliers de florins dans un puits.

La femme du peintre[4] et une servante n'ignoraient point le fait; par elles les soldats espagnols parvinrent à tout voler, pendant le pillage que l'on a coutume de désigner sous le nom de furie espagnole[5].

1. Georgii Bruin. *Civitates orbis terrarum, in æs incisæ et excusæ, et descriptione topographica, morali et politica illustratæ : tomi VI. Collaborantibus Francisco Hohenbergio chalcographo et Georgio Hoefnagel. Coloniæ, ab anno 1572 ad 1618.* (Voir au sujet des planches de cet ouvrage : E. Fétis, *op. cit.*)

Une *Vue de Séville*, miniature incomparable que possède la Bibliothèque royale de Belgique, est datée de 1570 et de 1573, cette seconde date expliquée par un merveilleux encadrement d'attributs. *Natura sola magistra*, ajoute l'auteur. Après une pareille œuvre, les leçons de Hans Bol devaient être bien superflues.

2. Calis ou Caliz, non loin d'Almeria.

3. Hans Bol était un miniaturiste accompli, comme le prouvent les peintures conservées à l'ancienne résidence de Munich. Voir sa biographie ci-dessus, chapitre XII.

4. Hoefnaghel avait épousé le 12 novembre 1571, dans l'église Sainte-Walburge d'Anvers, Suzanne van Onchem (d'après une note manuscrite de M. le chevalier de Burbure que veut bien nous communiquer M. L. Alvin). Le nom de la femme est orthographié *van Onssen*, dans la généalogie des Hoefnaghel donnée par M. Théodore Jorissen dans le *Navorscher*, tome XXII, pages 260-269. 1872.

5. Le 3 novembre 1576.

Ce fut après cela que Hoefnaghel se rendit à Venise, en compagnie du célèbre cosmographe Abraham Ortelius.

Ils arrivèrent à Augsbourg chez les Fugger[1], qui les accueillirent bien et leur conseillèrent de visiter le cabinet du duc de Bavière[2], à Munich. Pourvus d'une lettre de recommandation des seigneurs Fugger, ils se présentèrent chez le duc, qui leur fit tout voir et se montra désireux d'obtenir un échantillon du talent de Hoefnaghel. Celui-ci montra son portrait et celui de sa première femme, ainsi qu'une petite miniature sur vélin avec des animaux et des arbres.

Quand les voyageurs revinrent à leur auberge, ils y furent suivis de près par le majordome du duc, ou quelque autre personnage de la cour, chargé de s'informer du prix que Hoefnaghel voulait du petit paysage, puisqu'il n'entendait pas se séparer des portraits. Hoefnaghel, qui ne s'était jamais cru artiste, ni n'avait présumé rien savoir, fut très perplexe; mais Ortelius, l'encourageant, demanda pour lui cent couronnes d'or que le duc fit compter sans difficulté, offrant en outre à Hoefnaghel d'entrer à son service, ce que celui-ci promit de faire à son retour d'Italie. Le duc donna alors deux cents couronnes d'or pour défrayer le voyage de la femme du peintre[3], qui était restée aux Pays-Bas et que Hoefnaghel trouva à Munich à son retour.

Ainsi donc, Hoefnaghel obtint de son art mieux qu'il n'espérait, car il était parti à l'aventure, croyant trouver à s'employer à la factorerie, à Venise, comme courtier.

A Rome[4], il accompagna Ortelius chez le cardinal Farnèse, lequel se renseigna auprès d'Ortelius sur le compte de Hoefnaghel. On fit voir les deux portraits déjà nommés au cardinal, qui fit de vives instances pour garder le peintre à son service, lui promettant jusqu'à mille couronnes par an, mais Hoefnaghel s'excusa, disant qu'il avait donné sa parole au duc de Bavière, ce qui contraria fort le cardinal,

1. Antoine et Raymond Fugger, qui fondèrent l'église Saint-Maurice à Munich et possédaient une célèbre galerie.

2. L'Électeur Albert V (1528-1579).

3. Il s'agit bien certainement ici de Suzanne Vezeler, qui donna au peintre sept enfants, cinq fils et deux filles, Georges, Jacques, Salomon, Albert, Guillaume, Élisabeth et Suzanne. (Jorissen.)

4. Hoefnaghel et Ortelius étaient à Rome le 1er février 1578, comme le prouve l'inscription placée sur une vue de Tivoli insérée dans les *Civitates* de Bruin. (Fétis, *loc. cit.*, page 108.)

grand amateur d'art, et qui, précisément, se voyait privé du très excellent miniaturiste don Julio da Corvatia, que les voyageurs purent voir rendre sa noble âme à Dieu[1].

Hoefnaghel, revenu de Rome et de Venise[2], entra au service du duc, qui lui fit une belle pension et lui donna annuellement un costume de velours et un beau manteau.

Il eut aussi de Ferdinand, duc d'Inspruck, deux cents florins (soit une pension de quatre cents florins de notre monnaie), pendant une durée de huit années, temps qu'il dut consacrer à enluminer un fort beau missel manuscrit.

Hoefnaghel, qui était aussi ingénieux et habile qu'il était instruit, trouva le moyen de représenter ici sur les marges, dans les initiales, ou partout où il y avait place, toutes sortes d'emblèmes et de petites scènes se rapportant au texte, et lorsque le terme de huit ans qu'il avait exigé fut expiré, il livra son œuvre si extraordinairement parfaite, que l'on pouvait se demander si une vie entière eût pu suffire à faire tant de choses par la main d'un seul homme[3].

Le duc d'Inspruck paya ce travail deux mille couronnes d'or et une chaîne d'or de cent couronnes.

Hoefnaghel fit aussi pour l'empereur Rodolphe quatre volumes; le premier, de quadrupèdes; le deuxième, de reptiles; le troisième, de volatiles, et le quatrième, de poissons; il reçut, de ce chef, mille couronnes d'or[4].

1. Giulio Clovio, originaire de la Croatie, mort à Rome en 1578, âgé de quatre-vingts ans. Vasari s'occupe longuement de cet artiste qui fut un des élèves de Jules Romain. On voit que van Mander était bien renseigné sur les pérégrinations de Hoefnaghel.

2. Il paraît résulter d'une annotation découverte par M. Max Rooses dans les archives plantiniennes, à Anvers, que Hoefnaghel était dans sa ville natale en 1579 et y cédait à Plantin un certain nombre d'exemplaires des deux premiers volumes des *Civitates*. (Voyez Rooses, *Geschichte*, etc., page 108.)

3. Ce manuscrit est aujourd'hui à la Bibliothèque impériale de Vienne. Waagen (*Die vornehmsten Kunstdenkmäler in Wien*, page 66) dit avec van Mander que si le peintre consacra à son œuvre huit années de travail, il est prodigieux que ce laps de temps ait pu lui suffire à l'achever. De fait, le *Bréviaire Grimani* seul peut être comparé, au point de vue de la perfection matérielle, à l'œuvre de Hoefnaghel. Il résulte des deux dates que l'on rencontre sur les pages de ce recueil qu'il fut commencé en 1581 et achevé en 1590. Pour quiconque a pu contempler cette merveille d'ingéniosité et de talent, elle est inoubliable.

4. Ceci concorde peu avec l'assertion de Nagler, que la suite en question ne fut jamais livrée à l'empereur et se trouvait entre les mains d'un antiquaire de Munich en 1830. Jacques Hoefnaghel a mis au jour à Francfort, en 1592, une suite de quatre cahiers, chacun de douze feuilles, d'insectes, de

Il orna aussi de ses enluminures un ouvrage du meilleur calligraphe du monde entier, étant des exemples tirés des règnes de la nature, et qu'il illustra de la manière la plus intelligente. C'était extrêmement joli et récréatif à voir[1].

De la sorte il entra au service de l'empereur, étant bien payé et jouissant d'un magnifique appointement annuel.

Je connais de lui peu d'œuvres dans notre pays, à l'exception d'un joli petit morceau que possède Jacques Razet, à Amsterdam, chose digne d'être conservée[2].

Pour fuir le bruit de la cour, Hoefnaghel alla habiter Vienne et, toujours fort studieux, veillait fort avant dans la nuit et était d'ordinaire levé dès quatre heures du matin, s'occupant de faire des vers, en quoi il était aussi très entendu. Il était si bon latiniste, qu'ayant devant lui un livre latin, il le lisait en flamand comme s'il eût été écrit dans cette langue.

C'était un homme bienveillant et disert. Il mourut en 1600[3], âgé de cinquante-cinq ans, laissant un fils, Jacques Hoefnaghel, excellent et habile peintre[4].

fleurs, etc., tirés des études de son père. Ce recueil porte pour titre: *Archetypa studiaque patris Georgii Hoefnagelii Jacobus F. genio duce ab ipso sculpta, etc. Ann. sal. XCII. Aetat. XVII. Francofurti ad Mœnum.*

1. C'est peut-être le recueil du trésor impérial de Vienne grandement loué par Waagen. (*Loc. cit.*, page 410.) Nagler (*Monogrammisten*, tome II, 1487) prétend, d'autre part, que cette suite appartenait à un particulier de Munich en 1830.

2. Kramm décrit une miniature qu'il possédait : un crâne avec deux roses, etc., et la devise : *Contuere hoc quid sit genio tantumque vacato*, etc. M. Jorissen, à la suite de sa généalogie des Hoefnaghel, signale deux autres miniatures dans le même goût, offertes en 1589 et en 1599 à Jean Radermacher par leur auteur.

3. Cette date a été contestée mais cependant doit être maintenue. M. Édouard Fétis observe que le millésime 1617 se rencontre sur une planche des *Civitates*. Il importe pourtant de remarquer qu'au moins un des fils Hoefnaghel a pu fournir à l'éditeur des croquis de son père, et cela d'autant plus naturellement qu'il était lui-même peintre. Jacques toucha en cette qualité jusqu'à 1613 une pension de l'empereur. (Voyez Georg v. Karajan, *Wien zwischen den Jahren 1605 und 1613*.) M. Alvin veut bien nous faire part d'un ensemble de documents relevés pour lui par M. le chevalier de Burbure dans les archives d'Anvers et qui tranchent définitivement la question. Le 9 septembre 1600, Georges Hoefnaghel avait cessé de vivre. Au surplus, le 24 juillet de l'année suivante, Daniel Hoefnaghel, frère du défunt, et Corneilie Vrients, se présentent devant le magistrat d'Anvers en qualité d'exécuteurs testamentaires. La démonstration est ainsi complète.

4. Élève d'Abraham Lisart à Anvers en 1582. Il était à la fois bon graveur et miniaturiste. M. Max Rooses cite de lui une miniature admirablement exécutée et ornée, d'après le *Samson* d'Albert Dürer. Cette œuvre curieuse, qui est au musée de Valence, en Espagne, porte les mots : *Albertus Durer Norimbergensis faciebat post Virginis partum 1510. Coloribus sic illustrabat Jacobus Hoveneglius. Antverp. 1600.* Jacques se maria trois fois et eut douze enfants.

COMMENTAIRE

Nous avons peu de chose à ajouter à ce qui précède pour compléter la biographie de Hoefnaghel, dont la famille paraît s'être éteinte loin d'Anvers. Jacques Hoefnaghel, le père du peintre, eut de son mariage avec Élisabeth Vezeler douze enfants, dont sept grandirent et se marièrent. Les fils étaient au nombre de trois. L'une des filles épousa Christian Huyghens, secrétaire du conseil d'État des Provinces-Unies, et le père de Constantin Huyghens. (Voir à ce sujet la généalogie des Hoefnaghel, de M. Jorissen, dans le *Navorscher*, tome XXII, page 260.)

D'après les précieux renseignements puisés par M. le chevalier de Burbure dans les archives d'Anvers et que M. L. Alvin a bien voulu nous communiquer, sans attendre la publication de sa notice de la *Biographie nationale*, Georges Hoefnaghel et son frère Daniel s'établirent ensemble à Vienne. Leur mère était morte à La Haye dès avant 1596.

Les fils de Georges se marièrent en Autriche et demeuraient à Prague en 1602. On a vu que Jacques fut au service de la Cour impériale, de 1605 à 1613. Il touchait de ce chef de 16 florins 40 kreutzer par mois à 25 florins. (Voir Georg. v. Karajan, *Wien zwischen den Jahren*, 1605-1613.) Cl. J. Visscher, à Amsterdam, publia en 1640 un plan de Vienne dû à son burin. Nous ne connaissons pas la date de sa mort.

La rareté des œuvres isolées de Georges Hoefnaghel s'explique par la nature même des travaux qu'on réclamait de lui. Ses recueils de miniatures et de dessins témoignent d'une grande activité. Les vues insérées dans le grand ouvrage de Georges Bruin ou Braun sont de la plus remarquable fidélité ; peu de livres sont plus agréables à parcourir.

Il semblerait que le merveilleux cabinet de miniatures de la vieille résidence de Munich dût nous montrer des œuvres de Hoefnaghel. Qui, en effet, ne songerait à lui, en considérant les délicates peintures de ce curieux salon ? Il résulte, toutefois, des renseignements communiqués à M. Alvin par M. de Schauss, trésorier de la Maison royale, qu'aucune œuvre de Hoefnaghel n'existe aujourd'hui dans l'ancienne ville des Électeurs de Bavière. On ignore totalement ce qu'est devenu le recueil signalé par Nagler, et qui avait été fait pour l'empereur Rodolphe.

La ville de Rouen est entrée en possession, par l'acquisition de la bibliothèque de M. C. Leber, d'un livre extrêmement précieux de Hoefnaghel, un *Traité de la patience*, composé de vingt-cinq dessins au crayon, représentant les circonstances les plus remarquables de la vie, où la patience de l'homme peut être mise à l'épreuve [1].

1. M. E. Jaime, dans le *Musée de la Caricature*, ou *Recueil des caricatures les plus remarquables publiées en France depuis le XIVe siècle* (tome Ier, Paris, 1838), reproduit trois des planches de ce recueil dédié à Jean Radermacher dont il a été fait mention plus haut. Les planches représentent : le *Cornard patient*, le *Mari patient*, l'*Epouse patiente*. Jean Radermacher, né à Aix-la-Chapelle, le 14 mars 1538, habita Anvers jusqu'à la prise de cette ville par les Espagnols; il se rendit alors à Aix,

Hoefnaghel paraît avoir eu pour collaborateurs Jean van Achen et Gilles Sadeler, et nous pouvons citer comme résultant de leur association la planche des *Trois Parques : Nicomaxia vitæ*, portant la signature *Invent Ni : Hoefnaglii a Joanne von Ach figuratū. Sculpsit G. Sadeler.*

Hoefnaghel veut dire clou à ferrer ; le peintre se servit plus d'une fois de ce rébus pour signer ses œuvres, l'accompagnant de la devise *Dum extendar.*

Nous n'acceptons cependant que sous toutes réserves le monogramme reproduit par le *Dictionnaire* de Nagler, comme devant représenter la signature de George et de Jacques Hoefnaghel, sur certaines estampes gravées en Italie.

Outre les voyages signalés par van Mander, Hoefnaghel paraît avoir séjourné et travaillé en Angleterre. M. Fétis donne la liste des villes de ce pays qui figurent dans l'ouvrage de Bruin. Walpole parle aussi d'une vue de Bristol.

Il ne semble pas que l'on puisse admettre Hoefnaghel parmi les graveurs. Toutefois, il existe une *Vue d'Anvers*, prise du côté de l'Escaut, avec de nombreux bâtiments sur la glace, estampe que son extrême finesse permettrait d'assigner à l'artiste. L'unique épreuve que nous connaissions de cette planche est au musée Plantin, à Anvers. Elle a été décrite par M. Andresen à la suite de l'œuvre de Josse Amman [1].

puis à Middelbourg où il mourut en 1614. Il était grand ami de Hoefnaghel, qui lui dédia en 1599 une miniature décrite dans une lettre reprise par M. T. Jorissen. Dans la dédicace nous lisons ces mots : *Mutuum absentiæ solatium.*

La lettre donnée par l'écrivain hollandais ajoute que Hoefnaghel et Radermacher furent, en 1575, les plus énergiques défenseurs de l'historien Emmanuel van Meteren lorsqu'il fut arrêté à Anvers. (*Navorscher*, tome XXII, page 269.) Il semble résulter de là que, de même que Radermacher, Hoefnaghel était, à l'époque dont il s'agit, un adhérent de la Réforme. Son père avait été, du reste, porté sur la liste des suspects.

1. A. Andresen, *der Deutsche Peintre-Graveur*, tome Ier, page 496. Leipzig, 1864. Il est à remarquer que l'Escaut fut pris par la glace en 1564.

XIX

ARNOLD MYTENS, DE BRUXELLES[1]

De même que la fermentation de certains liquides fait éclater le fût qui les contient, de même chez certains hommes une intelligence extraordinaire ne tarde pas à se faire jour. Il en fut ainsi de l'habile peintre Arnold Mytens qu'en Italie, où il a surtout vécu, l'on nommait Renaldo, traduction d'Arnold.

Dès sa jeunesse, il fit preuve d'un grand désir d'arriver à la perfection, non seulement en peignant et en dessinant, mais en moulant des parties de corps humains. On le vit aller, près de Bruxelles, décrocher du gibet le cadavre d'un supplicié, ce qui donna même lieu à une aventure plaisante.

Ayant appelé à son aide un camarade qui l'avait accompagné, à l'effet de soutenir le pendu jusqu'à ce que la corde fût tranchée, ce compagnon, sentant le corps glisser, prit peur et crut à une attaque de la part du supplicié. Il sauta de l'échelle et prit sa course vers la ville, Arnold le poursuivant.

Les paysans du marché, voyant cette course folle, cherchèrent à apaiser Arnold, se figurant qu'il en voulait mortellement au fuyard. Lorsque, finalement, celui-ci eut été rejoint, Arnold le tança d'importance de sa pusillanimité et l'accabla de reproches pour sa tiédeur à l'étude, si bien qu'il finit par le ramener et, à deux, ils rapportèrent le cadavre à la ville dans un sac.

1. Il n'existe sur ce maître que des renseignements très vagues. Les auteurs italiens ne le mentionnent pas ou se bornent, comme Baldinucci, à reproduire van Mander. Un seul musée, celui de Cassel, lui attribue un tableau, mais le catalogue ajoute que c'est une œuvre du XVIIe siècle. On admet l'année 1541 comme date de la naissance d'Arnold Mytens dit *le Vieux*. Kramm lui donne pour frère Daniel Mytens, le portraitiste de la cour d'Angleterre, mais c'est là une pure hypothèse. On prétend, toujours sans preuve, que le peintre A. J. Mytens, dont les musées d'Amsterdam et de La Haye possèdent de beaux portraits, était Aart ou Arnold Mytens *le Jeune*, fils du maître cité par van Mander. Il faut lire au sujet des Mytens la notice du catalogue du musée de La Haye, par le chevalier Victor de Stuers, page 89. 1874. Immerzeel confond les Mytens et les Meyssens, ce qui nous paraît embrouiller les choses, comme à plaisir.

Le père, apprenant l'aventure, gronda très fort son fils et lui exposa la gravité du délit. Le jeune homme n'eut d'autre excuse que son

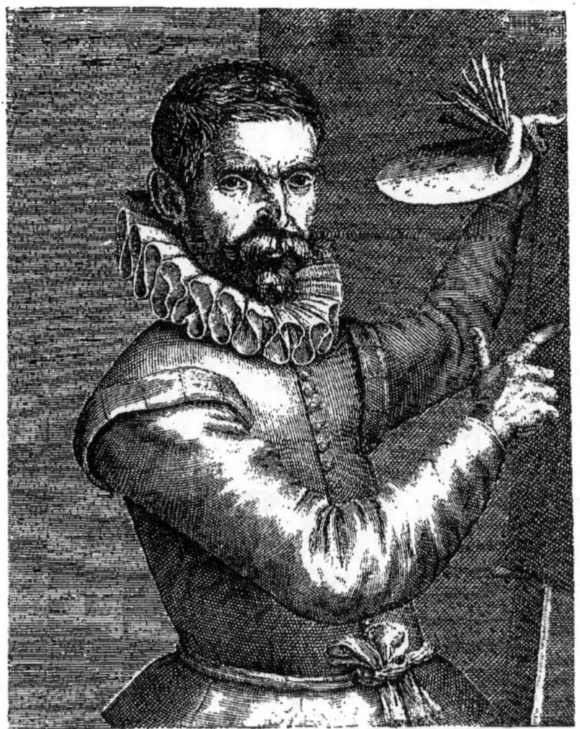

ARNOLD MYTENS.

D'après la gravure de H. Hondius.

désir d'étudier l'anatomie du corps humain. Le père se rendit alors chez le premier bourgmestre, qui était de ses amis, pour aplanir les choses.

Arnold fit de bonne heure le voyage d'Italie et travailla beaucoup chez certain Antoine Santvoort[1], qu'on appelait à Rome « Antoine le Vert », faisant de nombreuses copies sur cuivre de l'image de Sainte-Marie-Majeure; il se lia aussi avec Jean Speeckaert[2].

S'étant ensuite rendu à Naples, il y travailla chez un autre Flamand du nom de Corneille Pyp[3]. Il se maria et peignit alors de nombreux tableaux d'autel, des sujets de fantaisie et des portraits, le tout à l'huile et avec beaucoup de talent.

Plusieurs années s'écoulèrent de la sorte; il vit ses élèves devenir des maîtres et ses œuvres se répandre dans les églises du royaume et ailleurs.

Étant devenu veuf, Arnold confia ses quatre enfants à leur grand'-mère et vint revoir ses amis à Bruxelles et son père à La Haye[4]. A son retour à Naples, il épousa la veuve de son maître Corneille Pyp.

Ce fut vers cette époque qu'il peignit une *Assomption de la Vierge* entourée de nombreuses figures d'anges et des apôtres, le tout plus grand que nature; il se tira avec honneur de l'entreprise. Le tableau est dans une église voisine de Naples[5].

Il peignit, pour Naples même, les *Quatre Évangélistes,* figures isolées[6].

Parmi ses tableaux d'autel, il y a à Saint-Louis, près du palais du vice-roi de Naples, un *Martyre de sainte Catherine,* où la roue est en feu, et où l'on voit un fragment de l'instrument du supplice venir frapper un des bourreaux.

L'habile peintre a extrêmement bien rendu la terreur du blessé qui s'enfuit en criant, et la stupeur des témoins de la scène, les uns à pied, les autres à cheval.

1. On ne sait absolument rien de ce peintre que la plupart des biographes confondent avec A. van Santvoort le graveur, oubliant que ce dernier travaillait à Bruxelles au milieu du XVIIe siècle.

2. Voir la biographie de cet artiste, tome Ier, page 270.

3. Totalement inconnu dans l'histoire de l'art; nous ignorons s'il était parent de Pierre Pype, beau-frère de van Mander, mort à Courtray en 1581. (Voyez tome Ier, page 8.)

4. On aura remarqué qu'Arnold était parti de Bruxelles.

5. Nous avons fait de vaines recherches pour savoir quelle église.

6. Le musée de Naples ne possède aucune œuvre d'Arnold Mytens.

Dans la même église Saint-Louis, on voit de lui un autre tableau, *Notre-Dame de Bon-Secours* frappant à coups de bâton le diable qu'elle foule aux pieds; il y a là aussi d'autres figures et des anges, le tout très bien traité[1].

L'inconduite de la femme d'Arnold et des enfants de celle-ci donna lieu à une séparation, et le peintre s'établit alors avec ses enfants et ses élèves, travaillant avec ardeur et brossant plusieurs grandes toiles, entre autres l'*Adoration des Mages* et la *Circoncision,* qui partirent pour Abruzzo. C'étaient d'excellentes peintures.

Plus tard, il alla lui-même s'établir avec ses enfants à Abruzzo et à Aquila, emportant une grande toile inachevée du *Couronnement d'épines,* un effet de nuit.

A Aquila, entre autres œuvres, il produisit une toile de dimensions extraordinaires, tapissant tout le fond d'une église. C'était un *Crucifiement,* composition de nombreuses figures, extrêmement bien agencée et peinte, quoique produite dans les conditions les plus défavorables avec l'emploi d'échelles, etc., une entreprise à faire reculer bien des artistes.

Revenu à Rome, il y termina le *Couronnement d'épines* cité plus haut et d'autres œuvres. Il obtint alors la commande d'une grande peinture pour l'église neuve de Saint-Pierre et se promit de montrer ce que peut un artiste flamand.

Peu après avoir marié l'aînée de ses filles, il mourut à Rome en 1602.

Le tableau du *Couronnement d'épines* dont il vient d'être question est encore à Amsterdam chez le peintre Bernard van Somer, le gendre de Mytens[2]. C'est une page grandement peinte et essentiellement différente de la manière habituelle des Flamands.

1. Ces deux tableaux, que nous n'avons pu trouver à Naples, ne sont mentionnés par aucun des écrivains qui s'occupent de la peinture en Italie. Nous n'avons même pu apprendre ce qu'était l'église Saint-Louis.

2. Il s'agit de Bernard van Somer, admis comme élève chez Philippe Lisart, à Anvers, en 1588. Son frère, Paul van Somer (1576-1621), travailla beaucoup en Angleterre. Quant au tableau dont parle van Mander, il n'est signalé dans aucune collection hollandaise. Il importe d'ajouter qu'aucune des œuvres inscrites sous le nom d'Arnold Mytens, dans le catalogue de Gérard Hoet, ne se rapporte à notre artiste. Sur les van Somer, voir ci-après, chapitre XLIV.

Nous ne connaissons d'après Arnold Mytens qu'une seule estampe : une *Madone* exécutée par Raphael Sadeler.

En somme, Mytens fut un maître distingué, qui rendit les Italiens un peu plus réservés dans leurs propos en ce qui concerne l'infériorité des Flamands dans la représentation de la figure. Il leur fournit de nombreuses occasions de se taire ou de parler de nous sur un ton moins dédaigneux.

XX

JOSSE VAN WINGHEN

EXCELLENT PEINTRE DE BRUXELLES

Et Jérôme van Winghen, son fils.

Afin que Bruxelles, séjour des princes, eût de notre temps un double relief artistique, il y naquit, à côté de l'habile Arnold Mytens [1], l'excellent peintre Josse van Winghen.

Ce dernier vit le jour à Bruxelles en l'an de grâce 1544 [2], et, s'étant appliqué à l'étude avec ardeur, partit pour l'Italie et résida quatre ans à Rome chez un cardinal. Revenu dans sa patrie, il se fixa à Bruxelles et y devint peintre du prince de Parme [3].

Il fit, à Bruxelles, plusieurs belles œuvres, notamment un tableau d'autel pour l'église Sainte-Gudule, — d'autres disent pour l'église des Frères Cellites [4]. Je parle de la *Cène,* dont l'architecture, à ce que l'on dit, est de Paul De Vries [5].

L'œuvre en question — si tant est qu'il n'ait traité que deux fois le sujet — est une page excellente, et ce que l'on peut voir de meilleur de son pinceau dans les Pays-Bas.

Il y a aussi de lui, à Bruxelles, chez un médecin, maître Jean Mytens, une très bonne chose, *Samson et Dalila* [6]; chez un autre particulier l'on trouve la *Conversion de saint Paul.*

1. Chapitre XIX.

2. Probablement en 1542. Van Mander dit plus loin que van Winghen mourut, âgé de soixante et un ans, en 1603.

3. Alexandre Farnèse. Baldinucci croit à tort que ce fut à Parme même.

4. Ce fut pour l'église Saint-Géry où le tableau ornait le maître-autel : « La composition en est belle, le dessin correct et en tout d'une grande manière; le fond de bonne architecture est peint par De Vries; en général la couleur en est triste; il est un peu poussé au noir. » (J. B. Descamps, *Voyage pittoresque de la Flandre et du Brabant,* page 51. 1779.) Nous ignorons si l'estampe de Crispin de Passe (Francken, page 135) reproduit le tableau de l'église de Saint-Géry; Nagler l'affirme.

5. Voir sur Paul De Vries le chapitre XXII.

6. Gravé par Raphael Sadeler en 1589. Fort belle composition; l'œuvre originale est au musée de Dusseldorf.

Quand Josse s'expatria, laissant à sa place, auprès du duc de Parme, Octave van Veen[1], il se rendit avec sa famille, à Francfort, vers 1584[2].

Dans cette dernière ville, il produisit également quelques belles œuvres, entre autres, une des meilleures : *Allégorie sur l'oppression de la Belgique*, représentée par une femme nue, enchaînée à un rocher, au-dessus duquel plane le Temps qui vient la délivrer et s'occupe de trancher ses liens. Aux pieds de la Belgique gît la Religion avec la Bible, foulée aux pieds par la Tyrannie, figurée par un guerrier qui tient le glaive[3].

Il a peint deux fois, d'une manière différente, le même sujet : *Apelle peignant Campaspe* et amoureux de son modèle[4]. L'une de ces peintures est à Hanau, une ville nouvelle à quatre lieues de Francfort, chez un négociant du nom de Daniel Forreau, grand amateur d'art.

C'est chez lui également que se trouve la *Belgique;* l'autre *Apelle* appartient à l'empereur[5].

On voit encore de van Winghen, chez un médecin de Francfort, grand ami des arts, un beau tableau d'*Andromède*. Il y a, dans le même endroit, divers beaux portraits qu'il peignit d'après nature[6].

A Middelbourg, chez Melchior Wijntgis, on voit de lui l'épisode de la Bible où Phinée transperce les amants[7]; excellente peinture avec des personnages de grandeur naturelle.

1. Voir le chapitre XXXVII.

2. Ce dut être postérieurement à cette date, attendu que le 25 février 1585 nous le trouvons parmi les citoyens que la ville de Bruxelles délégua auprès d'Alexandre Farnèse pour traiter de la capitulation de la ville. (Henne et Wauters, *Histoire de la ville de Bruxelles*, tome Ier, page 275.) Bien que les auteurs de la précieuse *Histoire de Bruxelles* disent que la plupart des délégués étaient catholiques, van Winghen abandonnait certainement les Pays-Bas pour des motifs religieux, ce qui ressort, du reste, de sa composition allégorique sur l'oppression de sa patrie par l'Espagne. Dans une intéressante notice sur les Sadeler, insérée dans les *Artistes belges à l'étranger* de M. Édouard Fétis (tome Ier, page 33, 1857), il est aussi question de van Winghen.

3. C'est sans doute le dessin de cette composition que possède le Cabinet des estampes de Berlin. (Rathgeber, *Annales*, n° 3241.)

4. Deux compositions, presque identiques, sont au Belvédère de Vienne, nos 1394 et 1395; c'est ce dernier tableau qui appartint à l'empereur Rodolphe II. Le premier fit partie de la collection du duc de Buckingham.

5. Belvédère, n° 1395.

6. Le musée de Francfort possède de lui un beau portrait d'une dame de la famille Stalburg, signé : *J. a Wing.* (N° 117.)

7. Phinée, fils d'Éléazar, le fils d'Aaron, transperce de sa lance Zimri, fils de Salu, et Cozbi, la Madianite. (Moïse, IV, 25.) Cette composition a été gravée par Jacques Granthomme.

Il y a, à Amsterdam, chez Corneille Vandervoort, un grand tableau représentant la *Justice protégeant l'Innocence,* ou un sujet de ce genre[1].

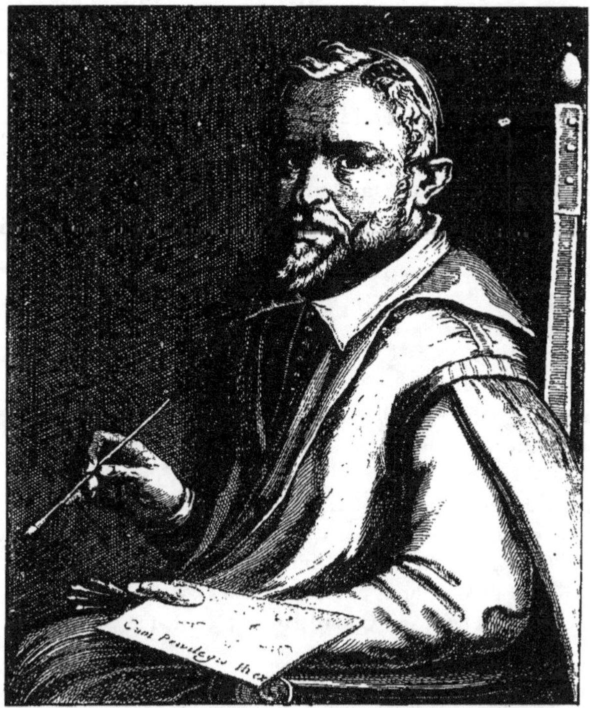

JOSSE VAN WINGHEN.

D'après la gravure de S. Frisius.

Plusieurs de ses dessins ont été reproduits en belles estampes : un *Banquet nocturne avec une mascarade*[2], *le Christ appelant à lui les*

1. *La Justice et la Paix sur le trône, environnées de figures allégoriques*, gravure d'Egbert Jansz., Théod. de Bry *excud.*

2. Gravé par J. Sadeler. Le tableau est au musée d'Amsterdam, n° 508.

petits enfants[1], *Saint Paul, tisserand*[2], quatre sujets des *Ruses féminines*[3], un *Crucifiement*[4], toutes choses qui prouvent sa facilité de composition et son talent comme peintre de figures.

Ses tableaux, fort remarquables, sont d'ailleurs en petit nombre, car il ne travaillait pas beaucoup et aimait à se divertir et, sans être un ivrogne, passait volontiers le temps en compagnie d'un pot de vin.

Il a laissé un fils, Jérémie, son élève, actuellement âgé d'environ dix-huit ans[5], qui promet d'être bon coloriste et était, en dernier lieu, élève de François Badens, à Amsterdam[6].

Josse van Winghen est décédé à Francfort en 1603, âgé de soixante et un ans[7].

COMMENTAIRE

Le nombre des œuvres de Josse van Winghen et de son fils est fort limité. Nous avons cité les peintures du Belvédère, à Vienne, et un portrait de l'Institut de Stædel, à Francfort-sur-le-Mein. Le musée de Gotha possède, de son côté, un tableau de *Loth et ses filles* qui a été gravé par Raphael Sadeler (catalogue, nº 97); le musée de Pesth, une *Adoration des Mages*, rangée par le catalogue parmi les anonymes de l'école espagnole (salle XIV, nº 42), et le musée d'Amsterdam un *Banquet*. (Nº 508.)

Comme tableaux perdus, nous citerons la *Mort d'Ananie*, vendue à Bruxelles pour 105 florins, en 1758, et citée par Gérard Hoet. C'était une peinture en largeur, mesurant 5 pieds sur 3 pieds 4 pouces.

Un très grand nombre d'estampes ont été exécutées d'après les dessins de Josse van Winghen, par les plus célèbres graveurs de son temps : les Sadeler, Théodore de Bry, Crispin de Passe, etc. Ces nombreuses reproductions nous permettent de juger parfaitement le style du maître. Il se range parmi les maniéristes de l'école de Zucchero, ce qui ne l'empêche pas d'être un compositeur de très haut mérite.

1. Grande et belle estampe de Jean Sadeler, 1588.

2. *Saint Paul chez le faiseur de tentes*, gravure de J. Sadeler, planche en largeur.

3. Suite composée de *Dalila, Salomon idolâtre, Sardanapale* et l'*Enfant prodigue*, dont il existe des gravures de R. et J. Sadeler.

4. Gravé par Crispin de Passe, 1599. Francken, nº 160.

5. Il naquit, selon Gwinner (*Kunst und Künstler in Frankfurt*), à Francfort en 1587.

6. Voyez chapitre XLII.

7. Il doit y avoir, comme on l'a vu, une faute dans le texte, mais on ne peut admettre avec De Jongh, l'éditeur de la troisième édition de van Mander, qu'il faille lire 1605, par l'excellente raison que van Mander avait alors cessé d'écrire, et l'on ne peut croire qu'il eût mentionné comme mort à l'âge de soixante et un ans un artiste au sujet duquel il a certainement été renseigné. De plus, puisque Jérémie van Winghen étudiait sous Badens, il n'est guère présumable que son père vécût encore.

On donne pour élève à Josse van Winghen, Henri De Clerck, de Bruxelles (voir Neefs, *Histoire de la peinture et de la sculpture à Malines*, tome Ier, page 453), un peintre généralement compté parmi les disciples de Martin De Vos.

Jérémie van Winghen naquit à Francfort en 1587 et, comme on l'a vu, devint l'élève de François Badens, natif d'Anvers, mais fixé à Amsterdam dès son enfance. (Voir ci-après, chapitre XLII.) Le jeune van Winghen s'en vint pourtant à Francfort, et y fit d'excellentes peintures. Ayant épousé une demoiselle de grande famille, Jeanne de Neufville, il vécut dans l'opulence et négligea son art jusqu'au jour où la misère le contraignit de retourner à ses pinceaux. Il mourut en 1658.

Gwinner[1] décrit un portrait et un tableau de Jérémie van Winghen. Le tableau représentait un *Étalage de marchand de comestibles*, avec figure de grandeur naturelle, signé *Jeremias van Winge* et daté de 1613. M. Gwinner, qui était lui-même le possesseur de cette œuvre, la céda à une personne de Hanau. Nous ignorons ce qu'elle est devenue.

1. *Kunst und Künstler in Frankfurt am Main.*

XXI

MARTIN DE VOS

FAMEUX PEINTRE D'ANVERS

Parmi ceux qui ont contribué au renom d'Anvers et des Pays-Bas dans la peinture, il importe de ne point omettre de mentionner le fameux et habile Martin De Vos, d'Anvers, lequel, dès l'enfance, a cultivé l'art avec ardeur [1].

Il visita l'Italie, Rome, Venise [2] et autres lieux, et entra dans la gilde d'Anvers en 1559 [3].

Son père, Pierre De Vos, natif de Leyde, fit partie de ce corps dès l'année 1519. Pierre, le frère de Martin, était aussi un excellent peintre [4].

Martin est l'auteur de beaucoup de délicieux tableaux; il était habile praticien et bon coloriste et fit également de très bons portraits d'après nature [5].

Les nombreuses estampes que divers graveurs ont exécutées d'après ses dessins nous montrent surabondamment sa facilité de composition,

1. Il était né en 1531 ou 1532.

2. Le premier séjour du jeune artiste parait avoir été à Venise où il devint l'élève et le collaborateur du Tintoret, surtout pour le paysage, en même temps que Paul Franchoys. A Rome, d'après Lanzi, il exécuta pour l'église de San Francesco a Ripa une *Immaculée Conception* « beaucoup trop surchargée de figures » et les *Quatre Saisons* pour le Palais Colonna, « petits tableaux fort agréables ».

3. En 1558. Il en fut le doyen en 1572.

4. M. vanden Branden (page 217) ne confirme pas cette assertion. Pierre De Vos était presque un artisan. Il fut le père de Guillaume De Vos le peintre, dont van Dyck nous a laissé le portrait gravé à l'eau-forte.

5. Le musée d'Anvers, à lui seul, possède une trentaine de tableaux de Martin De Vos, œuvres sages et froides, aussi dissemblables que possible de la manière du Tintoret. Les portraits du maître, beaucoup moins nombreux, sont des œuvres très distinguées. Les musées de Bruxelles, de Lille, de Nantes, nous montrent dans ce genre des créations de premier mérite. Dans un tableau du musée de La Haye (nº 225 c), le maître a introduit son propre portrait, celui de sa femme Jeanne Le Boucq, ceux de leurs enfants, ainsi que l'image du Tintoret, placé à droite et vêtu de rouge. Le catalogue assure que ces effigies sont celles de la famille van Panhuys. Le portrait de De Vos est aussi au musée des Offices, à Florence. (Nº 440.)

son adresse à grouper les figures, en un mot, son génie[1]. Ces planches sont en tel nombre qu'on peut dire que Martin De Vos égale, s'il ne

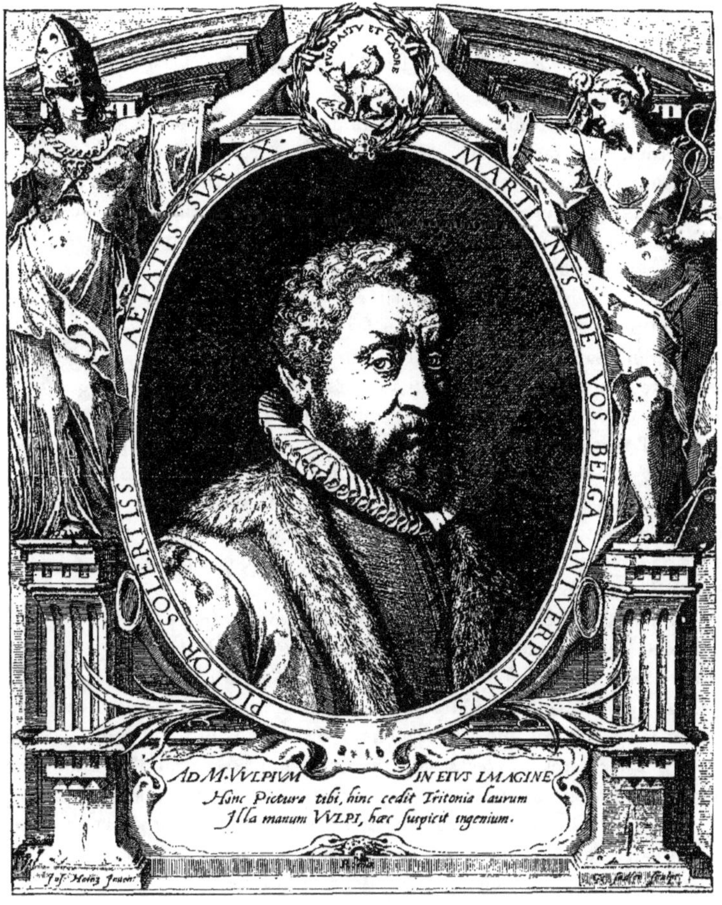

MARTIN DE VOS.
Réduction de la gravure d'Égide Sadeler d'après Joseph Heinz.

surpasse en fécondité, l'autre Martin, je veux dire Martin Heemskerck.

1. Peu d'artistes ont livré aux graveurs un nombre aussi considérable de dessins. Les estampes exécutées d'après ses compositions se chiffrent par centaines et paraissent avoir occupé à la fois tous

Il était abondant, correct et précis dans son dessin.

Au physique, c'était un homme de haute taille, imposant et robuste. Il est mort le 4 décembre 1603, âgé de soixante-douze ans.

COMMENTAIRE

Martin de Vos est une figure assez importante de l'école d'Anvers. Il y recueillit la succession de Frans Floris et prit une part considérable à l'ornementation des édifices du culte après le retour des Espagnols. Ce fut également à lui qu'échut la direction des ensembles décoratifs, lors de la joyeuse entrée du duc d'Alençon et de l'archiduc Ernest d'Autriche. Il s'acquitta de ces diverses missions avec la conscience qui est le côté saillant de sa personnalité artistique. Bien que ses œuvres ne soient pas très répandues hors des Pays-Bas, il eut à l'étranger même une grande réputation. Lomazzo[1] parle de lui dans les termes les plus élogieux :

« Il gran Martin de Vos pittore anch' egli grandissimo. Il quale oltre molte altre opere portate quà è là per il mondo à diversi Principi ne hà mandato quattro al Catolico Filippo Rè di Spagna, uno di Christo all' horto cò'i discepoli allumato d'all' Angelo, l' altro dell' Angelo con Lotto, e le figlie che fuggono dalle arse città, il terzo di Santa Maria co'l figlio, con San Gioseffo che passa sopra una nave per venire in porto, e l' ultimo d'una Venere ignuda, sopra un letto che ride vedendosi comparir avanti un satiro con molti tesori a donaldi per acquistar la gratia di lei. E quivi è anco un Cupido che piange scorgendo il brutto desiderio di questo e la lascivia grande di quella, che per acquisitare tesori à ciascun si sottopone[2]. »

Martin De Vos rendit à l'art flamand le signalé service de lui conserver le chef-d'œuvre de Quentin Metsys, l'*Ensevelissement du Christ*, peint pour les menuisiers d'Anvers, et que la corporation songeait, en 1581, à aliéner. L'intervention de notre peintre eut pour résultat de faire acquérir par la municipalité elle-même le grand triptyque du *Forgeron*, qui fut déposé à l'hôtel de ville en quittant l'église de Notre-Dame[3].

Une des dernières œuvres de Martin fut le panneau central d'un grand triptyque que l'on voit aujourd'hui au musée d'Anvers (nº 88), *Saint Luc peignant la Vierge*, tableau que le peintre avait offert à la corporation des artistes pour orner sa chapelle à la cathédrale, et dans lequel il s'est représenté lui-même. L'œuvre est datée de 1602 et ne trahit chez son auteur aucun affaiblissement des facultés créatrices[4].

les ateliers d'Anvers. Goltzius, à ses débuts, a également livré quelques planches d'après Martin De Vos. Toutes ces œuvres témoignent d'une grande facilité mais d'un goût médiocre.

1. *Idea del Tempio della Pittura*, page 162. 1590.

2. Ces tableaux ne sont pas au musée de Madrid. Le musée de Séville possède un *Jugement dernier* daté de 1570.

3. Vanden Branden, pages 234 et suivantes. Max Rooses, *Geschichte*, etc., page 101.

4. Le volet de gauche est peint par Otto Venius, le volet de droite et les revers sont l'œuvre de Martin Pepyn.

Un des fils de Martin De Vos, nommé également Martin, fut reçu en 1607 franc-maître de la gilde de Saint-Luc; il ne s'est point fait connaître comme peintre. D'autre part, Wenceslas Coeberger (1561?-1635) est l'unique élève formé par De Vos, dans sa longue carrière, dont le nom ait survécu.

L'école d'Anvers, il est vrai, était à l'aurore de la période rubénienne.

VIES

DES

FAMEUX PEINTRES ENCORE VIVANTS

XXII

JEAN FREDEMAN[1] DE VRIES

PEINTRE DE LEEUWARDEN

Ayant accompli la tâche de retracer la carrière des éminents et célèbres peintres flamands dont la Parque a tranché les jours et dont j'ai essayé de lui ravir les noms pour en décorer le temple de Mémoire, je veux maintenant consacrer mes efforts à compléter l'œuvre en parlant des peintres vivants. J'ai cité déjà quelques élèves ou descendants des illustres défunts; je n'y reviens plus, ne possédant à leur sujet que peu de données.

Je dois m'attendre à voir cette nouvelle entreprise en butte à des critiques inconsidérées, quoique je fasse de mon mieux pour les éviter, en prenant pour seuls guides la vérité et la modération dans les avis que je porte sur les hommes et leurs œuvres.

Et si, au jugement d'aucuns, il m'arrive de verser dans l'exagération, qu'on veuille bien ne l'attribuer qu'à mon incompétence.

J'espère, d'autre part, que nul ne viendra se prévaloir des pauvres grincements de ma plume enthousiaste, pour se faire gloire de ce qui ne lui a été que confié pour un temps, à l'instar de ce page qui,

1. Plus ordinairement Vredeman, plus fréquemment aussi Hans que Jean, point à considérer, le monogramme du maître se composant des lettres H. V. R.

monté sur le cheval de son maître, fait le beau et n'en devra pas moins tout à l'heure céder la monture à son seigneur.

Celui qui a de son savoir une moindre opinion, quoi qu'on dise à lui-même ou de lui, sera pareil au Corrège ou à André del Sarto et d'autres encore, auxquels il n'était point possible de faire croire qu'ils fussent des maîtres.

Les présomptueux feront toujours paraître les fumées de leur outrecuidance, qu'on en souffle ou non le foyer. Il est digne de remarque, en effet, que les meilleurs maîtres, ceux dont l'intelligence semblerait devoir surtout se manifester, sont parfois ceux dont l'excessive prospérité enfle à ce point les voiles que leur boussole dévie et qu'ils s'égarent comme le vieux Zeuxis que l'on voyait aux jeux Olympiques se pavaner dans un manteau où son nom était écrit en lettres d'or, ou comme Parrhasius, dont Athénée nous apprend, dans son XIIe livre, qu'il se montrait vêtu d'une robe de pourpre, couronné d'or, et signait ses œuvres à peu près de la sorte :

Ceci est le travail d'un homme qui vit dans l'opulence
Et honore la vertu : Parrhasius.
Sa patrie est la célèbre Éphèse; Évenor est son père;
Il est Grec, et le prince des peintres.

Étrange contradiction! honorer et aimer la vertu, et vivre dans l'opulence! Et pourtant il se vantait d'avoir fait des choses surhumaines, comme d'avoir représenté, à Lindus, Hercule tel qu'il lui était apparu en songe.

Entre les philosophes, il suivait Aristippe, l'apôtre de toutes les voluptés, et n'était point triste dans ses œuvres, mais comme le dit Théophraste, dans son traité du Bonheur, peignait en chantant.

Il prisait très haut ses créations, était ambitieux à l'excès, et vantait son savoir en ces termes :

Je dis que la limite de l'art est ici atteinte;
Mais l'invincible encore me retient;
Ne mieux pouvoir est mon supplice,
Malheur de l'homme trompé dans son espoir!

J'ai parlé de sa supériorité artistique; voici qui démontre son faste.

De son temps on portait des chaussures de bandelettes de cuir entrelacées; celles de Parrhasius étaient d'or.

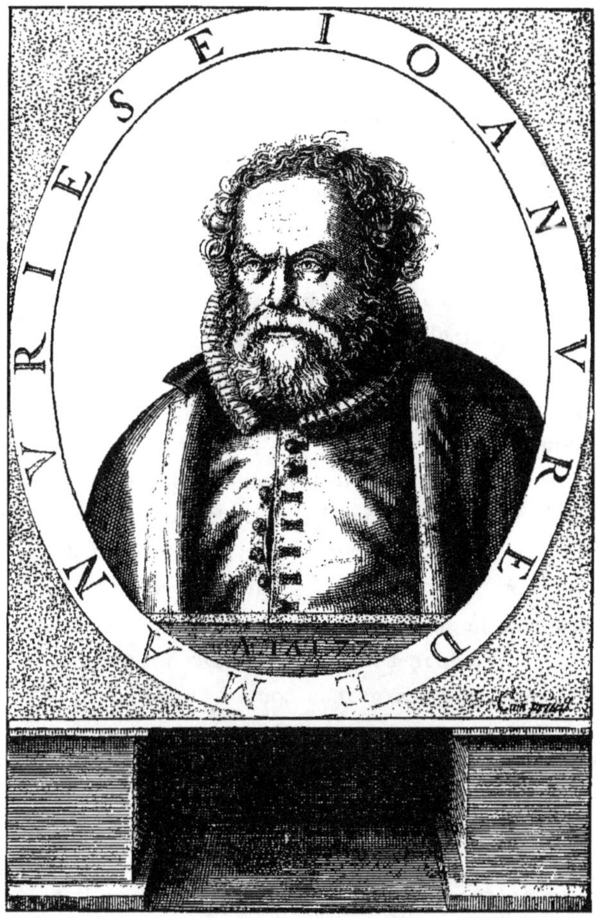

JEAN VREDEMAN DE VRIESE.
Gravé en 1604 par H. Hondius.

Il me paraît que les paroles ni les écrits n'eussent pu faire qu'un tel homme conçût de soi-même une opinion peu exaltée, alors qu'il se vantait d'avoir surpassé l'éminent Zeuxis.

Hélas! ce ne sont point seulement des Parrhasius, qui vont partout se vantant, chose plus facile à ridiculiser qu'à corriger.

Donc je poursuis allègrement mon travail, en commençant par le plus âgé des célèbres peintres que je sais encore en vie et qui, comme tant d'autres, s'appliqua dans sa jeunesse au dessin, sans savoir à quoi la nature le destinait, ni quelle voie devait le mener à la perfection.

Il en fut ainsi de Jean De Vries, qui naquit à Leeuwarden, en Frise, en 1527. Son père était un connétable[1] ou canonnier allemand, qui servait sous Georges Schenck[2].

Mis en apprentissage à Leeuwarden, chez un peintre d'Amsterdam, Reyer Gerritsen[3], De Vries se destinait à la peinture sur verre. Ayant passé cinq ans chez ce peintre verrier, il s'en alla à Campen, chez le peintre de la municipalité, mauvais sujet, avec lequel il ne put s'entendre et qu'il abandonna après deux ans, pour se rendre à Malines, en Brabant, où il fut fréquemment malade, et s'appliqua surtout aux procédés de la détrempe.

A Malines et à Anvers, il prit part à la décoration des arcs de triomphe érigés en 1549 pour l'entrée de l'empereur Charles et de son fils Philippe[4]. Ayant ainsi gagné quelque argent, il s'en retourna en Frise, à Kollum, où il peignit à l'huile un tableau[5].

Il se trouvait là un ébéniste qui possédait les livres de Serlio ou de Vitruve, traduits par Pierre Koeck; De Vries passa ses jours et ses nuits à les transcrire, les grands comme le petit[6].

1. Le constable, condestable, occupait dans l'artillerie un grade subalterne et était, semble-t-il, chargé de pointer les pièces. (Weiland, *Nederduitsch letterkundig Woordenboek*. Anvers, 1843.) Dans le *Kriegsbuch* de Fronsperger nous voyons pourtant le condestable figuré comme un officier supérieur.

2. Gouverneur de la Frise.

3. Reijer Gerbrants, inscrit comme bourgeois de Leeuwarden en 1544. (Eekhoff, *de Stedelijke Kunstverzameling van Leeuwarden*, page 281. 1875.)

4. Dans l'édition du *Livre des peintres* de 1618, cette date de 1549 a été remplacée par celle de 1569. La première version est seule correcte, attendu que la ville d'Anvers donna des fêtes splendides en 1549, fêtes dont Pierre Coeck dirigea la partie décorative, et pour lesquelles on eut recours au pinceau d'un nombre considérable d'artistes. Le souvenir de ces fêtes a été consigné dans un livre de Corneille Graphaeus, le greffier de la ville, publié à Anvers en 1549 même, sous le titre le *Triomphe d'Anvers*. Il est bon de rappeler, au surplus, qu'en 1569 Charles-Quint avait cessé de vivre, et que Philippe II était en Espagne.

5. Ce tableau ne paraît pas être resté dans la ville frisonne.

6. L'auteur entend par les « *grands* » livres de Pierre Coeck, sa traduction des livres d'architecture

Il retourna alors à Malines[1], chez un peintre du nom de Claude Dorici, lequel lui donna à faire diverses choses où entraient des architectures[2]. Il termina aussi une perspective que certain Corneille van Vianen avait laissée inachevée en mourant[3].

C'était un homme assez entendu mais qui procédait empiriquement; De Vries, l'ayant constaté, s'appliqua avec tant d'ardeur à l'étude de la perspective qu'il en vint à pratiquer cette branche d'une manière infiniment plus facile et plus pratique.

Étant allé à Anvers[4], il y fit dans la maison de Guillaume Key[5] un trompe-l'œil simulant un portique de bois, et pour Gilles Hofman, vis-à-vis d'une porte, une grande perspective avec une échappée de vue sur une cour. Quelques seigneurs allemands, et aussi le prince d'Orange[6], y furent pris, croyant que c'était une construction véritable et une cour réelle.

Il dessina pour Jérôme Cock plusieurs compositions architecturales : une suite de quatorze pièces, perspectives, temples, cours, palais et salles[7]. Une seconde suite de vingt-six pièces, des palais vus d'en haut, extérieurement et intérieurement[8]. Une troisième suite, ovales et

de Serlio et par le « petit » livre l'opuscule intitulé : *Die inventie der Colommen met haren coronementen ende maten ut Vitruvio ende andere diversche auctoren, etc., Antwerpen ter begheerten van Goede Vrienden*, febr. 1539.

1. Nous l'y trouvons, effectivement, en 1561, époque à laquelle il concourt à la décoration de l'*ommegang* (cortège). (Neefs, *Histoire de la peinture et de la sculpture à Malines*, tome Ier, page 167.)

2. Dorizi est admis à la gilde de Saint-Luc de Malines en 1536, comme bourgeois de la ville. Il avait vu le jour en 1517 et organisa, en 1559, dans sa ville natale (?) une loterie d'objets d'art. (Voyez Neefs, *Histoire de la peinture*, etc., tome Ier, pages 318-321. Malines, 1876.) Dorizi avait cessé de vivre en février 1565. Il laissait un fils nommé Claude.

3. Ce Corneille n'a laissé aucun nom parmi les artistes. Kramm le suppose allié à la nombreuse famille des van Vianen d'Utrecht.

4. Son départ de Malines, pour aller se fixer à Anvers, eut lieu en 1563-1564. Toutefois, dès l'année 1555 avait paru à Anvers, chez Gérard De Jode, un recueil d'ornements de Vredeman De Vriese.

5. Guillaume Key le peintre. Voyez ci-dessus, tome Ier, chapitre XXXIX.

6. Guillaume le Taciturne. Le prince d'Orange quitta Anvers au mois d'avril 1567 et Guillaume Key mourut en juin 1568.

7. *Memorabilium, Novi Testamenti, in templo gestorum, etc.*, 14 pièces, titre compris.

8. *Scenographiæ sive perspectivæ ut Ædificia, hoc modo ad opticam excitata, Pictorum vulgus vocat pulcherrimæ viginti selectissimarum fabricarum a Joanne Vredemanno Frisio excogitatæ et designatæ : et a Hieronymo Cock æditæ, etc., au Quatre Vens avec privilege du Roy pour six ans*, 1560. (Réédité en 1601 par Théodore Galle sous le titre *Variæ architecturæ formæ*.) La première édition est dédiée au cardinal Granvelle par Cock. L'encadrement de la dédicace est conservé à la seconde édition.

perspectives avec le point de vue au centre, à l'usage des incrusteurs[1]; un quatrième ouvrage d'environ vingt-quatre planches de tombeaux[2].

Pour Gérard De Jode, il fit un livre de fontaines[3] et un livre d'architecture d'après les cinq ordres, chaque ordre se représentant cinq fois[4].

Pour Philippe Galle, il fit des compositions de cours intérieures, vestibules, tonnelles de verdure et dédales[5]. Pour le même encore, à l'usage des ébénistes, toutes sortes de modèles de menuiserie, portaux, tables, escabeaux, buffets, etc., en perspective[6].

A Pierre Balten[7], il donna un recueil intitulé : *Theatrum de vita humana,* selon les cinq ordres, du composite au toscan, qui est la *Vieillesse* et jusqu'à la *Melancolia,* la *Mort* figurée dans une ruine. En même temps étaient représentés, en six planches, les âges de la vie humaine[8].

Il a fait encore des entrelacs, des compartiments, des grotesques et des ornements[9], le tout formant bien un ensemble de vingt-six livres.

En 1570, lorsque la fille de l'empereur[10], se rendant en Espagne, fit

1. Cette suite remarquable de 20 planches n'a d'autre titre, à la première édition, qu'une dédicace de Jérôme Cock à Pierre-Ernest de Mansfeldt. La réimpression de Théodore Galle est de 1601 et porte pour titre *Variæ architecturæ formæ.* Elle ne doit pas être confondue avec la suite précédente.

2. *Pictores, statuarii, architecti latomi et quicunque principum magnificorumq. virorum memoriæ æternæ, inservitis, etc.*, 1563. 28 planches in-4°, titre compris.

3. *Artis perspectivæ plurium generum... multigenis fontibus, etc. Excudebat Antverpiæ Gerardus De Jode,* A° 1560. 30 planches in-folio oblong.

4. *Architectura oder Bauung der Antiquen, etc., Antw. Gerardus de Jode,* 1577. (Traduit en français en 1597 par Théodore Kemp.) Titre et 21 planches in-folio. (Non cité par Guilmard.)

5. *Hortorum viridariumq. elegantes, etc. Excud. Philippus Gallæus Antv.* 1583, titre et 20 planches plus 8 in-folio oblong. Jean Galle reprit cette suite et porta le nombre de planches à 34 en ajoutant six planches très intéressantes de P. vander Borcht.

6. *Différents pourtraicts de menuiserie... portaux, bancs, escabelles, tables, etc.* Titre et 16 planches en hauteur, s. d.

7. Voyez sur P. Balten, chapitre IV.

8. *Theatrum vitæ humanæ, etc. Antv.*, 1577.

9. Deux suites : *Multarum variarumq. protactionum compartimenta vulgus pictorum vocat, Gerardus Judæus excudebat Antv.* 1re suite, 1555, 12 planches. — 2e suite, 1557, 13 planches (titre compris). Une très belle suite de grotesques : *Grottesco in diversche manieren*, 13 planches. Des caryatides : *vulgus termas vocat*, titre et 16 planches. Ces deux suites publiées chez Gérard De Jode. Deux suites des Ordres publiées chez Cock en 1563 (22 pièces) et 1578, 30 pièces, etc.

10. Il s'agit de la jeune Anne d'Autriche, fille de Maximilien II, fiancée de Philippe II. Elle arriva à Anvers le 26 août 1570. Bien qu'il y eût en ce moment à Anvers de terribles exécutions ordonnées par le duc d'Albe, on offrit des fêtes magnifiques à l'archiduchesse et un cadeau de noces de deux cent mille florins.

son entrée à Anvers, les Allemands commandèrent à De Vries un arc de triomphe qui devait être achevé en cinq jours, ce qui fut réalisé. De ce chef, la nation paya soixante rixdales.

A la proclamation du pardon du duc d'Albe[1], De Vries partit sans retard avec sa famille chercher un refuge à Aix-la-Chapelle, où il séjourna plus de deux ans et, de là, se rendit à Liège, où il resta plus d'un an et demi.

Comme on parlait d'une paix conclue par le comte de Schwartzenberg, il s'en retourna à Anvers[2] et obtint du trésorier Arnold Molckeman[3], à Bruxelles, la commande d'une peinture représentant un pavillon d'été en perspective et y introduisit, entre autres, une porte ouverte, dans l'embrasure de laquelle Pierre Breughel, trouvant par hasard l'attirail du peintre, avait représenté un paysan, la chemise non immaculée, fort avant dans les bonnes grâces d'une paysanne, groupe qui fit joliment rire et plut considérablement au maître de la maison, qui ne voulut, à aucun prix, le laisser effacer.

Sur ces entrefaites, grâce à M. de Bourse, les Espagnols furent chassés du château d'Anvers qui tomba aux mains des bourgeois[4]. De Vries entra alors au service de la ville avec la direction générale de tous les travaux de fortification[5], et il garda son poste jusqu'au siège du prince de Parme et à la reddition en 1586[6].

1. 29 avril 1570. C'était le « *Pardon général* » du roi Philippe II; en étaient exceptés tous ceux que l'on soupçonnait d'hérésie ou qui pouvaient être accusés de connivence avec les hérétiques. On se rappelle que Vredeman De Vries partit avec les Valckenborgh. Voyez ci-dessus, chapitre XI.

2. En 1575, l'empereur eut recours à l'entremise de Gunther, comte de Schwarzenberg, beau-frère du prince d'Orange, pour entamer avec celui-ci des négociations de paix entre l'Espagne et les Pays-Bas.

3. Arnold Molckeman, conseiller et trésorier des guerres, par lettres-patentes du 17 mars 1551 (1552 n. st.).

4. En 1577, au mois d'août. Ce mouvement populaire avait pour chefs: Liedekerke, Rouck et Bourse. Martin De Vos a retracé les principaux épisodes des journées d'août 1577 en une suite de médaillons dont la gravure est quelquefois attribuée à l'un des Wiericx. Voyez Alvin, *Catalogue raisonné de l'œuvre des trois frères Wiericx*, nos 1459-1466. Bruxelles, 1866. William Stirling Maxwell, *Antwerp delivered in M.D.LXXVII.* Édimbourg, 1878.

5. Ce fut en qualité de peintre de la ville qu'il exécuta en 1580, la décoration des salles de la citadelle où résidait le prince d'Orange; en 1582, il fut chargé des arcs de triomphe, etc., érigés à l'occasion de l'entrée de François d'Alençon. La même année, il toucha de la ville 60 livres pour sa part de travail dans la régularisation du cadre (d'abord cintré) de l'*Ensevelissement du Christ* de Quentin Metsys, acquis par la ville. (Vanden Branden, *Geschiedenis*, page 62.) On trouve dans l'*Architectura* publiée par Gérard De Jode en 1577 plusieurs planches de fortification de Vredeman De Vries.

6. Le 17 août 1585. Au mois de novembre de la même année De Vries travaillait encore avec

Muni de lettres de recommandation, il se rendit alors, en passant par Francfort, chez le duc de Brunswick et y resta jusqu'en 1589, époque du décès du duc Jules. De Vries partit alors du château de Wolfenbuttel et se rendit à Brunswick, où il produisit un tableau pour une décoration de funérailles.

En 1591, il alla à Hambourg, y peignant, entre autres, dans une chapelle de l'église Saint-Pierre, pour la sépulture d'un joaillier du nom de Jacob Moor, une grande perspective du *Christ triomphant du démon, de la mort et du péché*[1]. Dans le bas, une porte entr'ouverte, au sujet de laquelle se sont engagés de nombreux paris, car il semble qu'on y voie les marches d'un escalier. On cite un vayvode, ou duc polonais, grand maître de la cour du roi, qui offrit de parier mille florins que c'était une porte véritable. D'autres pariaient des verres de bière, un tonneau de beurre, etc.; les perdants souhaitant que le peintre eût les mains embrenées.

Dans cette même chapelle, et sur cette même toile, il avait représenté, sous une corniche saillante et supportée par deux termes que l'on eût cru de bois, une lampe suspendue et qui se voit par dessous; et, comme l'objet est à une assez grande hauteur, les gens s'imaginent que la lampe est véritable. Plus d'un parieur malheureux s'en alla, de ce chef, reprocher au peintre sa déconvenue, recevant en retour cette demande : « Qui vous obligeait à parier ? »

A Dantzig, à la cour[2], il peignit *Orphée charmant les animaux,* car c'est un endroit où il faut garder la paix et où les bêtes avinées n'ont pas le droit de se battre. Dans cette ville, De Vries était au service de la municipalité. Il y a de lui huit perspectives dans la nouvelle salle du conseil, avec des allégories sur le gouvernement. D'abord, la *Justice* et l'*Injustice;* secondement, la *Raison;* troisièmement, la *Piété* dans un temple moderne; quatrièmement, la *Concorde;* cin-

Raphael van Coxcie à un tableau pour la confrérie du Salut de Notre-Dame, dans la cathédrale d'Anvers. (Voyez le contrat dans De Busscher, *Recherches sur les peintres et sculpteurs à Gand aux XVIe, XVIIe et XVIIIe siècles*, page 140. Gand, 1866.) Le 13 août 1586, van Coxcie signe la reconnaissance de la somme due à De Vries pour sa part de collaboration.

1. L'église Saint-Pierre, à Hambourg, fut détruite par l'incendie de 1842. La partie conservée de la tour a été englobée dans la nouvelle construction.

2. Artushof. La peinture existe toujours, elle est datée de 1596.

quièmement, la *Liberté;* sixièmement, la *Constance;* septièmement, le *Jugement dernier,* et huitièmement, une toile qui, l'été, se place dans le foyer et simule un portique, au fond duquel trône sur des degrés la *Raison,* ayant près d'elle un chien, emblème de la *Fidélité.* Elle tient enchaînées la *Discorde,* la *Sédition,* la *Trahison,* la *Calomnie* et l'*Envie*[1].

Revenu de Dantzig à Hambourg, De Vries peignit pour M. Hans Lomel une petite galerie dans une cour avec une vue sur un rideau de verdure; immédiatement en face de la galerie, dans la même cour, une cloison de bois avec une porte ouverte, montrant une pièce d'eau avec des cygnes, et, plus bas, les troncs des arbres, dont la couronne apparaît naturellement au-dessus de la cloison, ce qui excite l'étonnement d'un grand nombre de personnes.

Pour le même propriétaire, dans une chambre sous un grenier à plafond plat, on voit une série de colonnes et de balustres, représentés en raccourci sur toile, reposant sur une corniche et portant une voûte avec des caissons et des grotesques, ayant au centre une ouverture simulée.

De Hambourg, De Vries alla à Prague, où son fils, Paul[2], excellent maître dans la branche de son père, décora pour l'empereur un grenier long de deux cents pieds et large de quatre-vingts, peignant sur toile, à cet effet, une voûte supportée par des piliers vus en raccourci, la voûte décorée de grotesques, avec une grande ouverture circulaire au milieu, le tout à son point de vue.

Dans une autre sallette, il fit de même un plafond plat. On y voyait les *Douze Mois,* et, au centre, une grande peinture circulaire avec *Jupiter et sa foudre* en raccourci, comme tout le reste d'ailleurs, colonnes, arbres et maisons.

Selon le désir de l'empereur, Paul fit encore dans la sallette une

1. Ces peintures ont subsisté.

2. Il naquit à Anvers en 1567, car, lorsqu'il se maria à Amsterdam, en 1601, on l'inscrivit comme âgé de trente-quatre ans et natif d'Anvers. (Voyez Kramm, *Levens en Werken,* page 1812.) On sait qu'il collabora avec Josse van Winghen (voir ci-dessus, chapitre xx) au tableau que celui-ci exécuta pour l'église Saint-Géry, à Bruxelles. Paul Vredeman vivait probablement encore en 1630. La même année, Nicolas Janssen Visscher faisait paraître de lui deux suites de *menuiseries* (meubles), chacune de vingt pièces, « nouvellement mises en lumière ». Il faut remarquer cependant que l'auteur y est qualifié « *fameux* », et que, d'ordinaire, on est plus réservé pour les contemporains.

Le 14 février 1604 seulement il se fit recevoir bourgeois d'Amsterdam. (Voyez l'*Archief* d'Obreen, tome II, page 275.)

perspective d'une galerie ouverte avec une cour et une fontaine que l'empereur, se trompant, cherchait parfois à traverser. Il venait souvent voir travailler le peintre[1].

Il y a aussi dans l'église, un triptyque ayant, comme panneau central, une *Résurrection,* de Hans van Aken[2]; sur l'un des volets, les *Saintes Femmes,* par Spranger; sur l'autre, les *Disciples d'Emmaüs,* par Joseph le Suisse[3]. Sur la face extérieure, De Vries peignit une perspective faisant d'abord égaliser les volets, et garnissant ensuite la jonction d'un pilier qui dissimule complètement la fermeture. Cela plut énormément à l'empereur.

De Vries composa aussi pour le souverain diverses fontaines et des salles pour y placer des tableaux, et distribua les choses de telle sorte que l'empereur pouvait aller par tout son palais inaperçu.

De Prague, De Vries retourna à Hambourg et fit encore, pour l'église de Saint-Pierre, deux grandes peintures : le *Christ chassé du temple par les Pharisiens* et les *Vendeurs chassés du temple.*

Par les conseils et les démarches de Gilles Coignet[4], De Vries vint à Amsterdam, apportant avec lui une *Tour de Babel,* œuvre très détaillée et sur laquelle il s'était usé la vue, et qui doit se trouver aujourd'hui chez un certain Pierre Overlander, à Amsterdam[5].

D'Amsterdam, De Vries alla, avec sa famille, se fixer à La Haye, puis retourna à Hambourg.

En la présente année 1604, il a édité un fort bel ouvrage d'architecture, contenant jusqu'à cinquante planches et auquel il a travaillé depuis l'époque du siège d'Anvers. Il y a eu pour collaborateurs ses fils Paul et Salomon. L'ouvrage est accompagné d'une démonstration simple et fort claire[6].

1. Il se peut que des peintures soient conservées, en partie, au palais du Hradschin à Prague. Nous ne les avons point vues toutefois lorsque nous avons visité cette vaste résidence impériale; il est vrai qu'elle contient plus de deux cents chambres.

2. Né à Cologne en 1562, mort en 1615. (Voyez ci-après, chapitre XXXII.) C'est probablement le tableau gravé par Raphael Sadeler en 1614. Il y a de van Achen dans la cathédrale de Prague, chapelle Martinitz, un *Christ en croix*.

3. Joseph Heinz, né à Berne entre 1550 et 1560, mort en 1604 (?).

4. Voyez ci-dessus, chapitre XVII.

5. Tableau disparu.

6. « *Perspectiva,* dat is de hooch gheroemde conste eens schijnende in oft door-siende ooghen-

Le susdit Paul, ayant parcouru de nombreux pays, habite encore Amsterdam[1], y travaillant toujours avec ardeur, dans le même genre d'architecture et de perspective, peignant à l'huile de beaux temples et des églises à l'antique et à la moderne, enfin, tous les genres de construction.

L'autre fils, Salomon, était aussi un bon maître; il est mort à La Haye en la présente année 1604[2].

COMMENTAIRE

Il appartenait à notre temps, plus curieux sinon plus juste que les autres en ce qui concerne les choses du passé, de voir en De Vries le maître distingué que le goût dominant au XVIIIe siècle, et davantage encore celui de la première moitié du XIXe, avaient en quelque sorte fait tomber dans l'oubli.

Les recueils de planches décoratives et ornementales[3] du savant architecte frison se classent aujourd'hui parmi les ensembles les plus recherchés du genre, et peu d'œuvres de l'espèce attestent une imagination plus riche et un sens plus réel du pittoresque. Nous ne dirons pas que toutes les créations de Vredeman De Vries soient marquées au coin d'une très grande délicatesse de goût, mais on voudra bien ne pas oublier qu'à l'époque où elles voyaient le jour l'Italie elle-même ne créait plus des œuvres d'une bien grande pureté et que, chez elle comme ailleurs, nous constatons un singulier abus de la ligne ondoyante.

On a vu que De Vries ne visita point la Péninsule et qu'il se forma par l'étude des livres de Pierre Coeck, d'Alost. Pour voir à quel degré cette étude influe sur son génie, il suffit de parcourir le livre publié par Christophe Plantin en 1582 : *la Joyeuse et*

ghesichten punt et gheinventeert door Johan Vredeman Vriese. » L'ouvrage, dédié à Maurice de Nassau, contient le portrait de ce prince daté de 1599 et nous donne aussi le portrait de l'auteur, âgé de soixante-dix-sept ans en 1604. Il est gravé par H. Hondius, qui est aussi l'auteur de la gravure de la plupart des 49 planches. D'autres portent le monogramme de Barthélemy Dolendo. La seconde partie, datée du 1er mars 1605, contient 24 planches.

Une traduction française, sous le titre d'*Architecture, la haulte et fameuse science consistante en cincq manières d'édifices... inventée par Jean Vredeman Frison et son fils Paul Vredeman Frison*, parut en 1606. Il y a en tout 67 planches, dont plusieurs sont de l'invention de Paul Vredeman De Vries et ne se rencontrent pas dans l'édition hollandaise.

Il faut supposer que De Vries était en Hollande en 1604, attendu que le 8 février il adressait à l'Université de Leyde une requête à l'effet d'être admis à y professer l'architecture. Cette requête, malgré l'appui du prince Maurice, ne fut point accueillie. (*Navorscher*, tome IV, page 192.)

1. Nous avons dit qu'il y fut reçu bourgeois en 1604.

2. On ne doit pas confondre Salomon De Vries avec S(imon) Frisius, également originaire de Leeuwarden.

3. M. Schoy (*les Grands Architectes de la Renaissance aux Pays-Bas*, Bruxelles, 1876, page 31) évalue à 34 la série des livres de Vredeman De Vries.

Magnifique Entrée de monseigneur Françoys, fils de France, et frère unicque du roi (sic) *en sa très renommée ville d'Anvers.* Ici sont retracés les estrades et les chars composés par De Vries avec cette exubérance de contours et cette puissance de saillie qui, de même que chez Pierre Coeck, caractérisent le peintre.

La nature de ces travaux, de même que la destination des autres œuvres peintes par De Vries, nous explique assez la rareté actuelle des créations picturales du Frison. Entre tous, les travaux décoratifs sont les plus éphémères.

A proprement parler aussi, De Vries se range à peine parmi les peintres. Il eût de notre temps été qualifié décorateur, car telle est réellement la position qu'il occupe dans l'histoire de l'art. Les trompe-l'œil que l'on cite de lui sont avant tout le fait d'un habile perspecteur.

Les peintures encore conservées du maître paraissent être les suivantes :

MALINES (église de Saint-Rombaut). La partie architecturale du tableau de Michel Coxcie : la *Circoncision* (1589).

HAMBOURG (musée). *Vue intérieure de la cathédrale d'Anvers*, nº 196.

DANTZIG (hôtel de ville). *Peintures allégoriques.*

DANTZIG (Bourse (Artushof). *Orphée.*

STUTTGART (musée). *Intérieur de l'église d'Aix-la-Chapelle*, nº 611.

VIENNE (Belvédère). *Intérieurs d'architectures*, nºs 1375, 1376, 1377, 1378 et 1379.

HAMPTON COURT. *Jésus-Christ chez Marthe et Marie* (1566), nº 648.

LONDRES (Dr Robinson), cité par Immerseel : la *Salutation angélique.*

Œuvres citées par Hoet :

Le *Triumvirat de Rome avec beaucoup de beaux édifices et de nombreuses figures.* Haut., 4 pieds ; larg., 6 pieds 7 pouces. (Vendu 60 fl. à la vente Fierens, à La Haye, en 1743.) Gérard Hoet, tome II, page 103.

Société de cavaliers et de dames. Haut., 1 pied 11 pouces ; larg., 3 pieds. (Vendu 130 fl., en 1763, à la vente Lormier, à La Haye.) Gérard Hoet, tome III, page 334.

Nous avons cité les principales suites ornementales créées par le maitre. Des nomenclatures très étendues de son œuvre paraissent dans le *Künstler-Lexikon* de Nagler et dans les *Maîtres ornemanistes* de D. Guilmard, page 480. Paris, 1880. Il faut observer, toutefois, que, pour dresser avec certitude la liste de l'œuvre de De Vries, il importerait d'avoir sous les yeux les diverses éditions de ses recueils. Plusieurs de ces belles suites ont changé de titres en passant par les mains d'éditeurs successifs et il n'est pas rare de trouver des pièces transportées d'une suite à une autre.

De plus, il existe des copies de certaines œuvres de Vredeman De Vries. Ainsi la Bibliothèque royale de Belgique possède une suite de copies en contre-partie fort remarquables, et certainement italiennes, du recueil de 1567 : *Variarum protractionum.* Les ombres y sont renversées. Il manque dans les cartouches les textes religieux que Gérard De Jode avait fait inscrire dans les planches sorties de sa boutique.

De Vries n'a certainement pas gravé lui-même. M. Schoy[1] a cru devoir lui attribuer

1. A. F. Schoy, *les Architectes de la Renaissance aux Pays-Bas.* 1876.

le monogramme IH. W. inscrit sur une planche du *Theatrum vitæ humanæ;* cette marque est celle de Jean Wiericx.

A en juger par la manière de procéder, P. vander Borcht et les Huys, d'Anvers, ont pu participer à l'exécution de certaines planches mises au jour par Gérard De Jode et Jérôme Cock. Philippe Galle disposait de ses fils, mais, en général, les ateliers d'Anvers comptaient de nombreux et habiles praticiens, absolument aptes au genre de travail exigé par la publication des œuvres de Jean le Frison.

Outre ses fils Paul et Salomon, Vredeman eut pour élève Henri van Steenwyck le Vieux, peintre d'intérieurs d'églises[1].

La date de la mort du maître n'a pu être établie avec certitude. Immerzeel le fait mourir à Anvers en 1588, mais la requête même qu'il adressait à l'Université de Leyde, en 1604, ne permet pas de croire qu'il fût rentré dans les Pays-Bas catholiques, puisque Maurice de Nassau était son protecteur.

Nous avons sous les yeux une estampe représentant l'autel érigé à Stanislas Kostka dans l'église de Saint-André, à Rome. Elle porte les mots : *Joañes Vries excu.— Romæ superiorum permissu, 1606;* c'est un travail médiocre.

Ce Jean De Vries était-il parent de Vredeman ? On peut le croire. Il était à Rome déjà en 1600 et eut maille à partir avec la police à diverses reprises, comme nous l'apprend M. Bertolotti. (*Artisti Belgi ed Olandesi a Roma*, pages 228 et 265. Florence, 1880.)

Au mois d'août 1612, il était encore dans la Ville éternelle et y exerçait la profession de graveur. Cette dernière année il fut même grièvement blessé à la jambe dans une rixe avec le graveur Sébastien Fulcaro.

1. Voir ci-dessus, chapitre xv. Il naquit à Steenwyck en 1550 et mourut à Francfort-sur-le-Mein en 1603. (Gwinner, *Kunst und Künstler in Francfurt*, page 80.)

XXIII

JEAN STRADANUS

CÉLÈBRE PEINTRE BRUGEOIS

Notre Belgique et les cités ses filles ont droit de reprocher amèrement à la cruelle Florence, la ville des fleurs, de leur avoir ravi, non seulement la fleur de l'art statuaire, en la personne de Jean de Bologne[1], mais encore l'éminent peintre Jean vander Straet, de Bruges, en Flandre, que, pareille à l'astucieuse Circé, à la suppliante Calypso, à l'enchanteresse Alcine, elle laisse vieillir loin de la terre natale et dont elle semble même vouloir s'approprier les cendres au profit de sa renommée[2].

Bruges, qui le vit naître, n'en garde pas moins l'honneur de le compter parmi ses enfants à dater de l'an de grâce 1536[3].

Il serait, si je suis bien renseigné, de souche noble, et descendait des vander Straet, maison qui fut frappée de déchéance pour la part qu'elle prit à l'assassinat de Charles le Bon, le treizième comte et dix-neuvième forestier de Flandre, qui périt dans l'église de Saint-Donatien, en l'an 1127, comme illégitime dépositaire de la puissance comtale[4].

Jean, donc, après avoir bien débuté en Flandre[5] partit pour l'Ita-

1. Né à Douai en 1524, mort à Florence en 1590.

2. Stradan finit effectivement sa carrière en Italie.

3. L'épitaphe du maitre à la *Nunziata* de Florence, dit qu'il mourut le 4 des Nones de novembre, — c'est à dire le 2 novembre, — 1605, âgé de quatre-vingt-deux ans. Il en résulte que Stradan naquit en 1523. On va voir que cette date est absolument correcte.

4. Charles le Bon fut assassiné le premier vendredi du Carême de 1127, par les vander Straeten qu'il avait contraints, en temps de famine, de vendre leur blé à prix raisonnable.

5. Raphael Borghini (*Il Riposo di Raffaello Borghini*, Florence, 1584, page 579), qui donna de Stradan une biographie dont plus d'un détail lui fut certainement communiqué par le maitre lui-même, assure que Stradan eut d'abord les leçons de son père que, toutefois, il perdit à l'âge de douze ans. Il eut ensuite pour professeur Maximilien *Franco*, c'est-à-dire Frans, né à Bruges vers 1490, élève de Jean Prévost (1506), et mort en 1547. (Weale, *Beffroi*, tome IV, pages 94, 97 et 206.) Il est clair que Stradan, s'il était venu au monde en 1536, n'aurait pu être l'élève d'un maitre décédé en 1547. Borghini ajoute que Stradan fut ensuite à Anvers l'élève de *Lungo Piero Ollandese*. Chose assez curieuse, personne ne s'est aperçu que ce Lungo Piero, c'est Pierre Aertssen, qui demeurait alors à

lie[1] et fit choix de Florence pour séjour. Il y produisit nombre de belles choses tant à fresque qu'à l'huile[2]. Vasari trouva en lui un précieux collaborateur aux travaux dont il décorait le palais ducal et d'autres monuments, et Stradan devint ainsi un habile et excellent maître[3].

A Florence, pour l'église de la Nunziata, il a fait une grande et belle peinture, le *Crucifiement,* où les soldats trempent l'éponge dans le vinaigre[4]; composition qui a été reproduite en gravure[5].

Il dessina pour le duc beaucoup de cartons de tapisserie, les *Campagnes du duc Cosme*[6], des *Chasses*[7] très curieuses et d'une belle ordonnance, comme on peut le voir par les planches de Philippe Galle et d'autres graveurs.

On trouve en outre deux suites de la *Passion*[8] et plusieurs types de *chevaux* de différentes races[9].

Anvers et, en effet, si nous ouvrons les *Liggeren* de Saint-Luc, nous y voyons figurer (Rombouts et van Lerius, tome Ier, page 153) Hans vander Straten, peintre, reçu franc-maître en 1545. Il s'explique dès lors facilement que Stradan, comme le dit Borghini, a pu produire à Anvers de nombreux travaux malheureusement disparus ou attribués à d'autres maîtres.

1. Selon Borghini, son séjour chez Pierre Aertssen fut de trois ans; ensuite, d'après le même auteur, il se rendit à Lyon et travailla chez « *Cornelio del Aia*, peintre du roi Henri ». M. Fétis (*les Artistes belges à l'étranger*, 1857, tome Ier, page 123) fait observer avec raison que ce Corneille n'est autre que Claude Corneille, de La Haye, peintre des rois François Ier, Henri II, François II et Charles IX, mort à Lyon, ce qui est pleinement confirmé par les savantes recherches de M. Natalis Rondot, avec cette restriction que le prénom de Claude n'apparait dans aucun document où il est question de l'artiste. (*Les Artistes et les Maitres de métier ayant travaillé à Lyon, Gazette des Beaux-Arts*. 1883. Tiré à part chez Quantin.) Stradan partit ensuite pour Venise où il travailla un temps sans maitre, et finalement pour Florence.

2. Il s'occupa plus particulièrement d'abord — toujours d'après Borghini, — de faire des cartons de tapisseries dont la fabrication était alors confiée à deux Flamands, les vander Roost. (Wauters, *les Tapisseries bruxelloises*, 1878, page 164, et E. Müntz, *la Tapisserie*. (*Bibliothèque de l'enseignement des beaux arts*, page 230.) Borghini donne même les sujets de ces tentures destinées au grand-duc Cosme : les *Quatre Saisons*, le *Char du soleil*, l'*Histoire de Josué*.

3. Vasari lui-même (*Ragionamenti del sig. Cav. G. Vasari sopra le inventione da lui depinte in Firenze nel Palazzo, etc.*, 1588, page 182) fait un grand éloge de Stradan et dit que sans son concours et celui de Naldini et de Zucchi il n'aurait pu finir ses peintures du Palais ducal, *in una eta*.

4. Il existe une réduction de cette peinture au musée des Offices, n° 43.

5. Par Philippe Galle.

6. *Medicæ familiæ gestarum, victoriæ et triumphi*, suite gravée en 1583 par Philippe Galle.

7. *Venationes ferarum, avium, piscium, pugnæ*, 104 pièces gravées par Philippe Galle, Goltzius, etc., avec des vers de Corneille Kilian, de Duffel.

8. 1° *Passio, mors et resurrectio D. N. Jesu Christi*, 20 planches petit in-4° par les Galle, les Wierix, les Collaert et C. de Passe. 2° *Passio, mors et resurrectio D. N. Jesu Christi*, 41 pages y compris le titre. Voyez Alvin, *les Wierix*, n° 1820.

9. *Equile Joannis Austriaci Caroli V. Imp. F.* Titre et 38 planches gravées par Wierix (Alvin, 1560-1573), Philippe Galle et Henri Goltzius. (Bartsch, 290-298.)

Il compléta le recueil des *Actes des Apôtres,* commencé par Heemskerck[1], et créa beaucoup d'autres choses bien faites pour nous donner la preuve de son entente de la composition, de l'exécution et des diverses parties de l'art.

En la présente année 1604, c'est un célibataire âgé de soixante-quatorze ans[2], digne membre de l'Académie de dessin de Florence et dont la vie s'écoule exempte de soucis.

Et si quelque jour l'Italie ou l'Étrurie doit nous ravir sa dépouille, du moins la Flandre pourra-t-elle se faire gloire d'avoir donné le jour à un Brugeois dont les œuvres auront contribué à enrichir encore la parure florale de la belle Florence[3].

COMMENTAIRE

Il s'en faut de beaucoup que l'histoire ait ratifié les éloges que van Mander, Vasari, Borghini et tant d'autres ont donnés à Stradan.

« Brouillé avec tout ce qui porte le nom de distinction, élégance, sentiment décoratif, dit M. Eug. Müntz (*la Tapisserie*, page 235), s'il s'inspira des modèles italiens contemporains, ce furent les plus défectueux de tous, ceux des décadents florentins, qui fixèrent le plus son attention.

« Le nombre des cartons composés par le Stradan est prodigieux ; mais nous n'osons même pas qualifier de facilité cette production effrénée. Rien de moins nourri que ses compositions, rien de plus pauvre, de plus vide. Les tapissiers de la manufacture ducale, eussent-ils conservé intactes les traditions des Rost et des Karcher, auraient été impuissants à réagir contre de telles tendances ; à plus forte raison, étant donnés les procédés de plus en plus expéditifs qui, sur les bords de l'Arno comme sur ceux de l'Escaut, avaient remplacé l'ancienne minutie, cédèrent-ils sans scrupules au courant. On pourra juger de l'abaissement de la manufacture florentine, pendant le dernier tiers du XVIe siècle, par les *Chasses* qui déshonorent plusieurs des palais royaux de la Toscane. »

Ce jugement sévère, et en grande partie justifié, ne doit pas cependant nous faire méconnaître la très réelle habileté de Stradan et son extraordinaire puissance créatrice. Comme le dit très bien notre éminent confrère, ce qui entache tout l'œuvre du maître

1. *Acta Apostolorum..... a duobus pictoribus Belgis a Martino Heemskerckio nempe qui ea inchoaverat et Johanne Stradano qui ea absolvit.* Édité par P. Galle et plus tard par N. J. Visscher.

2. Nouvelle erreur de van Mander; Stradan serait né en 1530.

3. Stradan eut sa sépulture dans l'église de la Nunziata (Santissima Annunziata), et ne mourut pas en 1618, comme le disent plusieurs auteurs, mais, comme on l'a vu, en 1605.

est l'absence de goût ; mais ce défaut est bien un peu celui de l'école italienne de son temps, et il fallait qu'il en fût ainsi pour expliquer la faveur obtenue par les ouvrages du Brugeois et les éloges que leur donne Vasari. Ce n'est pas l'amitié seulement, faut-il

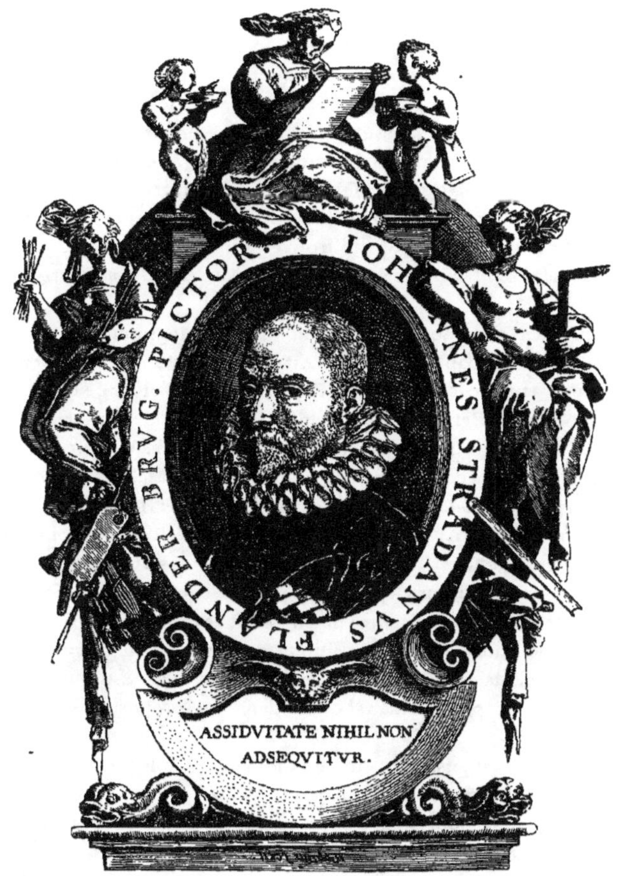

JEAN STRADAN (VANDER STRAETEN).
D'après la gravure de Henri Goltzius.

croire, qui fait louer par Giorgio « la correction du dessin, la richesse de l'invention et le beau coloris » de son ancien collaborateur, car il ajoute que *della Strada* s'est « approprié le style italien ».

Nous avons rectifié à l'aide de Borghini les erreurs de van Mander. Nous savons désormais que Stradan doit avoir laissé dans son pays natal un certain nombre d'œuvres et il est remarquable qu'on ne puisse signaler avec certitude aucun des travaux de cette époque de sa carrière. On lui attribue, à Bruges, un triptyque de la *Présentation au temple, de la Naissance et du Mariage de la Vierge*, à Saint-Sauveur. Nous inclinerions davantage à croire fondée l'attribution d'un petit tableau du *Bon Samaritain* à l'hôpital Saint-Jean de la même ville; mais certainement l'œuvre devrait dater de la période italienne du maître ; elle est extrêmement intéressante et ne manque pas de caractère.

Van Mander ne paraît avoir connu que très imparfaitement la carrière de son contemporain. Nous avons pu suivre Stradan de Bruges à Anvers, d'Anvers à Lyon, à Venise, à Florence. Borghini assure qu'après un premier séjour dans cette ville il fut appelé à Reggio par un commissaire du pape pour y décorer plusieurs palais de ses fresques et y exécuter divers portraits. Campori [1] conteste l'exactitude de ce renseignement et déclare qu'il n'y avait même pas à Reggio de commissaire du pape à l'époque dont il s'agit; que, du reste, on ne trouve point de peintures de Stradan à Reggio, mais uniquement un dessin de la *Prédication de saint Jean-Baptiste* dans la Galerie d'Este.

Quoi qu'il en soit, Borghini, poursuivant la biographie de Stradan, ajoute que l'année de la mort du pape Paul (IV), c'est-à-dire en 1559, le peintre flamand se rendit à Rome pour y étudier les œuvres de Raphael, de Michel-Ange et les antiquités, qu'ensuite il y travailla au Belvédère avec Daniel Ricciarelli (de Volterre) et le Salviati dont il adopta le style [2], qu'ensuite il retourna à Florence. Ce fut alors qu'il devint le collaborateur de Vasari dans les peintures du Palazzo Vecchio, et Vasari lui-même nous fait connaître que Stradan avait entrepris de dessiner les cartons des tapisseries qui devaient s'harmoniser avec les sujets que lui-même avait peints pour les diverses salles des palais du grand-duc de Toscane. « Pour vingt salles du palais de Poggio-a-Caiano, dit l'historien de la peinture italienne, il a représenté de la manière la plus originale et la plus heureuse tous les genres de chasse et de pêche. » Ainsi s'explique l'existence de cette quantité énorme de compositions de notre artiste interprétées par le burin des Galle, des Collaert, des Mallery, et également par Assuerus van Londerseel en plus petit format, et par Herman Muller dans des proportions plus grandes et d'une façon magistrale [3].

Nombre d'autres sujets, religieux, mythologiques, allégoriques et profanes, ont fait connaître le style de Stradan de quiconque s'occupe d'art, grâce surtout aux ateliers d'Anvers qui vécurent pour ainsi dire exclusivement de ses compositions et de celles de Martin De Vos. Soit que lui-même l'eût voulu ainsi, soit que les graveurs italiens eussent un moindre enthousiasme pour ses créations, ils ne s'appliquèrent qu'exception-

1. *Gli Artisti Italiani e Stranieri negli Stati Estensi*, page 450. Modène, 1855.

2. Voyez sur tous ces points l'intéressant travail de M. Ed. Fétis dans *les Artistes belges à l'étranger*, tome Ier, page 120. Bruxelles, 1857.

3. Nous ne connaissons que quatre planches de ce graveur d'après les chasses de Stradan. Elles sont entourées de riches bordures comme le sont aussi celles des tentures que l'on voyait naguère aux Offices et qui sont actuellement au Palazzo della Crocetta avec les autres tentures composant la R. Galleria degli Arazzi, dont M. C. Rigoni a dressé le catalogue. (Florence et Rome, 1884.)

nellement à reproduire ses œuvres. La suite même des actions glorieuses accomplies par les Médicis ne fut point gravée en Italie, mais à Anvers. C'est là, comme le dit avec raison M. Fétis, l'œuvre la plus remarquable du maître, autant par la disposition générale des groupes que par l'intelligence de la composition. Nous citerons aussi deux planches intéressantes et où se trahit à un degré moindre l'influence italienne : la *Mort comme épouvantail* et la *Mort comme amie*, gravées à Venise par Jean et Raphael Sadeler.

La grande planche de l'*Académie*, datée de 1578 et gravée probablement par Corneille Cort, est un document historique des plus curieux et nous initie à l'organisation des grands ateliers de Florence où se pratiquaient, à la fois, toutes les branches de l'art.

Il faut le reconnaître, du reste, l'œuvre immense de Stradan ne se parcourt pas sans profit, et, la part faite des défauts, nous avons affaire à un maître singulièrement entendu à tous les genres.

Rumohr[1] va même jusqu'à lui attribuer des eaux-fortes, mais aucun iconophile n'a ratifié les vues de ce savant.

L'une des pièces qu'il mentionne, une *Léda*, d'après Michel-Ange, figure parmi les anonymes; personne ne voudra y voir la main de Stradan, et pour la *Chasse au sanglier* et le *Départ pour la chasse*, on doit, selon toute vraisemblance, les ranger dans l'œuvre de Tempesta, l'élève de Stradan.

Borghini assure que notre maître fut appelé à Naples par Don Juan d'Autriche et qu'il suivit le fils de Charles-Quint dans les Pays-Bas. M. Fétis a examiné cette question et nous pensons avec lui qu'il ne faut pas hésiter à révoquer en doute ce retour du peintre dans son pays natal à l'époque dont il s'agit. Il serait à peine possible qu'aucun historien n'eût consigné le souvenir de la présence d'un des Flamands les plus considérés parmi ses compatriotes. Du reste, fait observer M. Fétis, pour suivre Don Juan, le peintre aurait dû faire d'abord avec lui le voyage d'Espagne. Il y a lieu de constater, en passant, que le musée de Madrid ne possède aucune œuvre de lui.

D'une manière générale, en dehors des peintures que l'on rencontre dans les églises de Florence, et dont Baldinucci fait l'énumération, les œuvres de Stradan sont des plus rares, et celles que nous montrent les musées sont insignifiantes.

Waagen, lui-même, déclarait ne pouvoir citer aucun tableau authentique de Stradan à l'exception du *Christ mort*, panneau signé au musée d'Augsbourg (nº 309), et dont les figures sont de grandeur naturelle.

Le Belvédère de Vienne possède une *Flagellation* et un *Banquet des dieux*, très petites peintures, comme le sont également le *Christ en croix* du musée des Offices et un ensemble anonyme de la même Galerie que nous croyons pouvoir attribuer au maître, *dix petits portraits* extrêmement curieux, catalogués sous le nº 841.

Dans les Pays-Bas, il ne semble pas que l'on puisse indiquer un seul tableau de ce Brugeois italianisé que les graveurs ont mis tant de zèle à reproduire.

On peut croire que toute son activité, en dehors des peintures décoratives qu'il eut

1. *Geschichte der Kupferstichsammlung in Copenhagen*, page 96.

l'occasion de faire en Italie, se concentra sur ses cartons de tapisseries et les dessins qu'il destinait aux graveurs et dont quelques-uns se rencontrent encore dans les Cabinets.

Le comte de Norfolk possède même un bouclier d'argent avec des sujets tirés de l'histoire romaine, exécuté d'après les dessins de Stradan, objet précieux remporté comme prix par un des ancêtres du seigneur anglais aux joutes de Florence[1].

Jean Stradan eut un fils, Scipion, qui fut peintre, mais n'arriva jamais à la célébrité[2]. Ses pieuses mains érigèrent à la mémoire de son père le tombeau qui se voit encore à la Nunziata de Florence, la même église où furent déposés les restes de Jean de Bologne.

Antonio Tempesta (1555-1630) hérita de Stradan plusieurs des qualités qui le distinguent : une grande facilité de composition surtout. Son œuvre s'élève à plus de douze cents planches selon Bartsch, à plus de quinze cents d'après Gori. Plusieurs reproduisent des créations flamandes, notamment d'Otto Venius. Mais Tempesta surpasse grandement son maître.

Le portrait de Stradan a été gravé par Henri Goltzius (Bartsch, n° 187) et J. Wiericx. (Alvin, n° 2029.) Ce dernier est placé en tête de la suite *Vita, Passio et Resurrectio Jesu Christi*. (Alvin, n° 1820.)

1. Dallaway, *les Beaux-Arts en Angleterre*, trad. Millin, tome II, page 145. 1807.
2. On a vu plus haut que van Mander qualifie Stradan de célibataire.

XXIV

ÉGIDE VAN CONINCXLOO, D'ANVERS

Je me souviens d'avoir lu chez deux ou trois auteurs italiens un dialogue ou plutôt une dissertation sur le mérite relatif de la sculpture et de la peinture, et d'avoir vu invoquer en faveur de cette dernière qu'elle permet de rendre tout ce qui frappe le regard humain : le ciel, le soleil perçant les nuages et illuminant les cités, les montagnes, les vallées; ou bien les nuées orageuses, la pluie, la grêle, la neige; ou encore les nuances de la végétation, des arbres, des prés, lorsque le doux printemps réveille le chant des oiseaux; toutes choses que le ciseau est impuissant à traduire; sans parler de bien d'autres raisons qui tendent à démontrer que la peinture est l'art le plus agréable et doit l'emporter sur la statuaire.

C'est ce que contribueraient aussi à prouver les habiles travaux de l'excellent paysagiste Égide van Conincxloo, d'Anvers, lequel, du côté paternel et du côté maternel, procède, à ce que l'on dit, de souche artistique.

Il vint au monde à Anvers, en l'an de grâce 1544, le 24 janvier. Ses parents étaient Bruxellois[1]. Il commença son apprentissage chez Pierre, le fils du vieux Pierre van Aelst[2], en partie par des relations de famille, car la femme du vieux Pierre était sœur de la mère de Conincxloo[3]. Ensuite, il alla chez un autre maître, Léonard Kroes[4],

1. Son père, également Égide ou Gilles van Conincxloo, fut reçu franc-maître à la gilde de Saint-Luc d'Anvers en 1539. (Voyez la généalogie des Conincxloo : *Journal des Beaux-Arts*, 1870, page 58.)

2. Fils naturel de Pierre Coeck (Van Aelst ou d'Alost), mort en 1559. Voyez tome Ier, chapitre xx, page 184.

3. Pierre Coeck eut pour femme Anna van Doornicke, dont la sœur Adrienne, veuve de Jean le Hollandais (de Hollander, voyez tome Ier, chapitre xiv), épousa Gilles van Conincxloo le père. (Vanden Branden, *Geschiedenis*, page 288.)

4. Non cité dans les registres de la gilde de Saint-Luc d'Anvers. Un Léonard Kroes, peintre, est mentionné à Bruges à la fin du xve siècle. (*Le Beffroi*, tome Ier, page 117.)

lequel peignait à la détrempe et à l'huile des figures et des paysages. Puis il alla habiter chez Gilles Mostaert[1], où il payait sa pension et travaillait à son propre compte.

Il partit ensuite pour la France, visita Paris, Orléans et autres lieux, projetant de faire le voyage d'Italie; mais, comme on lui proposait un parti, il s'en revint à Anvers, s'y maria[2], et y fixa sa demeure[3], traversant toute l'époque des troubles jusqu'au siège[4], et se rendit ensuite en Zélande en vue de gagner la France pour réaliser les biens qu'il y avait conservés. Pourtant il resta en Zélande et ne s'éloigna des Pays-Bas que pour aller habiter Franckenthal[5], en Allemagne, où il séjourna dix ans et d'où il vint prendre résidence à Amsterdam, sa demeure actuelle[6].

Conincxloo, au temps où il habitait Anvers, fit nombre de belles choses, notamment une grande toile pour le roi d'Espagne[7]. De même pour M. Jonghelincx, qui habitait un hôtel hors des murs d'Anvers[8], une toile de seize pieds de long; mais, Jonghelincx étant venu à mourir avant l'achèvement du travail, ce tableau fut adjugé à maître Jacques Roelandts[9], avocat, lequel le fit achever. C'est un excellent paysage.

Il travailla aussi beaucoup pour les marchands, qui répandirent ses

1. Voyez ci-dessus, chapitre XIII.

2. Il épousa la veuve de Paul Coeck, le deuxième fils naturel de Pierre d'Alost. (Voyez tome Ier, page 188.)

3. On le trouve inscrit à la gilde de Saint-Luc en 1570.

4. Il prit une part active à la défense d'Anvers contre le prince de Parme et reçut de ce chef, en 1585, une gratification de 100 florins pour avoir montré au bourgmestre Marnix de Sainte-Aldegonde un feu qui devait délivrer la ville. (P. Génard, *Bulletin des archives d'Anvers*, tome VI, page 20.)

5. Frankenthal était devenu l'asile des protestants flamands après leur expulsion de Francfort.

6. La date de la mort du peintre est encore inconnue. Balkema (*Biographie des peintres flamands et hollandais*) le fait mourir en 1605. Nous ignorons à quelle source est puisé ce renseignement. Brian-Stanley le fait mourir en 1609. Un paysage de la Galerie Liechtenstein, à Vienne, est daté de 1604.

7. Nous n'en avons pas trouvé trace.

8. Le même personnage dont Frans Floris décora la demeure des *Travaux d'Hercule* et des *Arts libéraux*. Voyez tome Ier, page 345.

9. C'est le même Roelandts, maître des postes à Anvers, dont Pontius nous a laissé le portrait. Quant au paysage, il a disparu. A propos de l'œuvre dont il s'agit, Rathgeber a commis une plaisante méprise. Traduisant Jonghelincx par « jeune homme » (*Jongeling*), voyant, de plus, que Jonghelincx était mort, il crut comprendre que le tableau représentait « un jeune homme mourant ». Nous mettons le lecteur en garde contre cette interprétation, qui pourrait faire croire à l'existence d'une œuvre qu'on chercherait en vain.

œuvres au loin, et fit des travaux pour des négociants et des particuliers notables de Francfort, et même quelques œuvres pour l'empereur[1].

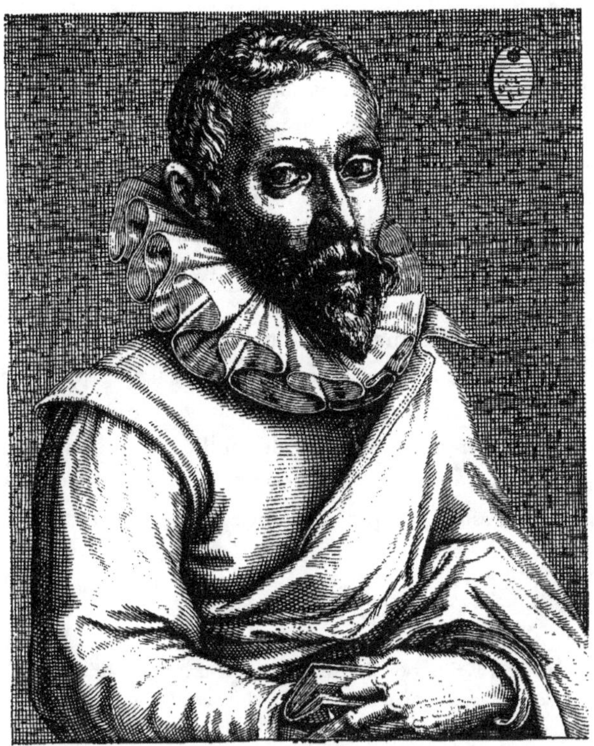

ÉGIDE VAN CONINCXLOO.
D'après la gravure de H. Hondius.

Chez Abraham de Marez, à Amsterdam, il y a de lui une grande et

1. Ni la Galerie de Prague, ni celle de Vienne, ne possèdent aujourd'hui d'œuvres de van Coninexloo. Toutefois l'inventaire du XVIe siècle mentionne de lui un paysage. (Voyez A. v. Perger, *Das Her-*

très belle œuvre. Jean Ycket possède également une grande et magnifique toile dont Martin van Cleef a fait les figures; c'est un paysage charmant avec des arbres, un horizon et des avant-plans magnifiques et d'une excellente composition.

A Naerden, chez M. Burghman Claesz, il y a de lui une belle toile : un paysage avec de petites figures et des animaux. A Middelbourg, en Zélande, chez Corneille Monincx, au-dessus du foyer du principal salon, on voit de lui et de Martin van Cleef un excellent paysage. Melchior Wijntgis possède aussi une grande toile et deux ronds. A Amsterdam, Herman Pilgrim, Henri van Os et de nombreux amateurs d'autres villes et pays, font un cas légitime de ses travaux[1].

En somme, pour dire mon avis en peu de mots, je ne connais pas, de nos jours, de meilleur paysagiste et je constate qu'en Hollande sa manière commence à être généralement suivie; que, par exemple, les arbres qui étaient un peu secs et dépouillés deviennent plus feuillus et se développent comme à vue d'œil, à la façon des siens, bien que leurs planteurs fassent quelque difficulté d'en convenir[2].

COMMENTAIRE

Le rôle important d'Égide van Conincxloo, parmi les paysagistes, rend la rareté des œuvres du maître extrêmement fâcheuse. M. Herman Riegel (*Beiträge zur niederländischen Kuntsgeschichte*, tome Ier, page 35, Berlin, 1882) insiste avec raison sur ce passage final de van Mander, touchant les transformations rapides opérées en Hollande dans la manière d'interpréter le paysage, sous l'influence du maître.

Bien que des estampes nombreuses et développées nous aient conservé le souvenir des créations de van Conincxloo, nous n'avons rencontré que dans la Galerie Liechtenstein, à Vienne, deux peintures authentiques de sa main. Ce sont également les seules que connaisse M. Max Rooses. (*Geschichte der Malerschule Antwerpens*, 1881, page 117.) Ces tableaux sont datés de 1598 et de 1604 et portent la signature du

kommen verschiedener Gemälde im K. K. Belvedere. Mittheilungen der K. K. Central-Commission, etc., tome X, page 213. Vienne, 1865.)

1. Gérard Hoet signale, dans son catalogue des ventes de tableaux faites dans les Pays-Bas, un certain nombre d'œuvres de van Conincxloo sans en donner les sujets.

2. C'est un jeu de mots; van Mander entend par planteurs d'arbres les peintres qui suivent le système de Conincxloo.

maître. Une autre œuvre, que Rathgeber *(Annalen der Niederlændischen Malerei*, 1844) dit exister au musée de Copenhague, a cessé de figurer au catalogue.

Dans la sacristie de Saint-Sauveur, à Bruges, on montre quatre petits tableaux représentant la *Manne*, l'*Agneau pascal*, *David dansant devant l'Arche* et les *Disciples d'Emmaüs*. Ils sont attribués à Égide van Conincxloo. Les figures y tiennent une place en quelque sorte exclusive, et nous ne voyons réellement pas pourquoi le nom de van Conincxloo est ici mis en avant. Mais les peintures sont fort jolies et dénotent un très bon maître.

Il résulte des recherches si patientes de M. vanden Branden, que le départ d'Anvers de notre artiste eut lieu en 1585, au mois de janvier, pour ainsi dire subrepticement [1]; les œuvres mentionnées plus haut n'appartiennent donc pas à la période flamande de sa carrière. Nous savons par van Mander que, durant son séjour à Anvers, il eut pour élève Pierre Breughel, deuxième du nom, inscrit comme franc-maître, précisément en 1585.

Nicolas De Bruyn, excellent graveur, né à Anvers en 1571 et mort à Amsterdam vers 1635 [2], s'est attaché à reproduire les peintures de van Conincxloo avec une préférence marquée. Ce sont de vastes ensembles décoratifs, servant de cadre, le plus souvent, à des sujets de la Bible. Les sites ne sont ni flamands ni hollandais et procèdent encore de l'ancienne école. Quant aux personnages, on les attribue à Martin van Cleve, aux Franck, etc. Plus d'une fois, leurs ajustements nous rappellent les créations de Lucas de Leyde, qui, du reste, a été également gravé par Nicolas De Bruyn.

Il peut être utile de donner ici une liste des planches exécutées d'après Égide van Conincxloo.

Le *Sacrifice d'Abraham*, N. De Bruyn.
Moïse sauvé des eaux, N. De Bruyn.
Samson et le lion, N. De Bruyn.
Le *Prophète Osée en prière*, N. De Bruyn.
Lapidation de saint Étienne, N. De Bruyn.
Les *Pèlerins d'Emmaüs*, N. De Bruyn.
Le *Jugement de Pâris*, N. De Bruyn.
Concours d'Apollon et de Marsyas, N. De Bruyn.
Paysage avec un cavalier et une dame près d'un pont, N. De Bruyn.
Paysage avec deux grues, N. De Bruyn.
Rencontre de Jacob et d'Ésaü, anonyme.
Guérison de l'Aveugle, Jean van Londerseel.
Le *Bon Samaritain*, Jean van Londerseel.
Le *Christ guérissant la femme affligée d'un flux de sang*, Jean van Londerseel.
Juda et Thamar, Cl.-J. Visscher *excud.*
Paysage avec des lansquenets, Cl.-J. Visscher *excud.*

1. *Geschiedenis der Antwerpsche Schilderschool*, page 309.
2. *Histoire de la gravure d'Anvers*, page 128. Anvers, 1874-1875.

XXV

BARTHÉLEMY SPRANGHER[1]

ÉMINENT PEINTRE ANVERSOIS

La nature se montre parfois si prodigue de ses faveurs envers certains individus, leur donne de quoi arriver, comme sans effort, à briller dans une branche où tant d'autres, malgré leurs peines et leurs fatigues, n'arrivent pas à franchir les limites de la médiocrité, qu'il faut donc bien se convaincre que, dans le domaine de la peinture, nul ne règne si ce n'est par droit de naissance. Il me serait facile de le prouver par l'exemple de l'illustre Anversois Spranghert, lequel, dès sa tendre enfance, eut de la nature elle-même en partage couleurs et pinceaux, que l'aimable Pictura daigna combler de ses faveurs et prendre pour époux, lui apportant par surcroît les grâces en mariage.

Et la noble ville d'Anvers étant dès longtemps célèbre comme patrie d'une foule de notabilités, il était également écrit que là verrait le jour, le 21 mars, dimanche des Rameaux, 1546, Barthélemy Sprangher, issu d'honorable lignée.

Son père est Joachim Sprangher, sa mère, Anne Roelandts.

Homme pieux, honnête et sagace, le père avait parcouru une bonne partie du monde, séjourné plusieurs années en Italie et, dans sa jeunesse, suivi en Afrique un oncle paternel, négociant fixé à Rome et qui était parti pour faire le commerce au temps où l'empereur Charles-Quint alla mettre le siège devant Tunis.

Le long séjour qu'il fit à Rome permit à Sprangher le père de se lier avec plusieurs artistes flamands, entre autres Michel Coxcie,

1. Van Mander, suivant la mode de son temps, écrit Sprangher. Cette orthographe ne figure pas sur les planches gravées d'après le maître et qui sont extrêmement nombreuses. Par contre, les eaux-fortes qu'on lui attribue sont signées *Sprangers*, et c'est aussi sous cette forme que le nom se présente dans les registres de la gilde de Saint-Luc d'Anvers.

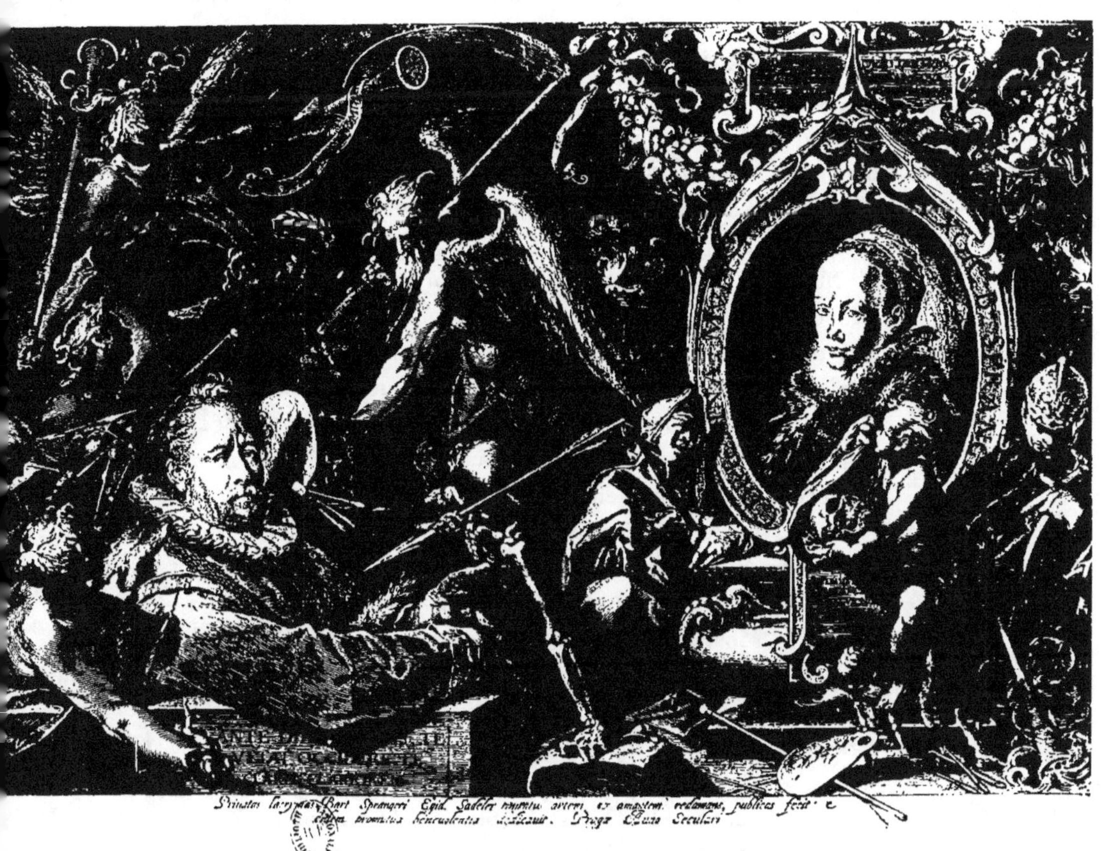

BARTHÉLEMY SPRANGER ET CHRISTINE MULLER, SON ÉPOUSE.

Réduction de la gravure d'Égide Sadeler.

peintre de Malines[1], de sorte qu'il n'était pas absolument étranger aux choses d'art.

Barthélemy, son troisième fils, âgé d'environ douze ans, manifestait pour le dessin de si grandes dispositions, qu'aucun papier ne restait vierge de ses croquis, pas même celui des livres de son père où, en regard des écritures commerciales, s'étalaient des soudards, des tambours, etc.

Le père, à la fin, perdant patience, fit venir Barthélemy, sachant bien qu'il était le coupable, — ses frères n'ayant aucune aptitude de l'espèce, — et lui donna une rude correction, pensant peut-être à autre chose.

Mais la colère paternelle est rarement de longue durée; aussi, lorsqu'il vint dans la rue encore tout troublé et rencontra son vieil ami Jean Mandyn[2], peintre de Harlem, qui peignait des drôleries dans le goût de Jérôme Bosch, et qui touchait une pension de la ville d'Anvers, il lui confia ses peines et il fut convenu séance tenante que, dès le jour suivant, le jeune homme irait chez Mandyn, qui n'avait pas d'apprenti en ce moment. Ainsi fut fait.

Mandyn était déjà d'un âge avancé[3] et il mourut quand le jeune Spranger avait à peine passé chez lui l'espace de dix-huit mois. Le jeune homme retourna alors chez son père.

Gilles Mostaert[4], qui entretenait avec le père Spranger des relations d'amitié, trouva le moyen de faire admettre chez son frère François le jeune Barthélemy. Malheureusement, quinze jours après, François Mostaert mourait de la peste[5], et Spranger se trouva de nouveau sans maître.

L'intervention de Gilles Mostaert le fit accepter pour un terme de deux ans par un gentilhomme du nom de Corneille van Dalem[6], que ses parents avaient poussé vers la carrière artistique par manière de

1. Voyez ci-dessus, chapitre IX, page 33.
2. Tome Ier, chapitre IV, pages 65 et 76.
3. Il avait vu le jour en 1500. (Vanden Branden, page 153.) Spranger est inscrit comme son élève en 1557.
4. Voyez ci-dessus, chapitre XIII, page 59.
5. En 1560.
6. Inscrit à la gilde en 1545, comme élève de Jean Adriaensen, et reçu franc-maître en 1556.

passe-temps, et qui accueillit avec faveur les travaux exécutés par le jeune homme pendant les quinze jours qu'il avait passés chez François.

A l'expiration de ses deux ans, Sprangher fut accepté pour un nouveau terme égal, pendant lequel il ne fut pas oisif, car, son maître travaillant peu ou point du tout, il passait le temps à lire ses livres d'histoire, de poésie, etc.

Peu importait au maître qu'il travaillât ou non, pourvu que tout fût en ordre lorsque la fantaisie lui prenait de peindre. Il faisait des paysages que Gilles Mostaert ou Joachim Bueckelaer [1] lui étoffaient.

Quand le dernier terme de deux ans fut révolu, Sprangher, voyant qu'il avait médiocrement progressé, et trouvant déplorable que l'on dût toujours recourir à la main d'autrui pour faire ses figures, se sentit possédé d'une extrême ardeur au travail pour pouvoir arriver un jour à étoffer ses propres paysages.

Il y avait alors à Anvers un peintre allemand, originaire de Spire, nommé Jacob Wickram [2], lequel était un élève du célèbre Bocksperger [3]. Sprangher était lié avec lui; ils tinrent conseil, et il fut convenu qu'à l'expiration de son terme le jeune homme retournerait chez son père et s'appliquerait assidûment au dessin pendant les mois qui devaient s'écouler de novembre 1564 au 1er mars 1565, date qu'ils fixèrent pour leur départ.

Sprangher, pour se conformer aux conseils de son ami et ne pas perdre son temps, se mit à copier sur papier bleu, à l'aide du fusain et du crayon blanc, les gravures du Parmesan et de Floris [4], puis s'essaya, par lui-même, à composer, son camarade lui ayant donné l'assurance qu'il en viendrait à bout.

1. Voyez tome Ier, chapitre XLIII, page 328.

2. Il n'est point cité dans les *Liggeren*. Nagler attire l'attention sur *Georges* Wickgram, peintre, originaire de Spire, auteur de plusieurs portraits de personnages orientaux gravés par Dominique Custos. Il y a tout lieu de croire que Jacques et Georges Wickram ne font qu'un même artiste.

3. Hans ou Jean Bocksperger, excellent dessinateur (et graveur ?), originaire de Salzbourg, un des plus remarquables illustrateurs de livres de son temps, fut un des peintres employés aux travaux de la résidence de Munich, de 1542 à 1555. (Sighart, *Geschichte der bildenden Künste in Bayern*, page 711. 1862.)

4. Il s'agit naturellement des nombreuses pl. nches gravées d'après ces maîtres, et publiées à Anvers par Jérôme Cock.

Ayant fait ainsi en quelques semaines plusieurs compositions, Spranghér songea à en peindre quelques-unes, mais, comme le temps était venu où il avait promis d'accompagner son camarade à Paris, il n'eut pas même l'occasion d'éprouver comment il se tirerait de l'emploi des couleurs.

Donc, parti d'Anvers et arrivé à Paris, il se mit en apprentissage chez le peintre de la reine-mère, bon miniaturiste du nom de Marc[1], qui avait passé quelque temps à Rome chez don Julio [Clovio]. Spranghér ne fit autre chose ici que copier les crayons du maître, l'espace de six semaines[2].

Ce Marc habitait une vaste demeure aux murailles blanchies, comme il sied à un personnage[3]. Avant peu, toutes ces parois étaient barbouillées de grands et de petits croquis au charbon, du grenier à la cave. Voyant et comprenant que Spranghér avait peu d'inclination à dessiner constamment de petites choses, Marc fit venir la personne qui lui avait présenté son nouvel élève et lui dit qu'il valait mieux placer celui-ci chez un peintre où il pourrait s'adonner à la composition et à l'étude de la figure et, à l'appui de son raisonnement, il montrait ses murailles en ajoutant que, bien que passablement vaste, sa maison était encore trop petite pour le jeune homme.

Mis au courant de ceci, Spranghér trouva le même jour un autre maître, parfait cavalier, mais médiocre artiste.

Le matin même de son arrivée, l'élève se vit mettre sous les yeux un panneau préparé, haut d'environ six paumes, dans les mains des couleurs et des pinceaux, et se vit invité à peindre une composition religieuse. Spranghér, qui n'avait jamais ni composé, ni même copié des sujets historiques, fut très embarrassé et fit semblant de ne pas comprendre, comme si la langue française lui eût été peu familière. Le maître alors ouvrit une malle, en tira trois estampes et dit : « Faites

1. Marc Duval dit le *Sourd*, surnommé aussi Bertin, du nom de son beau-père. C'était un excellent artiste et un graveur de haut mérite, comme le prouve son portrait des trois Coligny que Wierickx a copié. Duval mourut à Paris le 13 septembre 1581. (Voyez Robert-Dumesnil, *le Peintre-Graveur français*, tome V, page 56, et de Laborde, *la Renaissance des arts à la cour de France*, tome Ier, page 225. 1850.)

2. Duval a laissé d'admirables portraits dessinés. Sa fille, Élisabeth, excellait aussi dans ce genre.

3. Elle était située rue de Grenelle, d'après Lacroix du Maine.

un de ces sujets, mais de votre propre composition », et il s'en alla, laissant le jeune homme livré à lui-même.

Spranghher était atterré; voyant toutefois ce qui l'entourait, et parmi les panneaux de son maître des œuvres qui étaient des plus médiocres, il reprit courage, saisit une feuille de papier bleu et y traça au fusain et au crayon blanc, à sa mode ordinaire, une *Résurrection du Christ,* avec les gardiens du tombeau, et se mit à l'ébaucher. Comme les jours étaient longs, il eut bientôt fini, à la grande satisfaction du maître qui, nous l'avons vu, était des plus médiocres. Quelques peintres flamands qui arrivèrent ensuite se mirent à louer d'une façon si extraordinaire le travail de Spranghher, que celui-ci, grandissant à ses propres yeux et poussé par la vanité, après avoir peint trois ou quatre panneaux, refusa de rester davantage et projeta d'aller à Lyon en compagnie du camarade avec lequel il était venu.

Tenu en plus haute estime que nombre de ses aînés et son maître offrant de lui donner des travaux à l'infini, il en vint à croire que partout où il irait les mêmes avantages lui seraient offerts. Il dit adieu à son maître et se prépara au voyage de Lyon.

Se sentant un peu indisposé, et sans prendre conseil de personne, il se fit saigner au bras gauche, après quoi il s'en alla jouer à la paume, se servant parfois du bras gauche, qui s'enfla par l'exercice et s'enflamma très fort, de sorte qu'il se déclara une fièvre violente et que des conséquences graves étaient à redouter.

Spranghher fut longtemps alité. Son père, ayant appris l'état des choses, écrivit à un négociant de Paris, le priant de lui renvoyer son fils par chariot, dès qu'il serait en état de supporter le voyage. Mais, trop ambitieux pour regagner de sitôt la maison paternelle, Spranghher s'empressa de sortir du lit, et, sans attendre son rétablissement, se mit en route pour Lyon, croyant, durant tout le trajet, entendre rouler après lui le char qui devait le ramener à Anvers.

A peine arrivé, il vit venir à son auberge deux ou trois artistes qui lui offrirent de l'ouvrage; mais le jeune homme, fortifié dans ses prétentions, partit après trois jours pour Milan, se disant que, sans doute, là aussi les maîtres viendraient lui faire leurs offres. Le pauvre garçon fut bien déçu, car, après trois semaines d'attente, pas un seul artiste ne s'était présenté à son auberge. Bien pis, il lui fut impossible de trouver de l'ouvrage, et ses ressources allaient s'épuisant.

Pour comble de malheur, vint le trouver à son hôtellerie un compatriote qui prétendait avoir une grosse somme à recevoir et, fort de la promesse d'être non seulement remboursé, mais d'obtenir un prêt considérable, Sprangher subvint à toutes les dépenses du camarade. Quand celui-ci connut que l'escarcelle était vide, il déguerpit un beau matin, emportant le pourpoint et plusieurs autres objets appartenant à Sprangher, et, depuis, oublia toujours de les rapporter.

Le pauvre Sprangher, qui commençait à être édifié sur la mauvaise foi et l'astuce de certains de ses compatriotes, se trouvait en pays étranger, sans manteau, sans argent, sans travail, au cœur de l'hiver, et ne sachant pas un traître mot d'italien ! Du coup, il fut guéri de sa vanité et comprit que son peu de savoir l'avait mis dans l'embarras. En effet, n'ayant aucune notion de la peinture à la colle ou à la fresque, il s'était vu contraint de refuser une offre qu'on lui avait faite le troisième jour après son arrivée, n'osant s'engager dans un travail de l'espèce.

Il put habiter pendant quelques semaines chez un gentilhomme milanais et, plus tard, ayant fait la connaissance d'un jeune peintre de Malines, il s'engagea auprès de lui pour un terme de deux ou trois mois, en vue d'apprendre à peindre à la détrempe sur toile.

Après un séjour d'environ huit mois à Milan, Sprangher se rendit à Parme et se plaça chez l'habile peintre Bernardo Suwari[1], élève du célèbre Antonio da Corregio, mais déjà d'un âge assez avancé. Il contracta un engagement de deux années pour un faible salaire, ayant surtout en vue ses études. Trois mois à peine s'étaient écoulés qu'une dispute surgit entre Sprangher et le fils de son maître[2]; elle avait pour théâtre la lanterne du dôme de l'église de Notre-Dame della

1. Le *Sojaro*, Bernardino Gatti de son vrai nom, peintre originaire de Crémone (1493(?)-1575). Son principal tableau est la *Vierge* du maître-autel de la cathédrale de Pavie.

2. Probablement Fortunato Gatti. Il est cité dans Campori : *Gli Artisti italiani e stranieri negli Stati Estensi*, page 228. Le musée de Parme ne possède rien de lui; les églises de Crémone conservent plusieurs de ses peintures.

Steccata où les jeunes gens étaient seuls et ne pouvaient être entendus de personne; une heure durant ils s'échauffèrent à se battre, jusqu'à ce que tous deux tombèrent épuisés.

Quand Sprangher eut repris un peu de force, il monta dans les échafaudages pour y prendre son manteau et sa dague qu'il y avait laissés. Mourant de soif, il vit un baquet d'eau limpide en apparence, mais saturée de chaux et, comme on était au cœur de l'été et qu'il n'avait rien d'autre à boire, il prit de cette eau et apaisa sa soif.

En descendant, il fallait retraverser la pièce où l'on s'était si bravement empoigné; Sprangher le fit sans encombre, car l'autre ne demandait pas son reste. Mais avant que notre jeune homme fût arrivé en bas, il se sentit pris de frisson; le poison de la chaux faisait son effet et, pendant plus de trois semaines, Sprangher fut entre la vie et la mort. Il était logé chez un peintre obscur, car il ne retourna jamais chez son maître.

Ayant collaboré à quelques arcs de triomphe en l'honneur de l'entrée à Parme de la princesse de Portugal[1], il partit pour Rome et travailla chez un peintre de peu de mérite l'espace de six mois. Puis, il passa une quinzaine de jours chez l'archevêque Massimi et, comme il ne tenait pas à y demeurer plus longtemps, il passa un contrat avec un jeune peintre du nom de Michel Gioncoy, qui est décédé depuis peu dans sa ville natale[2]. Il y resta environ six mois, faisant, lorsqu'il travaillait pour lui-même, un certain nombre de petits paysages, entre autres un très joli petit *Sabbat au milieu de ruines,* dans le genre du Colisée, où des sorcières enfourchent des balais, et autres épisodes de l'espèce. C'était un effet de nuit destiné à un banquier du nom de Jean Spindolo. Comme celui-ci ne tenait pas à la peinture, elle fut acquise par le célèbre miniaturiste don Giulio Clovio, lequel, habitant

1. Marie, épouse d'Alexandre Farnèse. Le mariage eut lieu à Anvers, en novembre 1565.

2. Voir dans la biographie de Pierre Vlerick, tome Ier, chapitre XLIX, ses démêlés avec cet artiste. Michel, fils de Gilles Joncquoy ou du Joncquoy, est signalé à Rome en 1573. (Bertolotti, *Artisti belgi ed olandesi a Roma,* page 377.) Il fut admis dans la corporation des peintres, à Tournay, le 19 octobre 1582. (Pinchart, *Quelques artistes et quelques artisans de Tournay aux XIVe, XVe et XVIe siècles,* page 23. Bruxelles, 1883.) Le 6 juillet 1584 il est reçu bourgeois d'Anvers et nous le trouvons encore dans cette ville en 1587. (Rombouts et van Lerius, *les Liggeren et autres archives de la gilde anversoise de Saint-Luc,* tome Ier, pages 288, 294 et 305.) Voyez plus haut, page 37, note 2.

le palais du Mécène de tous les hommes de mérite, le cardinal Farnèse, montra le petit *Sabbat* à son maître, qui sut en apprécier grandement la valeur.

Don Giulio fit son possible pour garder auprès de lui l'auteur de l'œuvre, et le cardinal, étant venu visiter Clovio, joignit ses instances à celles du peintre, offrant même de s'attacher Sprangher comme un de ses commensaux, ce que celui-ci se déclara prêt à accepter avec reconnaissance, tout en s'excusant parce qu'il avait donné sa parole d'assister un brave jeune peintre assez peu inventif, nommé Michel, dans les peintures du maître-autel et de la voûte de l'église de Saint-Oreste, ce que fit effectivement Sprangher, représentant sur le mur la *Cène* et dans la voûte les *Quatre Évangélistes*.

Sprangher, toutefois, n'avait pas désigné le lieu, se contentant de dire aux environs de Rome. Le cardinal ayant demandé où, Sprangher répondit : « A Saint-Oreste » ; à quoi le cardinal répliqua que le Mont Saint-Oreste et tous les habitants étaient à lui, que la chose n'avait pas grande importance et qu'il l'arrangerait.

Le cardinal étant parti pour Caprarole, Sprangher se rendit à Saint-Oreste avec Michel. Spindolo leur fournit des chevaux, car il regrettait d'avoir refusé le petit *Sabbat*, et Sprangher promit de lui en faire, étant à Saint-Oreste, un autre qui vaudrait beaucoup mieux, ce qu'il fit en effet, à la grande satisfaction du seigneur Spindolo, qui vint à Saint-Oreste en compagnie de plusieurs gentilhommes.

Sprangher séjourna là quatre mois. Revenu à Rome, il y fut magnifiquement accueilli par le vieux cardinal Farnèse et passa trois ans dans son palais de Saint-Laurent en Damase; enfin, ayant été envoyé au célèbre palais de Caprarole [1], à une petite journée de Rome, pour y peindre quelques paysages à fresque, le cardinal le fit mander à l'improviste. C'était pour le conduire auprès du pape Pie V [2].

Le cardinal et don Giulio furent introduits auprès de Sa Sainteté et, bientôt après, Sprangher fut admis à son tour. Ayant baisé les pieds du souverain pontife et reçu sa bénédiction, après quelques

1. C'est le palais bâti par Vignole.
2. Michel Ghisleri (1504-1572).

paroles concernant une œuvre que le pape désirait avoir du peintre, celui-ci fut engagé par Pie V et splendidement logé au Belvédère, immédiatement au-dessus du *Laocoon*.

Ce fut là qu'il peignit un *Jugement dernier* sur cuivre, haut de six pieds, œuvre considérable où entrent plus de cinq cents personnages et que l'on voit encore au couvent du Bois, entre Pavie et Alexandrie[1], au-dessus du tombeau de Pie V. Le travail fut achevé en quatorze mois.

Après cela, comme Vasari avait mis Sprangher en disgrâce auprès de Sa Sainteté, le disant incapable et paresseux, le peintre voulut donner la mesure de son application.

Prenant une plaque de cuivre grande comme une feuille de papier, il y peignit un effet de nuit : le *Christ au jardin des Oliviers,* et en fit hommage au pape, qui s'en montra très satisfait.

Le souverain pontife pria alors Sprangher de lui peindre toute la *Passion* dans le même format. Il désira aussi pouvoir juger d'abord les dessins, ce que Sprangher ne trouva pas fort de son goût, n'ayant jamais dessiné qu'au crayon ou au fusain. Il obéit toutefois, et dessina la suite de douze pièces sur papier bleu rehaussé de blanc, et, de la sorte, ce fut le pape qui devint la cause qu'il fit ses premiers dessins à la plume.

Pendant que Sprangher s'occupait du dernier dessin : la *Résurrection,* le pape mourut[2]; déjà malade lorsque le peintre lui avait offert sa composition du *Jardin des Oliviers,* il l'avait reçu près de son lit.

J'ai eu l'occasion de voir certaines de ces pièces; elles sont magistralement traitées à la plume et lavées[3]. L'empereur en possède aussi quelques-unes.

Sous l'influence de ces événements importants, Sprangher sentit se fortifier son penchant pour les grands travaux. La première œuvre de l'espèce qu'il créa pour un lieu public fut à l'église Saint-Louis des Français, où il peignit à l'huile sur le mur : *Saint Antoine, Saint*

1. Le couvent *del Bosco,* une abbaye de Bénédictins. Le mausolée de Pie V a été attribué à Michel-Ange, le *Jugement dernier* de B. Sprangher est au musée de Turin. (N° 408.)

2. C'est-à-dire en 1572.

3. Ces dessins, d'après Nagler, se trouvaient jadis à Vienne et n'y sont plus.

Jean-Baptiste, Sainte Élisabeth, et, plus haut, dans le ciel, une *Vierge environnée d'anges,* œuvre remarquable [1].

Plus tard, à Saint-Jean in Porta Latina, il peignit à l'huile, sur toile, pour le maître-autel, *Saint Jean dans l'huile bouillante,* figures plus petites que nature, bonne composition bien exécutée.

Pour une petite église près de la Fontaine de Trevi, il peignit un autre tableau d'autel sur toile, de la *Naissance de la Vierge,* figures demi-nature, excellente composition où l'on voit plusieurs femmes occupées de l'enfant qui vient de naître et où, dans les nues, apparaît le Père Éternel, environné d'une gloire d'anges. Cette composition a été gravée [2]; j'y ai vu travailler Spranghier.

Telles sont les grandes compositions qu'il fit à Rome; elles furent précédées de beaucoup de petites œuvres, aussitôt vendues qu'achevées.

Mais, depuis la mort du pape, qu'il avait servi l'espace de vingt-deux mois, Spranghier avait pour ainsi dire perdu son temps, car il s'était logé chez un jeune négociant flamand de ses amis qui menait une vie un peu déréglée, de sorte que, pendant quelques années, Spranghier ne fit pas grand'chose de bon, vécut au gré de sa fantaisie et ne travailla que lorsque le moyen de s'amuser, c'est-à-dire l'argent, faisait défaut.

Je ne sache pas qu'il se soit jamais cassé la tête à dessiner d'après les belles choses qui abondent à Rome : antiquités, statues, etc. Je doute qu'il ait jamais consacré une feuille de papier à cet usage, chose extraordinaire, et, lorsqu'il partit pour l'Autriche, sa charge d'études était légère et tout ce qu'il emportait était en lui.

Je me rappelle que, la comtesse d'Aremberg étant à Rome [3], il peignit de mémoire, à la prière d'un gentilhomme, le portrait d'une

1. Nous ignorons si cette peinture existe toujours. Nous en avons sous les yeux une estampe gravée par Crispin de Passe et cataloguée par M. Franken, dans son catalogue de l'œuvre des de Passe, sous le n° 86.

2. Par Mathieu Greuter (1566-1638). Voir au sujet de ce maître l'article de M. Natalis Rondot dans la *Revue de l'art français*, page 8 (1884), et une note de M. Duhamel, même revue, page 42.

3. Marguerite de la Marck, dernière du nom, épouse de Jean de Ligne, prince d'Arenberg à dater de 1565, et dont le fils Charles reprit le nom d'Arenberg. Elle mourut en 1597. (Communication due à l'obligeance de M. l'abbé Jules Bosmans, archiviste de la maison d'Arenberg.)

de ses filles d'honneur, effigie que tout le monde trouva des plus ressemblantes, qui fut bien payée et dont l'amoureux seigneur se montra ravi. Ceci donne l'idée de la mémoire de Sprangher.

Au moment où il songeait à entreprendre un grand travail, les peintures d'autel que j'ai citées plus haut l'ayant rendu célèbre, il se fit que l'empereur Maximilien II, de noble mémoire, fit écrire à Jean de Bologne, l'éminent statuaire du duc de Florence, pour qu'il recommandât à Sa Majesté deux jeunes gens, un peintre et un sculpteur, qui fussent désireux de le servir pour l'exécution de certains grands travaux. Bologne, qui avait connu Sprangher à Rome et s'était trouvé fréquemment avec lui au Belvédère, dans le palais du pape, désigna notre artiste et choisit comme statuaire un autre jeune homme, un de ses propres élèves, qui séjournait également à Rome, l'excellent et habile Jean Mont[1], de Gand, en Flandre, un des plus grands génies de l'univers, et qui fut cause que Sprangher consentit à partir pour l'Allemagne.

Il est très probable que, sans le statuaire Jean Mont, jamais Sprangher n'eût quitté Rome, car il avait pris la ferme résolution de se mettre sérieusement à l'étude avant de s'en aller. Songeant, toutefois, qu'il aurait un tel collaborateur, il n'hésita plus à entreprendre le voyage.

Il trouva une autre raison dans son désir de faire de grands travaux dont l'occasion ne pourrait lui manquer chez l'empereur, car ceux que l'on trouve à faire à Rome, pour les lieux publics, se paient un morceau de pain, tous les jeunes gens ayant le désir de se faire un nom par des tableaux d'autel.

De plus, Sprangher était désireux de devoir ses gains à de grandes œuvres, non par cupidité, mais pour sa satisfaction même, car il était largement payé de ses petites choses, comme on l'a vu.

Après quelques mois d'attente, il reçut la somme nécessaire au

1. Dlabacz (*Allgemeines historisches Künstler-Lexikon für Böhmen*, 1815) le nomme Du Mont. Nous n'avons d'autres renseignements sur ce statuaire que ceux donnés par van Mander. Le chevalier Marchal, dans son *Mémoire sur la sculpture aux Pays-Bas*, page 142, a dû également s'en tenir à ces données. Jean Mont eut pour successeur, auprès de l'empereur Rodolphe, Adrien De Vries, de La Haye. L'on ne doit pas confondre Jean Mont avec Jean Mone, sculpteur lorrain, qu'Albert Dürer rencontra à Anvers en 1521.

voyage et se mit en route avec son compagnon. Ils partirent de Rome l'an du jubilé 1575, et se rendirent à Vienne, en Autriche.

L'empereur était alors à la Diète de Ratisbonne, où son fils, Rodolphe II, fut couronné roi des Romains. Au bout de quelques mois, à son retour à Vienne, il chargea Jean Mont de lui faire quelques modèles de cire et de terre et demanda à Sprangher des dessins et de petites peintures. En même temps, il lui donnait à décorer un plafond du nouvel édifice érigé hors de Vienne et que l'on nomme *Fasangarten*[1].

Le premier travail que Sprangher fit pour l'empereur Maximilien, tandis qu'il s'occupait de ses dessins pour le *Fasangarten*, fut un petit tableau sur cuivre en largeur : l'*Érection de la croix*[2], où le Christ est vu en raccourci. C'est une excellente composition.

Il fit aussi une épitaphe : la *Résurrection*, que l'on voit à l'hôpital de l'Empereur, à Vienne[3].

Après quelques mois, Sa Majesté retourna à Ratisbonne, où Rodolphe II fut élu empereur des Romains, et, bientôt après, en octobre 1576, l'empereur Maximilien II quitta ce monde pour un meilleur, laissant à tous le souvenir de ses vertus.

Dans l'entre-temps, Jean Mont et Sprangher avaient travaillé dans le nouveau bâtiment, fait des figures de stuc, hautes d'environ huit pieds, peint des figures à fresque, des compositions avec des personnages moins grands que nature, et d'autres en bas-relief.

L'hiver vint, et avec lui la nouvelle de la mort du bon empereur, suivie à deux ou trois jours d'intervalle d'une lettre au trésorier de la maison impériale de Vienne, l'invitant à veiller à ce que le peintre et le sculpteur, qui étaient venus de Rome, ne quittassent point la ville avant l'arrivée du nouvel empereur. Ils continuaient donc à être bien traités et régulièrement payés tous les mois.

Sprangher peignit à cette époque un tableau de moyenne grandeur, représentant *Mercure qui introduit Psyché auprès des dieux*,

1. *Phasan-Garten*, Faisanderie.
2. Ce tableau n'a pas été gravé.
3. Nagler cite ce tableau sans indiquer s'il existe encore.

tableau où l'on voit une percée de nuages extrêmement bien faite[1].

Ensuite, sur un petit cuivre, il représenta *Rome,* sous les traits d'une femme assise, ayant près d'elle le Tibre, la louve et ses nourrissons, la première de ses œuvres qui fût présentée au nouvel empereur[2]. Il fit, également, une figure de la *Vierge entourée de quelques personnages,* d'un excellent coloris[3].

Six mois après l'élection de l'empereur, comme le temps était venu pour le souverain de faire sa joyeuse entrée dans sa capitale, Sprangher fut chargé par la municipalité d'ériger sur la Bauermarkt un grand arc de triomphe. Jean Mont, qui était bon architecte, composa l'ensemble. Il modela des figures hautes de huit à neuf pieds, qu'il bourra de foin et couvrit de terre glaise.

De chaque côté, étaient les images des empereurs Maximilien et Rodolphe, représentés au naturel, et d'autres figures, notamment un *Neptune,* représenté nu, dans une très belle pose ; excellente création.

A la partie supérieure de l'arc, au-dessus d'une ouverture circulaire, le sculpteur fit un *Pégase,* car les musiciens devaient jouer là pour le passage de l'empereur. Ce cheval était deux fois grand comme nature et placé à une très grande élévation. Toutes ces figures de terre étaient peintes à l'huile et semblaient être de marbre blanc.

La peinture était l'œuvre de Sprangher. Il représenta, comme de cuivre jaune, les figures allégoriques des Vertus : la *Justice,* la *Sagesse,* etc., interprétées à la moderne et à l'antique, le tout très intelligemment conçu et non moins bien exécuté. Il y avait, en outre, des génies, plus grands que nature et très bien peints également.

C'était un gigantesque ensemble, plus élevé que les plus hautes maisons de la place, car les magistrats de Vienne tenaient à faire une œuvre grandiose et, chose à noter, le tout fut parachevé en vingt-huit jours, bien que la pluie eût beaucoup contrarié les travaux. Je m'en

1. Galerie de Hampton Court Palace, n° 431 (?) C'est une peinture sur cuivre, ovale.

2. Gravé par J. Matham ; également par Raphael Guidi.

3. Il y a une *Sainte Famille* de Spranger, avec deux anges faisant de la musique, au musée de l'Académie des Beaux-Arts à Vienne. (N° 45.) Gravure par L. Kilian. Une autre *Sainte Famille,* avec trois anges, est au musée de Mayence. (N° 56.)

souviens parfaitement, car Sprangher me fit venir de Krems[1], où je travaillais alors à une fresque du cimetière.

Comme le nouveau souverain n'était pas d'abord très porté pour les arts, et, tandis que les deux artistes et amis ne savaient ce que l'on attendait d'eux, l'empereur partit pour Linz, en donnant l'ordre que l'un d'eux suivît la cour et que l'autre demeurât à Vienne attendre son bon plaisir.

Jean Mont suivit et Sprangher resta à Vienne.

Enfin, la cour vint à Prague, où Jean Mont, après quelques mois, voyant qu'on le menait par le nez comme les buffles, sans que l'on prît aucune résolution à son sujet, perdit patience et, sans prévenir personne, s'en fut pour ne plus revenir.

Aux dernières nouvelles que l'on eut de lui, il était en Turquie et avait embrassé l'islamisme; une bien grande perte pour l'art, à cause de l'éminent génie et de la grande manière dont il fit preuve dans ses œuvres, qui suffisent à démontrer qu'il ne l'eût cédé à aucun statuaire ancien ni moderne, si l'occasion lui avait été fournie de se produire dans des travaux importants.

J'avais été lié avec lui dès sa jeunesse, il était bon, serviable, ennemi de toute rudesse, mais peu endurant. Ceux qui veulent être courtisans doivent, au contraire, être doués d'une patience d'acier. Sprangher, qui était resté à Vienne, eut l'occasion de le constater et s'en affligea fort. A son tour, il quitta le service de l'empereur et accepta les commandes des particuliers, ce qu'il n'avait point voulu faire jusque-là, se proposant d'aller ensuite chercher fortune ailleurs.

Sur ces entrefaites, vint à Vienne le grand chambellan de l'empereur, le seigneur Rouff[2], qui, ayant su les intentions de Sprangher, le fit mander et le pria, au nom de son maître, de n'y point donner suite, mais d'attendre que l'empereur lui donnât ordre de se rendre à Prague, ce qui arriva effectivement.

A Prague, après quelques mois d'attente, Sprangher rentra au ser-

1. Ville autrichienne sur la rive gauche du Danube et au confluent de la Krems.

2. Wolfgang Rumpff, baron de Wielros et Weittrach, à qui le maître dédia ses *Noces de Psyché*, planche gravée par H. Goltzius. (Bartsch, n° 277.)

vice de l'empereur avec une pension considérable. Se voyant ainsi fixé, il songea à prendre femme et à tenir maison, car, à peine arrivé à Prague, il avait eu le temps de devenir l'humble esclave d'une vertueuse fille de quatorze ans, dont la mère était originaire des Pays-Bas, et dont le père était un riche négociant ou joaillier allemand[1].

Sprangher eut le bonheur de voir ses sentiments partagés par la jeune fille. Le père ayant été mandé auprès du grand chambellan par ordre de l'empereur, sa fille lui fut demandée en mariage pour Sprangher, et lui, sachant l'inclination de sa fille, donna le consentement voulu, à la condition, toutefois, que, vu l'extrême jeunesse de son enfant, on différerait la noce de deux années.

Les choses furent ainsi réglées, mais Sprangher sut si bien se faire venir des parents, qu'au bout de dix mois ils lui donnaient leur fille, et que la noce se faisait tandis que l'empereur était à Vienne.

Le premier grand travail exécuté à Prague par notre artiste fut la décoration de la façade de sa maison, qu'il peignit comme en bronze.

En haut apparaissent des génies grands comme nature; à droite, ils peignent et dessinent; à gauche, ils sculptent et mesurent. Au milieu, un Mercure ailé, de grandeur naturelle.

Plus bas, il y a des lunettes et une figure de la Renommée; au-dessous, Rome, une femme debout sur une sphère, portée par un aigle, lequel descend jusqu'à la frise.

Cette frise est décorée de captifs et de trophées d'armes et terminée à ses extrémités par des figures hautes de huit pieds, dont l'une représente la Justice et l'autre Hercule. Au milieu, sur la frise, un génie, plus grand que nature, élevant un cartel.

Tout cet ensemble est grandiose, les figures ont un puissant relief et sont remarquablement posées.

On voit encore de Sprangher, dans la ville neuve de Prague, à Saint-Égide, une épitaphe, figures grandes comme nature, le *Christ*

1. Elle s'appelait Christine Müller. Spranger peignit son portrait, qui est au Belvédère de Vienne; il est également gravé par E. Sadeler dans une admirable planche où Spranger est représenté dans un encadrement de figures allégoriques ayant trait à la mort de sa jeune femme. Voy. page 123.

triomphant de la Mort et du Démon, avec des anges des deux côtés. C'est un travail de mérite[1].

A l'église Saint-Thomas, il y avait aussi un *Saint Sébastien,* avec des figures d'archers hautes de trois à quatre pieds, à l'avant-plan. Ce *Saint Sébastien* ne resta dans l'église que trois ou quatre ans; l'empereur l'offrit au duc de Bavière[2], et Sprangher fit une nouvelle toile du même sujet. Les deux peintures étaient remarquables par le mouvement.

Sprangher exécuta ensuite une figure de la *Justice* entourée de plusieurs génies et en fit don à l'hôtel de ville.

Pour l'église des Pères Jésuites, il fit un tableau d'autel : l'*Assomption de la Vierge,* avec des figures hautes de sept pieds, les douze apôtres et des anges; une excellente peinture.

Dans la vieille ville, au couvent de Saint-Jacques[3], il y a de Sprangher un *Saint Jacques* et un *Saint Érasme* en costume d'évêque, figures de grandeur naturelle; dans le fond, on assiste au martyre de saint Érasme dont les intestins sont enroulés sur un treuil. C'est encore une très belle œuvre.

A Saint-Mathias, petite église non loin de Saint-Jean, existe l'épitaphe du père de la femme de Sprangher, exécutée après la mort du personnage. C'est une *Résurrection du Christ,* avec des figures de grandeur naturelle, peut-être la meilleure des œuvres de Sprangher, sous le rapport du coloris.

Le Christ reçoit le manteau des mains d'un ange, grand comme nature, et des deux côtés sont agenouillés en prière les parents de la femme du peintre. Au-dessus du frontispice, il y a des anges sculptés par le célèbre Adrien De Vries et, dans ce même frontispice, est peint le Père Éternel.

1. Il n'est pas fait mention de cette peinture, non plus que d'aucune des autres désignées par van Mander comme exécutées pour les monuments de Prague. M. le professeur Alwin Schulz, qui a bien voulu prendre pour nous cette peine, les a cherchées en vain.

Schottky mentionne l'épitaphe de Michel Peterle et sa famille à l'église Saint-Étienne, en ajoutant qu'une œuvre analogue existe au château de Friedland. Toutefois, il résulte d'une communication de M. Wilhelm Hecke, administrateur des biens du prince de Wallenstein, que nous devons à l'obligeance de M. le conseiller docteur Jules Hofmann, à Carlsbad, que le portrait, attribué à Spranger par la tradition, représenterait Melchior de Rederen et son jeune fils Christophe, œuvre exécutée vers 1598.

2. La Pinacothèque de Munich ne possède rien de Spranger.

3. Cette église périt en 1689.

Ce sont là les œuvres publiques de Spranger, mais il y en a beaucoup d'autres chez l'empereur, car Sa Majesté a pris un goût très vif aux travaux de son peintre.

En 1582, se trouvant à Vienne, l'empereur donna l'ordre à Spranger de quitter Prague et d'aller le rejoindre à la Diète d'Augsbourg, ce que Spranger fit avec sa femme et son ménage, et il accompagna ensuite l'empereur à Vienne.

A dater de cette époque, l'empereur ne voulut plus permettre que Spranger travaillât chez lui, mais exigea qu'il eût son atelier dans les appartements privés du souverain, qui prenait grand plaisir à le voir peindre.

Retourné à Prague, Spranger continua d'y peindre en présence de l'empereur, d'où vient que si peu de personnes possèdent de ses tableaux, car il ne se faisait point aider, et le ciel l'ayant comblé de ses biens, il ne travaillait que pour son plaisir, sans autre ambition que de contenter son maître, et cela pendant près de dix-sept années.

N'étant pas de l'étoffe dont on fait les courtisans, race éhontée, Spranger ne fut jamais quémandeur, et s'il obtint quelque chose, il peut se vanter d'avoir toujours obtenu de son empereur la bonne grâce et la faveur auxquelles il avait droit de prétendre.

Il eut, à la fin, la récompense de sa discrétion, car, un jour, en 1588, l'empereur étant à Prague, dans un grand festin, et en présence de toute la cour, lui fit mettre au cou une triple chaîne d'or, avec ordre de la porter toujours. L'honneur fait à Spranger rejaillit sur l'art tout entier.

Quelques années auparavant, l'empereur, en présence des États rassemblés à Prague, avait conféré à Spranger la noblesse pour lui et ses descendants et, à dater de ce jour, le peintre ajouta à son nom celui de vanden Schilde que, pendant bien des années, avaient porté ses ancêtres, car il est d'usage dans ce pays, lorsqu'on est admis à la noblesse, d'ajouter ainsi un nouveau nom au sien.

On peut donc dire à présent messire Barthélemy Spranger vanden Schilde, un titre qui s'associe fort bien à la qualité de l'homme, attendu que le mot peintre tire son origine de l'écu, comme il a été dit ailleurs[1].

Énumérer les ouvrages que Spranger fit pour l'empereur serait long, car il y en a beaucoup[2]. Il fit également pour Sa Majesté des miniatures, genre dans lequel il se distinguait aussi, d'après moi, car je ne connais pas de meilleurs travaux de l'espèce qu'une *Dispute du Saint-Sacrement* que je vis de lui à Rome.

Il fit aussi, quoiqu'en petit nombre, des œuvres destinées à quelques amis.

Vu le grand âge de Spranger, l'empereur lui permit enfin de travailler chez lui, à la condition, toutefois, qu'il eût constamment en train quelque œuvre, grande ou petite, pour Sa Majesté, ce qu'il fait, étant passionné pour son art et déplorant amèrement le temps perdu, maintenant que ses yeux, ses bras, ses jambes, le servent moins bien que par le passé. De l'avis unanime, toutefois, ses dernières œuvres sont toujours les meilleures.

Nous eussions désiré voir aux Pays-Bas beaucoup d'œuvres comme celle qu'il a récemment envoyée au brave amateur M. Pilgrim, *Vénus et Mercure apprenant à lire à Cupidon,* page excellemment composée et peinte, et grandement vantée des connaisseurs.

Touchant ses dessins, je ne lui connais pas de pareil pour le maniement de la plume et je suis d'accord en cela avec les plus compétents dans ce genre, notamment Goltzius, qui m'a dit ne savoir personne de plus habile.

Nous avons vu ici ce magnifique *Banquet des dieux*[3] ou les *Noces de Psyché*, que l'habile et savant burin de Goltzius a reproduit en 1585 et où, en ce qui concerne la composition, on voit combien sont habilement distribués les groupes et comme chaque personnage est bien dans son rôle, car Hercule est le portier, les Muses et Apollon

1. Dans la biographie d'Albert Dürer, tome Ier, page 116.

2. Von Perger nous apprend que l'inventaire, du XVIe siècle, de la collection de Prague, ne mentionne pas moins de vingt-sept tableaux de Spranger. (*Mittheilungen der Central-Commission*, etc., tome X, page 230.)

3. En 1587. — C'est une estampe en trois feuilles destinées à être jointes. (Bartsch, n° 277.) Le dessin, d'après Nagler, faisait partie du cabinet Grünling en 1823. Par le catalogue Hoet nous voyons qu'en 1739 et en 1749 le *Banquet des dieux* passa en vente à Amsterdam.

sont les musiciens, Cérès est majordome, Bacchus sommelier, etc., chaque figure agissant avec grâce, Sprangher ayant, à cet égard, une entente qui ne se rencontre point ailleurs.

En ce qui concerne ses aptitudes de coloriste, je me rappelle qu'il racontait, étant aux Pays-Bas, que, resté longtemps seul chez l'empereur et n'ayant personne auprès de lui, lorsqu'il lui arrivait de voir quelque échantillon de bonne peinture, il n'en était pas d'abord très frappé. Que, plus tard, ayant vu quelques travaux de Joseph Heintz, un Suisse, et de Jean van Achen [1], qui étaient d'excellents coloristes, il se mit à colorer tout autrement, car ces maîtres parvenaient à donner à leurs œuvres un effet étonnant et attiraient tous les regards.

Toutefois, dès le début, il a toujours régné dans ce qu'il a fait une grâce apellesque, laquelle maintenant unie à la fille de Vénus et de Mars : l'Harmonie, jointe à une belle couleur et à un dessin ferme et élégant, permet à ses travaux de braver la critique, et, mieux encore, d'être insurpassables.

En réalité, Sprangher a bien mérité d'être tenu en si haute estime par le César romain qui, non moins ami des arts qu'Alexandre, a trouvé en lui son Apelle.

Sprangher, après que sa patrie l'eut dès longtemps attiré, se résolut enfin à revoir sa terre natale et revint en 1602 dans les Pays-Bas, qu'il avait quittés depuis trente-sept ans. Et, après avoir assisté à quelques Diètes, — non pas aux frais de l'empereur, comme il l'eût pu, mais aux siens, — Sa Majesté lui donna mille florins pour son voyage aux Pays-Bas.

Ses confrères lui firent le meilleur accueil.

A Amsterdam, il reçut de la municipalité les cruches de vin d'honneur ; à Harlem, les artistes le traitèrent dignement, et il les régala à son tour.

Les membres de la Vieille Société de Rhétorique, sous la devise *Trouw moet blycken* [2], l'honorèrent après dîner d'un esbatement de la

1. Voir ci-après, chapitre XXXII.

2. *La fidélité doit se prouver.* Il nous paraît absolument probable que ce fut à cette occasion que notre auteur donna au château de Sevenberghen, non loin de Harlem, la fête dont parle son biographe anonyme. Van Mander avait composé lui-même l'esbatement.

peinture et le dirent bienvenu. Sa présence nous fut douce et son départ nous causa de vifs regrets.

Il fut aussi reçu dans sa ville natale avec de grandes démonstrations de joie. Il se rendit ensuite à Cologne et regagna sa demeure de Prague où il continue de s'occuper vaillamment de son art.

Aujourd'hui que Sprangher est seul, que l'âge approche pour lui à grands pas, qu'il s'est vu ravir en ce monde sa chère et vertueuse épouse [1] et ses enfants, il faudrait que quelque clémente Médée pût lui rendre la jeunesse. Mais puisqu'il n'en sera point ainsi, l'Art sera sa compagne, et chaque jour viendra le rajeunir par son doux commerce, et nouveau Michel-Ange, lui donnera pour rejetons des œuvres qui feront briller son nom au temple de Mémoire et mériteront qu'on y trace en caractères ineffaçables qu'il a loyalement servi de ses pinceaux un pape et deux empereurs [2].

COMMENTAIRE

Bien que se qualifiant volontiers de Belge et d'Anversois, B. Spranger a peu d'affinités avec l'École flamande. D'autre part, autant par ses défauts que par ses qualités, il occupe la première place parmi ces peintres et ces graveurs qui illustrent la fin du XVIe siècle dans les cours d'Allemagne et d'Italie et portent, non sans honneur, le nom belge à l'étranger.

Spranger est un homme d'imagination très puissante et même un véritable peintre, très entraîné qu'il soit par les exagérations de l'école italienne formée aux exemples du Parmesan et du Primatice.

Dans les Pays-Bas, son influence se fit surtout sentir en Hollande où, grâce à van Mander lui-même, grâce à Corneille Cornelisz et à Goltzius, on eut bientôt l'occasion de voir se produire les plus terribles contorsions musculaires au milieu de compositions souvent très intéressantes. Van Mander, peut-on dire, est le héraut de Spranger, le missionnaire de ses principes. En Flandre, à Anvers, l'entraînement fut moindre, et Rubens eut bientôt fait d'attirer dans son orbite la jeune école née des enseignements d'Otto Venius et de van Balen. Adam van Noort, cependant, se ressentit dans une certaine mesure de l'influence sprangerienne, et nous connaissons du maître de Rubens des compositions que la gravure représente comme très tourmentées.

1. Ce triste événement inspira à Spranger une composition allégorique gravée par G. Sadeler, comme on l'a vu plus haut. Nous la reproduisons à la page 123.

2. On a exagéré l'âge de B. Spranger à l'époque de sa venue aux Pays-Bas. Ce voyage se fit en 1602; le maître, étant né en 1546, n'avait en réalité que cinquante-six ans.

Les événements de la carrière de Spranger sont exposés avec une précision suffisante pour nous dispenser, à son sujet, d'un commentaire étendu; il est toutefois un point que les biographes ne sont pas parvenus à résoudre et sur lequel il y a lieu de revenir. Nous voulons parler de la date de la mort du maître.

Presque tous les auteurs ont à ce sujet leur opinion, mais aucun ne la justifie[1]. Les plus récents critiques prennent le parti fort sage de s'arrêter à la dernière date positive de l'existence du personnage[2], c'est-à-dire après l'année où écrivait van Mander, 1604.

D'abord, il faut observer qu'en 1606, Spranger signe la dédicace de la *Nativité* gravée par Müller et nous avons trouvé un document assez imprévu qui ne permet point de douter que Spranger est bien réellement mort après 1627. Il s'agit d'une estampe de Jean Müller (Bartsch, nº 67) et que Bartsch décrit comme suit :

« Mercure amenant à Minerve le jeune G. Spranger, qui se prosterne aux pieds de la déesse et reçoit une couronne de laurier. L'Envie et la Paresse sont terrassées derrière le siège de Minerve. »

La dédicace porte : « *B. Spranger Schidia*[3] *hæc pro themate G. Sprang. CIↃ.IↃ.XCII tunc adolescenti D. D. Qui postmodum ea divulgans maiori natu filio suo Math. Sprang. CD. Sculptore J. Mullero CIↃ.IↃ.CXXVII.* » Bartsch donne même la dernière date comme CXXVIII, en quoi il se trompe, du moins d'après notre épreuve.

Le sens de cette dédicace n'est pas des plus clairs : on peut croire que G. Spranger mourut après 1592 et que la dédicace se fit alors à son frère aîné, Mathieu Spranger, en 1627. Mais il n'en est pas ainsi, et ce qui prouve que Spranger était encore de ce monde, c'est la présence de sa signature sur l'épreuve que nous avons sous les yeux et à laquelle il a fait plusieurs retouches à la plume. Ce parafe équivaut ainsi à une sorte d'*approbatur*.

L'épreuve dont il s'agit provient de la collection Camberlyn[4] et portait le nº 2269 du catalogue rédigé par F. Guichardot, l'éminent connaisseur, avec cette observation : « Rare et superbe épreuve du premier état *non décrit*, avant divers travaux, notamment la contre-taille sur la marche du siège, au-dessous du pied gauche de la déesse; elle est parafée par le peintre. »

Une très belle contre-épreuve était jointe au numéro précédent et portait également le parafe du peintre.

Deux points sont donc établis par la planche de Müller : le premier, que l'année de la mort de Spranger ne peut être antérieure à 1627; le second, que son fils aîné, Mathieu, vivait encore la même année, contrairement à l'assertion de van Mander, qui assure que la femme et les enfants du peintre avaient cessé de vivre en 1604.

L'examen de l'estampe de J. Müller nous permet même de croire que Mathieu Spranger se destinait à suivre la carrière paternelle, par la raison que la couronne que

1. Zani donne la date de 1614 comme limite extrême de la carrière de Spranger.

2. Riegel, *Beiträge zur Niederländischen Kunstgeschichte*, tome II, page 31.

3. Devrait être *Schildia*, van der Schilden, le nom que le peintre avait adopté après son anoblissement.

4. Vendue à Paris en 1865.

Minerve pose sur le front du jeune homme semble être la récompense de succès artistiques, caractérisés par les emblèmes de l'Architecture, de la Peinture et de la Sculpture.

Le voyage de Spranger dans les Pays-Bas nous dit suffisamment qu'il n'avait pas oublié la patrie pendant ses longues années d'absence. Dès l'année 1595, il avait dédié au magistrat d'Anvers la belle planche exécutée par Müller d'après la composition des *Arts remontant vers l'Olympe* (Bartsch, n° 76); il était donc resté en relations avec son pays natal. Au surplus, le burin de Goltzius mit au jour de nombreuses reproductions de ses œuvres.

On évalue à plusieurs centaines le nombre des planches gravées d'après les peintures et les dessins de Spranger; ce chiffre nous paraît exagéré; par contre, les plus beaux graveurs de la fin du XVIe siècle contribuèrent au renom de l'artiste et mirent au jour des planches qui, plus d'une fois, peuvent compter parmi les chefs-d'œuvre. Goltzius, les Sadeler, Boetius à Bolswert, Crispin de Passe, Jacques Matham, Jean Müller et bien d'autres ont lutté de délicatesse pour rendre les œuvres de Spranger. Jean Müller et Égide Sadeler nous ont laissé son portrait.

Le *Künstler-Lexikon* de Nagler donne une liste assez étendue des œuvres de Spranger et indique, en outre, les principales gravures exécutées d'après lui. Malgré la fécondité du maître, ses peintures ne se rencontrent pas souvent. C'est à peine si, dans les divers musées de l'Europe, l'on en trouve une vingtaine; le musée du Belvédère à lui seul en contient plus de la moitié. Le musée de l'Académie des Beaux-Arts et la Galerie Liechtenstein, à Vienne, les Galeries de Mayence, d'Oldenbourg, de Brunswick, de Stuttgart, les musées de Pesth et de Saint-Pétersbourg, enfin le palais de Hampton Court possèdent des spécimens plus ou moins importants de la manière du maître.

Sous le n° 451, le musée de Bruxelles possède une composition considérable attribuée au maître : *Suzanne justifiée par Daniel.* Nous hésitons beaucoup, pour notre part, à voir dans cette peinture une œuvre de Spranger, le style et le coloris surtout se rapprochant infiniment plus de ceux de Carel van Mander. Il n'y aurait rien de surprenant à ce que la *Suzanne* en question ne fût le même tableau inscrit sous le titre de la *Femme adultère* de l'inventaire des tableaux de Charles de Croy (mort en 1612)[1], comme une œuvre de van Mander.

En effet, le musée de Bruxelles tient son tableau de la maison d'Arenberg, anciennement alliée à celle des Croy, et, s'il n'y a aucun doute sur le sujet représenté, il n'en est pas moins vrai qu'au premier coup d'œil l'on songe bien plutôt à la *Femme adultère* qu'à la *Justification de Suzanne*, puisque, de part et d'autre, il s'agit d'une femme poursuivie par la populace.

Les tableaux bibliques de Spranger sont extrêmement rares, particulièrement ceux de l'Ancien Testament; ils sont, au contraire, communs dans l'œuvre de van Mander.

Spranger paraît avoir modelé. Une estampe de Müller, l'*Amour et Psyché*, porte l'inscription : *B. Spranger in argilla, forma hemisphera, prius effinxit*[2]. On lui

1. Alexandre Pinchart, *Archives des Sciences, etc.*, tome Ier, page 161, n° 22.

2. E. Fétis, *les Artistes belges à l'étranger*, tome Ier, page 418. Le musée de Stuttgart (n° 584) possède cette même composition du maître traduite en peinture.

attribue également des eaux-fortes, six pièces, dont deux portent la date 1589 et une autre celle de 1593.

Les sujets de ces planches sont tous religieux, à l'exception d'une seule pièce, *Un homme et une femme qui s'embrassent*, figures à mi-corps.

Les autres estampes représentent *Saint Sébastien*, *Saint Jean l'Évangéliste*, *Saint Barthélemy* (1589), *Saint Paul*, figure à mi-corps (1589), *Saint Jean-Baptiste baptisant dans le Jourdain* (1593), planche attribuée quelquefois à Pierre Aertsen.

Toutes ces pièces sont très rares.

Il est à remarquer que sur celles qui portent la signature du maître, son nom s'écrit Sprangers.

Gérard Hoet, dans son catalogue des ventes de tableaux faites dans les Pays-Bas, cite quelques tableaux de Spranger qui passèrent en vente au XVIIIe siècle, à Amsterdam et à La Haye.

En 1728 : la *Vérité élevée au Ciel*; 1729, *Mars et Vénus*; 1731, *Nymphes et Satyres*; 1734, *Femmes endormies*; 1739, *Banquet des Dieux*; 1749, *Idem* (collection Ietswaart); 1764, *Danaé*.

Nous n'avons rencontré de peintures de Spranger dans aucun musée de la Hollande.

XXVI

CORNEILLE KETEL

PEINTRE ÉMINENT DE GOUDA

Il y a des jeunes gens, quelque effort qu'ils fassent, qui se sentent arrêtés dès le début dans la carrière artistique, la nature ne leur venant pas en aide. D'autres, bien doués, eux, ne se donnent aucune peine et croient que la fortune paternelle leur sera d'un plus utile secours que l'aiguillon de la nécessité. D'autres, enfin, trop confiants dans leur étoile et leurs aptitudes naturelles, négligent le travail et restent en chemin.

Mais ceux auxquels la nature tend sa main secourable et qui s'efforcent de suivre sans relâche la voie qu'elle leur trace, se fortifiant par l'étude et le travail, arrivent à goûter les fruits de leur labeur. La fortune sourit à ces prévoyants.

Je puis citer, sans crainte d'être contredit, l'exemple du peintre-poète, Corneille Ketel.

Il montra, dès son jeune âge, une grande application à l'étude et, à peine âgé de onze ans, comme il manifestait un goût très vif pour la peinture, fut mis en apprentissage chez un sien oncle, assez bon artiste, mais plus savant professeur que bon peintre.

Plus zélé que ses condisciples, il attira l'attention du peintre verrier Dirck Pietersz Crabeth [1], qui n'hésita point à dire en le montrant : « Celui-ci sera des cent qui arriveront. » Encouragé par cette parole, Ketel ne fit que s'appliquer avec plus d'ardeur au dessin et à la peinture.

Il naquit à Gouda, en 1548, le dimanche avant les Rameaux [2].

1. Le célèbre peintre verrier, auteur des vitraux de l'église de Saint-Jean, à Gouda, mort dans cette ville en 1577. (Voir tome Ier, page 254.)

2. Le 15 mars, si van Mander adopte le vieux style, ce qui paraît vraisemblable. Du reste, le portrait de Ketel, gravé par Bary, donne également la date de 1548.

Ayant accompli sa dix-huitième année, il devint l'élève d'Antoine Blocklandt[1], à Delft, et passa chez lui l'année 1565.

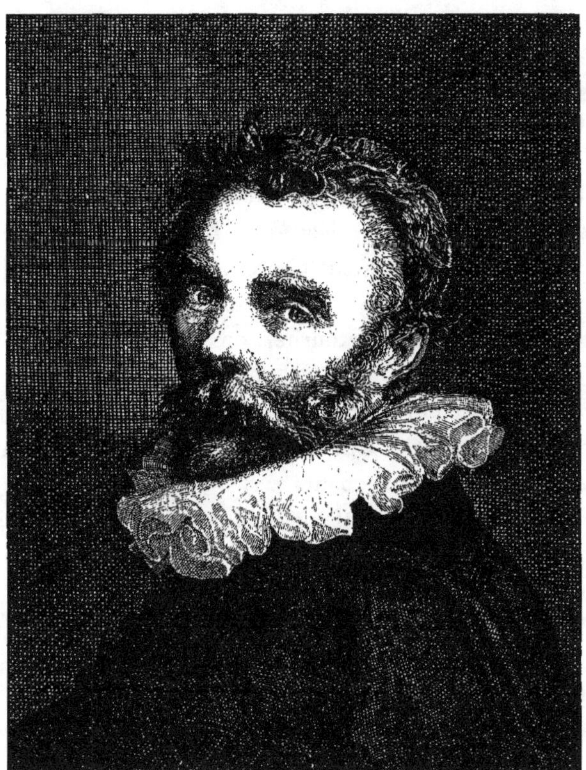

CORNEILLE KETEL, DE GOUDA.

Fac-similé de la gravure de H. Bary.

En 1566, il partit pour Paris et se rendit à Fontainebleau, où travaillaient alors quelques jeunes Flamands : Jérôme Franck[2], Aper

1. Antoine van Montfort. Voir sa biographie, tome Ier, chapitre L.

2. Voir à son sujet la biographie de Frans Floris, tome Ier, chapitre XLIV, page 349.

Fransen[1], Jean de Maeyer[2] et Denys d'Utrecht[3]. Ceux-ci lui firent bon accueil, et ils luttèrent d'ardeur de la manière la plus cordiale, jusqu'au moment où, après quelques mois, la cour étant venue s'établir à Fontainebleau, ils durent s'éloigner.

Ketel retourna alors à Paris et se mit en pension chez le peintre verrier du Roi, M. Jean de la Hamé[4]. Il y occupait un atelier indépendant et s'adonnait à la composition.

Il parut à cette époque un édit défendant, sous peine de mort, à tout sujet du roi d'Espagne, ayant moins de deux ans de séjour, de demeurer en France, par la raison que beaucoup de gens poursuivis pour le fait de religion y avaient cherché refuge. Ketel jugea prudent de s'en aller et échappa de la sorte au massacre de Paris[5], puis revint en Hollande, bien résolu à retourner en France ou à se rendre en Italie.

Les circonstances contrarièrent ce projet et il demeura environ six ans dans sa ville natale de Gouda, où nombre de sirènes cherchèrent à le captiver par leurs doux chants.

Malheureusement la guerre favorisait peu les travaux artistiques et, en 1573, Ketel s'embarquait pour l'Angleterre.

Arrivé à Londres, il y trouva un statuaire et architecte, grand ami de son oncle, qui lui fit bon accueil et ne permit point qu'il se logeât ailleurs que chez lui. Il trouva le moyen de vendre quelques peintures qu'il avait faites au pays, et entra en relation avec ceux de la Hanse, qui lui commandèrent nombre de portraits.

Ce fut en Angleterre qu'il contracta mariage avec son épouse actuelle, qui vint de Hollande à cet effet[6], et ils restèrent à Londres

1. Élève de Frans Floris. Il ne pratiquait l'art qu'en amateur. Voir tome Ier, page 350. Il s'appelait Aper Franssen vander Houve ou vander Hoeven, et était originaire de Delft. (Van Bleyswijck, *Beschrijvinge der Stadt Delft*, page 845 (1667), et tome Ier, page 350.)

2. Originaire d'Herenthals, élève de Frans Floris. M. de Laborde (*la Renaissance des Arts à la Cour de France*) relève sa présence à Fontainebleau le 8 novembre 1569. (*Loc. cit.*, tome II, page 927.)

3. Aucun maître portant le nom de Denys, ni le prénom de Denis, ne figure dans la liste des peintres d'Utrecht publiée par M. S. Müller Fz. (*Schilders vereenigingen te Utrecht*. 1880.)

4. Jean de la Hamée, qui orna de ses verrières plusieurs demeures royales. (De Laborde, *la Renaissance des Arts à la Cour de France*, page 396 et *passim*.)

5. La Saint-Barthélemy, 24 août 1572.

6. Elle s'appelait, d'après les recherches de M. A. D. De Vries Az., Adélaïde Gerrits. (Voir C. E. Taurel, *l'Art chrétien en Hollande*, etc., tome II; biographie de T. Barents.)

environ huit années, pendant lesquelles les travaux ne leur manquèrent pas. C'étaient exclusivement des portraits, mais comme les préférences du peintre étaient en faveur des compositions, il exécuta une toile avec des figures plus grandes que nature, représentant la *Force vaincue par la Sagesse et la Prudence*. L'œuvre fut acquise par un jeune négociant anglais, M. Pierre Hachten, lequel en fit hommage à Christophe Hatten, mort lord chancelier[1].

En 1578, Ketel fit d'après nature le portrait de la reine d'Angleterre[2], sur les instances du comte d'Hertford, dont la mère[3], duchesse de Somerset, offrait un festin à sa souveraine à son château de Hantworth[4].

Ketel peignit également le comte d'Oxford, grand chambellan héréditaire[5], et divers seigneurs, leurs femmes et leurs enfants ; plusieurs de ces effigies sont en pied[6].

En 1581, il retourna en Hollande et alla se fixer à Amsterdam[7], où il eut l'occasion de peindre de nouveaux portraits. Il peignit, entre autres, pour le Colveniers Doelen, une compagnie d'arquebusiers que commandait le capitaine Herman Rodenborgh Beths, et s'y plaça lui-même, vu de profil[8].

Les personnages sont ou étaient rassemblés dans une galerie, de sorte qu'au lieu de colonnes il y a de curieux termes sculptés qui se détachent en relief et forment un encadrement fort original[9].

1. Sir Christophe Hatton. Le portrait en pied de ce personnage, peint par Ketel, est à Ditchley, chez le vicomte Dillon. Il figura à l'Exposition des Trésors d'Art de Manchester en 1857.

2. Élisabeth.

3. Lady Frances Howard, sœur du lord amiral Nottingham.

4. Hanworth.

5. Sir Édouard Vere, comte d'Oxford.

6. Vertue mentionne les portraits de William Herbert, comte de Pembroke; du lord-amiral Lincoln, Henry Fitzalan, comte d'Arundel. M. George Scharf veut bien aussi nous signaler les portraits de sir Thomas ou sir William Gresham à Titsey Park, chez M. G. Leveson Gower; ce portrait est signé et porte la date de 1579, et de sir Martin Frobisher, le célèbre marin (1535-1594), à l'université d'Oxford. Cette dernière œuvre, un grand portrait exécuté en 1577, fut payée au peintre la somme de 5 livres sterling. Waagen, dans ses *Trésors d'art de l'Angleterre*, ne cite aucun des portraits en question.

7. Il y présenta au baptême, le 16 novembre 1581, un fils qui reçut le nom de Raphael. (A. D. De Vries, *loc. cit.*)

8. Ce tableau figure aujourd'hui à l'hôtel de ville d'Amsterdam; il porte le n° 54 de la description de M. Scheltema (*Historische Beschrijving der Schilderijen van het Raadhuis te Amsterdam*, page 22, 1879) et la date de 1588. Nous ne savons, toutefois, si l'attribution est tout à fait exacte, par la raison que la description de van Mander concorde assez peu avec l'œuvre elle-même.

9. Nous n'avons pas vu cette particularité sur le tableau d'Amsterdam, peut-être mutilé.

A la ressemblance des physionomies se joint la bonne exécution des ajustements et des accessoires. Dans la partie inférieure, il y a de petites allégories peintes en grisaille : les figures de Mars et de Vulcain imitant le bronze.

Pour expliquer ces emblèmes, Ketel écrivit le quatrain suivant :

Arrête, terrible Mars, tes sanguinaires exploits ;
Et toi, Vulcain, cesse de forger des armes ;
A vos pieds gisent vaincues
La Haine, l'Avarice, l'Envie et la Discorde.

Ketel composa et peignit encore deux allégories ; l'une où les Vertus triomphent des Vices et qu'il intitula : le *Triomphe de la Vertu ;* l'autre où les Vices triomphent des Vertus, et qu'il intitula le *Triomphe du Vice*[1]. Ces œuvres, que je vis chez l'honorable Jean van Weely, à Amsterdam, sont remarquablement peintes. Les Vertus et les Vices y sont des mieux caractérisés par leurs attributs.

Pour expliquer sa pensée, le peintre composa les poèmes suivants :

Triomphe de la Vertu.

L'Envie, la Discorde, la Guerre, la Tyrannie,
Ici terrassées sont réduites à l'impuissance.
Où trône la Sagesse en bonne souveraine,
Où la Justice assure et fortifie la Paix,
Où l'Amour et la Foi à tous les yeux éclatent,
Où les fraternelles étreintes à nos regards se montrent,
Où l'Amour apporte ses généreuses offrandes
De palmes et de lauriers dont s'orne la Vertu,
L'on voit la Vérité, des hauteurs où elle plane
Par la Force et la Tempérance sa valeur enrichir,
Dans la vive clarté ces vertus embellir.
Gloire au pays où les lois de la vérité sont en honneur !

Triomphe du Vice.

Où l'infernale Envie, de sa fille la Discorde,
Souffle les noires nuées,
De ses traits funestes poursuit la Vertu,

1. D'après Vertue, ces tableaux faisaient partie de la Galerie du duc de Buckingham.

Et blesse la Justice qu'ici l'on cherche en vain,
La Vérité succombe et dans la lutte,
Tombe, frappée mortellement par la Tyrannie.
Où la Guerre environnée des vapeurs funestes
Tire du fourreau le glaive de sa vengeance,
La Foi et l'Amour verront leurs chétifs rejetons grandir dans la honte ;
La Sagesse, le Progrès, la Paix s'éclipsent.
Malheur au pays où triomphe le mal !

Vers 1584, Ketel peignit un *Saint Paul, les yeux levés au ciel,* figure grande comme nature et vue jusqu'aux genoux, pour laquelle posa Roger Janszoon[1]. C'était une commande de Jean Ophogen, dont le frère, Thomas Ophogen, en voulut la répétition, plus cinq autres figures : *Saint Pierre pénitent,* la *Madeleine repentante,* le *Publicain, Saül se jetant sur son épée,* enfin *Judas en train de se pendre,* lesquelles peintures sont encore à Dantzig, chez le susdit Thomas, et sont, à tous égards, excellentes.

En 1589, il livra à la compagnie de l'Arc-à-main, capitaine Dirck Rosecrans, un groupe de personnages, grands comme nature, tous debout, excellemment peints, et avec une nouvelle invention d'encadrement[2].

On trouve de lui nombre de bons portraits. Il y a, entre autres, ceux du capitaine Neck[3] et de sa femme, tous les deux en pied.

Mais remarquables entre tous sont les portraits suivants, admirablement soignés :

D'abord, celui d'un certain André Vrericksen ; ensuite, celui d'un nommé Jean Lammersen, tenant d'une main une orange ; troisièmement, le secrétaire Haen ; quatrièmement, un orfèvre, tête demi-nature. Ce sont tous Amsterdamois.

Puis un Vénitien qui fit construire à Amsterdam un splendide

1. Il publia, en 1602, à Amsterdam un livre mystique. Son portrait fut peint également par Miereveld. (Voir ci-dessous, page 174.)

2. Hôtel de ville d'Amsterdam. Scheltema, n° 53. M. A. D. De Vries nous a fait observer sur ce tableau un bras qui ne peut appartenir à aucun des personnages, d'où l'on doit conclure que la toile a été réduite.

3. Houbraken a gravé d'après Corneille Ketel un portrait de Jacob Cornelis van Neck, qui fut bourgmestre d'Amsterdam en 1622. (Voyez Verhuell, *Jacobus Houbraken, son œuvre,* n° 308. Arnheim, 1875.)

navire. C'était un magnifico du nom de Francesco Morosini[1]. La tête était superbe. Il en fit une contre-partie exécutée avec les doigts et sans le secours du pinceau, et qui était aussi fort ressemblante.

Sixièmement, une excellente tête, le portrait de Vincent Jacobsen, le jaugeur de vins d'Amsterdam, tenant un hanap de vin du Rhin, peinture extraordinairement soignée, et qui cependant fait à distance un excellent effet[2]. Septièmement, une jeune Portugaise; huitièmement, un certain Simon Lock, d'Amsterdam. Ce portrait, le meilleur de tous, est actuellement à La Haye, chez le procureur Lock.

Entre beaucoup d'autres bons portraits, il s'occupe actuellement d'une série composée du *Christ et des douze apôtres,* têtes au moins grandes comme nature, qui sont des portraits de peintres ou d'amateurs d'art, extrêmement bien exécutés et dessinés. On voit, parmi ces têtes, le portrait fort ressemblant de l'excellent statuaire Henri De Keyser, architecte de la ville d'Amsterdam[3].

J'ai vu, en outre, avec beaucoup de plaisir, douze têtes d'apôtres de grandeur naturelle, avec les mains très bien soignées. Ces peintures sont à Paris chez le neveu de Corneille, Jacques Ketel, ingénieur du roi de France, homme prodigieux dans sa partie et qui fut au service du roi d'Espagne, à Milan.

A l'exemple du vieux Timanthe, Ketel, qui fut de tout temps un favori des Muses, a inventé nombre d'ingénieux emblèmes.

Je cite d'abord une composition dessinée, démontrant les trois causes pour lesquelles on cultive les arts. Cette œuvre est accompagnée du poème suivant :

Trois causes excitent à cultiver les arts,
L'argent, l'honneur et l'amour de l'art lui-même.
Qui cherche l'argent, rencontre l'avarice

1. Il doit y avoir là une confusion; Francesco Morosini ne vint au monde qu'en 1618. Peut-être s'agit-il d'Andrea Morosini, né en 1557 et mort en 1618.

2. C'est d'après ce portrait que Jacques Matham a fait sa magnifique estampe. (Bartsch, n° 169.) Mariette (*Abecedario; Archives de l'Art français,* tome III, page 22) voyait parfaitement juste à cet égard, mais il ne s'expliquait pas la présence du compas et de la toise dans les armoiries du personnage, ce qui le faisait hésiter. Il prenait Jacobsen pour un marchand de vins, d'où son hésitation à identifier l'œuvre.

3. Un des plus grands artistes qu'ait produits la Hollande. Il naquit à Utrecht en 1565 et mourut à Amsterdam en 1621. Suyderhoef a gravé son portrait.

Pour lui barrer la voie ; il le verra trop tôt.
Qui aspire à l'honneur, parfois est mieux servi ;
La gloriole peut conduire à l'arbre des beaux-arts.
Mais si l'on veut le fruit et non point l'arbre même,
On obtient du fruit vert et fort peu d'agrément.
A qui la vocation prépare la voie sûre,
Poussé par son ardeur d'une force incessante,
Ne sauraient manquer ni zèle ni patience.
Son travail le mènera à l'art véritable
Donnant, tout à la fois, l'honneur et le profit.

Le Bonheur excite l'Envie.

La Haine, l'Envie et la Médisance
Se liguent contre la Faveur.
Cependant la Renommée prend son vol
Et démontre de chacun le mérite.
La Vérité, grâce au Temps, éclate,
Rien n'empêche son triomphe.
L'Envie ronge le cœur ; l'araignée distille son venin
Où l'abeille récolte son miel.

Ce petit emblème de l'*Arbre des arts* fut encore figuré par lui d'une manière ingénieuse et expédié dans le Brabant. On le voit à Hambourg, chez M. Dominique van Uffele, dans la rue Verte, où il n'est que trop dérobé, dans une caisse, à la lumière du jour et aux regards des amateurs.

Ketel dessina aussi, à la prière de Raphael Sadeler, une composition allégorique où l'on voit, au milieu d'un groupe formé par la Peinture, la Musique et la Poésie, assises près d'une fontaine et tenant un cœur enflammé, l'Amour qui tient les yeux fixés sur la Peinture et prête l'oreille aux sons de la Musique.

Au sommet de la fontaine, un enfant qui rend de l'eau. C'est l'Inclination, ayant à ses côtés la Subtilité, que figure un serpent.

L'ensemble veut dire que l'Amour est la source des arts.

Le peintre compléta l'allégorie dans un sens spirituel, en ornant la vasque supérieure de la fontaine de têtes de séraphins dont la bouche émet de l'eau. Et comme la nature de l'aspiration de l'artiste tend vers l'honneur et la récompense, cette aspiration est figurée par des couronnes de lauriers et des palmes.

Plus bas, on voit la Peinture peignant l'histoire de Dédale et d'Icare, ce qui est destiné à exhorter les artistes à la modestie et à les mettre en garde contre la vanité. Autour, il y a une bordure de divers sujets : la Diligence qui file, ayant près d'elle une grue, des fouets et des éperons; le Travail avec une pelle, un marteau, un cuir de bœuf et des fléaux; la Patience avec un oiseau en cage, un agneau et une horloge de sable et, derrière elle, des pièges; enfin, il y a l'Habitude ou la Pratique, tenant une flèche qu'elle dirige à travers un anneau en posant un pied sur une horloge de sable. Des arcs sont suspendus derrière elle.

Près de chacune de ces figures pendent deux lampes allumées, naissant d'un encadrement orné.

L'ensemble est destiné à démontrer que la Pratique se perfectionne avec le temps et que les Vertus représentées se produisent sous quatre formes extérieures, de même que tous les arts, par la manifestation des qualités susdites, sont au nombre des lumières de ce monde[1].

Il peignit encore en grisaille une petite allégorie où un homme nu pose un pied sur le crâne d'un bœuf et l'autre sur une tombe, passant au-dessus d'une ancre qu'il tient relevée par l'anneau. Il tient également un fouet et des éperons et, sur le bras, une femme qui personnifie l'Art, et qui élève de la main droite une couronne de lauriers que l'homme s'efforce d'atteindre également de la main droite, qui tient un cœur percé et enflammé.

La femme pose le pied sur un sablier flanqué d'un oiseau diurne et d'un oiseau nocturne (ou chauve-souris), et, de la main gauche, elle désigne un agneau qui lève les yeux vers l'Art. Un enfant agenouillé passe un bras autour de l'agneau et tient une palette, pour indiquer qu'il veut cultiver l'art avec patience.

De l'autre côté de la figure, qui est vue de dos, est étendu un jeune homme qui saisit d'une main une corne de bœuf, et tient de

1. C'est sans doute la composition gravée par J. Sadeler citée par Kramm, une estampe que nous n'avons pas eu l'occasion de rencontrer.

l'autre un livre de musique, pour montrer qu'il veut être musicien, et, en effet, il a près de lui toutes sortes d'instruments.

Dans les nues apparaissent d'un côté deux enfants : le Génie et le Goût, qui poussent le cœur enflammé vers la Diligence, caractérisée par le fouet et les éperons que l'homme tient en mains, et de l'autre côté arrive Cupidon armé d'un arc, dont la flèche vient de percer le cœur.

Au fond, des ruines, destinées à montrer que Rome est le lieu d'étude que doit choisir la jeunesse artiste[1].

C'est le secrétaire Haen, d'Amsterdam, grand amateur d'art, qui possède ce morceau. Ketel l'explique par les vers suivants :

L'Espérance, ô jeunesse! ne t'abandonnera point;
Donc, travaille, libre et patiente.
Si le génie et le goût t'excitent
A l'application, tes vœux seront accomplis.

Il existe encore de lui un grand tableau, très bien peint, représentant la Vérité sous les traits d'une belle femme nue, endormie sur une couche antique, ayant à son chevet, dans une gloire, un séraphin qui personnifie la Vertu. La Fraude masquée, sous les traits d'un satyre, cherche à prendre possession de la couche de la Vérité, mais celle-ci est démasquée par la force de la Vertu, sous les traits d'un homme robuste avec des ailes d'aigle et semblable au Temps, qui appuie sur les épaules de la Fraude au point qu'il semble lui briser les reins. Ce tableau est aussi à Amsterdam. La poésie suivante l'explique :

La Vérité sans voiles peut sommeiller ici.
La Vertu près d'elle monte la garde ;
Et si la Fraude tente de la surprendre,
Elle se trouve arrêtée par la force de la Vertu
Qui si fortement l'enserre qu'elle lui brise les reins.

Dans la Calverstraat, à Amsterdam, à la cour de Hollande, chez maître Claes, il y a une autre allégorie bien peinte et dont voici la signification :

L'Intelligence désarmée par le Vice,
Par Vénus et la soif de l'or,

1. Il ne paraît pas que Ketel soit jamais allé en Italie; Sandrart l'affirme, mais sans aucune preuve.

Par l'abus, un vieux venin,
Est changée en Folie.

Effectivement, on voit l'Intelligence dépouillée de ses armes : le casque, le bouclier et la lance, par les plaisirs sensuels, le vin et l'or. Vénus assise la retient par le pied; près d'elle, Cupidon, qui prend l'Intelligence pour but de ses traits ; Bacchus tenant d'une main un vase d'or, de l'autre une coupe de cristal, semble exciter l'Intelligence à boire. Le reflet du vin rouge colore son front. Un peu plus loin est l'Avarice, tirant une bourse d'un coffre où trône Midas qui change en or tout ce qu'il touche. L'Excès, sous les traits d'un vieux satyre, coiffe l'Intelligence d'un bonnet de Folie.

Le secrétaire Haen possède encore de Ketel un fort beau morceau des *Sept Vertus*. Il a peint, en outre, une représentation allégorique du dicton : le désir n'a point de repos. Elle est figurée à peu près de la sorte :

L'homme franchit un puits sans fond, tandis que la Chair lui met aux yeux un bandeau. Derrière lui, croît le *Petun* [1], une plante qui signifie la vie de l'âme et dont la racine nous montre un enfant nouveau-né. Devant l'homme, au contraire, apparaît la *Napellis,* plante vénéneuse, la mort de l'âme, et dont la racine montre une tête de mort. C'est là le bien temporel que l'homme poursuit et pour lequel il néglige son salut.

La Fortune, portant dans ses voiles le dieu des richesses, sème sur son passage tout ce que l'homme charnel peut désirer, mais l'insatiable n'a point de repos.

Voici encore l'explication rimée par le peintre :

L'homme terrestre est à ce point par la chair égaré,
Qu'il ne connaît point Dieu et se délecte dans le mal;
Ses désirs n'ont point de cesse;
Alors même que tout lui vient, le désir est infatigable.

A l'appui de cela, il nous montre, dans le lointain, l'Enfer de la Fable avec les supplices : Tantale, Sisyphe, Ixion, Tityus et les Danaïdes.

1. C'est le nom porté jadis par le tabac.

Au même endroit, il y a, de Ketel, une autre allégorie dont le poème est ainsi conçu :

Gravis le haut Sion armé de prévoyance ;
Que la vieille expérience soit ta conseillère ;
Ne te laisse point tromper par la vaine apparence
Ou l'Illusion, non la réalité, sera ton partage.
Qui virilement essaie aura de Dieu la grâce
Quand la jeunesse succombe à son très grand dommage.

Et puisque j'en suis à relater ces créations allégoriques, je ne puis omettre le *Miroir de vertu* que Saenredam a gravé, et où il nous montre l'ingratitude de l'homme qui, recevant le soleil, répond au bienfait par des morsures, tandis que la reconnaissance reçoit la lune et la presse sur son cœur. L'estampe donne d'autres emblèmes et s'explique de la sorte[1] :

La vertu représentée ici, le cœur reconnaissant,
Si faible que soit le don, jamais ne l'oublie ;
Mais l'ingrat sans tarder change le blanc en noir.
Qui embrasse un tel ami, en retour est mordu.
Obliger un ingrat est tentative vaine.

Poussé par son esprit ingénieux, Ketel mit au jour des œuvres de tout genre destinées à traduire sa pensée sous des formes très diverses. Ainsi, en 1595, il se mit à modeler, et fit en terre un groupe de quatre personnages nus, un desquels est lié par les pieds et les mains, illustrant la parabole évangélique sur le convive qui n'a point de robe de noces et est précipité dans les ténèbres extérieures[2]. L'ensemble du groupe est des plus remarquables et mérite l'admiration de tout vrai connaisseur.

Il s'est, depuis, adonné au modelage des figures de cire, à l'exemple des Italiens, ce qui est fort utile à l'exécution des tableaux. L'année

1. J. Saenredam. (Bartsch, n° 106.) « Pièce emblématique sur le bon et le mauvais naturel. L'on y remarque la Bienfaisance sous la figure d'une femme qui fait don de ce qu'il y a de plus estimable, figuré par le soleil, à un homme ingrat qui lui enfonce un poignard dans le sein. » (A. Bartsch, *Peintre-Graveur*, tome III, page 253.)

2. Matthieu, XXII, 11.

suivante, il se mit à faire de jolis portraits et y réussit extraordinairement; ses œuvres sont là pour le prouver[1].

En 1599, il lui prit fantaisie de peindre sans pinceaux, un fait que bien des gens qualifient de dépravation, comme ce qui arrive à certaines femmes qui, pendant leur grossesse, ne veulent que des aliments crus. Cela n'empêche que la tentative ne lui ait merveilleusement réussi.

Il fit d'abord son propre portrait en plusieurs poses, et ressemblant peut-être mieux que bien d'autres portraits peints avec l'aide de pinceaux[2].

Cette preuve donnée, il fit pour Henri van Os, grand amateur d'Amsterdam, un *Démocrite* et un *Héraclite,* le premier, à la demande du susdit van Os, étant son propre portrait. Il est d'un effet vigoureux et éclatant.

Tandis qu'il s'occupait de peindre de la sorte le portrait de monseigneur Morosini d'après l'original achevé, survint le marchand de pinceaux qui lui souhaita à chaque doigt un durillon, car il était seul à devoir perdre à ce genre de pratique[3].

Un Moscovite voulut avoir aussi son portrait, peint avec les doigts, pour le montrer au grand-duc dont il était un des familiers.

Il peignit aussi le portrait, extrêmement ressemblant, de l'amiral de la flotte des Moluques : Wolfart Hermans[4], puis celui de l'excellent sculpteur De Keyser, qu'il avait précédemment représenté au pinceau sous les traits d'un apôtre.

Toujours avec les doigts il a fait trois têtes : la *Vierge, Saint Jean* et le *Sauveur couronné d'épines,* admirablement exécutées, surtout les gouttes de sang et les larmes, au point que l'on se demande si pareille chose a pu être exécutée sans pinceaux.

1. Outre le portrait de van Neck, déjà cité, Corneille peignit celui de P. J. Kies, bourgmestre de Harlem à l'époque du siège (1594), également gravé par Houbraken. (Verhuell, n° 308.) Le musée d'Amsterdam possède les portraits de Jacques Bas et de sa femme. (Nos 181-182.)

2. C'est probablement un de ces portraits qui servit de modèle à l'estampe de H. Bary, gravée en 1659. La Galerie de Hampton Court possède l'œuvre originale. (Catalogue Ernest Law, n° 767.)

3. J. Weeninx paraît avoir peint également sans pinceaux certaines de ses œuvres. (Descamps, tome II, page 310.)

4. Wolfart Hermanszoon, qui battit les Espagnols près de Bantam en 1601.

Mieux encore, en 1600, il lui vint à l'esprit de peindre sans faire usage de ses mains, mais exclusivement de ses pieds.

Ne tenons pas, d'ailleurs, pour ridicules, les gens qui entreprennent de démontrer que les choses en apparence impossibles sont réalisables ; que, par exemple, un peintre intelligent, venant à perdre ses mains, pourrait trouver encore le moyen de traduire sa pensée. N'y a-t-il pas des individus qui, pour prouver leur adresse, entreprennent et exécutent les choses les plus extraordinaires ? N'en voit-on pas qui tirent en plaçant le fusil sur leur dos ou à l'envers, et qui, pourtant, atteignent le but ? N'y en a-t-il pas qui marchent sur la corde, alors que le sol est évidemment fait pour la marche ? Je range dans la même catégorie d'exploits, des œuvres que l'on se figurerait exécutées avec la main et les instruments de la profession.

Le premier essai qu'il fit avec les pieds fut un *Harpocrate* ou dieu du silence, qui réussit fort bien. Il ne rendit pas avec moins de justesse l'expression du mutisme que celle des philosophes riants ou en pleurs.

En créant ces œuvres il prenait grand soin de ne jamais y toucher avec les instruments du métier, s'appliquant à les achever complètement selon le système qu'il s'était imposé ; nombre de gens pourraient témoigner de l'exactitude de ce point.

Plusieurs personnes furent très charmées de ces travaux. Le duc de Nemours [1] voulut posséder la figure d'*Héraclite* à cause des circonstances de sa production ; il s'occupe un peu de peinture en amateur.

Un comte polonais, André Leczinski, comte de Leschno, possède aussi plusieurs de ces œuvres peintes du pied.

Je dois dire un mot maintenant des peintures qu'il exécuta de diverses manières pour sa propre maison. Du côté droit de la façade : *Démocrite* et *Héraclite*, ayant entre eux le globe. Cela est peint du pied droit. A gauche, *Momus* et *Zoïle*, qui sont peints du pied gauche. Au milieu, et immédiatement au-dessus de l'entrée de la maison : le

1. Henri de Savoie, duc de Nemours (1572-1632), dont le portrait a été gravé par Thomas de Leu. (Robert-Dumesnil, n° 466.) Il s'occupait aussi de musique.

Temps couronné de roses, tenant d'une main la faux, de l'autre le sablier ; près de lui sont deux enfants dont l'un représente l'Intelligence et l'autre le Génie, attendu que toute œuvre d'art naît de l'union du temps, de l'intelligence et du génie. Cela est peint de la main gauche et sans aucun pinceau.

Toutes ces figures sont de grandeur naturelle et entièrement colorées.

Dans les intervalles apparaissent deux figures simulant le bronze ; celle qui est à droite du Temps est la Peinture, exécutée des pieds et des mains ; à gauche est la Patience, assise sur une enclume et combattue par la Fausseté, qui se sert de trois flèches : celles de l'Envie, de la Médisance et de la Calomnie. La Jalousie la tient aux cheveux, tandis que la Haine excite un chien enragé à s'élancer sur elle.

La Mortalité, personnage à tête de mort, dont les orbites lancent des flammes, symbolise la grande mortalité d'Amsterdam en 1602, année où fut exécutée cette peinture. Ces monstres affreux semblent vouloir anéantir la Patience, qui serre dans ses bras un agneau et tient un crucifix, en levant les yeux au ciel avec un sourire.

Avant de finir, je veux citer encore quelques-uns de ses emblèmes.

Il arriva qu'un gentilhomme, le seigneur de Wulp, exprima le désir d'avoir quelque chose de lui dans son *Album amicorum.* Ketel, ayant appris la condition du personnage, dessina un homme de qualité à cheval, tenant un faucon sur le poing, suivi d'un page et précédé d'un lévrier. Au fond, un laboureur avec son champ et ses vaches. Le tout était accompagné de ce poème :

Elle est douce au monde et charmante,
La présence de la femme jeune et belle ;
On admire le généreux coursier,
La vitesse et l'attachement du bon limier ;
Le laboureur aime son champ et ses bœufs ;
Comment donc s'étonner que le gentilhomme
Aime la belle, le destrier et l'agile chien courant.

Ketel joignit à ce dessin une autre composition emblématique, par laquelle il donnait à connaître le sens de l'image précédente.

Une jeune femme, entièrement nue et coiffée d'un bonnet de Folie, met au monde un enfant sur les genoux d'un jeune homme de belle mine, mais qui n'est, par derrière, que corruption. Sa tête est celle de la Mort, et il se termine en scorpion pour frapper de son dard la jeune femme qui l'embrasse. Ce personnage est le danger de la mort, tandis que la femme est la folle Jeunesse. Son enfant est la Volupté, venu au monde avec l'aide de la Vanité, comme la sage-femme.

Plus loin on revoit la folle Jeunesse, poursuivie par l'Expérience qui s'efforce de lui arracher son enfant. Puis, près des valves ouvertes d'un mollusque, la Raison, sous les traits d'un philosophe qui s'efforce de faire rentrer l'enfant dans sa coquille.

L'explication disait :

> La folle Jeunesse ne rêve que plaisirs ;
> La vaine apparence lui prête son concours ;
> Elle s'attache, inconsciente, au danger mortel
> Jusqu'au jour où l'Expérience lui enlève sa Volupté,
> Que la Sagesse ramène vers sa coquille.
> Qui se comporte en homme est vraiment « *maître d'elle* »[1].

On s'amusa fort de la chose à La Haye, même chez le prince d'Orange.

Ketel fit encore, pour le bourgmestre Corneille Florissen van Teylinghen[2], une belle peinture de sept pieds. C'est une grande allégorie sur le *Temps et la Vérité.*

Pour Jacques Razet, l'amateur éclairé d'Amsterdam, il fit une allégorie ayant trait à sa devise : *Na dit een beter*[3]. La peinture était accompagnée du poème que voici :

> Comme la mer terrible fait rage[4]
> Celle que tu vois ici enchaînée :
> La Résignation, qu'aucune épreuve n'ébranle,
> Ni la tempête sur elle déchaînée ;

1. En hollandais *Heer van wulp*, seigneur ou « maître de la volupté » ; jeu de mots sur la qualité du personnage.

2. Il fut bourgmestre d'Alkmaar pendant le siège de 1573.

3. Après la présente une meilleure (vie).

4. Jeu de mots sur le nom de Razet, de *razen*, rager.

Sa Foi robuste lui dit que Dieu n'oublie point
Et le constant Espoir lui montre *après la présente une meilleure*[1].

Ketel peignit, en outre, pour Razet, deux petits tableaux : l'un d'une *Vierge avec l'Enfant Jésus* qui refuse le sein et se retourne vers la croix que lui apporte un ange[2] ; l'autre tableau, représentant un *Christ assis sur une pierre* près de deux anges éplorés. Ce dernier fut cédé par Razet à De Jode et se trouve à présent à Anvers[3].

Enfin, Ketel exécuta, sans le secours d'aucun outil, une figure d'homme de grandeur naturelle, ayant pour seul vêtement une peau de bœuf et tenant un marteau. C'est le Travail. Au-dessus du personnage planent deux enfants, dont l'un est le Génie et l'autre le Goût. Le Génie inspire l'idée de peindre des pieds et des mains sans pinceaux. L'autre enfant, qui procède de la pensée, excite le pinceau à l'aide d'une plume et montre un miroir, donnant à entendre que pareille entreprise doit être réalisée par l'intelligence et la raison.

L'Amour, tenant une flamme de la main droite, semble pousser au travail, et de la main gauche il frappe le cœur d'une flèche d'or. L'Intelligence dirige le pied avec le concours de la vue, symbolisée par le miroir, attendu que l'Intelligence sans la Vision et la Vision sans l'Intelligence sont également impuissantes.

La Peinture, tenant sur ses genoux un panneau, et la main gauche armée de la palette, permet que l'Envie soit peinte du pied, laquelle Envie se ronge le cœur de dépit.

La Peinture a pour compagnes l'Application et la Patience, qui permettent de réaliser bien des choses par le concours du Temps, représenté ici avec son sablier d'une main et une faucille de l'autre.

Le peintre explique son œuvre dans le poème suivant :

Où le Génie et le Goût excitent le cerveau,
Où l'Amour intervient de ses traits de flamme
Et l'Intelligence pousse l'homme,
L'impossible se montre possible.

1. Une meilleure vie.
2. Gravé par Quirin Boel : *Arripit ecce lubens*, etc.
3. Pierre de Jode le Vieux, élève de H. Goltzius (1570-1634).

La Patience et l'Application
Viennent prouver l'Intelligence
Par le concours de l'œil et du goût.
Qu'importe que le pied ou la main agisse,
La Peinture contemple et guide
Ce que l'on fait du pied.
L'Envie, qui toute chose dénigre,
Se ronge le cœur de rage et de dépit.

CONCLUSION

Le Temps, aidé de sa faucille,
A l'improviste fait sa moisson
Or donc, qui veut ici-bas son profit
Doit songer au temps de la semaille.

La Vertu triomphe[1].

C'est incontestablement le meilleur travail que le peintre ait exécuté sans outils. L'Envie est peinte exclusivement du pied ; le reste avec les doigts.

C'est une chose surprenante que la fermeté avec laquelle sont peints ces génies et leur reflet dans le miroir du Temps. En somme, c'est une œuvre prodigieuse que cette peinture destinée à M. Guillaume Jacobsen, l'amateur d'Amsterdam[2].

Dans la frise de la grande toile, et également tracé sans pinceau, est inscrit un poème ayant trait à l'œuvre elle-même.

Voyez, contre l'usage commun, les doigts m'ont peint tout entier.
Quand Ketel me fit, ni pinceau ni brosse ne me touchèrent.

Ketel a peint récemment une *Judith*, figure à mi-corps, de grandeur naturelle, bien colorée et soignée. Elle est destinée au collectionneur Christophe Dircksen Pruys, à Amsterdam.

1. *Deught Verwint*, devise de Ketel.

2. J. D. Fiorillo (*Geschichte der zeichnenden Künste*, tome II, page 514. Hanovre, 1817) publie la note suivante : « Description détaillée d'un tableau excellent peint en 1604 par le peintre célèbre C. Ketel pour M. Guillaume Jacobsen, amateur d'art à Amsterdam, et exécuté par les doigts, le pouce et les pieds, sans pinceau. L'on peut voir actuellement le susdit tableau dans la salle ornée de peintures appartenant au négociant Kaller, à Francfort-sur-le-Mein, où l'on trouve en même temps un certificat expédié par un notaire et douze témoins pour constater l'authenticité dudit tableau. » Nous ignorons ce que cette œuvre est devenue depuis.

Une de ses meilleures œuvres est à Dantzig : c'est une *Danaé recevant la pluie d'or,* figure de grandeur naturelle.

Je me rappelle avoir vu la même composition chez lui ; elle pendait dans son vestibule. Il arriva même à ce sujet la plaisante aventure d'un paysan qui, voyant l'œuvre en passant, demanda à la femme du peintre la permission d'y jeter un coup d'œil, car il avait la prétention d'être connaisseur.

« Eh ! l'amie, dit-il apostrophant la femme peinte, si tu t'en tires de la sorte, tu gagneras bien ta vie. » Puis il ajouta : « Je gage que ceci représente la *Salutation angélique*, où l'ange du Seigneur apporte le message à la Vierge », et il loua fort l'ordonnance du sujet, prenant Cupidon pour l'ange et Danaé, étendue dans un état complet de nudité, pour la Vierge Marie ; et il s'en alla lourdaud comme devant.

Là-dessus nous confions la vie de Ketel à la miséricorde de l'Éternel, et ses œuvres — plus faciles à dénigrer qu'à critiquer avec justice et à surpasser, — au jugement des hommes compétents et de la renommée, car c'est un maître expert dans toutes les parties de l'art : architecture, géométrie, perspective, proportion, ainsi que dans la poésie.

Entre autres bons élèves, il a eu Isaac Oseryn [1], natif de Copenhague, qui avait d'abord étudié sans maître chez son grand-père, je crois, mais qui dessinait médiocrement.

Lorsqu'il vint chez Ketel, celui-ci lui donna à copier une pièce des *Travaux d'Hercule* gravée par Cort d'après Floris. Cela fait, il le fit recommencer avec les corrections, et calquer ensuite son dessin. On vit alors une extraordinaire différence avec la première étude et une

1. Van Mander confond Isaac Isaacsz avec Pierre Isaacsz, natif d'Elseneur, dont il s'occupe plus loin. (Chapitre XXXII.) En effet, le musée de Copenhague possède un tableau d'Isaac Isaacsz : *Un Festin princier,* dans le goût de Paul Véronèse, œuvre datée de 1632. Le même peintre est encore mentionné dans un acte de 1631 comme vivant à cette époque, et y est désigné comme héritier de Pierre Isaacsz, peintre du roi de Danemark. (Obreen, *Archief,* tome II, page 147.) De plus, le portrait de Christian IV, gravé par Jean Müller (Bartsch, n° 56), porte le nom de *Pierre* Isaacsz. L'original de cette estampe est au musée de Berlin, et c'est à bon droit que la notice du catalogue de MM. Meyer et Bode désigne Pierre Isaacsz comme ayant été en Hollande l'élève de Ketel. Quant à l'année de la mort du peintre, il n'est pas possible de l'accepter comme antérieure à 1604, par la raison qu'en 1618 Pierre Isaacsz est à Amsterdam. (Obreen, *loc. cit.*, tome II, page 135.) Au musée de Bâle existe de lui une *Allégorie sur la Vanité,* signée et datée de 1600.

ressemblance plus grande avec la gravure. L'élève fut bientôt admis à peindre.

Après trois ans il partit pour Venise, y passa un an, et autant de temps à Rome. A son retour il avait fait de tels progrès qu'on pouvait attendre de lui des œuvres excellentes, mais il mourut de la fièvre chaude peu de temps après avoir regagné son pays Il venait de peindre le roi de Danemark de grandeur naturelle, mais l'œuvre demeura à l'état d'ébauche. Son maître Ketel conserve de lui quelques fort jolies choses.

COMMENTAIRE

L'amitié qui unissait van Mander à Corneille Ketel nous est attestée par la dédicace que fait notre auteur, au peintre de Gouda, de son *Explication des statues antiques*. Les termes de l'envoi sont empreints d'une cordialité touchante, et nous en déduisons que des relations déjà lointaines avaient permis à van Mander d'être renseigné complètement sur la vie et les œuvres de son confrère.

En réalité, le biographe est très précis, cette fois, et ce qu'il nous reste à dire touchant Corneille Ketel n'a plus qu'une importance secondaire. On en pourrait savoir certainement plus long sur le maître et sa famille, mais sa carrière, en somme, est résumée avec beaucoup de conscience. Il faut même observer que van Mander n'exagère pas le mérite de son ami, ne donne pas à ses œuvres des éloges outrés. Malgré ses excentricités, Ketel fut un bon peintre et ses portraits de l'hôtel de ville d'Amsterdam sont loin d'être ordinaires. Au musée de Gouda, nous trouvons encore un de ses groupes de soldats-citoyens, — un *Corporalschap*, dirait van Mander, —.daté de 1599, alors que le peintre avait déjà renoncé à se servir du pinceau [1], ou, tout au moins, avait inauguré le système de recourir à l'étrange collaboration de ses pieds. Il serait difficile de dire si l'œuvre a été produite par les procédés ordinaires; elle est vigoureuse, expressive et prépare dignement les voies aux Frans Hals, aux Rembrandt et aux vander Helst.

Nous avons moins de bien à dire d'un portrait de famille au musée *(Kustliefde)*, à Utrecht, dont une annotation manuscrite placée sur le cadre nous donne le monogramme $\overset{4}{\mathrm{C}}_{K}$ et la date 1581. Ce serait donc une des premières œuvres exécutées après le retour d'Angleterre.

Touchant le séjour du peintre dans ce dernier pays, nous avons désigné quelques portraits qu'il trouva l'occasion d'y faire. M. W. B. Rye, dans son livre : *England as seen by Foreigners* (London, 1865, p. 205), fait connaître un fragment des inventaires

1. M. H. Riegel, *Beiträge zur Niederländischen Kunstgeschichte*, lit 1595.

de la couronne, où sont relatés plusieurs payements faits à Corneille Ketel pendant les années 1576 et 1577[1].

Sir Martin Frobisher, à son retour du « Cathay », c'est-à-dire de la Chine, en 1577, ramena un homme, une femme et un enfant. L'homme et la femme moururent à Bristol, l'enfant à Londres. On fit plusieurs portraits de ces représentants de la race mongole, tant pour la reine Élisabeth que pour la Compagnie du Cathay. Ces images, qui figuraient autrefois à Hampton Court et ne s'y trouvent plus aujourd'hui, étaient l'œuvre de Corneille Ketel, ainsi qu'il résulte des documents suivants que nous traduisons :

	Liv. st.	shell.	p.
A M. Corneille *Ketteller*, peintre, pour un grand portrait de l'homme étranger dans son costume.	5	»	»
Pour un grand portrait du même, en costume anglais.	5	»	»
Pour un autre portrait du même, dans son costume.	5	»	»
Pour un portrait plus petit, du même	1	»	»
Pour son portrait nu, ou moulé en cire.	1	»	»
A Peter Gilbart (Hollandais), pour trois grands cadres et panneaux à 8 shell. la pièce, et un petit cadre de 2 shell. et 1 shell. 6 pence de clous, pour le portrait du Tartare.	1	7	6
A Peter Gilbart, deux grands cadres pour les portraits de l'étranger destinés pour être envoyés par delà les mers	»	16	»

Ketel reçoit aussi 6 livres pour un grand tableau du vaisseau *Gabriel* et 5 livres pour le grand portrait du capitaine Furbisher.

Il paraît que précédemment, en 1576, le même navigateur avait rapporté un autre Kalmouk qui mourut également.

Soigné avec beaucoup de sollicitude, pendant sa maladie, le pauvre être fut embaumé et l'on prit de son cadavre un moulage en cire. De plus, Corneille Ketel fut chargé de faire son portrait.

	Lvi. st.	shell.	p.
Payé à Corneille Ketel, peintre, Hollandais, pour un grand portrait en pied de l'homme étranger, dans son costume, £ 5, et au charpentier pour le cadre et la caisse destinée à l'envoi de l'œuvre à Sa Majesté la reine, 13 shell. 4 pence.	5	13	4
Pour un autre tableau pareil, pour la Compagnie.	5	8	»
Pour deux petits tableaux de la tête seulement.	2	»	»
Payé à W. Cure, Hollandais, graveur, pour avoir fait un moule de terre de la figure du Tartare, destiné à être reproduit en cire.	1	13	4

Les peintures de Ketel ont disparu, avons-nous dit. Nous ne doutons pas, toutefois, qu'on n'en retrouve le souvenir dans le manuscrit de Lucas de Heere, conservé aux

1 C'est M. George Scharf, l'éminent directeur de la Galerie Nationale des portraits, qui a bien voulu nous signaler ces précieux relevés. Notre gratitude est également due à M. Freeman O'Donogue, du Musée Britannique, qui nous a mis à même de joindre ces extraits à notre travail.

archives de Gand, et où, à la page 188, figure *un homme sauvage amené des pays septentrionaux par M. Furbisher, en 1576*. C'est, comme le dit M. De Busscher [1], un Groenlandais, vêtu de peau de phoque ; dans le lointain se voit la mer, sillonnée par un canot ou kaiak d'Esquimaux et le vaisseau anglais qui amène le Groenlandais en Angleterre.

Nous hésitons d'autant moins à croire que Lucas de Heere n'a fait que copier ici Corneille Ketel, qu'un examen soigneux de son recueil nous y a fait relever d'autres copies, notamment d'après Pierre Coeck, à qui sont empruntés tous les costumes orientaux [2].

Revenant au séjour d'Amsterdam, nous constatons que les portraits de *Jacob Bas* et *Marguerite Codde*, son épouse, au Trippenhuis, sont datés de 1586. Les autres peintures du maître sont extrêmement rares et le catalogue de Gérard Hoet ne mentionne qu'une seule de ses œuvres : *Salomon idolâtre*, présentée en vente à Amsterdam en 1695.

Il résulte d'une mention des registres municipaux de Gouda [3], que Ketel fut reçu en traitement en 1590, à l'hôpital, ce qui implique un médiocre état de fortune. Van Mander, que l'amitié a sans doute rendu discret sur ce point, n'a nullement l'air de parler de Ketel comme d'un peintre besogneux. Né en 1548, il avait donc cinquante-six ans à l'époque où parut le *Livre des peintres*, et s'il mourut en 1609, selon l'acception commune, à peine franchit-il la soixantaine.

Ayant vécu huit années en Angleterre et fait en France un séjour plus ou moins prolongé, on peut s'expliquer la rareté des œuvres qu'il laissa dans son pays natal.

D'autre part, les vers inscrits sur le portrait gravé par H. Bary nous assurent qu'un demi-siècle après la mort de Ketel, sa mémoire survivait en Hollande.

Peu d'artistes ont autant abusé de l'allégorie, et les quelques échantillons de ce genre que la gravure nous a conservés défient l'analyse. Quant à la forme, elle manque de simplicité, mais Ketel est un arrangeur habile et ses dispositions ornementales ne sont nullement exemptes de goût.

Nous venons de dire que Corneille Ketel mourut en 1609. Le Catalogue du musée d'Amsterdam adopte lui-même cette leçon ; nous ignorons à quelle source puisent les auteurs qui la soutiennent.

1. *Recherches sur les Peintres et les Sculpteurs à Gand aux XVIe, XVIIe et XVIIIe siècles*, page 190. Gand, 1866.

2. Voir nos *Notes sur quelques œuvres d'art conservées en Flandre et dans le Nord de la France*. (*Bulletin des commissions royales d'art et d'archéologie*, tome XXII, page 199. Bruxelles, 1883, et ci-dessus, page 8.)

3. Communication du lieutenant-colonel Scheltema à *l'Archief* d'Obreen, tome III, page 35.

XXVII

GUALDORP GORTZIUS, DIT GELDORP, DE LOUVAIN

Je crois avoir dit plus haut que la peinture des portraits d'après nature constitue pour les jeunes artistes de notre pays la principale occasion de se produire, et que ce motif, joint aux avantages matériels que procurent les œuvres de l'espèce, amène plusieurs d'entre eux à se faire exclusivement portraitistes. Il en fut ainsi de l'habile Gualdorp Gortzius, appelé communément Geldorp.

Né à Louvain, en Brabant, en 1578[1], il se rendit, vers l'âge de dix-sept ou dix-huit ans, à Anvers, attiré par la célébrité de cette ville, et commença son apprentissage chez François Francken, d'Herenthals. Soit à cause de la mort de son maître[2], ou pour toute autre raison, il se plaça ensuite chez le célèbre François Pourbus, où il trouva, indépendamment d'une haute supériorité dans toutes les branches, un excellent exemple pour le portrait.

Ses aptitudes naturelles, développées par une application soutenue, lui firent faire des progrès si rapides qu'il devint le peintre du duc de Terranova[3], et que, lors des négociations pour la paix, il suivit ce seigneur à Cologne, et, depuis, a séjourné dans cette ville.

Geldorp est un des meilleurs peintres de portraits qu'on puisse citer, ce qui ne veut pas dire qu'il pratique ce genre seulement, car il traite aussi avec grand talent les compositions, les personnages, etc., comme on peut le voir par diverses œuvres qui ornent les collections des amateurs.

1. M. van Even, le savant archiviste de Louvain, n'a trouvé aucune mention des Geldorp ni des Gortzius dans les archives de la ville brabançonne.

2. François Francken ne mourut qu'en 1616. Geldorp n'est pas inscrit, comme son élève, dans les *Liggeren* de la gilde de Saint-Luc d'Anvers.

3. Carlo d'Aragona, duc de Terranova et prince de Castelvetera, fut chargé de représenter l'Espagne au congrès qui se réunit à Cologne en 1579 pour rechercher les bases d'un accord entre les Pays-Bas et l'Espagne. Cette conférence, dont l'initiative appartenait à l'empereur Maximilien II, repré-

A Cologne, chez Jean Meerman, il y a de lui une *Diane* fort bien peinte, et, chez Évrard Jabach[1], une belle et vivante *Suzanne*. Deux fort belles têtes du *Christ* et de la *Vierge* se trouvent également à Cologne, dans le cabinet d'un ecclésiastique, grand amateur d'art[2]. Ces deux figures ont été gravées par Crispin van de Passe[3].

Il faut citer encore un *Évangéliste,* chez Georges Haeck, amateur, et d'autres œuvres chez François Francken[4] et Jacques Mollyn, également à Cologne.

A Hambourg, chez un amateur du nom de Gortssen, on voit de lui *Esther devant Assuérus*[5].

On compte de sa main de nombreux portraits et des têtes excellentes. En la présente année 1604, il continue d'augmenter son œuvre de productions nouvelles. Bref, par sa belle manière de peindre, il a montré la voie à bien des artistes et leur a ouvert des horizons nouveaux[6].

COMMENTAIRE

Geldorp Gortzius n'est pas, réellement, un peintre fort connu, bien que ses tableaux ne soient pas rares. Il semble, toutefois, que le maître ayant habité l'Allemagne dès sa vingt-cinquième année, se consacrant d'une manière spéciale à la peinture des portraits, ses œuvres aient plus naturellement trouvé le chemin des Galeries allemandes. En Italie, les Galeries de Turin et de Milan possèdent seules des échantillons de son réel mérite.

senté par le prince de Schwartzenberg, n'aboutit à aucun résultat. Le duc de Terranova ne demeura à Cologne que jusqu'au 2 décembre. (Ennen, *Geschichte der Stadt Köln*, tome V, page 26.)

1. Le banquier Érard Jabach, le même qui commanda à Rubens le *Crucifiement de saint Pierre* pour l'église de ce nom à Cologne.

2. Probablement Guillaume Quadt, qui accompagne fréquemment de ses inscriptions les estampes de Crispin de Passe, d'après Geldorp.

3. Francken, n°s 84 et 129.

4. M. Vanden Branden (page 351) a effectivement relevé la présence d'un *Saint André* et d'une *Suzanne* dans l'inventaire de la succession de François Francken.

5. Nous n'avons retrouvé aucune trace de cette peinture.

6. L'année de la mort de Geldorp est diversement fixée par les auteurs. M. van Even dit qu'il mourut au plus tard en 1611; les auteurs allemands acceptent la date de 1616 à 1618 et ils nous paraissent avoir raison, attendu que sur un portrait de femme à la Galerie Brera à Milan (n° 447), nous avons relevé le monogramme du maître avec la date 1613, et que le portrait de Philippe Gaill à Saint-Séverin, à Cologne, fut peint en 1615. (J. J. Merlo, *Nachrichten von dem Leben und den Werken kölnischer Künstler*, page 129. 1850.)

M. J. J. Merlo, dans ses recherches sur les artistes colonais *(Nachrichten von dem Leben und den Werken Kölnischer Künstler*, Cologne, 1850), donne une notice aussi complète que possible, mais forcément imparfaite, sur Geldorp. Pas plus que les archives de Louvain n'ont fourni la date de la naissance du peintre, les archives de Cologne ne fournissent celle de sa mort. C'est donc, en réalité, aux peintures elles-mêmes et aux estampes qui les reproduisent qu'il faut demander les indications qu'il soit possible d'obtenir sur la carrière de leur auteur.

Crispin de Passe et Pierre Isselburgh, tous les deux contemporains de Geldorp, ont gravé plusieurs de ses tableaux. Voici, en dehors des portraits, les sujets des œuvres que nous connaissons du maître :

Suzanne. Crispin de Passe. Francken, n° 58.
Le *Christ*, en buste. Musée de La Haye, n° 208 [a].
Le *Christ*. Grav. de Crispin de Passe. Francken, n° 129.
Le *Christ*. P. Isselburg (1608).
La *Vierge*. Crispin de Passe. Francken, n° 84.
La *Vierge*. P. Isselburg (1608).
Le *Christ en croix*. Peinture au musée de Cologne, n° 451.
Les *Évangélistes*. Crispin de Passe. Francken, nos 225-228.
Les *Évangélistes*. Le même (1607). Francken, nos 229-332.
Les *Pères de l'Église*. P. Isselburg (1609).
La *Madeleine* (1608). Crispin de Passe (1612). Francken, n° 262.
La *Madeleine*. Tableau au musée de Cologne, n° 452.
Tête de sainte. Tableau au musée de Cologne, n° 453.
Tête de sainte. Musée de La Haye, n° 208 [aaa].
Lucrèce se donnant la mort. Musée de Saint-Pétersbourg, n° 498.

Les portraits de Geldorp Gortzius, fort nombreux, se rencontrent dans les musées suivants ; il importe cependant de faire observer que plusieurs de ces œuvres sont assignées à notre artiste sans preuves bien probantes.

Augsbourg, — Bruxelles, Galerie d'Arenberg, — Cologne, — Mayence (portrait dit de Henri IV jeune), — Darmstadt (n° 277, sans doute le duc de Terranova), — Gotha, — Schwerin (douteux), — Schleissheim (jadis Munich, n° 1113), œuvre signée et datée de 1602), — Turin, — Milan, — Vienne (Belvédère, n° 861), — Pesth, — Saint-Pétersbourg.

Beaucoup de biographes confondent Geldorp Gortzius avec Georges Geldorp qui travailla à Anvers et à Londres au XVIIe siècle. Cette erreur, commise déjà par Sandrart et dans laquelle Nagler lui-même versa dans une certaine mesure, est d'autant moins explicable que Georges Geldorp correspondit avec Rubens dans les dernières années de la vie de ce grand peintre et qu'il vivait encore à Londres en 1653.

XXVIII

MICHEL JANSSEN MIEREVELD, DE DELFT

Il n'est point indigne de renom et ne peut être mésestimé celui qui, dans notre art, excelle dans un genre unique. Je ne puis donc omettre de consigner ici Michel Janssen Miereveld, de Delft, auquel la nature a départi la faveur de devenir un portraitiste incomparable. Il est né à Delft, en 1568 [1], d'un père très habile orfèvre [2].

On m'a dit que Michel fut de tout temps aimable et intelligent et que, mis de bonne heure à l'école, il s'y distingua par son application, à telles enseignes que, dès l'âge de huit ans, il écrivait mieux qu'aucun calligraphe de la ville.

Alors son père le mit en apprentissage chez Jérôme Wiericx [3], où il fit également de rapides progrès, de sorte que, dès sa onzième ou sa douzième année, il se mit à exécuter au burin des sujets de sa propre composition, notamment une *Samaritaine,* œuvre bien achevée; le Christ, que l'on voit assis à droite, est d'une physionomie imposante, son geste est digne et grave, et la Samaritaine, debout près de lui, semble l'écouter avec recueillement. La ville de Sichar se détache sur une hauteur, et tout le fond est accidenté, tandis que le puits est dans la vallée où il semble que les habitants doivent venir puiser l'eau.

1. Van Mander dit à l'*Appendice :* « Il faut lire ici que Miereveld est né à Delft, sur la place du Marché, l'an 1567, le 1er mai, et que son aïeul maternel était un peintre verrier. »

2. On le voit comparaître le 7 mai 1582 en qualité de témoin pour l'admission à la bourgeoisie de Delft de Jacob Willemsz Delff, natif de Gouda. (Obreen, *Archief,* tome IV, page 280.) Il habitait toujours la place du Marché. De Jongh, dans son édition de van Mander, assure qu'il fut également graveur; nous doutons fort de l'exactitude de cette assertion.

3. Van Mander dit à l'*Appendice* : « Il (Michel Jansz) ne fut pas l'élève de Jérôme Wiericx; on m'a induit en erreur à ce sujet. Son premier maître s'appelait Guillaume Willemsz * et il passa de chez lui, étant à Delft, chez un élève de Blocklandt : Augustin **, très adroit compositeur. Miereveld apprit immédiatement à peindre et demeura environ dix semaines chez Willemsz qui mourut jeune.

* Willem Willemsz, inscrit à la gilde de Saint-Luc de La Haye en 1611. (Obreen, *Archief,* tome III, page 254, communication de M. A. Bredius.) En 1613 nous le trouvons inscrit à la gilde de Delft. (Obreen, tome Ier, page 4.) Il est à remarquer que l'année 1613 est celle de la constitution de la gilde.

** Jan Augustynsz, qui est peut-être le peintre ici mentionné, se trouve inscrit aux registres de la gilde artistique de Delft à l'origine de sa formation, puis indiqué comme parti.

A l'arrière-plan, paraissent les apôtres avec leurs aliments, le tout gravé avec fermeté.

J'ai vu encore de lui une *Judith* dans la manière de Blocklandt, surtout la tête d'Holopherne, qui est très bien traitée au burin et supérieure à l'œuvre précédente[1].

Finalement, lorsqu'il eut atteint à peu près sa douzième année[2], Miereveld vint chez Blocklandt sous la direction duquel il commença à peindre, et non sans succès, comme il le montra bientôt. Il suivit dans la composition les types et complètement la manière de son maître, comme je l'ai constaté par plusieurs choses datant de l'époque de ses débuts et de celle où il commença à travailler pour son propre compte, et qui me plurent beaucoup.

Je n'ai aucun doute que, s'il se fût adonné à la composition, il n'eût produit des œuvres remarquables, même en ce genre, et n'en fît encore. Malheureusement, dans les Pays-Bas, surtout de nos jours, les artistes trouvent peu d'occasions de se produire dans des compositions et les jeunes gens ne peuvent exceller dans la figure ou le nu, car on leur demande surtout des portraits. Il en résulte que, la soif du gain et les nécessités de la vie aidant, ils prennent ce chemin secondaire de l'art, n'ayant ni le temps, ni l'envie de poursuivre la perfection dans la grande voie de la peinture historique.

Combien de nobles esprits ont, de la sorte, été frappés de stérilité, au grand dommage de l'art!

Il ne faut pas que cette expression de « chemin secondaire » soit trop durement jugée; j'y passe donc le blaireau et dis qu'on peut faire du portrait une fort belle chose, que le visage, étant la partie la plus

1. Nous n'avons jamais trouvé la mention de ces deux estampes attribuées à Miereveld, ce qui ne veut pas dire que nous niions leur existence. Leblanc les cite, mais n'en donne pas les dimensions.

2. Van Mander rectifie comme suit ce passage à l'*Appendice :* « Miereveld, âgé d'environ quatorze ans, partit pour Utrecht et y fut l'élève de Blocklandt, chez qui il passa deux ans et trois mois. Après la mort de Blocklandt *, il rentra à la maison paternelle et, quoique son père fût d'avis de le tenir aux compositions, il n'a fait, pour ainsi dire, autre chose, depuis dix ans, que des portraits. Il y en a plusieurs à Delft, notamment celui du bourgmestre Pauwels van Berensteyn et du bourgmestre Schilperoort, extrêmement bien exécutés. » Inscrit à la gilde des peintres de Delft en 1613 comme maître, Miereveld se fit admettre à celle de La Haye en 1625. (*Archief* d'Obreen, tome Ier, page 4.) Peut-être travailla-t-il un certain temps dans cette ville.

* M. Henry Havard a publié dans *l'Art et les Artistes hollandais* l'inventaire des objets et des œuvres laissés par Miereveld; on y voit figurer un portrait de Blocklandt sur son lit de mort. (N° 55.)

noble du corps humain, peut bien servir à prouver la puissance de l'art, comme l'ont su bien des maîtres déjà cités, et comme le fait

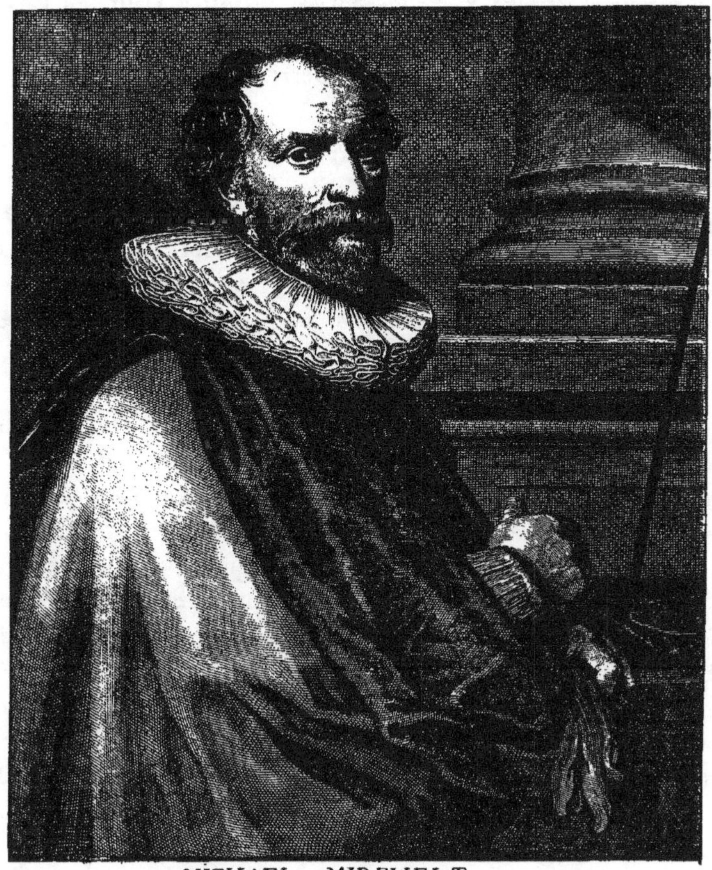

MICHEL MIEREVELD.
Fac-similé de la gravure de W. J. Delff. d'après Antoine van Dyck.

encore notre Miereveld, autrement dit Michel Janssen, qui n'a point de second dans les Pays-Bas.

A Delft, comme ailleurs, on voit de lui des portraits admirables et qui l'emportent sur tous les autres. Récemment, il a produit une œuvre à laquelle il a donné de très grands soins.

C'est un *Vieillard à grande barbe,* qui est à Delft, au Chat.

A Leyde, il y a de lui le portrait du fils d'Henri Eybertsz avec sa femme. A Delft, le bourgmestre Gerrit Jansz vander Eyck avec sa femme et ses enfants.

Actuellement, il travaille à un portrait, presque terminé, d'un certain Roger Jansz, fort belle tête d'un personnage qui habite Amsterdam et est grand amateur de l'art, comme des belles choses en général [1].

Il y a aussi un Jean Govertsz et un nombre incalculable d'autres effigies [2].

En même temps, il s'occupe des portraits de la princesse d'Orange [3] et de divers personnages de la noblesse et de leurs enfants, outre ceux de plusieurs brasseurs de Delft.

On a récemment vu à Amsterdam le portrait de Jacques Razet, ce grand ami des arts, si ressemblant, si bien traité et si vivant, que la langue peut bien s'y attaquer, mais qu'aucune main ne peut le surpasser en perfection.

En somme, il a un si grand renom comme portraitiste, qu'on l'a sollicité maintes fois, et le sollicite encore, de se rendre auprès de l'archiduc Albert, qui lui promet toute liberté en matière religieuse et lui fait, de plus, des offres superbes [4].

Miereveld est aussi un excellent peintre de natures mortes et d'accessoires d'après nature, comme on le constate à Leyde par un *Intérieur de cuisine,* qu'il peignit autrefois et qui appartient à M. Barthélemy Ferreris. Toutefois, il aurait peine à faire autre chose que le portrait, bien qu'il soit très porté pour les compositions.

1. Le même Roger Janszoon qui posa pour le *Saint Paul aux yeux levés* de Corneille Ketel. (Voir ci-dessus, chapitre XXVI, page 151.)

2. Sandrart prétend qu'il en peignit jusqu'à dix mille, chiffre nécessairement exagéré et que M. Henry Havard réduit des deux tiers.

3. Louise de Coligny, veuve du Taciturne. Son portrait a été gravé par W. J. Delff d'après Miereveld. (Francken, *l'Œuvre de Willem Jacobszoon Delff,* n° 20.)

4. Il n'y a aucune apparence que Miereveld ait travaillé en Belgique. L'inventaire publié par M. Havard contient cependant les portraits, en petit, d'Albert et d'Isabelle.

Paul Moreelsz, qui habite Utrecht[1], a travaillé deux ans chez Miereveld et est un excellent portraitiste.

Il y a encore Pierre Gerritz Montfoort, natif de Delft, âgé d'environ vingt-cinq ans, qui vint chez Michel à l'âge de sept ans et resta chez lui l'espace de six mois seulement. Il a de grandes dispositions et peint fort bien, mais ne pratique que comme amateur[2].

Enfin, il faut citer, parmi les élèves de Miereveld, Pierre Dircksen Cluyt, également de Delft, et âgé d'environ vingt-trois ans[3]. Il s'adonne de préférence à la composition et a bien débuté comme peintre.

Il y a, pour finir, Nicolas Cornelisz, de Delft, neveu de son maître, qui promet[4].

COMMENTAIRE

Michel Miereveld est une des hautes personnalités de l'art hollandais. Si notre siècle a appris à rendre justice aux Frans Hals et aux Rembrandt, il a su également donner à cette autre forme de traduction de la nature cherchée par Miereveld une légitime admiration. On peut dire qu'en réalité les œuvres approfondies et merveilleusement correctes de ce grand artiste justifient complètement les éloges de van Mander.

Peut-être a-t-on trop perdu de vue que c'était œuvre de génie que la création d'un

1. Peintre et architecte, aussi trésorier de la ville d'Utrecht (1571-1638). (Voir ci-après, chapitre XLIV.)

2. Van Mander s'occupe encore de lui plus loin. (Voir ci-après, chapitre XLIV.) M. Henry Havard (*loc. cit.*) a relevé dans les archives de Delft quelques particularités concernant Montfort et qui démontrent que cet artiste vivait encore en 1620.

3. Voir ci-après, chapitre XLIV. P. D. Cluyt était le fils d'un naturaliste célèbre, Theodorus Augerius Clutius, qui fit un livre sur les abeilles, souvent réimprimé.

4. On n'a aucun renseignement précis sur ce Nicolas Cornelisz. (Claes Corneliszoon.) *Hendrick* Cornelisz vander Vliet est également cité comme élève de Miereveld. (Voy. D. van Bleyswyck, *Beschrijvinge der Stadt Delft*, page 852, 1667; et A. Bredius, *Archief voor Nederlandsche Kunstgeschiedenis*, tome V, page 284.) Il résulte des recherches de M. Bredius que Vliet mourut en octobre 1675. Pour en revenir à Nicolas Cornelisz, dont De Jongh, dans son édition de van Mander (tome II, page 91, en note) voudrait faire Claude Corneille, qui travailla à Lyon, dès avant le milieu du XVIe siècle, voici comment s'exprime M. Francken dans la préface de son livre sur W. J. Delff, (Amsterdam, 1872) : « On connaît encore un Nicolas, dit Corneliszoon (fils de Corneille), dont le portrait peint sur verre par lui-même, avec le millésime 1594 æt. 23, est copié dans l'ouvrage de van Mander, édition de De Jongh, et dans l'ouvrage de van Eynden et vander Willigen..... Cependant cette date 1594 æt. 23, correspondant avec la naissance de Cornelis en 1571, il faut que ce soit le portrait du père de Nicolas, ou, si c'est le sien, le millésime serait inexact. »

M. H. L. Berckenhoff désigne une suite des *Quatre Saisons*, peinte sur verre par N. V. D. avec la date 1611, comme procédant de l'élève de Miereveld. (Voir *Nederlandsche Kunstbode*, page 34. Harlem, 1875.)

art pareil à celui de Miereveld par un élève de l'école de Blocklandt. Les beaux portraits du peintre de Delft peuvent être qualifiés d'irréprochables; ils ont la dignité, l'aisance, l'expression, l'harmonie de la couleur et la correction du dessin qui, de tout temps, ont valu aux portraitistes leurs succès. L'honneur et l'argent devaient nécessairement être le partage d'un tel artiste. Aussi laissa-t-il une grande fortune et un nom très honoré.

Les centaines de portraits laissés par Miereveld ornent aujourd'hui tous les musées de l'Europe; il y en a aussi au musée de New-York. On peut dire que par leur nature même les œuvres de l'espèce tiennent de la fabrique. Mais il faut remarquer que tout peintre que la vogue accable de commandes encourt pareil reproche, et van Dyck nous en fournit un exemple célèbre. Quoi qu'il en soit, Miereveld tient dignement sa place parmi les grands portraitistes.

Tout ce que van Mander nous apprend des débuts du peintre est conjectural. L'auteur était lui-même peu renseigné puisque son *Appendice* rectifie presque tout son premier texte. Il n'y aurait eu rien d'étrange à ce que Miereveld apprit à dessiner chez les Wiericx, fixés à Delft précisément à l'époque de ses premières études [1]. Les Wiericx étaient bons dessinateurs; on pouvait apprendre chez eux à devenir excellent portraitiste; on s'expliquerait même beaucoup mieux le talent de Miereveld se formant dans cette voie que sous la direction d'un Blocklandt.

Mais si notre artiste n'a point étudié chez un graveur, a-t-il manié le burin? Nous n'avons aucune raison de douter de l'assertion de van Mander, puisqu'il nous dit avoir *vu* les estampes du jeune Miereveld; cependant les meilleurs iconographes ne les décrivent pas, ce qui permet de croire qu'elles sont anonymes et douteuses [2]. En somme, Miereveld demeure portraitiste, et s'il a pu faire exceptionnellement des estampes ou peindre des natures mortes, ce sont de purs accidents d'une longue carrière consacrée exclusivement à un genre préféré en quelque sorte au sortir de l'école.

M. Havard (*l'Art et les artistes hollandais*, tome Ier. Paris, 1879), a eu le courage d'entreprendre de dresser la liste des portraits de Miereveld; après avoir laborieusement compulsé de nombreuses sources, il est arrivé à peine à cent trente peintures; qu'on juge dès lors de ce qu'il faudrait de travail pour donner la liste complète d'un œuvre s'étendant sur une période active de cinquante-quatre ans, car le peintre vécut jusqu'en 1641. Né en 1567, il avait donc atteint, à l'époque de sa mort, sa soixante-quatorzième année.

Tous ceux qui ont fait de Miereveld une étude approfondie constatent entre ses œuvres une inégalité très compréhensible, eu égard au long espace de temps sur lequel

1. Voyez L. Alvin, *Catalogue raisonné de l'œuvre des trois frères, Jean, Jérôme et Antoine Wiericx*, page xv. Bruxelles, 1866. — L'un des Wiericx dessina le portrait du père et de la mère de Miereveld. (Voir Havard, *loc. cit.*, n° 20 de l'inventaire.) Ces portraits appartiennent aujourd'hui, croyons-nous, au Cabinet de Berlin.

2. Voir ce que disent à ce sujet MM. F. Brulliot (*Dict. des Monogrammes*, tome Ier, n° 2891 *b*) et G. K. Nagler. (*Die Monogrammisten*, tome IV, n° 1994. Munich, 1864).

s'étendent les travaux du maître. Avoir travaillé dans les vingt dernières années du XVIe siècle pour survivre à Rubens et presque à van Dyck, être le contemporain de Frans Hals, de Rembrandt, c'est, pour un peintre des Pays-Bas, assister à bien notables transformations, et nous en admirons davantage la conscience de ce maître parcourant sa voie personnelle et l'achevant comme il l'a commencée, sans se départir un instant du consciencieux système de ses premières années.

La ville de Delft possède de Miereveld un de ces tableaux de corporations si fréquents en Hollande [1], et la célèbre *Leçon d'anatomie du docteur vander Meer* que certainement Rembrandt a connue, car elle date de 1617 [2]. Ce sont presque les seuls tableaux d'ensemble du portraitiste. On s'explique qu'à une période plus avancée de sa vie, les commandes lui venant, les effigies isolées devinssent la règle. Deux fils, Pierre et Jean, auxquels le peintre eut le malheur de survivre, furent un temps ses auxiliaires [3]; Pierre collabora à la *Leçon d'anatomie* de l'hôpital de Delft. Plus tard, d'autres assistants vinrent en aide au maître; c'était d'usage.

Miereveld trouva aussi un collaborateur précieux en l'époux d'une de ses filles, le graveur-peintre Willem Jacobszoon Delff, qui fut, par le burin, un traducteur singulièrement heureux de ses effigies.

Les estampes de ce maître, non moins sages que les œuvres qu'elles reproduisent, comptent parmi les meilleures de l'espèce et sont recherchées à juste titre [4]. Miereveld a donc exercé indirectement son influence sur la gravure. Il était, avec son gendre, l'éditeur des planches reproduisant ses œuvres les plus célèbres et par lesquelles nous ont été conservés les traits d'un grand nombre de personnages marquants.

L'œuvre de Delff, bien qu'il ne comprenne qu'une centaine de pièces, constitue un véritable panthéon. Nous avons la preuve de l'intervention de Miereveld à cet ensemble, non moins par les termes des dédicaces inscrites sur un grand nombre de planches, que par les privilèges qu'il sollicita et obtint pour la publication des reproductions de ses tableaux. Jean Muller, Jacques Matham et Boetius de Bolswert furent successivement ses collaborateurs.

Au nombre des estampes de W. J. Delff, figurent les portraits de Charles Ier et de la reine son épouse. Ces planches, qui semblent destinées à faire partie de l'ensemble issu de la collaboration du gendre et du beau-père, reproduisent des peintures de D. Mytens, le peintre de la cour d'Angleterre avant van Dyck.

L'historien de Delft, D. van Bleyswyck, assure que des offres brillantes furent faites de la part de Charles Ier à Miereveld, mais que le peintre refusa de se rendre en Angleterre à cause de la peste qui régnait alors dans ce pays. L'Angleterre manquant de peintres indigènes, rien n'est plus naturel que de voir la cour brillante de Charles Ier à la recherche de portraitistes. Pour l'homme de talent, c'était la fortune

1. Riegel, *Beiträge zur Niederländischen Kunstgeschichte*, tome Ier, page 125; D. Van Bleyswyck, page 566.

2. Voyez Vosmaer dans *l'Art*, 1877, tome II, page 73, article accompagné d'une gravure.

3. Ils sont représentés avec Miereveld, sa femme et ses trois filles sur un magnifique tableau au musée de Pesth, attribué à Corneille de Vos.

4. M. D. Franken a donné un excellent *Catalogue de l'œuvre de Delff*. Amsterdam, 1872.

assurée. Il paraît toutefois, d'après une lettre citée par Fiorillo[1], que le prince de Galles, Henri, même avant l'avènement de son père, avait tenté sans succès des démarches auprès de Miereveld.

Les sollicitations d'Albert et Isabelle étaient, comme le fait observer M. Havard, chose plus extraordinaire. La Flandre avait ses peintres; toutefois, aucun des portraitistes que les archiducs pouvaient s'attacher à l'époque de leur avènement, et avant le retour de Rubens dans les Pays-Bas, n'était comparable à Miereveld.

La question religieuse devait certainement apporter des empêchements à la réalisation du désir des archiducs, si tant est que ce désir fût exprimé; pourtant l'obstacle n'était pas insurmontable, à ce qu'il paraît, s'il s'agissait d'un artiste. C'est ainsi, par exemple, que les Jésuites d'Anvers, ayant besoin, en 1591, d'un graveur, s'adressèrent à Jacques De Gheyn, Anversois de naissance, mais fixé en Hollande. On s'enquit de la religion que professait l'artiste avant de lui octroyer le passe-port dont il avait besoin. Ce fut un Jésuite même qui répondit que, si De Gheyn était hérétique, il espérait, avec la grâce de Dieu, pouvoir travailler à sa conversion[2].

Un fait cependant, qu'il ne faut jamais perdre de vue dans les biographies de van Mander, c'est que notre historien était fort bien renseigné sur les menus incidents de la vie de ses contemporains; on peut donc croire que, réellement, il ne tint qu'à Miereveld de devenir le peintre de la cour de Bruxelles.

Bien que plusieurs écrivains hollandais se soient occupés du grand portraitiste de Delft, après van Mander, auquel Miereveld survécut de trente-sept années, aucun d'eux n'ajoute à la biographie que nous avons traduite des faits saillants. Campo Weyerman[3] se borne à dire que le portraitiste ne se déplaçait que pour aller à La Haye afin d'y reproduire les traits des princes de Nassau. Assurément, pareille existence d'artiste ne pouvait être semée d'incidents, bien qu'elle fût assaillie de terribles malheurs, Miereveld ayant vu, en l'espace de quelques années, ses deux fils descendre dans la tombe.

Il est probable que la petite maison de Delft, où le peintre avait établi son atelier, reçut la visite de Rubens et celle de van Dyck à l'époque où ces deux grands artistes se rendirent en Hollande. Le n° 1 de l'inventaire publié par M. Havard est précisément un tableau de *Vénus et Adonis*, d'après Rubens, et l'*Iconographie* de van Dyck contient le portrait de Miereveld reproduit en gravure par son gendre, W. J. Delff.

M. Kramm[4] raconte comment, en 1842, un artiste hollandais, M. W. H. Schmidt, découvrit qu'il occupait l'atelier même de Miereveld.

Le grand portraitiste mourut le 17 juillet 1641.

Van Bleyswyck publie son épitaphe composée par J. Oudaan.

1. F. D. Fiorillo, *Geschichte der zeichnenden Künste*, tome V, page 335. Gœttingue, 1808.

2. Pinchart, *Archives des Arts, Sciences et Lettres*, tome III, page 320.

3. *Levensbeschrijvingen der Nederlandsche Konstschilders en Konstschilderessen*, tome Ier, page 232. La Haye, 1729.

4. *Levens en Werken der Hollandsche en Vlaemsche Kunstschilders, etc.*, page 1123. Amsterdam, 1860.

XXIX

HENRI GOLTZIUS

EXCELLENT PEINTRE, GRAVEUR ET PEINTRE VERRIER DE MULBRACHT

Jacques De Gheyn. — Jacques Matham. — Pierre De Jode (le Vieux.)

La généreuse et féconde Nature, lorsqu'elle prédestine un jeune homme à briller dans les arts, sait donner une force irrésistible aux germes qu'elle dépose dans le sein de son élu. Nous en aurons la preuve par la carrière de Henri Goltzius, issu d'une famille honorable, et natif de Mulbracht, au pays de Juliers, non loin de Venlo.

Il vit le jour en 1558, au mois de février, quelques jours avant la fête de la Conversion de saint Paul[1].

Sa famille est originaire d'un autre village, Heynsbeeck, endroit où dès longtemps son bisaïeul avait porté le nom de Goltz. Ce bisaïeul habitait Venlo et était un habile peintre nommé Hubert Goltz, dont le frère, Syberdt Goltz, était un sculpteur de talent.

Hubert eut un fils et deux filles, lesquelles épousèrent des peintres; l'une d'elles fut la mère d'Hubert Goltz, le célèbre historien, qui s'appelait aussi van Weertzburgh[2] et séjourna longtemps à Bruges, comme je l'ai dit dans sa biographie. Il avait pris le nom de sa mère[3].

Le fils d'Hubert le Vieux, Jean Goltz, était un assez bon peintre et habitait Keysersweert, où il était bourgmestre et membre de la régence[4]. Outre plusieurs filles, il eut deux fils, dont le cadet, nommé Jean, comme son père, devint, après la mort de celui-ci, un bon peintre verrier, mais qui, ne prospérant pas, retourna à Mulbracht et s'y maria jeune[5]. L'autre fils est notre Henri Goltzius[6].

1. Lisez « après ». La Conversion de saint Paul se célèbre le 25 janvier.

2. De Wurzbourg. Voir sa biographie, tome Ier, chapitre XLVIII, page 376.

3. Voir tome Ier, page 382, le commentaire sur l'origine des Goltzius.

4. Le portrait de Goltz de Keyserswerdt a été gravé par son fils Henri. (Bartsch, n° 171.) Il est daté de 1578. Le personnage avait alors quarante-quatre ans.

5. N'est-ce pas Jacques Goltzius qu'il faut lire, Jacques qui survécut à son frère?

6. Hubert et Henri Goltzius étaient donc cousins germains.

C'était un gros et turbulent enfant, bien que sa mère délicate dût lui ménager son lait. Comme il était d'une grande vivacité, il lui arriva, en tombant, de se percer le nez d'une baguette et de faire plus d'une fois le plongeon, ce qui ne l'empêchait pas, cependant, d'être attiré aussi par le feu, car, âgé d'un an à peine, et marchant seul, il tomba dans le foyer, le visage sur un poêlon d'huile bouillante, et se brûla cruellement les mains sur les charbons ardents.

La mère fit de son mieux pour le soigner, appliquant nuit et jour sur les blessures des onguents et autres remèdes. Survint une commère du voisinage qui se mit à défaire les bandages, prétendant qu'elle ferait mieux les choses, et se contentant d'envelopper la main droite d'un mouchoir.

La conséquence fut que les tendons se soudèrent les uns aux autres et que Goltzius fut pour jamais hors d'état d'ouvrir complètement la main.

Outre ce malheur, il lui arriva, étant encore fort jeune, soit par mégarde, soit autrement, de s'introduire dans la bouche de l'orpiment que son père eut toutes les peines du monde à en retirer.

Goltzius ayant atteint sa troisième année ou environ, son père, Jean Goltz, quitta Mulbracht et alla s'établir à Duysbourg, petite ville du pays de Clèves. C'est là que l'enfant commença à apprendre à lire, etc., à l'âge de quatre ans.

Mais comme la nature ne pouvait celer davantage ses intentions, et comme on dit des chats qu'ils ne peuvent s'empêcher de faire la chasse aux souris, on vit bientôt où tendait l'esprit de l'enfant, c'est-à-dire vers le dessin, la plume traçant plus de bonshommes que de caractères d'écriture.

Voyant cela, le père prit le parti de retirer son fils de l'école pour lui faire apprendre le dessin et le consacrer à l'état de peintre verrier. Quand Goltzius était âgé de sept ou huit ans, il couvrait les murs et les planchers de ses dessins. Il montrait aussi plus d'aptitude à crayonner des choses de sa propre invention, que de patience dans la copie d'un modèle.

C'est ainsi que, dès sa jeunesse, il s'est appliqué à l'art et à la

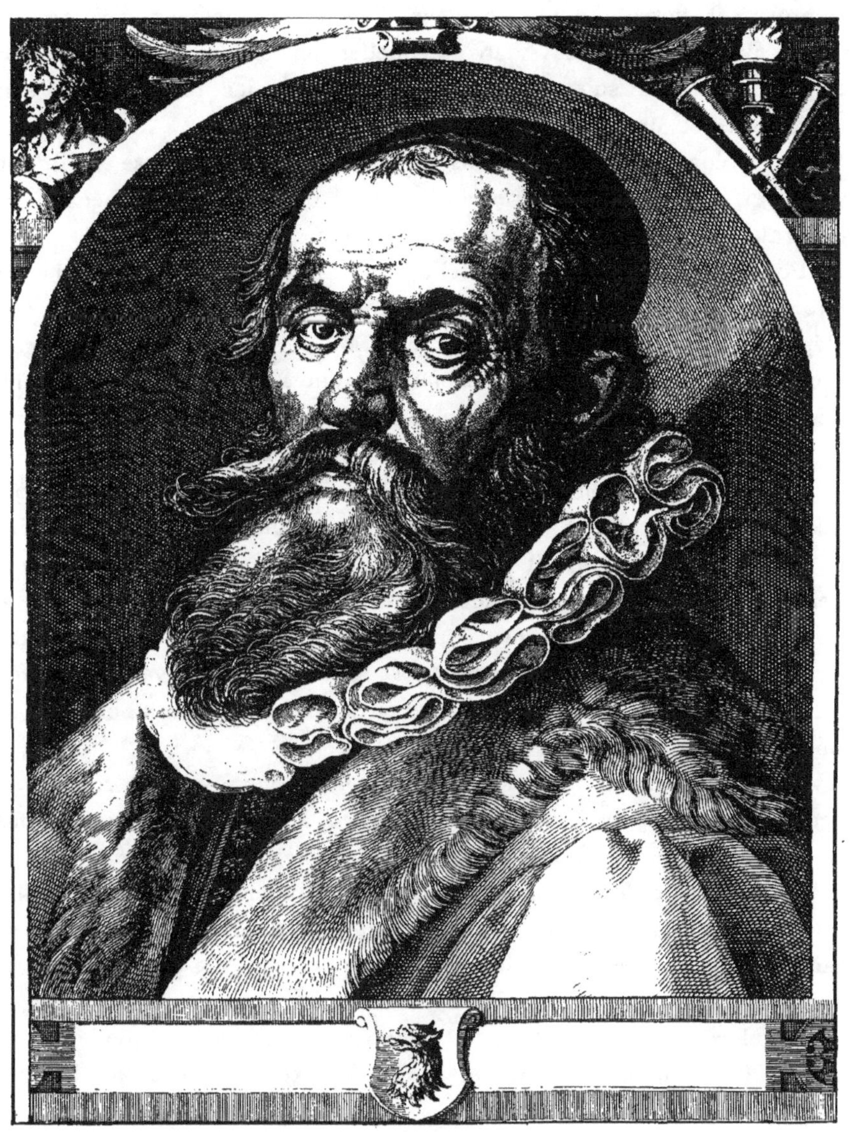

HENRI GOLTZIUS.
Réduction d'après la gravure du maître.

peinture sur verre. Je me souviens d'avoir vu quelques-unes de ses toutes premières choses, dans lesquelles on constatait une entente extraordinaire du sujet, une hardiesse non moins grande dans son expression, et un esprit d'observation remarquable.

Les fréquentes indispositions de sa mère furent cause qu'il dut s'occuper beaucoup des autres enfants, des ouvriers et du ménage en général, au grand détriment de ses progrès.

Pourtant, son ardeur était telle, qu'il ne se passait dimanche ni fête qu'il ne s'appliquât à dessiner sur les murs des chameaux, des éléphants et d'autres choses en grand. Son père alors laissa le garçon libre de dessiner, peindre et barbouiller tout à l'aise, pourvu qu'il ne négligeât point les affaires paternelles qui étaient loin d'être brillantes.

Goltzius se chagrinait d'être ainsi contraint de veiller aux soins de la maison et de devoir demeurer auprès de ses parents, sans pouvoir aller en des endroits où il aurait pu voir de belles choses; mais, enfin, se résignant à son sort, il put arriver, à force de volonté, à graver à l'eau-forte, et il s'exerça même de sa main contrefaite à manier le burin et réussit si bien, que Coornhert, qui demeurait alors à quatre lieues de là, s'offrit à lui enseigner la gravure, car il avait à maintes reprises dessiné pour Coornhert[1] des encadrements que celui-ci songeait lui-même à reproduire.

Le père inclinait à consentir, et il fit même avec Coornhert un accord qui devait avoir une durée de deux ans, mais ces dispositions ne convinrent pas à Goltzius et le contrat fut rompu.

Coornhert fit alors la proposition que le jeune homme passât chez lui une couple de mois à titre d'essai, ce que Goltzius accepta en vue de se familiariser avec les procédés; mais Coornhert lui dit : « Si, les deux mois révolus, tu ne veux point poursuivre, tu t'engageras à ne pas te placer chez un autre maître, ni à travailler seul », ce que Goltzius refusa, préférant rester libre, et il s'en fut avec son père, ne laissant pas de s'exercer journellement à la gravure au burin.

1. Dirk (Théodore) Volkertsz Coornhert, dessinateur, graveur et poète, né à Amsterdam en 1522, mort à Gouda en 1590. Goltzius a laissé de lui un admirable portrait, une de ses plus belles estampes. (Bartsch, n° 164.) Il a été question de lui dans la biographie de Frans Floris, tome Ier, page 338.

Coornhert alors lui donna sans retard du travail et lui proposa de le suivre en Hollande, à quoi Goltzius consentit, pourvu, toutefois, que ses parents pussent l'accompagner, car ils lui auraient refusé l'autorisation sans cela.

Goltzius vint habiter Harlem, peu de temps après le grand incendie, vers l'époque de la Saint-Jean[1], et Coornhert, fort satisfait de ses débuts, lui montra à plus d'une reprise les procédés qu'il jugeait les meilleurs.

Donc, fixé à Harlem, Goltzius y travailla un temps pour Coornhert et Philippe Galle[2], et ses parents étant partis pour l'Allemagne, lui, restant à Harlem, y épousa une veuve[3] qui avait un fils auquel il donna dès sa jeunesse des leçons, et qui devint, sous sa conduite, un graveur très habile : Jacques Matham[4].

Marié à l'âge de vingt et un ans à peine[5], Goltzius se prit à réfléchir à son sort, et, comparant sa propre destinée à tous les avantages que rencontraient les autres artistes, il tomba dans une noire mélancolie, sa santé s'altéra, et, finalement, il contracta une maladie de langueur, et cracha le sang au moins trois années de suite.

Les médecins faisaient de leur mieux pour le soulager, mais vainement, car la mélancolie avait profondément pris possession de son être et aggravait le mal.

Voyant que sa vie ne tenait, comme on dit, qu'à un fil, et que les médecins étiaent impuissants à le sauver, tous disant, au contraire, qu'il était trop tard, Goltzius prit le parti, si faible qu'il fût, de se mettre en route pour l'Italie dans l'espoir de trouver quelque amélio-

1. Cet incendie éclata le 23 octobre 1576 ; la Saint-Jean se célèbre le 24 juin. Il faut donc fixer à l'année 1577 l'arrivée de Goltzius à Harlem.

2. Goltzius nous a laissé le portrait de cet excellent graveur, père de la nombreuse lignée des Galle, né à Harlem en 1537, mort à Anvers le 29 mars 1612. (De Stein d'Altenstein, *Annuaire de la noblesse de Belgique*, tome VII, page 241.) La planche de Goltzius est datée de 1582.

3. Elle s'appelait Marguerite Bartsen, fille de Jean. Son portrait, dessiné par Goltzius, passa en vente à Amsterdam avec la collection Rutgers en décembre 1778. (A. vander Willigen, *les Artistes de Harlem*, n° 348. 1870.)

4. Né à Harlem le 15 octobre 1571, décédé dans la même ville le 20 janvier 1631. Il fut un excellent graveur; Bartsch décrit son œuvre au tome III, page 131 de son *Peintre-Graveur*. Un portrait de Jacques Matham, dessiné aux crayons rouge et noir par Goltzius et daté de 1592, parut à la vente Muilman, à Amsterdam, en 1773.

5. C'est-à-dire en 1579.

ration, et, dans le cas contraire, de pouvoir, du moins, avant de mourir, contempler les splendeurs de l'art italien, ce dont il s'était vu privé par le fait de son mariage.

Laissant chez lui divers élèves et l'imprimeur, il se mit en route avec son domestique, à la fin d'octobre 1590, s'embarquant à Amsterdam pour Hambourg, où il débarqua après avoir essuyé une terrible tempête, et, de là, fit pédestrement la route.

Il traversa ainsi toute l'Allemagne, accompagné de son domestique, affrontant le froid et la bise, et voyant sa santé s'améliorer à chaque étape. Il prenait un singulier plaisir à contempler le paysage, la physionomie des populations, et s'amusait surtout dans les auberges où il s'arrêtait et où il lui arrivait d'avoir pour commensaux des peintres, des graveurs et d'autres artistes. Il faisait jouer à son domestique le rôle du maître, restant lui-même inconnu et arrivant de la sorte à connaître la pensée tout entière des autres artistes au sujet de ses œuvres, critiquées souvent par jalousie, souvent par ignorance, et parfois aussi avec raison.

Tout en allant, notre Goltzius finit par se rétablir.

Il arrivait aussi que le domestique traitait ses prétendus confrères ou était traité par eux à l'auberge, le maître s'effaçant, tandis que le domestique, placé au haut bout de la table, était l'objet de mille prévenances et de remerciements sans nombre pour l'honneur qu'il faisait aux convives.

A Munich, se faisant toujours passer pour le serviteur, il alla chez le célèbre Jean Sadeler[1] et se dit marchand de fromages, promettant à la femme de l'artiste de lui procurer du fromage de Hollande, promesse qu'il lui était bien facile de tenir en écrivant chez lui.

La conversation tomba sur les estampes de Goltzius, notamment sur son grand *Hercule*[2] et d'autres planches, le domestique s'exprimant avec beaucoup de réserve comme il convenait.

1. Jean Sadeler, le célèbre graveur, né à Bruxelles en 1550; fixé d'abord à Anvers en 1555, puis à Munich, et mort à Venise au mois d'août 1600. M. Éd. Fétis a consacré à la famille des Sadeler : Jean, Raphael, Égide, Marc, un des chapitres de ses *Artistes belges à l'étranger*, tome Ier, page 33. Bruxelles, 1857. Voir au sujet des Sadeler le chapitre XXXII du présent volume.

2. Bartsch, n° 142. Pièce gravée en 1589 et connue sous le nom de *l'Homme musculeux*. Bien que cette œuvre soit très habilement traitée, elle est d'un goût détestable.

Mais le monde est ainsi fait qu'il parle avec plus de liberté des absents que des présents, la flatterie étant chose commune.

Peut-être dira-t-on qu'il ne convient pas que l'on s'introduise chez les gens de son métier ou d'autres personnes honorables, sans se faire connaître; que cela manque de franchise; mais je tiens que Goltzius avait, pour agir de la sorte, de bonnes raisons, et qu'il n'était pas sans excuse, s'étant assez fait connaître par la suite.

Ainsi donc, toujours soutenu par sa vive ardeur, Goltzius arriva en Italie, à Venise, Bologne, Florence, enfin, le 10 janvier 1591, à Rome, le but tant désiré de son voyage.

Pendant plusieurs mois, il y demeura sans se faire connaître, s'habillant un peu rustiquement à l'allemande et se faisant appeler Henri van Bracht, s'oubliant presque lui-même, tant son esprit était absorbé dans la contemplation des œuvres d'art. De nouveaux objets attiraient chaque jour son attention, renouvelaient son ardeur, et, comme un débutant, il s'appliquait à dessiner les plus beaux antiques.

Les jeunes dessinateurs qui abondent à Rome, le voyant ainsi à l'œuvre, regardaient parfois par-dessus son épaule, se demandant ce que pouvait bien produire ce *Tedesco,* s'attendant bien à voir une chose plutôt ordinaire que remarquable. Puis, il leur arriva comme au Sénat romain, sous Marc-Aurèle, avec le paysan du Danube, et ils en eurent long à se dire sur le travail du prétendu Allemand et cherchèrent à lier connaissance avec lui, ce qui ne fut pas difficile, car Goltzius, se montrant affable, leur donnait volontiers des conseils.

Il faut noter ici qu'à l'époque où Goltzius était à Rome, il y avait une grande disette par toute l'Italie, et à Rome une misère atroce, jointe à une épidémie qui enlevait des milliers de personnes. Les rues étaient jonchées de malades et de mourants, et il en était ainsi en bien des endroits où Goltzius s'arrêtait pour dessiner quelque fragment antique, sans se laisser détourner de son travail par les émanations pestilentielles, bien qu'il eût l'odorat des plus sensibles.

Il trouvait pourtant des sujets de distraction en s'arrêtant aux boutiques où ses planches étaient exposées en vente, pour y écouter l'avis des artistes, ce qui ne fut pas sans lui être utile.

La même année, vers la fin d'avril, il se rendit de Rome à Naples, en compagnie d'un aimable camarade, Jean Mathyssen, orfèvre [1], et d'un jeune savant bruxellois, un gentilhomme du nom de Philippe van Winghen [2].

Les trois voyageurs s'étaient vêtus le plus pauvrement possible, crainte des brigands qui infestaient la route.

Van Winghen était un grand antiquaire qui décrivait et annotait les choses remarquables qu'il rencontrait [3]; très lié avec Abraham Ortelius, le célèbre cosmographe anversois [4], il fit voir à ses compagnons plusieurs lettres qu'il avait reçues de ce savant, et dans lesquelles il était fait mention de la présence de Goltzius en Italie, avec certaines indications concernant sa personne, sa main droite contrefaite, etc.

Il était plaisant de voir un personnage si désireux de rencontrer l'homme qu'il voyait chaque jour et avec lequel depuis des mois il entretenait des relations suivies.

A la fin, Jean Mathyssen dit : « Voici Goltzius » ; mais van Winghen, oubliant son propre accoutrement et voyant Goltzius en si pauvre appareil, comme ils étaient tous trois d'ailleurs, répondit : « Non, Henri, ce n'est pas toi l'admirable graveur hollandais », et Goltzius rit de bon cœur de voir van Winghen juger les gens sur la mine, alors que lui-même était si drôlement fait.

1. Jean Mathyszen Ban, orfèvre de Harlem. C'est à lui et à son beau-frère, Corneille Gerritsz Vlasman, que van Mander dédie sa *Vie des Peintres flamands et hollandais,* dont le présent ouvrage est la traduction. (Voir cette dédicace, tome Ier, page 19.)

2. Maître Philippe van Winghe ou de Winghe (frère de Jérôme, chanoine de Notre-Dame de Tournay, fondateur de la bibliothèque de cette ville, et d'Antoine, abbé de Liessies) naquit à Louvain. Il parcourut toute l'Italie et y étudia les plus anciens monuments chrétiens avec le fameux Bosio et Ciacconius. Il fit des fouilles à Rome, dans le cimetière de Saint-Calixte et les catacombes, et mourut à Florence en 1592, âgé d'une trentaine d'années. (Ed. van Even, *Nouveaux renseignements sur Gui de Morillon. Messager des Sciences,* page 162. 1877.)

3. La Bibliothèque royale de Belgique possède l'album manuscrit du voyage de De Winghe et le portrait du jeune archéologue gravé par Jacques Matham d'après le dessin de Henri Goltzius, œuvre inconnue à Bartsch et à Weigel. Nagler la cite sous le n° 242 de l'œuvre de Matham. La planche de Matham représente le jeune savant brabançon presque de face, tourné vers la droite et en buste. Autour de l'ovale de ce portrait, on lit : *B. M. Philippo Winghio Henricus Goltzius amicitiæ ergo delineabat Romæ.* Dans l'angle gauche : *Iac Matham,* et à droite : *Sculpsit.* En dessous, huit vers latins, une élégie finissant par les mots : *Florentiæ jacuit, anno M.D.XCII.* Haut., 0[m],140; larg., 0[m],085. Un second portrait, non moins rare, de Philippe de Winghe, a été gravé par Guibert van Veen, d'après un dessin de son frère Octave ou Othon (Otto Vaenius), en 1589.

4. 1527-1598. Goltzius nous a laissé de lui un ravissant portrait (Bartsch, n° 180), avec cette charmante dédicace : *Spectandum dedit Ortelius mortalibus orbem — Orbi spectandum Galleus Ortelium.*

Aussi répondit-il : « Il serait effectivement bien rustique pour vous, seigneur van Winghen, d'avoir Goltzius pour camarade. — Non, dit l'autre, ce n'est point lui. »

Le soir, quand ils furent arrivés à Velletri, le jeune homme y trouva de nouvelles lettres. Là-dessus, Mathyssen lui dit : « Que vous souciez-vous tant de vos lettres ? je vous dis que voici Goltzius. » Alors van Winghen se fâcha, n'en voulant démordre ; Goltzius eut beau le lui redire, chemin faisant ; il n'en persistait pas moins, disant toujours : « Je n'en crois rien. »

Quand on fut à Terracine, ce fut comme avant ; alors Goltzius, voyant qu'il n'y avait pas moyen de se faire croire, et sachant que van Winghen était bon camarade et homme d'honneur et qu'on pouvait se fier à lui, voulut le convaincre. Il avança sa main droite et tira son mouchoir marqué du monogramme dont il signe ses planches, à savoir un H et un G entrelacés. En présence de ces marques irrécusables, van Winghen resta sans voix, et tout pâle se jeta au cou de Goltzius, fort attristé de ne l'avoir pas connu plus tôt.

Ils poursuivirent leur route vers Naples, virent les œuvres d'art de cette ville et allèrent jusqu'à Pouzzoles, pour y voir les curiosités naturelles.

A Naples, Goltzius dessina, dans le palais du vice-roi, un célèbre antique, un *Jeune Hercule,* représenté assis [1], et il s'en retourna ensuite vers Rome avec ses compagnons, par les galères du pape, Goltzius ayant désiré voir les esclaves nus enchaînés à leurs rames. La violence du vent les ayant contraints de relâcher à Gaëte, ils poursuivirent leur route à pied et arrivèrent à Rome, où Goltzius entra en relation avec les Pères Jésuites et avec les artistes, dont il dessina les plus célèbres au crayon, comme il le fit également à Florence, à Venise et en Allemagne, et il sortit de Rome le 3 août 1591, non pas les mains vides, car je ne sache pas qu'aucun Néerlandais ait fait pareille moisson en un si court espace de temps.

Toujours en compagnie de Jean Mathyssen, il fit à cheval la route

1. Van Mander se trompe ici; il s'agit de l'*Hercule Farnèse,* qui est debout. Goltzius a fait de cette statue, vue de dos, une planche admirable. (Bartsch, n° 143.) Seulement, Bartsch dit à tort que

de Bologne, et s'arrêta quelques jours à Venise, chez un de ses bons amis, Théodore De Vries[1].

Ici encore se passa une plaisante aventure. Un peintre, sachant que Goltzius était arrivé, se faisait fort de le reconnaître au simple aspect, ce que Goltzius ayant appris, il s'effaça et laissa tous les honneurs à Mathyssen, dont la taille imposante valut à celui-ci force compliments et l'avantage d'être qualifié de « Jupiter de l'art ». L'artiste exprima ensuite le désir de posséder quelque chose de la main de Jean, lequel se tournant vers son compagnon le pria de faire un croquis que Goltzius signa de son monogramme, et notre homme se vit ainsi trompé dans sa prétention de reconnaître les gens à la mine.

On rit beaucoup de la bévue, qui ne réjouit que médiocrement son auteur.

De Venise, les compagnons allèrent à Trente, puis à Munich, où il revisitèrent ceux qu'ils avaient vus d'abord sans se faire connaître, et à la grande confusion de certains de ceux-ci.

Enfin, ayant visité en route les amis et les notabilités artistiques, Goltzius rentra chez lui en parfaite santé.

Malheureusement, à peine revenu, j'ignore par suite de quelles causes, son ancien mal le reprit et l'accabla au point qu'il en fut comme desséché. Pendant plusieurs années il dut prendre du lait de chèvre et même du lait de femme, dans l'espoir de se rétablir, et il perdit beaucoup de temps, car il lui fallut se promener chaque jour. Mais enfin, il se porte aujourd'hui à merveille, et poursuit ses travaux avec ardeur. Voilà en résumé la vie de Goltzius.

Si maintenant je passe à l'examen des œuvres du maître, il y a d'abord les estampes qui ont fait connaître partout son talent de dessinateur.

Je me souviens d'avoir vu à Bruges, vers 1580, des planches qu'il

la statue de l'*Hercule* se trouve à Rome au palais Farnèse. De son temps, comme au temps de Goltzius, elle faisait partie des collections du Museo Borbonico, à Naples. Les personnages qu'on voit au pied de la statue, dans la planche de Goltzius, pourraient bien être van Winghe et Mathysz Ban.

1. Voyez ci-après la biographie de Rottenhamer, chapitre XXXVIII. C'est le portrait du fils de Théodore De Vries qui constitue la merveilleuse planche de Goltzius gravée en 1597 et connue sous le nom du *Chien de Goltzius.* (Bartsch, n° 190.) La dédicace de cette belle œuvre porte : *Theodorico Frisio Pictori egregio apud Venetos amicitiæ et filii absentis repræsentandi gratia D. D.* Dès l'année 1599,

avait gravées d'après les dessins d'Adrien De Weerdt et qui étaient fort bonnes, quoique produites quand il était si jeune[1]. Je fus surtout charmé de quelques petites planches de l'*Histoire de Lucrèce*[2], de sa propre composition. Il y avait, notamment, un banquet, dans lequel il avait fort intelligemment introduit quelques costumes modernes, ce qui contribuait beaucoup à l'effet et, selon moi, était bien autre chose que ce que nos Néerlandais ont coutume de faire[3].

Quand je vins habiter Harlem, en 1583, j'y fis la connaissance de Goltzius et lui montrai des dessins de Spranghèr qui lui plurent fort[4]. Et je dois dire, en ce qui le concerne, que, dès sa jeunesse, il n'a pas seulement cherché à rendre la nature dans ce qu'elle a de plus parfait, mais qu'il s'est occupé aussi de rendre la manière des différents maîtres : Heemskerck, Frans Floris, Blocklandt, Frédéric (Zucchero)[5], et enfin Spranghèr, dont il a suivi de fort près la manière intelligente. Bientôt il grava d'après ce maître le *Banquet des Dieux*[6], cette œuvre magnifique où coule à flots le nectar de la grâce, et où dessinateur et graveur s'en vont de compagnie à l'immortalité.

Je vis encore, dans le vestibule d'entrée de sa maison, à l'époque où j'arrivai à Harlem, de grandes toiles en hauteur où il avait dessiné au fusain huilé, ou à la craie noire, les *Sept planètes*, admirablement

cette planche fut copiée à Rome. Goltzius fit aussi le portrait de Théodore De Vries le père : il parut à la vente Muilman, à Amsterdam, en 1773. C'était un dessin aux crayons noir et rouge, haut de quatorze pouces et large de dix, daté de 1590.

1. Il existe, d'après Adrien De Weert, plusieurs estampes anonymes : les *Évangélistes*, la *Nativité*, *Jésus-Christ appelant à lui les petits enfants*, le *Christ parmi les docteurs*, etc. Aucune de ces pièces ne porte le nom de Goltzius. Toutefois, on trouve dans l'œuvre du peintre une estampe datée de 1577, et qui est certainement de Goltzius, par la raison qu'elle est en tout semblable aux planches de la suite de Bartsch, n°s 65-74. Le Christ y est représenté en triomphateur de la Mort enchaînant Adam et Ève. Les angles sont occupés par des figures de la Charité, de la Justice et de la Paix. *A. De Weert inventor. 1577.* (Voyez sur Adrien De Weert, tome Ier, page 258.)

2. Bartsch, n°s 104-107.

3. C'est le n° 104, où le jeune Tarquin donne un banquet.

4. Nous avons dit dans l'*Introduction* que van Mander doit être tenu responsable, en bonne partie, de l'adoption par Goltzius du maniérisme excessif de Spranger et d'autres maîtres. On remarquera qu'il n'est dit nulle part que van Mander, Goltzius et Corneille de Harlem aient ouvert ensemble une école. Goltzius n'étant parti pour Rome qu'en 1590, il est très vraisemblable que van Mander l'initia au style des maîtres qui avaient alors la vogue en Italie et dont il adopta lui-même la manière.

5. Goltzius fit le portrait dessiné de Zucchero qui parut à la vente Muilman, à Amsterdam, en 1773. Il était daté de 1606, d'après le catalogue de la célèbre collection hollandaise.

6. Bartsch, n° 277. Cette planche, gravée en 1587, reproduit le tableau envoyé en Hollande par Spranger et dont il a été question dans la biographie de ce maître au chapitre xxv, page 140.

traitées et dont les nus étaient excellemment compris. On eût dit des peintures en grisaille[1].

A la même époque, je pus voir également, sur une grande toile en largeur, un *Mucius Scævola* que Goltzius avait peint à l'huile en blanc et noir, pour décorer un salon de la splendide demeure alors occupée par le bourgmestre Gérard Willemsen, à Harlem, et qui appartient aujourd'hui à Goltzius.

Cette œuvre, aussi remarquable par la composition que par l'exécution, est toujours, si je ne me trompe, à l'endroit indiqué[2].

La liste de ses estampes serait longue. Je citerai les *Héros romains* qui sont au nombre de ses premières œuvres, et disent assez son héroïsme comme dessinateur et les ressources de son burin[3].

Laissant de côté beaucoup d'œuvres remarquables, je parlerai surtout de six planches qu'il exécuta à son retour d'Italie[4].

S'inspirant des diverses manières qu'il avait eu l'occasion d'étudier, il voulut, de sa propre main, reproduire ces divers styles et, ce qui n'est pas moins digne d'étonnement, il y parvint dans un espace de temps extrêmement court, car il voulait être prêt pour la foire de Francfort.

Les planches étant achevées et n'ayant été vues que d'un très petit nombre de personnes, il imagina un tour des plus plaisants, surtout pour la *Circoncision,* qui est dans la manière d'Albert Dürer et où Goltzius s'est lui-même représenté[5].

A l'aide d'un charbon ardent ou d'un fer rouge, il fit disparaître ce portrait et le monogramme ; puis, ayant raccommodé l'épreuve, il l'enferma et la salit pour lui donner l'aspect ancien. Ainsi déguisée, l'estampe arriva à Rome, à Venise, à Amsterdam et ailleurs, excitant

1. Il n'est pas impossible que Saenredam nous ait conservé ces compositions dans une suite de gravures d'après Goltzius (Bartsch, n°s 73-79), mais ce sont beaucoup plus probablement les camaïeux dont la gravure est attribuée à Goltzius lui-même. (Bartsch, n°s 232-237.)

2. Il existe, dans la suite des *Romains illustres* (Bartsch, n°s 94-103), un *Mucius Scevola.*

3. Bartsch, n°s 94-103; dix planches gravées en 1586.

4. Cette suite est connue sous le nom de *Chefs-d'œuvre* de Goltzius. (Bartsch, n°s 15-20.) Elle est datée de 1593 à 1594.

5. Bartsch, n° 4. Goltzius a reproduit ce sujet dans un tableau qui est à l'Ermitage, à Saint-Pétersbourg, et qui excita au plus haut degré l'admiration du docteur Waagen. Un autre tableau de la *Circoncision*, au musée de Stockholm, n° 440.

partout l'admiration et la surprise des amateurs et atteignant parfois de très hauts prix, les collectionneurs se réjouissant de posséder du grand maître de Nuremberg une planche inédite de pareille importance.

Vraiment c'était chose grotesque de voir un maître ainsi exalté à son propre détriment, car s'il arrivait à quelqu'un de dire que la planche pouvait bien être de Goltzius, ou que Goltzius eût été en état de la produire, il ne manquait pas de recevoir pour réponse, même de la part de gens assez compétents, que de sa vie Goltzius n'arriverait à produire pareille œuvre et qu'Albert Dürer lui-même n'avait rien fait de meilleur.

D'autres ajoutaient qu'Albert Dürer avait gravé une planche qui, selon ses dernières volontés, devait rester pendant cent ans inédite et ne voir le jour qu'au cas où, cette période étant révolue, ses œuvres seraient encore tenues en estime. La planche de Goltzius ne pouvait être que celle-là.

Enfin, lorsque, après bien des controverses, la planche vit le jour dans son état intégral et passa sous les yeux des savants, ils eurent, comme on dit, un fier nez. Il y en eut qui se fâchèrent tout rouge et en voulurent terriblement aux auteurs de la mystification.

L'*Adoration des Mages*[1], gravée dans la manière de Lucas de Leyde, donna lieu à une aventure du même genre, et ce qu'il y a de plus plaisant, c'est que des graveurs qui avaient la prétention de connaître à merveille les manières de différents maîtres y furent eux-mêmes trompés. Ceci nous prouve ce que peuvent de par le monde la faveur ou la défaveur, ainsi que la présomption, car certains individus qui prétendaient rabaisser Goltzius dans son art l'ont ainsi élevé malgré eux au-dessus des plus grands maîtres et de lui-même.

Ce fut également le cas pour ceux qui affirmaient que jamais on ne verrait meilleurs graveurs qu'Albert et Lucas, et que Goltzius ne pouvait leur être comparé.

En somme, les six planches dont il s'agit pourraient suffire à

1. Bartsch, n° 5. Composition également reproduite en peinture par Goltzius et existant à l'Ermitage. Autre au palais Liechtenstein, à Vienne. (N° 1137.)

prouver la valeur artistique du maître[1]. Elles étaient dédiées, je crois, au sérénissime duc de Bavière[2], qui fit présent à Goltzius d'une chaîne d'or supportant une belle médaille à l'effigie du prince.

Après les planches dont il vient d'être question, il a fait paraître, en 1597, une suite de la *Passion*[3] extrêmement remarquable, inspirée de la manière de Lucas de Leyde, mais nullement semblable à lui sous le rapport des attitudes et de beaucoup d'autres détails, sans être, pour cela, moins digne d'admiration.

Je ne dois pas omettre non plus de mentionner un *Christ mort sur les genoux de la Vierge*[4], une petite pièce gravée dans la manière d'Albert Dürer, et dont le cuivre fait partie de la collection d'objets d'art de M. Beerensteyn, à Harlem[5].

L'ensemble de toutes ces œuvres dit assez que Goltzius peut être envisagé, dans le domaine artistique, comme un Protée ou un Vertumne capable de prendre toutes les physionomies.

Il y a, de l'époque de ses débuts, certaines œuvres vraiment surprenantes, notamment une petite figure de *Femme avec des colombes et des serpents*[6], et, au fond, le Christ devant Pilate, allusion au précepte de Jésus : qu'il faut joindre à la candeur de la colombe la prudence du serpent[7]. Cette petite estampe surpasse toutes les autres en délicatesse et montre, en même temps, de quel œil est doué le maître.

Comme dessinateur à la plume, sa valeur doit être pleinement appréciée des connaisseurs. Pour ma part, je n'en ai point vu de meilleur, et je doute qu'on le surpasse.

Il a fait sur parchemin un certain nombre de pièces grandes et petites, entre autres un *Bacchus, Cérès et Vénus,* composition où l'on

1. Elles représentent, outre la *Circoncision* et l'*Adoration des Mages,* dont il vient d'être question, l'*Annonciation à la Vierge,* la *Visitation,* l'*Adoration des Bergers* et la *Sainte Famille.*

2. Guillaume V.

3. Bartsch, n°s 27-38. Cette suite a été copiée par Lucas Vorsterman et par Louis Siceram.

4. Bartsch, n° 41.

5. Arnaud Beerenstein. Goltzius a gravé son portrait (Bartsch, n° 192) et ses armoiries. (Bartsch, n° 136.)

6. Bartsch, n° 93; très petite pièce de forme ronde.

7. Matth., X, 16.

voit l'Amour allumant un feu qui se reflète sur les personnages. Je crois que cette œuvre est à Rome[1].

Un autre travail du même genre est chez l'empereur; c'est un *Jeune Faune avec sa faunesse.*

Chez les Fugger, à Augsbourg, il y a une chose exceptionnelle : une *Pietà,* où le Christ, descendu de la croix, est couché devant la Vierge, qui ne verse point de larmes mais paraît accablée de douleur. Plusieurs figures d'anges complètent la composition. Au fond, la *Mise au tombeau.*

Impossible de mieux faire, soit comme composition, soit comme exécution. L'œuvre fut présentée au roi d'Espagne, peu de temps avant sa mort[2].

Il vint alors à l'esprit de Goltzius de dessiner à la plume sur des toiles préparées à l'huile, car, si grandes que fussent les feuilles de parchemin, il les trouvait encore trop petites au gré de son génie créateur. Il dessina donc à la plume, sur une toile d'assez grandes dimensions, une figure de *Femme nue que regarde en riant un satyre.* Il rehaussa légèrement les chairs, et puis passa le tout au vernis.

Cette œuvre appartenait à François Badens, le peintre d'Amsterdam[3]; elle a passé depuis dans la galerie de l'empereur, qui fut très étonné du procédé, et montra le travail à plusieurs connaisseurs qui n'en furent pas moins surpris, car la chose mérite d'être étudiée.

Il fit encore, pour le même Badens, une *Vénus couchée avec l'Amour*[4]. Dans le fond, le concours entre Vénus et Cupidon, à qui fera la plus riche moisson de fleurs, et où la nymphe Péristère vient en aide à Vénus, ce dont l'Amour la punit en la changeant en colombe.

Le morceau est aussi parfaitement exécuté que conçu; il est traité en longues hachures et vraiment irréprochable. Il appartient toujours à Badens.

1. Goltzius a gravé ce sujet, une de ses plus belles planches. (Bartsch, n° 155.)

2. Philippe II, mort en 1598.

3. Voir ci-après, chapitre XLII. Nous ne trouvons aucune mention de ce travail dans les notes de von Perger, dressées d'après les anciens inventaires impériaux, ni dans les études d'Alfred Woltmann sur la Galerie du palais de Prague. (*Mittheilungen der Central Commission.*)

4. Tableau de la Galerie de Schleissheim (?)

Actuellement, et depuis un temps assez long, Goltzius s'occupe d'une grande toile où il y aura beaucoup de personnages nus, et qui doit surpasser, dit-on, tous ses précédents dessins à la plume. Je n'en ai absolument rien vu, bien que, sans doute, cela eût dû être pour que j'en pusse parler en connaissance de cause. Mais jamais Goltzius ne montre ses œuvres en cours d'exécution, si empressé qu'il soit à les faire voir à tout le monde après leur achèvement. En cela, comme en beaucoup d'autres choses, il ressemble au grand Michel-Ange.

Je ne crois pas qu'il y ait personne de si habile à faire une composition d'un seul jet, sans croquis préalable, ni à l'ombrer à la plume avec une pareille netteté de hachures.

Laissant la plume aux mains du roi des praticiens, je passe à l'examen de ses peintures.

A son retour d'Italie, Goltzius avait gravé dans sa mémoire l'image ineffaçable des glorieuses peintures italiennes; en quelque lieu qu'il allât, il ne cessait de les revoir. La grâce de Raphael, la morbidesse du Corrège, les puissantes oppositions du Titien, les riches étoffes et les beaux accessoires si bien peints par Véronèse et les autres Vénitiens, tout cela le poursuivait au point que les choses de son pays ne pouvaient plus le satisfaire aussi complètement.

C'était pour les peintres un régal et un précieux enseignement de l'entendre parler de ces choses, car ses paroles étaient d'ardentes carnations, des ombres vigoureuses, et autres choses dont il a été bien rarement raisonné.

S'il lui arrivait de dessiner quelque chose, les chairs devaient être indiquées au naturel, à l'aide du crayon de couleur, de telle sorte qu'au bout du compte, il se mit à la peinture à l'huile, deux ans à peine après son sevrage, bien qu'il eût atteint sa quarante-deuxième année. C'était en 1600[1].

Sa première peinture a été pour Gisbert Ryckersen, à Harlem :

1. Nous connaissons de lui des peintures antérieures à cette date. L'*Age d'or*, au musée d'Arras, est daté de 1598. (C'est une œuvre de petites dimensions, malheureusement fort retouchée.) Le musée d'Oldenbourg possède même un *Déluge* daté de 1592. Nous ne l'avons pas vu. Quant au *Porte-Enseigne* de la Pinacothèque de Munich, daté de 1590, c'est, d'après le catalogue même, une œuvre douteuse.

un petit *Christ en croix* avec la Vierge, la Madeleine et saint Jean au pied de la croix, sur cuivre[1]. Le cadavre du Christ est fort naturellement rendu, bien coloré et extraordinairement compris. L'ensemble est d'un fort joli ton.

Dans le fond, on voit la ville de Jérusalem, et, à l'avant-plan, on remarque une poule et ses poussins, une allusion aux paroles du Christ pleurant sur Jérusalem[2].

Antérieurement déjà, Goltzius avait peint pour son agrément une figure de grandeur naturelle d'après Tobie Swartenburgh, de Harlem, représenté assis et nu à la manière d'un archer indien. Dans le fond, un petit Saint Sébastien[3].

Il a fait aussi sur panneau une grande peinture pour son compagnon de voyage, Jean Mathyssen. Elle représente le *Paradis* ou la *Joie céleste,* c'est-à-dire l'âme chrétienne, vêtue de la robe blanche d'une conscience pure, et d'une foi inébranlable dans l'église de Dieu, épousant le Christ, son divin fiancé, représenté par un innocent enfant, à la joie de l'assemblée céleste de qui l'âme pieuse reçoit la palme et la couronne, pour prix de sa constance.

Ce serait aussi, au besoin, sainte Catherine qui, par la constance de sa foi et le martyre, reçoit le Christ pour époux.

Le tableau est une œuvre accomplie sous le rapport des figures, des draperies, etc. Le peintre y a évité à dessein de donner aux chairs et aux visages des ombres vigoureuses, mais le relief reste bon, les deux côtés étant légèrement ombrés.

Il se trouva très bien, dans l'exécution d'une grande draperie de bleu d'outremer, d'employer pour le glacis une manière de tamponner à l'aide du pinceau, ce qui se pratique dans la peinture sur verre.

Bref, c'est une œuvre des plus soignées, peinte entièrement d'après nature, et fort estimée des connaisseurs, en même temps qu'elle plaît à tout le monde par ses qualités gracieuses[4].

Goltzius a peint encore sur cuivre un *Homme de douleurs assis,*

1. Ce tableau n'est pas mentionné comme existant encore.
2. Matth., XXIII, 37.
3. Tableau non cité.
4. Nous ignorons si ce tableau existe encore.

environné des instruments de la Passion, ayant près de lui deux anges agenouillés tenant des torches. C'est une très bonne chose, qui appartient au comte de Lippe ou à l'empereur.

Enfin, il a peint, en 1603, une toile de *Danaé,* figure de grandeur naturelle, très bien posée, et dont les chairs ont un excellent relief. Il a introduit dans cette composition une vieille à la face enluminée, un rusé Mercure et d'aimables enfants ailés apportant une bourse pleine.

Cette composition irréprochable est à Leyde, dans le cabinet d'un grand amateur, Barthélemy Ferreris[1].

Il a fait encore, pour son agrément, un certain nombre de portraits, entre autres une *Paysanne du Nord,* et surtout un certain Jean Govertsen, de Harlem[2], amateur de coquillages, qui est représenté tenant une nacre de perle et environné d'autres coquilles. C'est d'une grande perfection comme ressemblance et comme travail.

Voilà à peu près tout ce que je puis citer de Goltzius en fait de peintures.

Comme peintre verrier, il l'emporterait sur tout le monde s'il voulait se consacrer à cette branche, comme le prouve un rare petit échantillon que possède l'excellent verrier de Harlem, Corneille Ysbrantsen, encore que Goltzius n'ait fait cela que comme passe-temps et pour rappeler sa première profession.

Car, ne l'oublions pas, la peinture sur verre, non moins que la peinture et la gravure, procède du dessin, dans lequel je ne sache point que Goltzius soit surpassé.

Et si quelque tempête l'assaille, semblable à un roc superbe, il peut la braver, car la gloire de ses nobles ouvrages vivra, et ceux qui sottement aboient après lui périront.

D'ailleurs, il est de ceux qui ne se soucient en aucune sorte des

1. Ce tableau s'est présenté deux fois en vente à Amsterdam : la première fois, à la vente Tonneman, en 1754; la seconde, à la vente Braamkamp en 1771. Le catalogue de la célèbre collection mentionne la peinture comme un chef-d'œuvre. Elle atteignit la somme, élevée pour ce temps, de 410 florins. Personne n'a pu nous dire où elle se trouve aujourd'hui.

2. Van der Aa ne désigne qu'un seul Jean Goverstsz, autrement dit Nemius. Il était originaire de Bois-le-Duc et, après avoir habité Amsterdam, alla mourir dans sa ville natale en 1597.

bruits et des propos du monde, l'amour de son art lui donnant le calme de l'esprit et lui faisant chérir la retraite, car, on le sait, l'art exige que l'homme lui appartienne tout entier.

Avant tout, son indépendance lui est chère et il n'estime pas moins la droiture et la courtoisie. Sa devise est : *L'honneur prime l'or*[1], et chaque jour il prouve que le souci de son honneur l'emporte pour lui sur la soif du lucre.

Bien qu'il se garde de prétendre à la connaissance des sciences naturelles, il n'en est nullement ignorant.

Je me rappelle que certaines de ses reparties me plurent fort ; j'en ai malheureusement oublié plusieurs.

Il a gravé beaucoup de beaux portraits ; en 1583 il a fait sur cuivre les portraits en pied de deux jeunes princes polonais qui visitaient le pays et venaient de France ; ils étaient vêtus à la mode de ce pays. L'un d'eux était le neveu du roi de Pologne[2].

Goltzius se trouvant avec ces seigneurs à leur auberge, à Harlem, la question du prix des portraits fut soulevée. Il y avait là un négociant d'Amsterdam plus riche qu'intelligent, chargé de compter la somme ; voyant qu'elle dépassait son attente il dit, entre autres choses, que c'était trop et que Goltzius, payé sur ce pied, gagnerait plus qu'un négociant. A quoi Goltzius répondit : « Votre négoce n'a rien de commun avec notre art ; je puis, moi, avec vos capitaux, me faire négociant, mais vous, alors même que vous seriez plus riche que vous ne l'êtes, ne pourriez vous faire artiste. »

Étant un jour invité par quelques jeunes gentilshommes allemands, parmi lesquels il y en avait un qui désirait avoir son portrait dessiné en vue d'une gravure à faire, on l'engagea à boire, et bientôt il eut devant lui de nombreux verres qu'on le pressait de vider.

Goltzius alors s'informa poliment du motif pour lequel on l'avait fait venir. « Pour dessiner, lui fut-il répondu. — Pourquoi alors voulez-vous, messieurs, que je boive ? dit-il. Je ne suis point une

1. *Eer boven Golt;* jeu de mots sur le nom du maître, *Golt*, voulant dire *l'or*.

2. Ce sont les deux portraits cités par Weigel, dans son *Supplément*, sous les nos 357 et 358. L'un des personnages est indiqué comme âgé de vingt-deux ans, l'autre comme âgé de vingt-sept. Les deux planches sont datées de 1583. Le roi de Pologne était, depuis 1575, Étienne Bathori.

brute, et si je consentais, je serais impropre à tout travail et comment pourrais-je vous satisfaire ? » Réponse dont les jeunes gens furent très confus.

Un jour qu'il signalait les défauts d'un travail à un de ses élèves, celui-ci répliqua qu'il les connaissait ou les voyait bien. « Ta mesure est pleine, dit Goltzius, tu es assez riche » ; et il se tourna vers un autre disciple qui laissait plus de place à son enseignement et accueillait avec déférence ses conseils.

Il lui arrivait de dire, quand on lui parlait de certains peintres qui vantaient leurs œuvres, ou avaient une haute opinion de leur propre mérite, qu'ils étaient heureux et riches, car celui-là est riche qui est content de soi, « ce qui ne m'est point arrivé », ajoutait-il, « de par mon travail ».

Je me rappelle lui avoir entendu dire, à plus d'une reprise, qu'il n'avait jamais rien fait qui l'eût satisfait entièrement ; il lui semblait toujours que cela eût dû être mieux ou fait d'autre façon, système qui n'est point mauvais, et n'expose pas ceux qui le pratiquent à s'égarer dans leur art, comme ces nouveaux Pygmalions amoureux de leur œuvre, souvent plus arriérés qu'ils ne le croient et qui deviennent la risée des connaisseurs, aux yeux desquels ils ne passent pas seulement pour de petits sots, mais de fort grands.

Goltzius a eu pour élèves de bons graveurs, tels que De Gheyn (dont on trouve la biographie plus loin [1]), Jacques Matham, son beau-fils, qui a visité l'Italie et demeure actuellement à Harlem, où il est un excellent maître dans son art [2].

Il y a aussi Pierre De Jode, qui a passé quelques années en Italie et est actuellement à Anvers [3].

1. Voyez chapitre XXXVI.

2. Jacques Matham, né à Harlem en 1571, inscrit à la gilde des peintres en 1600 et doyen en 1605. Il visita l'Italie et mourut dans sa ville natale le 20 janvier 1631. (Vander Willigen, *les Artistes de Harlem*, page 208. Harlem, 1870.) Ce fut un excellent graveur. Son œuvre, qui se compose de plus de trois cents pièces, est décrit par Bartsch. (*Peintre-Graveur*, tome III, pages 131 et suivantes.)

3. Pierre de Jode, le Vieux, né à Anvers en 1570, reçu à la gilde de Saint-Luc en 1599, doyen en 1607, mort le 9 août 1634. Graveur de très grand mérite, il eut un fils, Pierre le Jeune, qui se distingua à son tour et laissa des planches superbes d'après Rubens et van Dyck. Nous avons retrouvé au Capitole de Rome un magnifique portrait-groupe des deux Pierre De Jode, exécuté par van Dyck.

Goltzius eut encore pour élève un peintre très distingué, Werner vanden Valckert, d'Amsterdam,

J'arrête ici la biographie de Goltzius, qui, en la présente année 1604, est un homme de quarante-six ans et jouit, grâce à Dieu, d'une assez bonne santé, ce qui me réjouit fort.

Car, ainsi que Platon, arrivé à la fin de sa carrière, remerciait le Destin et la Fortune de l'avoir fait naître doué de raison et non bête brute, Grec et non Barbare, enfin de l'avoir fait vivre au temps de Socrate, je me félicite d'avoir pu connaître Goltzius et entretenir avec cet éminent artiste vingt années de cordiales relations[1].

COMMENTAIRE

C'est van Mander qui, le plus souvent, vient résoudre les problèmes biographiques sur lesquels se divisent nos contemporains. Pour ce qui concerne Henri Goltzius, on s'est souvent demandé s'il était ou non lié par des liens de parenté à Hubert Goltzius. Nous avons répondu une première fois à cette question à propos de la biographie du célèbre archéologue brugeois. La filiation d'Henri Goltzius est très clairement exposée par van Mander et il suffit de la retracer comme suit pour constater, au premier coup d'œil, que les deux Goltzius étaient cousins germains[2].

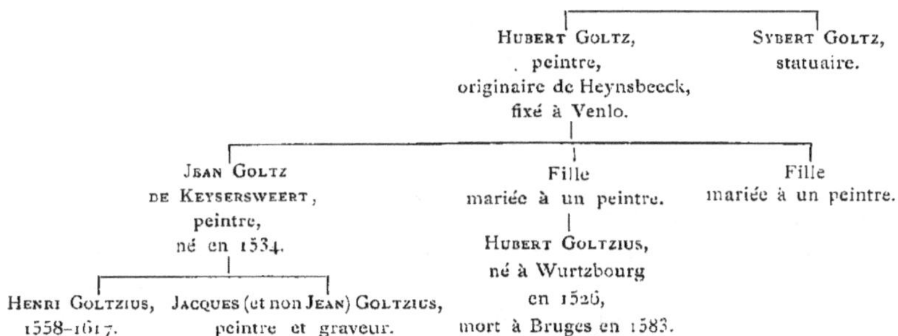

dont il existe un fort beau tableau du *Christ bénissant les petits enfants*, au musée archiépiscopal d'Utrecht, et un tableau de corporation, daté de 1625, à l'hôtel de ville d'Amsterdam. Il faut citer également Jean van den Berg, né à Alkmaar en 1588, d'abord élève de Goltzius, ensuite maître d'école, et que Rubens choisit pour receveur de ses domaines en Flandre. Jean van den Berg eut un fils, Mathieu, qui vit le jour à Ypres en 1615 et fut à son tour élève de Rubens. On possède de lui de nombreux dessins exécutés d'après les œuvres de différents maîtres. Mathieu van den Berg mourut à Alkmaar en 1687, après avoir séjourné un certain temps à Leyde. Descamps le fait mourir en 1647.

1. Henri Goltzius mourut le 1er janvier 1617. M. vander Willigen a pensé que cette date avait été erronément admise, le fossoyeur de l'église de Saint-Bavon à Harlem ayant ouvert la fosse le 2 janvier. Nous nous en tenons au portrait gravé par Jacques Matham lui-même, dont l'inscription dit positivement : *Obiit 1a Januarii 1617. Ætat. 59.*

2. Et non issus de germains, comme nous l'avons dit par erreur, tome Ier, page 382.

Il est évident que van Mander, avant de dresser sa généalogie, s'est adressé à Goltzius lui-même, Goltzius son ami, presque son élève, et qui nous a laissé de l'historien de la peinture le magnifique portrait placé en tête de son ouvrage, portrait peint par lui-même et gravé par son beau-fils Matham. Il faut remarquer que Goltzius survécut à van Mander d'une douzaine d'années, que, par conséquent, les deux personnages habitant la même ville, le biographe pouvait recourir au peintre quand bon lui semblait pour être renseigné.

Les années qui s'écoulèrent entre la publication du *Livre des Peintres* et la mort de Goltzius n'ont été retracées par personne; elles durent être surtout consacrées à la peinture. Si admirables que soient les estampes gravées par le maître, à la fin du XVIe siècle, — le portrait du fils de De Vries est de 1597, — on peut croire qu'il déposa le burin vers cette époque. La seule de ses estampes qui soit datée de 1615, l'*Adoration des Bergers* (Bartsch, n° 21), demeura inachevée et ne fut sans doute datée que plusieurs années après son exécution.

Le Cabinet des estampes de la Bibliothèque royale de Belgique possède un *Joueur de musette*, épreuve datée de 1605, mais c'est un simple griffonnement et la date et le monogramme qui sont à rebours, non moins que la nature du tirage, permettent de croire que le travail n'était pas destiné à l'impression.

Goltzius le graveur est suffisamment connu pour que nous soyons dispensés d'un nouvel examen de l'œuvre du maître. S'il est réellement l'auteur du portrait de Gérard Mercator (Bartsch, n° 176), cette planche aurait été gravée à l'âge de seize ans; pour un si jeune artiste ce serait là un travail presque prodigieux, mais au fond c'est une œuvre froide et assez correcte, rien de plus.

Les gravures de 1577 sont nombreuses; l'influence de Coornhert s'y fait sentir dans une assez forte mesure, et l'on n'a point de peine à les distinguer des œuvres appartenant aux mêmes séries et dont l'éditeur le plus ancien est Philippe Galle, déjà fixé à Anvers depuis plusieurs années. Ces planches furent-elles exécutées à Anvers même? Le point est difficile à résoudre et van Mander ne disant en aucune sorte que Goltzius ait séjourné près de Philippe Galle, on peut croire qu'il se bornait à reproduire les dessins qui lui étaient envoyés à cette fin et qui, d'ailleurs, étaient distribués entre plusieurs artistes : les Wiericx, les fils de Galle, les Collaert, etc.

Très rapidement, Goltzius est un maître et grave d'après ses propres dessins et d'après nature. Dès l'année 1579 il fait paraître le portrait de son père, œuvre d'un caractère admirable. L'origine germanique de la famille se manifeste par les inscriptions. « Bien que l'on puisse, en ce bas monde, tout déraciner et anéantir, l'amour doit être éternel », dit le texte allemand placé sous le portrait.

En 1580 paraît le médaillon de Gisbert de Duvenvoorde, avec la devise *Moderata durant* (Bartsch, n° 200); l'année suivante, le bourgmestre de Harlem Gerrit Willemsz Vries (?) (Bartsch, n° 208). Goltzius a vingt-deux ans à peine.

Bien que la très haute perfection de burin qui se manifeste dans les *Chefs-d'œuvre* et les *Culbuteurs* ne doive être atteinte que dans quelques années, Goltzius est un maître dès avant l'arrivée de van Mander à Harlem.

Les années qui vont suivre le montrent moins à son avantage. Il ne connaissait point jusqu'alors les œuvres de Spranger, nous l'avons vu par sa biographie, et si nous parcourons la biographie de van Mander rédigée par son frère et qui fait suite à l'édi-

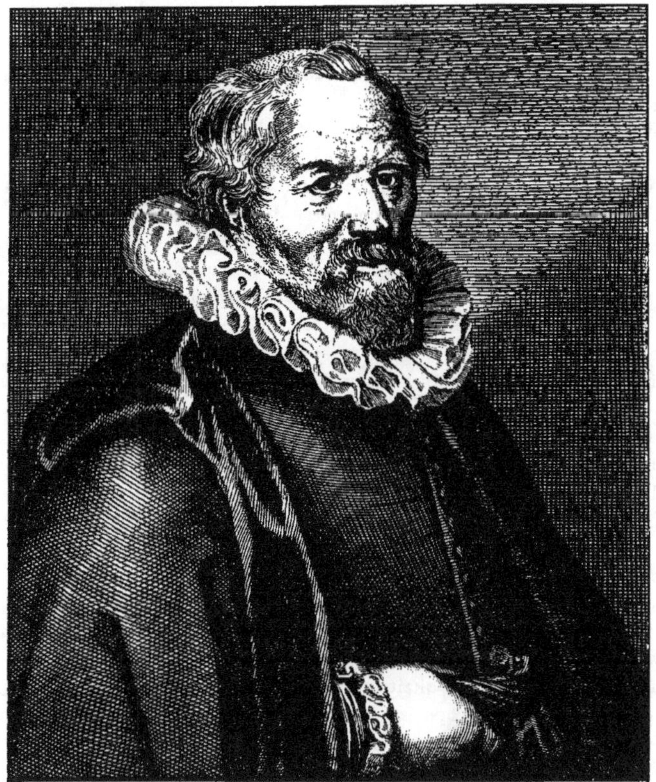

IACOBUS MATHAM.
Beau fils de Henri Goltz. fut né a Hærlem l'an 1571. le 15 d'Octob. mourut 1631. le 20 Ianuer

JACQUES MATHAM.

Fac-similé de la gravure de vander Does, d'après P. Soutman.

tion du *Livre des Peintres* de 1618, nous voyons que dans cette « Académie », que formèrent ensemble Goltzius, Cornelisz et van Mander, ce dernier « enseigna à ses confrères la manière italienne, chose facile à apprécier dans la suite des *Métamorphoses d'Ovide* de Goltzius ». Sous l'influence de ces leçons, les exagérations musculaires ne connaissent plus de bornes sous le burin de Goltzius. Il en arrive à faire la planche du *Grand Hercule* (Bartsch, nº 142), qui confine à la charge.

Le voyage d'Italie vient arrêter le maître dans la voie fâcheuse qu'il poursuit, et s'il n'est pas exempt de maniérisme à son retour, c'est assurément sous une forme plus simple et plus correcte que ses œuvres se présentent à nous.

Nous avons alors la suite des *Muses* (Bartsch, nºs 146-154), le *Triomphe de Galathée* (Bartsch, nº 270) et la belle figure de *Prophète*, d'après Raphael (Bartsch, nº 269), les *Chefs-d'œuvre* (Bartsch, nºs 15-20), le *Saint Jérôme*, d'après Palma, enfin le magnifique portrait du jeune De Vries.

C'est à la même période — à en juger par l'âge du modèle — que doit appartenir le grand portrait de Goltzius (Bartsch, nº 172), rangé à juste titre parmi les merveilles de l'art du burin [1], et qui reproduit sans doute une peinture du maître, citée par Gérard Hoet, comme ayant appartenu à une collection dispersée en 1715.

Où, quand et comment, Goltzius produisit-il ses planches en camaïeu, œuvres en quelque sorte isolées parmi les types de la gravure hollandaise? Pas un auteur du temps ne mentionne ces pages importantes, certainement inconnues à van Mander. Qu'elles aient été dessinées par le maître, à cet égard il ne peut y avoir aucun doute; en revanche on ne peut croire qu'elles aient été gravées par lui. Désigner son collaborateur, est chose encore impossible, les points de comparaison faisant défaut; rien n'indique même que ces planches intéressantes appartiennent à un élève de l'habile graveur.

A notre avis, les camaïeux de Goltzius doivent être envisagés comme le reflet de sa peinture, et sont, dès lors, infiniment plus intéressants que ne sont portées à l'admettre les personnes familiarisées avec les gravures du maître.

Van Mander assure que Goltzius ne commença à peindre qu'après son retour d'Italie. L'assertion est confirmée par les dates inscrites sur quelques-unes des productions de son pinceau. Le *Déluge* du musée d'Oldenbourg est de 1592; l'*Age d'or* du musée d'Arras, petit tableau malheureusement défiguré par des repeints, porte le millésime 1598. La date la plus récente, 1615, figure sur un tableau du musée de Rotterdam. (Nº 96 du catalogue de 1884.)

Waagen, très sévère pour Goltzius dans son *Manuel de la Peinture* et qui voyait à peine en lui un créateur, n'apprit à le connaître comme peintre qu'à l'Ermitage de Saint-Pétersbourg; il n'hésita point alors à revenir sur sa première impression et à déclarer qu'il avait précédemment méconnu la valeur du maître [2]. En effet, Goltzius est un peintre remarquable et ses grandes figures d'*Hercule*, de *Minerve* et de *Mercure*, datées de 1611 et de 1613, dont s'est récemment enrichi le musée royal de La Haye (catalogue, 7e édition, nºs 34, *a*, *b*, *c*), sont vraiment imposantes.

Le *Tityus dévoré par le vautour*, peinture de 1613, qui orne encore l'hôtel de ville de Harlem, n'est pas moins digne d'éloges et démontre que, pour avoir été un praticien des plus adroits lorsqu'il maniait le burin, Goltzius n'avait pas que cette seule qualité pour justifier l'admiration de ses contemporains et de la postérité.

1. C'est la réduction de ce portrait qui accompagne le présent chapitre.
2. *Die Gemälde Sammlung der K. Ermitage zu St. Petersburg.* Munich, 1864.

Nagler, qui n'est point coutumier du fait pourtant, a écrit de Goltzius une biographie quelque peu fantaisiste; à cette histoire si naïvement racontée par van Mander qui nous montre le désespoir du jeune artiste à la pensée qu'il ne verrait point l'Italie, l'auteur du *Künstler-Lexicon* substitue le récit des infortunes domestiques du célèbre graveur et va jusqu'à attribuer le misérable état de sa santé aux tracasseries de la femme vieille, mais riche, qu'il avait acceptée pour épouse.

Nous ignorons — les contemporains n'en ayant rien dit — si l'union de Goltzius fut heureuse. Son beau-fils, Jacques Matham, eut pour lui une vive affection et dut à son enseignement de devenir un très grand artiste. Lorsque Goltzius épousa la mère de Jacques Matham, c'est-à-dire en 1579, celui-ci venait à peine d'atteindre sa huitième année. Goltzius fut donc réellement pour lui un père, et si son union resta stérile, il dut s'intéresser d'autant plus vivement au fils de sa femme, dont la haute intelligence artistique se manifeste dans des œuvres souvent très belles. « Matham, dit Bartsch, nous a laissé nombre de pièces qui feraient honneur à Goltzius lui-même. »

Matham fut extraordinairement précoce. Dès l'âge de seize ans nous le voyons graver d'après Goltzius les *Parques* (Bartsch, n° 300); quelques-uns de ses meilleurs travaux sont exécutés à l'âge de dix-sept et de dix-huit ans. Un séjour assez prolongé en Italie lui permit de se familiariser avec les maîtres et il grava les Italiens avec beaucoup de talent [1].

Goltzius et Matham appartenaient à la religion catholique, bien que leur art soit souvent très profane et que tous deux aient gravé plus d'une notabilité protestante, à commencer par les princes de Nassau. Goltzius nous a même laissé d'admirables portraits du Taciturne et de Charlotte de Bourbon-Montpensier, sa femme.

Lorsque le grand artiste mourut, le 1er janvier 1617, il eut sa sépulture dans l'église Saint-Bavon, à Harlem. Une plaque de cuivre, depuis longtemps usée, marquait la place, en avant du chœur, où reposait sa dépouille. Sa femme lui survécut; la longue épitaphe qu'elle fit graver sur la tombe du défunt portait que les époux avaient vécu trente-six années dans les liens du mariage. L'inscription ajoutait que la veuve et le frère du défunt, Jacques Goltzius, avaient consacré, à frais communs, ce pieux souvenir à sa mémoire [2].

La mention de l'épitaphe vient très à propos nous apprendre le degré de parenté qui existait entre Henri et Jacques Goltzius, dont le nom se rencontre sur trois planches exécutées d'après les compositions du premier : *Pallas*, un *Jeune homme repoussant les offres d'argent d'une vieille femme*, et une *Jeune femme repoussant les offres d'un vieillard* [3]. Ces estampes, qui ne sont pas précisément médiocres, doivent leur principal intérêt au nom de Goltzius.

Quant à Jules Goltzius qui grava également d'après Henri, nous savons qu'il n'était pas, comme on l'a presque toujours soutenu, le fils de ce dernier — puisque

1. L'œuvre de Jacques Matham est décrit par Bartsch. (*Peintre-Graveur*, tome III.)

2. Le texte de l'épitaphe est reproduit dans le *Groote Schouburgh der Nederlandsche Konstschilders en Schilderessen* d'Arnold Houbraken, tome Ier, page 35.

3. Bartsch, tome III, pages 122-123.

Goltzius n'eut pas d'enfants, tout au moins pas de fils, — mais le fils de Hubert Goltzius et par conséquent le cousin, issu de germain, de l'illustre graveur.

Le nom de Goltzius se propagea rapidement grâce à ses estampes. Non moins connu en Italie que dans les Pays-Bas, il fut proclamé, en 1614, membre de l'Académie romaine de Saint-Luc[1]. Lorsque Sir Dudley Carleton, l'ambassadeur d'Angleterre, arriva en Hollande en 1616, une de ses premières lettres fit part à ses amis des craintes inspirées par l'état de santé de Goltzius[2].

L'œuvre gravé de Goltzius a été décrit avec beaucoup de soin par Bartsch et dans le supplément au *Peintre-Graveur* que Weigel fit paraître à Leipzig en 1843. Plus récemment, M. Eugène Dutuit (*Manuel de l'Amateur d'estampes*, Paris, A. Lévy, 1881, Écoles flamande et hollandaise, tome Ier, page 405) a publié de nouveau la liste des planches du maître. Il y a, toutefois, un certain nombre d'estampes qui sont restées inconnues tant à Weigel qu'à M. Dutuit et qu'il peut être utile de mentionner.

Jésus-Christ, appuyé sur la croix et triomphant de la mort et du péché, tient captifs Adam et Ève. Le sujet principal est entouré d'une bordure où paraissent les figures allégoriques de la Charité, etc. : *Absorpta est mors in Victoria. A. de Weert, Inventor*, 1577. Sans nom de graveur. Haut., 245 millim.; larg., 195 millim.

Jésus-Christ assis, vu de profil, tenant sa croix. Dans le fond, la soumission divine lui amène un pécheur. Bordure ornée. *Passio Chri.* Planche non signée, appartenant à la suite décrite par Bartsch, nos 60-75. Haut., 265 millim.; larg., 185 millim.

Le *Christ assis*. Petit in-folio. (Cité par Nagler.)

Jésus-Christ en jardinier, chassant d'un cœur les sentiments impurs. Dans le fond, un ange lave de ses souillures un pécheur. Planche avec bordure : *Ablatio malorum. Henr. Goltzius, sculp. Theod. Galle, excud.* Haut., 255 millim.; larg., 190 millim.

La *Croix adorée par les anges : apparebit signum filii hominis*, etc. Adrian Collaert *excudit*. Sans nom de graveur. Haut., 285 millim.; larg., 185 millim.

Sainte Famille, avec l'adresse de Kloeting. (Cité par Nagler.)

La *Vierge et les saintes Femmes sur lesquelles descend une pluie de fleurs et de fruits*. Planche avec bordure : *Benedicta tu in mulieribus*. Signé au bas, à gauche, du monogramme de Goltzius. Haut., 268 millim.; larg., 185 millim.

Madeleine pénitente, répétition modifiée de la planche décrite par Bartsch. (Citée par Nagler.)

Educatio Liberorum. Intérieur d'une école. Planche emblématique avec bordure. *Phil. Galle exc.* Sans nom de graveur. Haut., 250 millim.; larg., 190 millim.

Andromède, planche plus petite que celle décrite par Bartsch. (Citée par Nagler.)

Aveugle conduit par un aveugle, 1586. (Pièce ronde citée par Nagler.)

Un Buveur, in-4°. (Cité par Nagler.)

Joueur de musette, planche ronde signée et datée de 1605.

1. Cav. A. Bertolotti, *Artisti Belgi ed Olandesi a Roma nei secoli XVI e XVII*, page 230. Florence, 1880.

2. W. N. Sainsbury, *Original unpublished papers illustrative of the Life of Sir Peter Paul Rubens*, page 13. Londres, 1859.

Portrait de G. Bredero, le poète, eau-forte entourée d'une couronne de laurier, signée H. G. In-8°.

Marine avec un navire voguant à pleines voiles. (Citée par Nagler.) In-4°.

On remarquera que plusieurs des pièces rangées sur la présente liste sont anonymes. Nous ne pouvons nous porter garant des assertions de Nagler. Pour celles des pièces que nous avons eu personnellement l'occasion de voir et qui existent toutes au Cabinet des estampes de Bruxelles, aucun doute n'est possible, attendu qu'elles appartiennent à des séries décrites par Bartsch lui-même. En outre, il existe de nombreux portraits dont il ne fut probablement tiré que quelques épreuves destinées aux amis des personnes représentées. Weigel en a décrit plusieurs que Bartsch n'a point connus et d'autres ont été signalés à diverses reprises dans les ventes d'estampes. Il y a aussi quelques pièces fausses. Le Cabinet d'Amsterdam possède une série de têtes, découpées dans de grandes planches de Goltzius, avec l'intention de les faire passer pour des portraits inédits.

Comme peintre, Goltzius n'est représenté que par un petit nombre de tableaux dans les galeries publiques.

La liste suivante pourrait certainement être complétée :

Adam et Ève, figures de grandeur naturelle. (Musée de Saint-Pétersbourg, n° 495.)

Le *Déluge* (esquisse). 1592. (Musée d'Oldenbourg, n° 131.)

Adoration des Bergers, attribuée à Goltzius. (Musées de Stuttgart, n° 352, et de Turin, n° 330.)

Adoration des Mages. (Vienne, palais Liechtenstein, n° 1137; musée de Saint-Pétersbourg, n° 494.)

La *Circoncision*. (Musée de Saint-Pétersbourg, n° 493.)

Baptême du Christ, figures de grandeur naturelle. (Musée de Saint-Pétersbourg, n° 496.)

Ecce homo. (Musée *Kunstliefde*, Utrecht, n° 34.)

L'*Age d'or*, petit tableau, 1598. (Musée d'Arras, n° 78.)

Léda, attribuée à Hubert Goltzius. (Musée de Valenciennes, n° 95.)

Danaé, tableau cité par van Mander [1]. (Vente Braamkamp, 1771.)

Tityus dévoré par le vautour, 1613. (Musée de Harlem, n° 45.)

Jugement de Pâris, attribué à Hubert Goltzius. (Musée de Valenciennes, n° 96.)

Vénus et l'Amour, figures de grandeur naturelle. (Galerie de Schleissheim.)

Mercure protecteur des arts et des sciences ; au fond, la *Médisance*, grande figure, 1611. (Musée de La Haye, n° 34 *a*.)

Minerve, entièrement nue; au fond, *Midas*. Grande figure. (Musée de La Haye, n° 34 *c*.)

Hercule; au fond, le *Cadavre de Cacus*. Grande figure, 1613. (Musée de La Haye, n° 34 *b*.)

1. Feu M. A. D. de Vries, conservateur-adjoint du Cabinet d'Amsterdam, voulut bien nous apprendre que la *Danaé* passa du Cabinet Braamkamp au Cabinet vander Dussen et se représenta en vente en 1774. Notre savant confrère ignorait ce qu'elle est devenue depuis.

Mercure remet à Junon les yeux d'Argus, 1615. (Musée de Rotterdam, n° 96.)

Allégorie. Un législateur assis sur le trône reçoit les conseils de Minerve et paraît n'y point prendre garde. La Vanité (?) aux côtés du roi est environnée des attributs de la richesse et de la science; au fond, des hommes et des dames réunis à une table. Peinture absolument remarquable, signée et datée A° 1611. (Musée de Bâle, n° 265.)

M. le docteur His Heusler n'a pu arriver, nous dit-il, à pénétrer le sens de cette allégorie dont il a bien voulu nous donner une description détaillée.

Un guerrier appuyé sur son casque, demi-figure, petit tableau. (Musée de Turin, n° 325.)

Les dessins de Goltzius abondent. Le catalogue de Bartsch nous fait connaître les nombreuses compositions que gravèrent ses élèves. Il existe, en outre, quantité de portraits magistralement traités, et dont un des plus beaux, de grandeur naturelle, et daté de 1608, est au *British Museum*.

La Bibliothèque royale de La Haye possède la *Pompe funèbre* du prince d'Orange, Guillaume le Taciturne, dessin à la plume rehaussé de couleur, daté de 1584. Cette œuvre, qui forme une longue frise, a été reproduite en gravure par le maître lui-même. Bartsch range à tort cette suite parmi les œuvres douteuses du grand artiste.

Le musée Fodor à Amsterdam conserve les portraits dessinés au crayon rouge d'Anna Roemes Visscher, « la Sapho hollandaise », et de sa sœur Tesselschade. Ces créations merveilleuses atteignirent la somme de 821 florins à la vente du baron Verstolk de Soelen, en 1847.

F. Muller (*Beschrijvende catalogus*, n° 1902) cite un portrait de la collection Muilman (1773), qualifié « la belle-mère de Goltzius : *Agathe Scholiers*, épouse de *Jean Bartsen* ». Il est vrai que ce dessin, ajoute l'auteur, reproduisait les traits de la dame gravée par Goltzius et que l'on désigne sous le nom de Catherine Dekker. (Bartsch, n° 210.)

La même collection possédait deux portraits de Goltzius par lui-même; l'un se vendit 90 florins et l'autre 151 florins.

Le musée de Saint-Pétersbourg possède le *Noli me tangere*, figures à mi-corps, dessin à la plume, et la *Descente du Saint-Esprit sur les Apôtres*.

M. vander Willigen cite les dessins suivants, particulièrement dignes d'être rappelés; ils parurent en 1778 à la vente Rutgers, à Amsterdam :

Portrait de *Marguerite Jans, épouse de H. Goltzius*.

Portrait de *Sophia Goltzius* (?)

Portrait de *Stijntge* (Augustine) *van Poelenburg, belle-sœur de J. Matham*.

Deux portraits de *Jacques Matham*, datés de 1586.

Nous avons cité plus haut un autre portrait de Matham, daté de 1592.

Si nous pouvons croire à l'existence d'un nombre de tableaux très supérieur à celui précédemment cité, *a fortiori* doit-il en être de même pour les dessins du maître.

Le portrait de Goltzius a été plusieurs fois gravé. Jeune, il s'est représenté dans le fond de sa grande planche de la *Circoncision*. A une époque plus avancée de sa carrière, il nous donne la grandiose effigie (Bartsch, n° 172) que nous reproduisons.

Jacques Matham et Jonas Suyderhoef ont répété cette planche dans leurs estampes. (Bartsch, nos 22 et 23; Wussin, no 30.) Robert de Baudouz utilisa le portrait de Goltzius jeune, extrait de la composition religieuse citée plus haut, pour sa planche du *Theatrum honoris* de Hondius.

Quant au portrait gravé par G. Edelinck (Robert-Dumesnil, no 216), nous ne pouvons y voir qu'une œuvre de fantaisie.

XXX

HENRI CORNELISSEN VROOM, DE HARLEM

Certains parents s'imaginent ne pouvoir mieux contribuer au bonheur et à l'avenir de leurs enfants que par une sollicitude jalouse. Ils les enchaînent au logis, les abritent, comme qui dirait sous les plis de leur robe, sans se douter que, précisément, ces soins exagérés tournent au détriment de ceux qui en sont l'objet. Il en est de cela comme de la guenon, laquelle, à ce que l'on prétend, étouffe ses petits à force de tendresse, en les pressant contre son sein.

Le contraire se voit aussi pourtant. Lorsqu'un enfant, sevré d'affection, est de bonne heure livré à lui-même, il se préoccupe de gagner sa vie et on le voit, par la suite, arriver à l'aisance et à une position honorable, par cela même qu'il a dû tirer ses propres flèches, travailler de ses mains et préparer lui-même son avenir. Tel fut le cas de Henri Vroom, peintre de Harlem, dont la mère, s'étant remariée, fut cause que le jeune homme déserta de bonne heure le foyer paternel, victime qu'il était de la dureté d'un beau-père. Il dut à cette circonstance de pouvoir suivre sa vocation pour les beaux-arts.

Vroom naquit à Harlem en 1566. Son père, Corneille Henricksen, était un tailleur d'images qui s'adonnait aussi à la fabrication des faïences ou porcelaines, et comme il était habile dessinateur, il faisait de curieuses cannettes dont on ne savait comment se servir pour boire[1], et d'autres choses de l'espèce, extrêmement jolies par leur couleur.

Son frère, c'est-à-dire l'oncle de Vroom, Frédéric Henricksz, un excellent sculpteur, versé dans la géométrie, l'architecture et la perspective, était architecte de la ville de Dantzig[2].

Le grand-père de Vroom, Henri Vroom, était aussi un habile

1. Vases que les céramographes appellent *pots à surprise*. M. vander Willigen (*les Artistes de Harlem*, page 354) émet l'opinion que Corneille Hendricksz fut l'inventeur de ce genre de poteries.

2. Il y a probablement un lien de parenté ou peut-être aussi confusion entre ce sculpteur Frédéric

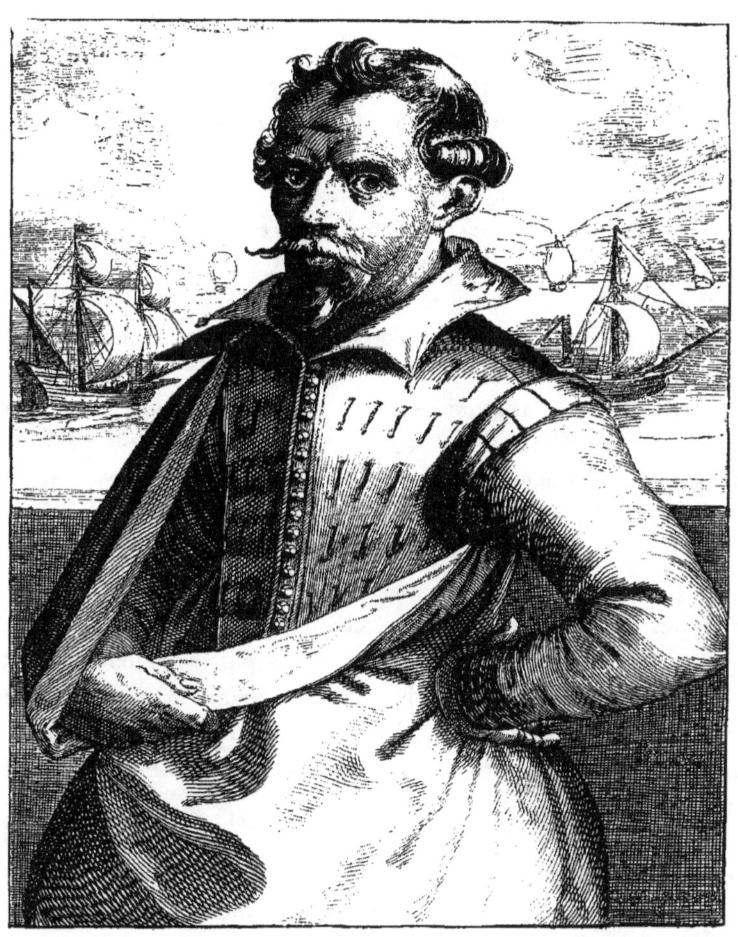

HENRICUS VROOM HARLEMENSIS
PICTOR..

Vromius hic multùm terris jac tatus et alto
Qui docuit vitâ multa ferenda probô
Naufragia et Tabulas, Scopulos, cœlique Ruinas
Tam bene qui potuit pingere nemo fuit

HENRI VROOM.

D'après la gravure de S. Frisius.

tailleur de pierre et sculpteur, de sorte que notre peintre est issu d'une souche essentiellement artistique.

Le beau-père de Vroom le poussait vers la peinture des faïences, dans laquelle le jeune homme se montrait déjà assez entendu. Mais, comme ses aspirations étaient plus élevées, qu'il voulait être peintre tout court, se trouvant libre, il chercha à se placer en divers endroits chez des maîtres, tirant simplement parti de la peinture sur faïence comme d'un gagne-pain, et s'amusant à peindre de petits bateaux et d'autres choses sur des carreaux de terre émaillée[1].

Ayant eu, de la sorte, l'occasion de visiter quelques villes des Pays-Bas : Enckhuisen, Bruges, en Flandre, etc., il arriva enfin à Rotterdam, s'y embarqua sur un navire espagnol pour San Lucar, gagna ensuite Séville, où il se plaça chez un médiocre peintre flamand du nom de Pintemony[2], ou « peintre de singes », se remit ensuite à peindre des faïences chez un Italien, et, enfin, s'embarqua de nouveau, cette fois pour l'Italie, au grand péril des corsaires turcs.

Il prit terre à Livourne, se rendit à Florence et ensuite à Rome, vécut un certain temps chez un chanoine espagnol où il peignit, et, en même temps, fit assez bien de niches. Il passa également deux années chez le sérénissime cardinal de Médicis[3], peignant d'après des estampes et autrement, s'exerçant aussi à peindre sur cuivre des compositions, des portraits et des paysages, et profitant des conseils de Paul Bril[4], qui venait fréquemment le voir.

Vroom s'en fut alors à Venise où il peignit des majoliques, et, après un séjour d'environ un an dans cette ville, partit pour Milan et se plaça chez un mauvais peintre néerlandais du nom de Valerius, qu'il quitta au bout d'une couple de mois, pour se rendre à Gênes. Il régnait dans cette ville une affreuse disette et le peintre n'y put

Hendricksz et le Gérard Heinrich (Hendricksz), originaire d'Amsterdam, mort à Dantzig en 1585, au sujet duquel M. le professeur Alwin Schulz a publié une intéressante notice résumée par M. Victor de Stuers dans le *Nederlandsche Kunstbode*, 1880, page 405.

1. Les carreaux de cette espèce abondent en Hollande et en Belgique où, jusqu'à ce jour, ils servent de revêtement aux cuisines, aux vestibules, etc.

2. Nous n'avons pu trouver quel fut, en réalité, ce peintre.

3. Ferdinand de Médicis, plus tard grand-duc de Toscane sous le nom de Ferdinand Ier.

4. Voyez ci-après, chapitre XXXIV.

trouver d'ouvrage; il se rendit alors à Arbrizziola[1] pour y peindre des faïences, et, ne trouvant pas à s'occuper, alla se placer à Turin, dans le Piémont, chez le peintre du duc, nommé Jean Kraeck, où il travailla une couple de mois[2]. Traversant alors le Mont Cenis, Vroom gagna Lyon, non sans avoir, à ce qu'il raconte, couru un très grand péril, car il fit une chute et serait tombé du haut d'un rocher à pic si la gelée n'avait fait adhérer son fond de culotte au rocher. Il fallut que des muletiers vinssent le détacher, non sans qu'une bonne partie des chausses restât collée à la pierre.

A Lyon, il put trouver à se placer dans un château, non loin de la ville, chez M. Bottoin, et peignit, à la détrempe sur toile, les campagnes de ce personnage et de ses ancêtres, à Pise, en Italie, tant sur terre que sur mer.

Il eut ainsi l'occasion de peindre des galères, des vaisseaux de toute sorte, et des rencontres de cavalerie et d'infanterie.

Au bout de ce travail, qui dura environ six mois, Vroom alla à Paris, chez un peintre de Leyde[3], puis, à cause de la grande cherté, se rendit à Rouen[4], où il fut mortellement malade et considéré comme perdu.

1. Albissola ou Arbissola, village situé à une lieue de Savone et succursale de la fabrique de faïences de cette ville. Les produits de Savone, d'après Albert Jacquemart (*Histoire de la Céramique*, page 344; Paris, 1873), sont d'une nature purement commerciale; le camaïeu bleu y domine.

2. Jean Carrach, Carracka, Caraqua, peintre d'Emmanuel-Philibert de Savoie, à dater de 1568, et plus tard de Charles-Emmanuel, son successeur, mort à Turin en 1607. Lanzi le nomme Isidore Caracca, sans pouvoir établir son origine. Nous présumons que van Mander était bien renseigné quant au nom véritable du peintre, qui était, on n'en peut douter, d'origine flamande. Voici d'ailleurs le décret de nomination de Jean Kraeck, précieux document que nous devons à l'obligeance de M. le baron Gamba, directeur de la Pinacothèque de Turin : « Emmanuele Filiberto, etc., etc., desirando noi insieme alle arti liberali che habbiamo per la nostra recreazione, etc., et essendo informati da persone intendenti et prattiche in tale esercitio della sufficienza anzi esperienza che ci ha fatta in alcune opere sue vedere il ben diletto nostro Gioanni Caraqua fiamengo che assai ci sono piacciute, attesa insieme la sincera affettione che mostrò sempre havere al servizio nostro, c' è parso di ellegerlo, crearlo et diputarlo, come per le presenti lo ellegiamo, creamo et deputiamo meritevolmente pittore nostro con tutti gli onori, prerogative, comodità, immunità, preminenze, diritti e carichi che di tal esercizio spettano e convengono con li stippendji a parte stabiliti a nostro beneplacito con che fara il debito giuramento, etc., etc., etc..... Date in Turino il primo gennajo 1568. » *(Archivio dello Stato.)*

La dépouille de Carraqua et celle de sa femme reposent dans les caveaux de la cathédrale de Turin. Le livre de la paroisse le nomme *Giovanni Carracha fiammingo pittore di S. A.* On voit de ses œuvres au musée de Chambéry.

3. Probablement Jean de Hoey. (Voyez tome Ier, page 149, note 4.)

4. Il est à présumer que la présence de Vroom dans cette ville était motivée par son désir de s'y occuper de travaux de céramique.

Il se rétablit pourtant, grâce à une vieille femme qui lui banda la tête.

Il s'embarqua alors pour la Hollande, revint à Harlem, et, s'y étant marié[1], se mit à peindre quelques petits tableaux d'après des estampes, ainsi que des navires.

Marié depuis environ un an, il partit pour Dantzig, chez l'oncle dont il a été question plus haut, et peignit pour des jésuites polonais un tableau d'autel. Son oncle l'initia aux règles de la perspective et à d'autres parties de son art[2].

Rentré de nouveau à Harlem avec sa femme, il reprit, au bout de quelque temps, le chemin de l'Espagne, emportant une partie de ses sujets religieux. Malheureusement, il fut assailli en route par une terrible tempête, et il fallut que l'équipage et lui quittassent le navire pendant la nuit pour se diriger dans une barque vers un îlot rocheux : Los Barlingos, où ils parvinrent, non sans avoir couru de grands périls, à aborder dans une petite crique, leur bateau étant rejeté, à diverses reprises, par les vagues furieuses. Ce ne fut pas sans peine qu'ils arrivèrent à gravir le rocher, et le navire, allant à la dérive, fut brisé en mille pièces, le flot poussant le chargement vers un endroit de la côte portugaise où se trouvait un couvent de moines.

Les moines, voyant les petits tableaux de Vroom, firent des représentations au capitaine du port, lui disant que les naufragés étaient des chrétiens et non des Anglais, qui étaient habitués à venir le long des côtes faire la course.

Vroom et sa troupe, en tout vingt-cinq personnes grandes et petites, ne trouvant sur le rocher aucune nourriture, et n'ayant, pour toute boisson, que l'eau du ciel, furent trois jours en vive détresse et tinrent conseil sur le point de savoir si, comme des enragés, ils ne dévoreraient pas les jeunes garçons pour éviter de mourir de faim.

A la longue, ils firent de leurs chemises un grand drapeau, ce qui eut pour résultat que les moines leur envoyèrent une barque, ramée

1. Sa femme s'appelait Joosje (Josine) Cornelisse. (A. vander Willigen, *les Artistes de Harlem*, page 320. Harlem, 1870.)

2. Gérard Hendricksz, que nous avons cité plus haut, mourut à Dantzig en 1585. Il avait, paraît-il, quitté la Hollande en 1572 et vécut successivement à Kiel et à Dantzig. Le fils du maître, également sculpteur de grand mérite, habita Breslau et y mourut vers 1615. Il est probable que ce que van Mander dit de l'oncle de Vroom se rapporte au cousin du peintre.

par des esclaves, et un des moines leur porta de l'huile, du pain et du vin, et ramena les naufragés à Penice[1], non sans leur avoir demandé d'abord s'ils n'étaient point Anglais, car, dans ce cas, on les eût abandonnés à leur sort.

Arrivés à terre, Vroom et ses compagnons se rendirent sans retard à la petite église des moines pour y rendre grâces au ciel de leur avoir procuré les moyens de salut. Le capitan ou gouverneur les reçut très bien et les traita lui-même à sa table. Vroom trouva chez lui ses petits tableaux exposés, les uns intacts, les autres brisés; il n'en est pas moins vrai que, sans le secours du peintre, les marins hollandais eussent infailliblement péri. Comme dit le proverbe, il fait bon d'avoir les *dévots* pour amis[2].

Après une couple de jours, on donna aux naufragés un peu d'argent et ils se mirent pédestrement en route pour Lisbonne. De là, Vroom gagna Saint-Huves[3] et y embarqua pour la Hollande. Toutefois, au moment où on levait l'ancre, il eut le pressentiment que le navire périrait et exigea qu'on le remît à terre, ce qui lui valut pas mal d'invectives et l'épithète de peintre fou.

Le navire, obligé de dépasser Texel, périt dans le Sund. Il avait pour patron Roel Jansen, de Medenblick.

Les marins qui étaient présents lorsque Vroom s'était embarqué à Saint-Huves, et avaient poursuivi leur route, ignorant qu'il eût été débarqué, lorsqu'ils surent que le bateau avait péri, s'empressèrent de répandre en Hollande et à Harlem le bruit de la mort du peintre, et l'on prit des mesures pour le partage de sa succession.

Vroom, en attendant, était à Saint-Huves, dans un couvent, chez un Père; il y peignait et était bien traité.

Il y avait à Saint-Huves un peintre pour qui Vroom peignit sa propre aventure et son naufrage, et qui vendit le tableau pour une grosse somme à un seigneur de Lisbonne, de sorte que le peintre sut beaucoup de gré à Vroom et lui demanda d'autres marines.

1. Peniche, ville de l'Estramadure.
2. Jeu de mots sur le nom du peintre : *Vroom*, qui veut dire en hollandais *dévot*.
3. Setuval.

Ayant ainsi gagné assez bien d'argent, Vroom s'en retourna chez lui après avoir d'abord écrit à sa femme pour lui dire qu'il vivait encore, ce dont il vint bientôt fournir la preuve[1].

Sur le conseil de ses confrères, il s'adonna d'une manière exclusive à la peinture des marines et y réussit de mieux en mieux; la Hollande étant un pays maritime, le public aussi prenait un extrême plaisir à ses productions.

Il se fit à cette époque que François, le fabricant de tapisseries[2], ayant accepté de l'amiral anglais mylord Howard[3] la commande d'exécuter en tapisserie les combats de la flotte anglaise contre les Espagnols en 1588, Spiering me demanda les cartons destinés à ce travail.

Ce n'était pas mon genre et je conduisis le fabricant chez Vroom qui lui fit à la journée jusqu'à dix grands morceaux, épisodes divers de la lutte, ce qui procura aussi au peintre l'avantage de faire de grands progrès dans le genre qu'il avait adopté[4].

Vroom, s'étant embarqué à Santvoort, arriva en Angleterre chez l'amiral, et se fit connaître pour l'auteur des cartons de ses tapisseries, ce qui lui valut un cadeau de cent florins.

A Londres, il fit la connaissance d'Isaac Oliver, l'habile miniaturiste[5], qui fit de lui un superbe portrait.

Rentré en Hollande, Vroom exécuta sur une très grande toile le septième jour du combat des Anglais contre les Espagnols, œuvre des

1. Il était à Harlem à la fin de 1596, car, le 28 janvier 1597, le magistrat l'exemptait, *sur sa demande*, des fonctions de commissaire de la gilde de Saint-Luc. (Vander Willigen, *loc. cit.*)

2. François Spierings, tapissier établi à Delft, en vertu d'un octroi du 24 décembre 1592. (J. van de Graft, *De tapijtfabrieken der XVIe en XVIIe eeuw*, page 68; Middelbourg, 1868.) Il paraît avoir été d'origine anversoise.

3. Charles Howard, comte de Nottingham, lord grand-amiral d'Angleterre, mort en 1624, âgé de quatre-vingt-huit ans. Son portrait est à Hampton Court. (N° 620.)

4. Ces tapisseries coûtèrent 7,115 £ 8 sh. (Vertue, *Anecdotes of painting*, etc., édition Dallawnay, tome Ier, pages 227-282.) Elles furent placées au Parlement, sous la République, en 1650, et périrent dans l'incendie de 1834. On en trouve des gravures dans le recueil de John Pine, *The Tapestry Hangings of the House of Lords representing the several engagments between the English and the Spanish fleets*, in-folio. Londres, 1783. Ce recueil est fort intéressant. Les planches sont imprimées en bleu et encadrées d'arabesques avec les portraits des capitaines des flottes des deux pays. Dans le célèbre tableau de Copley, représentant la *Mort de Lord Chatham*, les tentures de Vroom occupent le fond.

5. 1566-1617. Oliver n'a pas été surpassé comme portraitiste en miniature.

plus développées et qui excita l'admiration de Son Excellence le Prince Maurice et de l'amiral Justin[1].

Depuis, il a encore dessiné l'expédition des bateaux partis de Zélande pour la Flandre et que suivit la bataille de Nieuport[2]. Cette œuvre ayant été exécutée en gravure, il en offrit des exemplaires à la ville et aux États, de sorte qu'elle lui rapporta assez d'argent[3].

Vroom, qui progresse de jour en jour dans l'art de représenter les navires, a fait un nombre d'œuvres pour ainsi dire incalculable : plages avec des poissons, des pêcheurs et autres fantaisies, desquelles choses, comme il va vite en besogne, il tire grand profit.

Et ce qui mérite surtout d'être loué, c'est qu'il ne livre pas de barbouillages; qui veut avoir une œuvre de sa main doit la payer.

Pour tout dire, Vroom est, dans sa partie, un maître éminent, non seulement en ce qui concerne les navires, leur construction, leur gréement, etc., toutes choses auxquelles il s'entend à merveille, mais il excelle encore dans tout le reste : fonds, paysages, rochers, arbres, ciels, eaux, vagues, châteaux, villes, poissons, qu'il associe à ses vaisseaux et qui contribuent au bon effet de ses œuvres.

COMMENTAIRE

Henri Cornelisz Vroom mourut à Harlem le 24 janvier 1640; il survécut, par conséquent, trente-six années à la publication du livre de van Mander. Mais le peintre ne songeait plus à quitter sa ville natale, où des commandes nombreuses et diverses l'occupèrent jusqu'à la fin de ses jours.

Le genre que Vroom avait adopté et dont il fut le créateur, dans un pays essentiellement maritime, assurait une grande popularité à ses œuvres. Remarquons-le, c'étaient des épisodes contemporains que retraçait son pinceau, et ceux-là mêmes qui avaient pris part à l'action en pouvaient attester la parfaite exactitude. L'amiral lord Howard,

1. Justin de Nassau, fils naturel du Taciturne, né en 1559, amiral de Zélande en 1586, mort en 1631.

2. La grande flotte réunie par Maurice en 1600, et qui fut gravée sous le titre : *Ectypoma Classis bis mille octingentarum navium ductore Illustrissimo Principe Mauritio Nassovio in Flandriam appulsæ XXII Junii M.VI.C*, grand in-folio.

3. La planche est dédiée au magistrat de Harlem. Une gratification de 60 livres fut octroyée à son auteur. (Vander Willigen, *les Artistes de Harlem*, page 320.) L'auteur a cru à tort qu'il s'agissait de l'Armada de Philippe II.

à qui étaient destinées les tapisseries exécutées à Delft, avait commandé lui-même la flotte anglaise opposée à l'Armada.

Les ateliers de tapisseries de Delft vécurent largement des cartons de Vroom. Outre les tentures destinées à l'Angleterre, François Spierings fut appelé à exécuter une suite de sept marines pour orner la grande salle de l'ancienne abbaye de Middelbourg, tout à la fois logement princier et lieu de réunion des États zélandais. Cette suite fut complétée en 1597. Elle existe encore en entier, mais ne forme plus un ensemble ; trois des tentures, après avoir cessé d'occuper leur place originelle, ont été transportées à La Haye [1].

A diverses reprises, les comptes des trésoriers des Pays-Bas font connaître des sommes payées à Vroom pour la livraison de peintures ou de cartons ayant un caractère officiel. C'est ce qui arriva en 1607 et en 1610 [2], et même on lui commanda une vue à vol d'oiseau de la flotte devant Philippine. Pendant la trêve, en 1611 et en 1614, il livra des peintures aux archiducs Albert et Isabelle. En 1603, la ville de Leyde lui commanda les cartons d'un vitrail [3] ; en 1611, la ville de Harlem lui demanda la *Prise de Damiette*, et, en 1635, celle d'Amsterdam réclama de sa main une autre œuvre pour la salle du Conseil des amiraux [4]. Il paraît toutefois qu'en 1620, une nouvelle commande faite au peintre donna lieu à des difficultés et que, finalement, la municipalité chargea du travail Corneille Claeszoon van Wieringen, qui s'en acquitta à l'entière satisfaction des magistrats. Vroom reçut toutefois une indemnité. M. vander Willigen, dans son beau travail sur les maîtres de Harlem, a longuement exposé les négociations relatives à cet objet.

On peut dire que les tableaux de Vroom jouissaient d'une faveur égale aux portraits des corporations et, sans exalter leur mérite au delà du nécessaire, il n'est que juste de dire qu'ils sont restés seuls de leur espèce. Lanzi, qui s'occupe de Vroom à cause de son séjour en Italie, émet cette appréciation fort juste qu'il semble s'être plutôt appliqué à imiter l'art de construire les vaisseaux, art qui appartenait à sa nation, qu'à reproduire les changements et les grands effets de l'air et de la mer. Aucun maître, ajoute cet auteur, ne fut plus exact, plus minutieux même, dans l'art de pourvoir les navires de tous les agrès nécessaires, etc. [5] Vroom n'est donc pas un peintre de marines comme W. van de Velde, par exemple, il est un peintre de navires et, très accessoirement, de paysages maritimes.

De tout ce que produisit le maître, pendant sa vie errante, nous ne connaissons rien. Ce fut presque le hasard qui décida pour lui du choix d'un genre.

C'est avant tout en Hollande que l'on peut apprendre à connaître les œuvres de Vroom. Le musée de Harlem conserve de lui quatre tableaux importants : l'*Arrivée de Leicester à Flessingue, en 1586*, œuvre datée de 1623 ; un *Navire sous voiles*, l'*Incendie*

1. La suite complète, gravée par M. Ch. Onghena, en partie d'après des dessins exécutés au XVIIIe siècle, a été insérée dans l'excellent travail de M. J. van de Graft : *De Tapijtfabrieken der XVIe en XVIIe eeuw*, etc. Middelbourg, 1868. In-8°.

2. Kramm, *Levens en Werken der Nederlandsche en Vlaamsche Kunstschilders*, page 1815.

3. Vander Willigen, *loc., cit.*, page 320.

4. *Ibid.*, page 321.

5. Lanzi, *Histoire de la Peinture en Italie* (traduction Dieudé), tome II, page 43. Paris, 1824.

du vaisseau amiral espagnol devant Gibraltar, 1607, et une *Vue de Harlem.* Ce sont les meilleures peintures que nous connaissions de l'artiste.

Au musée d'Amsterdam, un très grand tableau représente également le *Combat de Gibraltar.* Il est daté de 1617 [1].

La Galerie de Hampton Court possède un tableau représentant l'*Embarquement du prince de Galles* (plus tard Charles Ier) *à San Andero, en Espagne*, en 1623, attribué à Vroom par les anciens inventaires, mais que M. Law, dans son excellent catalogue, donne à Percellis.

Dans la Galerie du palais de Prague, M. Woltmann lui attribuait un *Naufrage*, avec Jonas, sur le point d'être englouti par la baleine [2].

A Augsbourg, une *Vue du port d'Amsterdam* porte la signature *Vroom F.* (N° 707.)

Au musée des Offices, à Florence, figure une *Marine* importante avec un bateau bien détaillé. (N° 733.)

Enfin, le palais Colonna, à Rome, contient les six œuvres qui fournirent à Lanzi l'occasion d'exprimer le jugement reproduit plus haut.

Vroom eut plusieurs enfants de son mariage avec Josine Cornelisse. Ses deux fils, Corneille et Frédéric, furent peintres. Corneille, qui peignait le paysage dans la manière de Ruysdael et de Hobbema, mourut en 1661, et ses funérailles eurent lieu le 16 septembre, ainsi qu'il résulte de la lettre d'invitation publiée par M. vander Willigen.

Les musées de Berlin (nos 888A et 888C) et de Schwerin (no 1099, avec la date de 1630) possèdent de ses œuvres.

Frédéric, qui déjà faisait partie de la garde civique de Harlem, en 1619, mourut en 1667 et fut enterré dans l'église de Saint-Bavon, le 20 septembre. (Van der Willigen, page 322).

M. Kramm déclare n'avoir pas réussi à voir de ses tableaux. Il peignait le portrait et les sujets historiques.

Il importe, vu la rareté des œuvres du maître, de signaler la présence de son portrait au musée de Darmstadt. C'est une toute petite peinture représentant l'artiste devant un chevalet, tenant la palette et les pinceaux. Sur la toile que supporte le chevalet, on lit : Frederik Vroom Hendriks, *se ipse pinxit.*

Vroom eut aussi une fille mariée au peintre J. Backer, élève de Rembrandt.

Le nom de Vroom a été porté par plusieurs peintres. Un Mathieu Vroom est reçu franc-maître de la gilde de Saint-Luc, à Anvers, en 1620; nous ignorons s'il était parent du peintre de Harlem.

Nagler cite un certain nombre d'estampes exécutées d'après des peintures et des dessins d'Henri Cornelisz Vroom. Presque toutes sont anonymes. Nous connaissons, pour notre part, outre la grande planche déjà citée : *Ectypoma classis*, etc., datant de 1600 :

1. En 1607, les États de Hollande décidèrent d'offrir au prince de Galles une représentation du *Combat de Gibraltar* et une *Tempête*, par Vroom, tableaux que l'ambassadeur Duyvenvoorde emporta en Angleterre. Wagenaar, *Vaderlandsche Historie.* (*Bijvoegsels en Aanmerkingen*, X, 25.)

2. *Die Gemälde Sammlung in der K. Burg zu Prag*, page 40.

Un grand navire ballotté par la tempête. Les marins sont dans les agrès. Planche au burin, signée H. V. *P. Kerrius excud.*

Nagler cite : la *Chute de Phaéton.*

Un vaisseau de guerre ; à l'avant-plan, une baleine. Meynert Jelissen. — 1612.

Une marine avec deux vaisseaux tirant des salves.

Le portrait de Vroom est gravé dans le *Theatrum I. onoris,* de Hondius. Nous le reproduisons.

Outre ses deux fils, H. C. Vroom paraît avoir eu pour élève le peintre de marines Jan Porcellis (Percellis), d'origine gantoise, et dont l'éducation première se fit à Anvers où on le trouve inscrit à la gilde de Saint-Luc, en 1616. En 1622, il habitait déjà Harlem, et il mourut avant 1632[1].

1. W. Schmidt, dans le *Repertorium für Kunstwissenschaft,* tome Ier, page 68; Obreen, *Archief,* page 137. M. Schmidt émet des doutes sérieux sur la qualité d'élève de Vroom attribuée à Porcellis par Houbraken.

XXXI

JEAN SOENS, DE BOIS-LE-DUC

Je m'en voudrais de passer sous silence les hommes qui se sont distingués dans notre art, en quelque lieu qu'ils se trouvent. Et puisque ceux de notre pays ont, par-dessus tous autres, l'amour des voyages et le désir de connaître les pays et les peuples étrangers, je consigne ici le souvenir du très habile peintre Jean Soens, de Bois-le-Duc[1], bien qu'il soit au loin, s'étant fixé à Parme, en Lombardie, où il est, si je ne me trompe, au service du duc[2].

J'ignore qui dirigea ses premières études; tout ce que je puis dire, c'est qu'il vint à Anvers et s'y logea chez un maître d'école renommé, qui s'appelait Jacques Boon[3], et qu'ayant travaillé un certain temps pour son compte particulier, il alla ensuite chez Gilles Mostaert[4], où il s'adonna à la copie de beaucoup de jolies choses, surtout des œuvres de François Mostaert, dont il adopta bientôt la manière dans le paysage. Il est donc permis de dire qu'il a fait à Anvers son véritable début dans le paysage, bien que la nature ait toujours secondé sa main par l'intelligence de l'observation.

On voit de ses premiers travaux chez Henri Louwerz Spieghel, un amateur éclairé d'Amsterdam; ce sont des paysages d'un joli effet.

Il y a d'abord et surtout un paysage à l'huile, sur une toile que les peintres à la détrempe nomment de double grandeur, ou à peu près. L'avant-plan montre un chemin bordé d'une haie, de beaux arbres et de curieux détails, entre autres, un individu qui satisfait un besoin[5].

1. Jean Soens naquit en 1553 d'après les biographes hollandais.

2. Ranuce Ier, fils d'Alexandre Farnèse, né en 1569 et mort en 1622, duc de Parme depuis l'année 1592.

3. Il figure comme « maître d'école » parmi les confrères de la gilde de Saint-Luc d'Anvers en 1559. (Rombouts et van Lerius : *les Liggeren, etc.*, tome Ier, page 215.)

4. Voyez ci-dessus, chapitre XIII, page 59.

5. Le nom de Soens ne paraît pas dans les catalogues de ventes hollandaises republiés par Gérard Hoet.

Ensuite, il y a de petits paysages sur panneaux et quelques petits incendies. On voit aussi dans ces peintures des champs de blé vert ou d'avoine et d'autres plantations.

Il fit le voyage d'Italie et, de mon temps, se trouvait à Rome[1] où nous étions liés.

Il produisit beaucoup dans la Ville éternelle, entre autres de petites peintures sur cuivre à l'huile, et travailla pour divers seigneurs, peignant même des fresques dans le palais du pape.

Il nous fit voir là quelques paysages qui décoraient la frise d'une des chambres du palais, avant que les échafaudages eussent été enlevés, ce qui me permit de voir de près ses procédés habiles et larges, qui provoquèrent, de la part du peintre de Sa Sainteté ou de quelque autre personne, l'observation que c'était rude et point assez fait, ce qui n'empêchait pas les peintures de produire à distance et d'en bas un excellent effet[2].

Il y avait notamment la légende de *Saint Augustin* se promenant au bord de la mer et rencontrant sur la plage un enfant qui veut épuiser la mer à l'aide d'une coquille pour en verser l'eau dans une fossette. La mer était admirablement traitée, et la dégradation des ombres et des reflets à sa surface, rendue d'une manière excellente.

Dans une antichambre du salon royal, à l'une des extrémités, il y a de lui un beau paysage peint à fresque. On y voit un coq ayant sans doute une signification allégorique[3]. Cette œuvre se signale entre tous les autres paysages qui sont là et ont pour auteurs César de Saluces et d'autres maîtres. Pourtant ledit César dont j'ai parlé[4] suivit de près la manière de Soens que j'ai, par erreur, fait naître à Anvers, en le citant une première fois.

1. C'est-à-dire en 1575.

2. Soens exécuta, en effet, plusieurs paysages au Vatican, sous le pontificat de Grégoire XIII. Mathieu Bril et César de Saluces (Cesare Piemontese) furent ses principaux collaborateurs. La partie du Vatican que désigne van Mander est la salle dite Ducale.

3. « Il dipinto della facciata di mezzo, di figura ovale, dove nel primo piano si osserva un gallo, è l'opera di Giovanni Fiammingo, che dipingeva à tempi di Gregorio XIII, e due figure laterale che sono pur nel fregio, dove erano anticamente alcune porte, le condusse Paride Nogari, etc. » (Erasmo Pistolesi, *Il Vaticano descritto ed illustrato*, tome VIII, pages 86-87. Rome, 1838.)

4. Pages 194 *b* de l'*École italienne*, édition de 1604, et 118 *b*, édition de 1618. C'est à propos de ce maître que van Mander désigne Soens comme Anversois.

Soens est aujourd'hui fixé à Parme, où l'on me dit qu'il a fait ses principales œuvres, de superbes grands paysages[1]. Il traite également très bien la figure. Les choses que j'ai vues de lui, dans ce genre, étant à Rome, sont de petites dimensions, mais curieuses et spirituelles[2].

Il est encore garçon et âgé de cinquante-six ou cinquante-sept ans, et très digne d'être compté parmi les meilleurs peintres néerlandais, surtout comme paysagiste[3].

COMMENTAIRE

Jean Soens est un peintre très peu connu dans les Pays-Bas et nous ignorerions probablement et son nom et son origine sans le scrupuleux van Mander. Les registres de la gilde artistique d'Anvers ne le mentionnent ni comme élève de Mostaert ni comme peintre indépendant, et c'est encore une fois à van Mander que nous devons de savoir qu'il a travaillé dans cette ville.

Les tableaux de Soens se rattachent à tout l'ensemble des paysages du xvie siècle des van Cleve, des Savery, des Valckenburg, etc. Très poussés, ils offrent assez d'intérêt par la conscience avec laquelle le peintre précise tous les détails. Ce sont habituellement des épisodes de l'histoire sacrée qu'il choisit, et sa peinture délicate devait certainement donner du prix aux œuvres de l'espèce, auprès de ses contemporains.

Notre jugement se fonde sur les tableaux des musées de Parme et de Naples.

La première de ces galeries possède une suite de six sujets tirés de l'*Histoire de la Création* et représentés sur des panneaux ronds. Ce sont des œuvres essentiellement flamandes, de celles que l'on voit apparaître dans les fonds d'appartements des maîtres du commencement du xviie siècle.

Le musée de Parme possède un septième tableau, une *Résurrection* (n° 205), que le sujet et la facture rattachent aux deux œuvres conservées au musée de Naples.

Ici nous trouvons le *Christ au Jardin des Oliviers* (salle VI, n° 97), et, dans la même salle (n° 45), l'*Ascension*.

Toutes ces peintures sont détaillées et se ressentent, dans une certaine mesure, de l'influence des Bril, avec moins de grandeur dans la conception, toutefois.

Zani (*Enciclopedia*) emprunte, sans dire à quelle source, les mots : *Joannes Sonsis nobilis Belga*. On pourrait conclure de cette mention que Soens aurait été anobli pendant son séjour à Parme.

1. Il y décora la chapelle de Santa Maria la Bianca — aujourd'hui détruite, — de peintures comparables, disait-on, aux œuvres de Corrège et qui transportèrent d'enthousiasme Annibal Carrache. (*Lettere Pittoriche*, tome Ier, page 211.)

2. Les tableaux que nous connaissons de Soens sont, effectivement, d'assez petite dimension.

3. Les auteurs ne s'accordent pas sur la date de la mort de Soens; on a cité 1604 et 1607. Vander Aa (*Biographisch Woordenboek*) dit 1611.

Les éloges que lui donne van Mander et sa participation plus ou moins heureuse aux peintures du Vatican ne lui constituent pas une importance suffisante pour que les collectionneurs se soient préoccupés de recueillir ses œuvres pendant les siècles qui nous séparent de l'époque de sa mort.

Nous ne connaissons aucune reproduction gravée des œuvres du maître, et c'est en vain que nous avons fouillé les catalogues pour trouver la mention d'une estampe portant son nom. Si des œuvres de l'espèce existent, elles ne peuvent donc être qu'en très petit nombre et doivent être envisagées comme rares.

XXXII

JEAN VAN ACHEN

ÉMINENT PEINTRE DE COLOGNE

Pierre Isaacsz. — Joseph Heins. — Pierre Stevens. — Égide Sadeler. — Adrien De Vries.

La célébrité des maîtres qui ont excellé dans la peinture sera toujours un bien vif stimulant pour les jeunes artistes. Le monde retentit de la gloire de ces maîtres; ni l'immensité des mers, ni l'élévation des plus hautes cimes, n'arrêtent le vol de leur renommée et, devenus bientôt l'objet de l'attention universelle, ils se voient admis à faire briller leur génie devant les princes et seigneurs dont ils conquièrent la bienveillance. Tel fut aussi le sort de l'éminent peintre van Achen.

Né en 1556[1], dans la célèbre ville de Cologne, de pieux et honorables parents, il continua de porter après son père, bourgeois digne et grave, le nom d'Aix-la-Chapelle[2], d'où sa famille était originaire.

La bonne Nature, ayant prédestiné le jeune homme à la carrière artistique, toléra que jusqu'à sa douzième année il allât à l'école pour y apprendre à lire et à écrire, pourvu toutefois que la plume entre ses mains servît aussi à dessiner des hommes et des animaux, conformément à la voie qu'elle-même lui avait préparée pour arriver à la perfection et aux honneurs. Cette voie, l'enfant la suivit docilement et, en quelque lieu qu'il allât, observait les choses que lui montrait la grande initiatrice, distinguant de bonne heure le beau du laid, l'aimable du déplaisant.

Lui arrivait-il de voir un cheval fougueux, portant fièrement la tête,

1. En 1552, d'après Merlo. (*Nachrichten von dem Leben und Werken Kölnischer Künstler*, page 1.)

2. En allemand *Achen*, en flamand *Aaken*. C'est cette dernière orthographe que van Mander adopte, naturellement. Mais le nom du maître se rencontre grandement défiguré, comme le fait observer le Dr W. Schmidt, dans l'excellente notice du *Künstler-Lexikon* de Meyer, tome 1er, page 39. Il arrive ainsi que dans les catalogues on rencontre Abak, Aquano, Jean Dach, Fanachen et même Janachen.

quelque joli visage de femme, il faisait de son mieux pour les retracer, et l'on reconnaissait sans peine l'original. Il se fit même qu'une grande dame étant venue à Cologne, il la dessina pour l'avoir entrevue à sa fenêtre, et tout le monde la reconnut.

Il fit aussi, d'après nature, à la plume, un chat, placé un peu haut, et avec tant d'habileté, qu'un peintre qui rendait visite au père van Achen, ayant vu ce dessin, supposa que l'auteur suivait un apprentissage régulier et ne fut pas médiocrement surpris d'apprendre le contraire. Il insista de toutes ses forces pour qu'on permît au jeune homme d'embrasser la carrière artistique, ajoutant qu'il y avait là l'étoffe d'un grand maître.

Jean fut donc placé chez un peintre obscur pour n'y rester guère plus d'un an, car il s'aperçut bientôt qu'il n'y avait rien à apprendre à telle école. Il passa alors, à Cologne même, chez un autre peintre du nom de Georges ou Jerrigh[1], un Wallon qui avait étudié à Anvers et qui, stimulé par la pauvreté, était devenu un maître, surtout pour le portrait.

A dater de ce jour, Jean fit des progrès rapides et lorsque, ses six années révolues, la mort lui ravit son maître[2], il était habile à peindre d'après nature et avait fait déjà lui-même de nombreux et excellents portraits. Il se mit alors sérieusement à l'étude du dessin, suivant surtout la manière de Spranger, si j'en juge par les choses de cette époque, que je fus à même de voir de lui.

Lorsqu'il eut atteint sa vingt-deuxième année, Jean prit le chemin de l'Italie, et, en arrivant à Venise, se rendit chez un peintre flamand du nom de Gaspard Rems[3], lequel, au lieu de l'interroger sur ce qu'il savait et de s'assurer de sa valeur, se borna à s'informer de sa nationalité et, apprenant qu'il était de Cologne, lui dit : « Alors vous êtes un *mof;* ces gens-là ne savent pas grand'chose », et, là-dessus, il

1. E. Jerrigh. Son nom ne figure pas dans les registres de la gilde anversoise. Ce fut en 1568, selon Merlo, que van Achen entra chez Jerrigh.

2. Il n'est pas exact que Jerrigh mourut en 1574, attendu que le musée de Cologne possède de lui une *Annonciation* datée de 1601.

3. Gaspard Rem, né en 1542, inscrit à la gilde de Saint-Luc d'Anvers en 1554 comme élève de Guillaume van Cleve. Le musée du Belvédère, à Vienne, possède son portrait peint par lui-même et un *Saint Jérôme en pénitence,* dont Raphael Sadeler a fait une estampe en 1603. Le portrait, peint en 1614, représente le maître âgé de soixante-douze ans.

l'envoya chez un médiocre peintre italien du nom de Morett[1], qui donnait du travail aux compagnons de passage et faisait le commerce

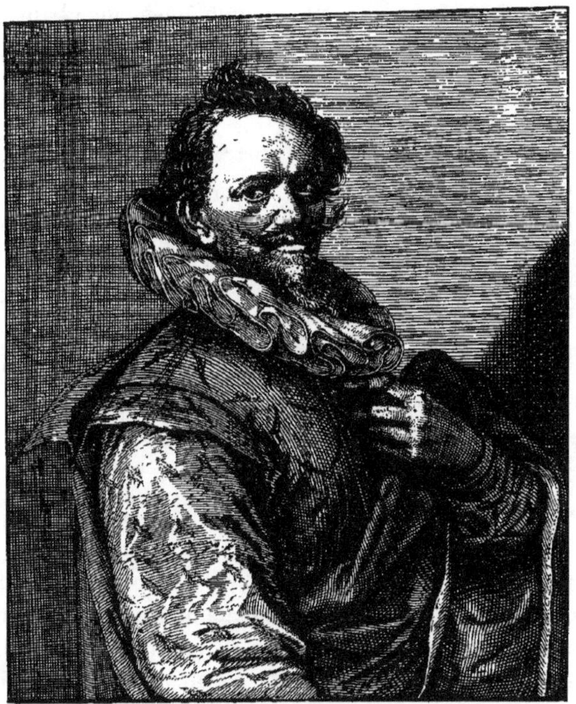

IOANNES AQUANUS, COLONIENSIS.
PICTOR.

Picturæ Aquanus primus se tradit ab annis
Quæ præstat juvenis vix potuere viri.
Germanum juvenem cum temneret Itala tellus;
Mox artem observans Roma magistra stupet.

JEAN VAN ACHEN.
D'après la gravure de H. Hondius.

de tableaux. Jean fut chargé par ce maître d'exécuter un certain

1. Il ne faut pas songer à identifier ce peintre avec Alexandre Bonvicino, dit le *Moretto di Brescia*, un des plus grands maîtres italiens, né en 1498 et mort en 1555. Il y a eu plusieurs peintres du même nom.

nombre de copies d'après les belles choses qui se trouvaient dans les églises.

Pour le susdit Gaspard, il se peignit lui-même d'après nature et riant[1], œuvre excellente, et Gaspard stupéfait se trouva fort déconcerté d'avoir dit que les *mofs,* — c'était ainsi qu'il nommait les Allemands, — n'étaient bons à rien.

Gaspard garda toute sa vie le portrait en question et se plaisait à le montrer à tout le monde et à en faire ressortir les mérites. Il se trouva même, par la suite, très honoré de pouvoir ébaucher les toiles de van Achen, ce par quoi nous voyons l'imprudence et le manque de courtoisie de ceux qui prétendent juger les gens d'après leur nationalité ou leur mine.

Poursuivant son voyage, notre artiste arriva à Rome, où il fit plusieurs belles choses, dont il faut citer comme la principale un tableau d'autel, peint à l'huile, sur étain ou sur plomb : une *Nativité,* disposée d'une façon particulière, avec des anges, etc., selon le goût des Pères Jésuites, car le tableau est dans leur église, au pied du Capitole[2]. Il est fort beau.

Laissant là beaucoup d'autres productions, je dirai qu'il s'est peint aussi lui-même, ayant près de lui une femme, Donna Venusta, jouant du luth, et lui, derrière elle, riant et tenant une coupe. Les hommes compétents disent n'avoir jamais rien de vu de mieux, ni de lui, ni de personne[3].

Van Achen alla aussi à Florence, où il peignit les portraits de beaucoup de seigneurs et de dames de condition, et celui du sérénissime duc François[4]. Il peignit aussi une illustre femme-poète, Donna Laura[5], dont il garda la copie, qui est encore à Amsterdam, chez son élève, Pierre Isaacsz[6] ; c'est une œuvre magistralement traitée.

Revenu à Venise, il y fit d'excellentes peintures pour un négociant

1. Et non pas, comme le dit Merlo, le portrait de Rem.
2. Le Gesù. C'est peut-être la composition gravée en 1588 par E. Sadeler.
3. Ce portrait n'a pas été gravé; nous ignorons où il se trouve.
4. François-Marie de Médicis, qui régna de 1574 à 1587.
5. Sans doute Laura Terracina, célèbre par ses œuvres poétiques et sa beauté.
6. Voir sur ce peintre la biographie de Corneille Ketel, page 164, note 1, ainsi que le texte du présent chapitre, page 229, avec la note 5, et page 231, note 1.

de Maestricht[1]. D'abord un *Christ bafoué,* de grandeur naturelle. Le Sauveur, presque nu, et légèrement penché, lève les yeux au ciel ; il est dans une fort belle attitude[2]. Puis une *Danaé,* de grandeur naturelle aussi, et admirablement exécutée.

Il peignit encore sur cuivre une petite *Vierge avec une sainte Catherine et des anges,* que Raphael Sadeler a gravée[3].

Un autre de ses tableaux est une *Vénus avec l'Amour,* figures de grandeur naturelle, à mi-corps, où la déesse, sortie des flots, est parée par les Heures, comme le rapporte Homère. C'est aussi une page délicieuse.

A son retour à Cologne[4], van Achen peignit, pour un négociant du nom de Boots, un très beau *Jugement de Pâris,* que Raphael Sadeler a gravé[5].

Peu de temps après, van Achen, étant retourné à Venise, fut invité par Othon Henri, comte de Schwarzenberg, grand-maître de la cour du duc de Bavière, à se rendre à Munich[6], pour peindre l'épitaphe de sa chapelle funéraire[7]. C'était un panneau avec des personnages plus que demi-nature, représentant l'*Invention de la croix,* un excellent travail.

Par l'intermédiaire du comte de Schwarzenberg et par son œuvre, van Achen put se faire connaître du duc de Bavière[8], dont il fit le portrait, accompagné de la duchesse et de leurs deux plus jeunes enfants, un fils et une fille, le tout à la satisfaction générale[9].

Après cette œuvre, que suivirent plusieurs autres, le duc lui fit cadeau d'une chaîne d'or et le paya richement. Le comte de Schwarzenberg lui donna, de son côté, une chaîne d'or de deux cents florins[10].

1. Merlo le nomme van Vlaaten.

2. Sans doute la planche citée par Merlo, sous le n° 34 de sa liste, comme gravée par Georges André.

3. En 1589, cataloguée par Merlo sous le n° 95. Van Mander a pris par erreur sainte Élisabeth pour sainte Catherine.

4. En 1588. (Merlo, page 3.)

5. En 1589. (Merlo, n° 157.)

6. Il était à Munich en 1590.

7. A l'église des Franciscains, d'après Sandrart.

8. Guillaume V.

9. Actuellement au Musée National de Munich. (W. Schmidt, *loc. cit.*)

10. Il peignait le portrait de ce personnage, gravé par Lucas Kilian.

De Bavière, van Achen se rendit à Prague chez l'empereur[1] qui, depuis plus de quatre ans, sollicitait sa présence, car il avait vu de lui le portrait de Jean de Bologne, le grand statuaire flamand, peint par van Achen, à Florence[2]. L'empereur insistant, par l'intermédiaire d'un ambassadeur, van Achen entreprit le voyage[3].

Arrivé à Prague, il exécuta un tableau de *Vénus et Adonis,* qui plut extrêmement à l'empereur, surtout pour ses qualités extraordinaires de coloris.

Toutefois, j'ignore pour quelle raison van Achen est retourné à Munich et à Augsbourg, exécutant pour l'église des Jésuites de la première ville un *Saint Sébastien*[4], non moins bien peint que composé, et dont l'excellent graveur Muller, d'Amsterdam, a fait une estampe[5]. A Augsbourg, il fit les portraits des Fugger[6].

Après cela, sur l'invitation de l'empereur, van Achen alla se fixer à Prague avec son ménage[7], car il avait épousé la fille de l'Orphée de notre temps, l'illustre di Lasso[8].

Ainsi donc van Achen, selon ses mérites, a trouvé pour protecteur le plus éminent des amateurs d'art du monde entier, au service duquel il est demeuré depuis lors et avec qui, renouvelant l'exemple d'Apelle et d'Alexandre, il entretient les relations les plus intimes.

Pour l'empereur, il a fait de nombreux et excellents travaux[9], lesquels abondent dans le palais, dans la grande salle au-dessus des

1. Rodolphe II, empereur de 1576 à 1612.

2. Ce portrait nous semble être celui dont Guibert van Veen exécuta la gravure en 1589. L'illustre statuaire douaisien y est représenté à l'âge de soixante ans. Le musée du Louvre possède un portrait peint de Jean de Bologne attribué à Jacopo da Ponte. Le musée de Douai (coll. Foucques) en possède un autre de petit format.

3. Il figure dans les comptes de la maison impériale avec le titre de peintre de la cour, en 1592, et touche une pension de 200 florins. (Schmidt, *loc. cit.*) Nous avons vu, dans la biographie de Hoefnagel, que cet habile miniaturiste eut pour collaborateur Hans van Achen pour sa composition des *Parques*, dont il existe une estampe par E. Sadeler.

4. Ce tableau est toujours conservé à l'église des Jésuites, ou de Saint-Michel, à Munich.

5. Bartsch, n° 23.

6. Douze portraits, d'après les peintures de van Achen, figurent dans le recueil des effigies des Fugger, *Icones Fuggerorum*, gravé par D. Custos. Ils datent de 1592.

7. En 1601. Il avait été, paraît-il, à Cologne en 1600.

8. Regina, la fille de l'illustre compositeur Roland Lassus. Le mariage eut lieu en 1596 et l'empereur donna, comme présent de noces, à son peintre une coupe de vermeil. (Schmidt.) La mère de van Achen l'avait suivi à Prague, où elle mourut.

9. Il touchait une pension de 300 florins. (Schmidt.)

écuries, dans la galerie au-dessus du cabinet des œuvres d'art et ailleurs[1].

A Amsterdam, chez Henri van Os, le grand amateur, il y a de van Achen un grand et magnifique tableau avec des personnages de grandeur naturelle, représentant une femme nue du plus charmant visage. C'est la *Paix,* tenant le rameau d'olivier et foulant aux pieds les instruments de la guerre. A ses côtés sont l'Abondance, la Peinture, etc., prouvant que la Paix amène la prospérité et fait fleurir les arts[2].

Van Achen, en des lieux où ses œuvres sont si hautement appréciées, et où sa personne est tenue en si digne estime[3], ne songe qu'à obliger ses confrères. Tout le distingue de ces êtres infatués de leur mérite qui s'insinuent effrontément dans l'intimité des grands, et ne cherchent qu'à nuire au prochain par leurs morsures empoisonnées. Je fais des vœux pour que le fil de ses jours soit long et heureux autant pour l'ornement et l'honneur de la peinture, que pour le sien propre[4].

PIERRE ISAACSZ. — Le premier des élèves de van Achen, et qui fut son compagnon pendant le voyage de l'Italie et de l'Allemagne, est Pierre Isaacsz, qui est né à Elseneur sur le Sund, en 1569. Son père était originaire de Harlem[5].

1. Il peignit le portrait de Rodolphe II dans un encadrement allégorique, supérieurement gravé par E. Sadeler en 1603. De plus, l'ancien inventaire de la collection de l'empereur mentionne jusqu'à vingt-sept peintures de van Achen. Le musée du Belvédère n'en compte qu'une douzaine; il faut se rappeler, toutefois, que la ville de Prague tomba au pouvoir des Suédois, et qu'en 1648 trois cent soixante-trois tableaux réunis au palais impérial furent emportés par le vainqueur. (Voyez Woltmann, *Die Gemälde-Sammlung in der kaiserlichen Burg zu Prag.*) La salle située au-dessus des écuries, dont parle van Mander, était la galerie des tableaux.

2. C'est peut-être la planche de C. Du Bois, *Allégorie sur la paix*, citée par Merlo dans le n° 122 de sa liste.

3. L'empereur lui conféra la noblesse en 1594.

4. Van Achen mourut le 6 janvier 1615, âgé de soixante-trois ans, et fut enterré à Saint-Vith, à Prague, près de sa mère et de deux filles qui l'avaient précédé dans la tombe. Lorsque, en 1612, Matthias Ier succéda à Rodolphe, le peintre fut maintenu dans ses fonctions près du nouvel empereur. Sandrart le fait mourir en 1600 et Nagler dit, à tort, qu'il mourut à Munich. Le doute n'est guère possible sur ce point, attendu que l'épitaphe du maître a été relevée par Dlabacz, dans son *Böhmisches Künstler-Lexikon.*

5. Voir, au sujet de ce maître, la biographie de Corneille Ketel, page 164, note 1. Nous avons fait observer que van Mander avait commis l'erreur de confondre Pierre Isaacsz avec Isaac Isaacsz, son fils, déclarant, de plus, que le peintre danois était mort jeune, pendant un voyage en Italie. La présente

Il passa d'abord un an et demi chez Ketel, à Amsterdam, et réside encore dans cette ville. C'est un maître excellent dans l'art de peindre d'après nature, et fort habile aussi dans la composition, le dessin, etc.

Il y a de lui, à Leyde, dans la Breestraat, un magnifique portrait de jeune fille : Sara Schurmans. Elle est représentée jusqu'aux genoux. Outre l'exécution soigneuse du satin, des étoffes, et le grand mérite des mains qui jouent de la cithare, il faut surtout louer le visage des plus ressemblants, admirablement soigné et fort gracieux. Cette œuvre suffit à prouver la valeur du maître.

Il y a encore de lui à Leyde, à la Cloche, deux portraits excellents : Pierre Huyghensz et sa première femme.

A Amsterdam, sur le Voor Achterburghwal, chez Henri Franckin, l'amateur distingué, on voit de lui un grand tableau d'*Adam et Ève,* et une peinture sur cuivre de la *Prédication de saint Jean-Baptiste,* qui est une agréable et charmante petite création.

Il y a là également les portraits de Franckin et de sa femme, qui sont des œuvres admirables et fort soignées.

Mais le meilleur de ses portraits est à Londres; c'est celui d'un certain Pierre Semeynes, jeune homme issu d'une famille néerlandaise. Il a un joli visage, encadré des boucles d'une belle chevelure.

A Amsterdam, chez M. Jacques Poppe, on voit de lui trois grands portraits de forme ovale, entre autres celui de Jacques, dont le visage et les cheveux sont très ressemblants et rendus avec un grand soin.

Dans la même maison, se trouve une très jolie chose sur cuivre, représentant cet épisode historique où *les Femmes romaines viennent assaillir le Capitole,* parce que le jeune Papyrius avait fait accroire à sa mère que la bigamie allait être introduite à Rome. On voit dans ce tableau des femmes de tous les pays, même des Flamandes et des Zélandaises, armées d'instruments de cuisine et de broches. Il y a aussi une vieille femme impotente, dans une charrette traînée par un

notice démontre la méprise de van Mander. Pierre Isaacsz avait cessé de vivre en 1631, car, le 18 juin de cette année, la liquidation de son héritage était faite. (Obreen, *Archief,* tome II, page 147.) Le musée de Bâle possède du maître une *Allégorie sur la Vanité,* datée de 1600.

chien; le Capitole avec la statue équestre de Marc-Aurèle, le tout fort bien traité.

Il fait, et continue de faire bien d'autres œuvres[1].

On voit, chez Pierre Isaacsz, des productions remarquables de beaucoup d'autres artistes, entre autres, le portrait de Jean van Achen, envoyé par ce peintre lui-même à son ancien élève, il y a deux ou trois ans. L'œuvre est extrêmement bien traitée, et, à ce que l'on m'assure, très ressemblante[2].

Joseph Heins. — Il est permis de ranger encore parmi les élèves de Jean van Achen Joseph le Suisse[3], né à Berne. Son père était architecte. Joseph, lorsqu'il arriva à Rome, savait quelque peu dessiner, mais il était fort malhabile dans le maniement des couleurs. Il se plaça alors chez van Achen, dans la maison du « Vert Antoine », — comme on avait surnommé Antoine Santvoort[4], — et s'appliqua de tous ses soins à apprendre à peindre.

Il a fait preuve de plus d'ardeur à l'étude qu'aucun Allemand ou Flamand, dessinant toutes les belles choses de Rome et de Venise,

1. Nagler assure qu'en 1622 Isaacsz fut envoyé à Anvers par le roi de Danemark. Nous constatons, en effet, son inscription à Anvers, en 1616-1617, chez Ferdinand van Abshoven; puis, en 1622-23, l'admission à la maîtrise d'Isaac Isaacsz, fils de maître, *wyn-meester*. En 1616, Pierre avait dépassé la quarantaine, et il n'est guère admissible qu'il fût venu à Anvers pour y apprendre. Nagler ajoute qu'en 1614 le roi de Danemark lui conférait le titre de consul de Hollande à Elseneur. Tout cela est difficile à concilier. D'autre part, le poète Théodore Rodenburgh, dans un livre publié à Amsterdam en 1618, vante Pierre Isaacsz, que le Danemark, dit-il, a enlevé à la Hollande. (C. E. Taurel, *l'Art chrétien*, tome II, page 175. Article de M. A. D. De Vries, Az. sur Théod. Barents.) Il existe plusieurs estampes d'après les œuvres de P. Isaacsz. Outre le portrait de Christian IV, gravé par J. Muller, il existe encore une planche de *Mars et Vénus*, par Saenredam. Aucun des tableaux cités par van Mander n'a été gravé, que nous sachions. M. Kramm assure que P. Isaacsz peignit le portrait de Louise de Coligny.

D'après le même auteur, et vander Aa (*Biographisch woordenboek*), Jaspar Isaac, le graveur et éditeur d'estampes, mort à Paris en 1654, était le second fils de Pierre Isaacsz.

Adrien van Nieuwlandt fut son élève.

2. Ce portrait fut envoyé en 1601 par van Achen à son élève P. Isaacsz et gravé en 1605 par J. Saenredam. (Bartsch, nº 105.)

3. Joseph Heintz, né à Bâle en 1565 et mort à Prague en 1607. Il y a de lui un grand nombre d'œuvres au musée du Belvédère, à Vienne, notamment un portrait de l'empereur Rodolphe et des copies d'après Raphael et le Parmesan. Plusieurs de ses compositions ont été reproduites en gravure par les Sadeler.

4. Antoine Santvoort, peintre. Il est question de lui dans la biographie d'Arnold Mytens, tome II, page 84. L'Académie de Saint-Luc à Rome l'admit parmi ses membres en 1577. (Bertolotti, *Artisti Belgi ed Olandesi a Roma, nei secoli XVI e XVII*, page 184. Florence, 1880.) Nous savons par van Mander qu'il peignit l'image de Sainte Marie-Majeure, mais il ne paraît pas qu'aucune de ses œuvres se soit conservée.

sculptures et peintures, maniant la plume et lavant au pinceau avec autant d'art que les plus habiles dans ce genre de travaux.

Étant à Prague, chez l'empereur, celui-ci fut enchanté des dessins de l'artiste, au point de l'envoyer à Rome pour y reproduire les œuvres de l'antiquité. Il est encore chez l'empereur, à Prague[1].

Habile peintre, il sait donner à ses œuvres un excellent effet.

Pierre Stevens. — Il y a encore à Prague certains esprits éminents, Pierre Stevens, de Malines, entre autres, qui est peintre et dessinateur entendu[2].

Égide Sadeler. — L'excellent graveur Égide Sadeler[3] qui, parfois, manie le pinceau en amateur et se montre habile peintre.

Adrien De Vries. — On a vu également se laisser séduire par le pinceau et faire parfois de la peinture, l'excellent sculpteur Adrien De Vries, de La Haye[4].

1. Heintz mourut à Prague en 1609 et fut inhumé dans l'église Saint-Matthias. Sa femme, Regina Gretzer, lui érigea une épitaphe où l'âge de quarante-quatre ans est donné au défunt. Il ne peut donc y avoir aucun doute sur la date de naissance du maître. (Voyez G. J. Dlabacz, *Allgemeines historisches Künstler-Lexikon für Böhmen*, page 595. Prague, 1815.) Heintz laissait un fils, nommé également Joseph, et qui fut créé chevalier par le pape Urbain VIII. (*Id.*)

2. Pierre Stevens ou Steevens, dont le nom latinisé devint *Petrus Stephani*, naquit à Malines en 1540 et mourut à Prague en 1604. (Voyez E. Neefs, *Histoire de la Peinture et de la Sculpture à Malines*, page 250. Gand, 1876.) Stevens était un peintre de paysages des plus intéressants. Les Sadeler, et plus particulièrement Égide, ont gravé d'après lui d'excellentes planches. Il y a des tableaux de Pierre Stevens au Belvédère et au palais de Prague.

3. Égide ou Gilles Sadeler, né à Anvers en 1570, mort à Prague en 1629, admirable graveur, fils de Gilles, marchand d'œuvres d'art, neveu et élève de Jean Sadeler. On le trouve inscrit à la gilde de Saint-Luc d'Anvers en 1585. Il suivit ses oncles Jean et Raphael en Allemagne et en Italie, séjourna à Munich, où il grava d'après Christophe Schwartz, Jean van Achen et Pierre De Witte (Candido); puis à Venise, où il reproduisit des œuvres du Tintoret; à Florence, où il grava la *Vierge à la Chaise* de Raphael; ensuite à Bologne, où il reproduisit des œuvres de Denis Calvaert; puis à Rome, où son burin retraça les peintures de Joseph d'Arpina; enfin à Prague, où l'empereur Rodolphe II lui accorda une généreuse protection. Gilles Sadeler a peint un plus grand nombre de tableaux que ne le savait van Mander, mort, du reste, vingt-cinq ans avant lui. Une *Flagellation*, le *Christ en croix*, *Saint Sébastien*, auquel un ange retire ses flèches, et plusieurs autres compositions du maître furent reproduites, en gravure, par lui-même. La peinture du *Saint Sébastien* est au musée du Belvédère, à Vienne. (Voir sur les Sadeler, E. Fétis, *les Artistes belges à l'étranger*, tome Ier, page 33. Bruxelles, 1857.)

4. Il naquit à La Haye en 1560, et fut en Italie l'élève de Jean de Bologne. Il entra au service de Charles-Emmanuel Ier, duc de Savoie, en 1588 (Voir Bertolotti, *Artisti Belgi ed Olandesi a Roma nei secoli XVI e XVII*, page 203. Une somme de 300 écus par an était allouée au statuaire, par ordonnance du 6 mai 1588), et, après le départ de Jean Mont, succéda à ce statuaire à la cour de

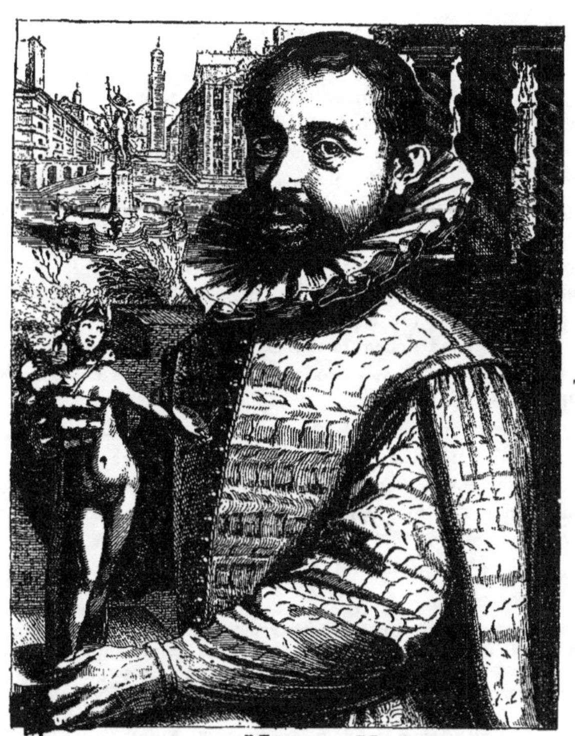

ADRIANUS DE VRIES, HAGIENSIS.
PICTOR.

Friso bonus Pictor, Pario quoque marmore finxit
Qui Statuas: credas esse Myronis opus.
Et clarus scalptor Mullerus sit tibi testis,
Hunc qui miratur tum colit artificem.

ADRIEN DE VRIES.

D'après la gravure de Jean Muller.

Avec d'autres, dont le nom n'est pas venu jusqu'à moi, je les confie à l'Art, pour que, tout en contribuant à étendre son domaine, ils travaillent à leur propre renommée.

COMMENTAIRE

Jean van Achen est avec Spranger un des artistes dont les créations obtinrent, vers la fin du xvie siècle, le plus grand succès. Il suffirait, pour s'en convaincre, de parcourir l'œuvre gravé du maître, un des plus riches du temps. Les Sadeler, surtout, contribuèrent par leur admirable talent à propager une réputation, justifiée, tout au plus, par une très grande adresse.

Le coloris de van Achen est faux, et son dessin le range très franchement parmi ces maîtres que Renouvier appelle les *Strapassons*. C'était l'école issue de l'influence de Michel-Ange, combinée avec celle du Tintoret et s'efforçant, à sa manière, de réaliser l'idéal de ce grand peintre : le dessin de Michel-Ange allié au coloris du Titien.

Quoi qu'il en soit, van Achen, la somme faite des défauts et des qualités, reste une figure intéressante de l'art de son époque, metteur en scène habile et véritablement au fait de la disposition des groupes.

Les auteurs que nous avons cités, Nagler, Merlo et surtout M. W. Schmidt, le savant conservateur du Cabinet des estampes de Munich, ont reconstitué avec beaucoup de soin la carrière du peintre, d'après les meilleures sources. Il nous reste, d'ailleurs, peu de chose à ajouter à la biographie de van Mander complétée par les annotations marginales.

Il résulte des recherches de M. Schmidt, que van Achen fut envoyé deux fois en

Prague. L'empereur Rodolphe eut de lui un très grand nombre de travaux remarquables, de marbre, de bronze et de cire. De magnifiques fontaines de De Vries ornent les places publiques d'Augsbourg, notamment le marché aux vins, non loin de l'ancien palais des Fugger.

L'un de ces monuments, dominé par une statue d'Hercule, est environné de Tritons et de Néréides; il porte la date de 1596. Une autre fontaine a pour sujet principal un Mercure. Les deux œuvres ont été gravées : la première par Jean Muller, la seconde par W. Kilian.

Nous ne connaissons aucune œuvre peinte d'Adrien De Vries, qu'il ne faut pas confondre avec A (braham ?) de Vries. (Voyez sur ce peintre : C. Ruelens, *le Peintre Adrien De Vries*, brochure in-8° (Anvers, 1882), et Aug. Castan, *Contribution à la biographie du portraitiste A. De Vries.* (*Bulletin de l'Académie royale de Belgique*, 3e série, tome VII, page 199.) La belle estampe de Sadeler, représentant le portrait de l'empereur Rodolphe à cheval, est peut-être exécutée d'après la statue du souverain.

Jean Muller a gravé, sous trois aspects différents, un groupe de cire d'Adrien De Vries : un *Romain enlevant une Sabine*. (Bartsch, n°s 77-79.)

Le même graveur a reproduit une *Cléopâtre piquée par des serpents* (Bartsch, n° 80), *Apollon armé de son arc* (Bartsch, n° 81) et la *Prudence*. (Bartsch, n° 85.)

On attribue, enfin, à De Vries des eaux-fortes : le *Repos en Égypte;* le *Baptême de Jésus-Christ;* le *Christ assis, environné d'anges;* le *Christ mort;* la *Vierge sur le croissant;* des *Groupes de lutteurs*, et l'*Empereur Commode tenant la victoire de la main gauche*, planche datée de 1582. (Nagler, *Künstler-Lexikon*, tome XXI, page 12.)

mission en Italie par l'empereur Rodolphe : la première fois, pour y copier les œuvres des maîtres italiens; la seconde, en 1603, pour y faire, à Modène, le portrait de la duchesse Julie d'Este. Le peintre, à la vérité, est désigné sous le nom de Giovanni Tedesco. La Galerie de Modène possède de lui une *Nativité*.

La veuve de van Achen épousa, en 1616, Alexandre Abondio, célèbre modeleur en cire, attaché à la cour impériale. (J. Meyer, *Künstler-Lexikon*, I, 31.)

Les peintures de Jean van Achen sont plus rares que ne tendrait à le faire croire l'abondance des estampes qui nous font connaître l'artiste. Hors d'Allemagne on les rencontre peu. On cite comme son chef-d'œuvre le *Crucifiement* de la chapelle de la Sainte-Croix, à Munich. La Galerie de Schleissheim possède une douzaine de ses meilleurs portraits, représentant les membres de la maison de Bavière. Au musée de Cologne, au Belvédère de Vienne, le peintre est également représenté par des œuvres nombreuses et importantes. Prague ne paraît avoir conservé que le seul portrait de l'empereur Rodolphe, chez les Prémontrés. A l'église de Friedland, en Bohême, existe une *Résurrection*.

Les Galeries d'Augsbourg, de Carlsruhe, de Hambourg, de Modène, de Florence (Pitti), les collections Czernin et Liechtenstein, à Vienne, offrent également de ses œuvres. Une *Sainte Famille* de cette dernière Galerie porte la date de 1586.

Pour la liste des planches gravées d'après le maître, nous renvoyons au *Künstler-Lexikon* de Meyer, nomenclature très complète et qui ne comprend pas moins de 162 numéros.

Plusieurs portraits de Jean van Achen furent gravés. Les meilleurs sont ceux de Jean Saenredam, d'Égide Sadeler et de Jacques Lutma.

Van Achen nous a laissé aussi un beau portrait de Barthélemy Spranger dans un encadrement allégorique, gravé par Jean Muller en 1597.

Les différents portraits gravés par les Sadeler, les Kilian, les Custos, d'après les œuvres de l'artiste, nous montrent son talent sous un jour très favorable. Ses personnages ont de la dignité, beaucoup d'expression, et dénotent une très sérieuse étude de la nature, commencée de bonne heure, comme on l'a vu par la biographie de van Mander.

XXXIII

PIERRE DE WITTE, DE BRUGES

Corneille de Witte.

Parmi les nombreux joyaux que la belle Florence a pris dans l'écrin néerlandais pour en orner sa parure, se trouve l'habile peintre Pierre De Witte, de Bruges, en Flandre, non moins versé dans les procédés de la fresque que dans ceux de la peinture à l'huile, et également entendu dans l'art du modelage, ce qui lui est fort avantageux pour sa peinture [1].

Il a beaucoup travaillé pour le chevalier Georges Vasari, dans le palais du Pape, à Rome, et à Florence, dans le Dôme et ailleurs [2]. Il a fait pour le grand-duc divers cartons de tapisseries et d'autres choses [3].

Pendant un séjour de plusieurs années à Munich, il a produit des travaux admirables, tant pour le duc de Bavière que pour d'autres personnages [4].

J'ai vu de ses œuvres à Florence et entretenu avec lui des relations personnelles.

Son frère, Corneille De Witte, servait dans la garde du grand-duc. En 1573, lorsque j'étais à Florence, il commença à peindre, et, malgré ses débuts tardifs, devint un fort bon paysagiste [5].

1. Il était aussi architecte.

2. Vasari travaillait à Florence en 1564. Si de Witte est né en 1548, ou vers 1548, ce qui résulte de l'âge de cinquante-six ans que lui donne van Mander en 1604, il aurait collaboré dès l'âge de seize ans aux œuvres de Vasari. On peut douter que cela soit.

3. M. Müntz relève son nom dans les comptes de la maison ducale de 1559-1560. (*Histoire générale de la tapisserie; École italienne*, page 66. Paris, 1879.) Nous faisons observer de nouveau que. d'après van Mander, le peintre n'aurait été âgé que de douze ans en 1560.

4. Sous Albert VI, Guillaume V et Maximilien Ier, son successeur. Il vint à Munich en 1578. M. Eug. Müntz s'occupe assez longuement des travaux exécutés par Pierre Candido pour le compte et d'après les ordres de Maximilien Ier. (*Histoire générale de la Tapisserie; École allemande*, pages 15-16.)

5. La Galerie Liechtenstein, à Vienne, possède un paysage signé *C. de Witte*. Il est attribué à Gaspard de Witte, d'Anvers.

On a fait d'après Pierre un certain nombre d'estampes qui prouvent son talent[1]. En Italie on l'appelle Pietro Candido[2].

Il peut avoir, en la présente année 1604, environ cinquante-six ans[3].

On m'a dit qu'il habite encore Munich; c'est donc à tort que j'ai accusé Florence.

COMMENTAIRE

Les renseignements que nous avons pu réunir sur les débuts de Pierre De Witte sont très vagues. Les archives brugeoises n'ont rien révélé encore à son sujet et M. l'abbé Carton, dans une notice consacrée au peintre[4], ne fait que résumer les dires de ses prédécesseurs.

Nous avons quelque peine à ne pas rattacher l'expatriation du jeune Flamand à la présence sur les rives de l'Arno de son concitoyen Jean Stradan, lié comme lui avec Vasari. Quoi qu'il en soit, on n'a point de motif pour rejeter l'idée de son départ en compagnie de ses parents, car il ne semble pas que sa famille ait laissé des traces à Bruges, et nous savons que le frère du peintre servait en 1573 déjà dans la garde du grand-duc, ce qui prouve un séjour prolongé à Florence. Quant à Gilles De Witte, sculpteur brugeois, dont l'abbé Carton fait le père du peintre, M. Edm. De Busscher déclare qu'il n'y a entre les deux artistes qu'une pure analogie de nom[5].

Il est évident que si Pietro Candido — car De Witte n'est pour ainsi dire connu que sous ce nom, — travaillait à Florence à des cartons de tapisseries dès l'année 1559[6], il devait être venu au monde avant 1548, et c'est également l'avis de M. le Dr W. Schmidt, qui a si bien voulu faire pour nous quelques nouvelles recherches sur le peintre, dans les archives de Munich[7]. La chose sera plus évidente encore si l'on songe que, même avant son séjour à Florence, De Witte fut le collaborateur de Vasari dans ses peintures du Vatican et n'alla qu'ensuite sur les bords de l'Arno pour concourir à la décoration de la coupole de Santa Maria del Fiore[8].

1. Ces estampes sont extrêmement nombreuses et émanent des meilleurs maîtres du temps, notamment des Sadeler.

2. Pietro *d'Elia* (?) Candido, selon la note relevée par M. Müntz.

3. On a vu que cette assertion s'accorde mal avec les faits de l'existence du maître. Si, toutefois, il mourut en 1628, comme le dit Nagler, et comme c'est probable, puisque l'on possède de lui des œuvres datées de 1623 (Schleissheim), il serait déraisonnable d'avancer encore la date de sa naissance.

4. *Annales de la Société d'Émulation pour l'étude de l'Histoire et des Antiquités de la Flandre*, tome Ier, 2e série, page 19.

5. *Recherches sur les Peintres et les Sculpteurs à Gand*, XVIe siècle, page 279. Gand, 1866.

6. Eug. Müntz, *Histoire générale de la Tapisserie; École italienne*, page 66. Paris, 1879.

7. Nous ne saurions trop remercier ce savant confrère de son extrême obligeance.

8. Baldinucci, *Notizie de professori del disegno*, tome VIII, page 295. Milan, 1811.

Il n'est peut-être pas inutile de dire, à ce propos, que l'*Annonciation* de l'église des Carmes, de Brescia, n'est pas, comme le pense Nagler, une œuvre produite en Italie même par le Candido, mais un don fait en 1595 par Guillaume et Renée de Bavière [1].

Nagler se trompe également en prolongeant le séjour de De Witte à Florence jusqu'en 1577, car De Witte était attaché déjà à la cour de Munich en 1576, comme le prouve une déclaration même du maître relevée par M. le Dr Schmidt.

Successivement peintre d'Albert V et de Guillaume V, De Witte eut une part considérable aux travaux magnifiques entrepris par ces princes et surtout poursuivis par Maximilien Ier leur successeur. Ce fut Guillaume qui bâtit l'église Saint-Michel de Munich, y érigeant le premier autel où fut honoré Ignace de Loyola, et des légions d'artistes furent appelés à seconder ses plans et ceux de son successeur. Parmi ces artistes Candido occupait le premier rang et ce fut lui qui termina le *Saint André* de Christophe Schwartz, resté inachevé à la mort de ce peintre.

Aucun des grands travaux où s'engloutissaient les millions de Guillaume de Bavière ne se fit sans la participation du Flamand, dont la pension fut successivement portée de 360 à 400, puis à 500 florins [2].

On a toutefois, paraît-il, attribué à tort à Pierre De Witte les plans de la Résidence, qui sont de Hans Reiffenstuel [3], et plusieurs œuvres conçues par d'autres maîtres, telles que le charmant bassin de Neptune.

Passé au service du duc Maximilien Ier en 1602 [4], Pierre Candido garda son poste jusqu'à la fin de ses jours et participa grandement aux travaux de décoration du palais ducal, sans parler de tout ce qu'il produisit pour les églises et les couvents de Munich, de Freising, de Landshut, etc. On lui attribue également la conception du grandiose tombeau de Louis de Bavière, à l'église de Notre-Dame (1622).

A dater de 1611, la pension de Pierre Candido devint viagère et, quoique le peintre se plaignît alors de son grand âge et des infirmités, ses cinq enfants, disait-il, n'étaient pas arrivés encore à pouvoir se suffire [5]. Deux ans plus tard, le 16 janvier 1613, le duc Maximilien consentit à ce que Guillaume, le fils de Candido, devînt l'adjoint de son père avec une pension de 120 florins. Nous ignorons ce que produisit ce fils.

Le 12 février 1624, Régine, fille de Pierre Candido, épousa Philippe Sadeler le graveur, et, le 12 décembre suivant, Marie-Maximilienne, autre fille du peintre, devint la femme d'un certain Paur, fonctionnaire à Straubing.

M. Schmidt, à qui nous sommes redevable de ces précieux renseignements, n'a trouvé nulle part la mention de la mort de De Witte. Un tableau de la Galerie de Schleissheim est daté de 1623 et, à la suite de sa signature, l'auteur ajoute son titre d'académicien de Florence.

1. G. M. Averoldo, *le Scelte pitture di Brescia*, page 21. Brescia, 1700. Nous ignorons si la *Pietà* du couvent de Saint-Juste, près de Volterre, dont le dessin appartenait à P. J. Mariette, fut peinte en Italie.

2. Hæutle, *Die Königliche Residenz in München*, page 37. Leipzig, 1883.

3. *Ibid.*, page 30.

4. Note de M. le docteur Schmidt. Ce fut en 1595 que Maximilien succéda au trône.

5. Note de M. Schmidt.

M. Nagler fixe à l'année 1628 la mort de Pierre De Witte[1], et ce savant auteur ayant eu accès aux archives bavaroises, tout permet de croire que ce n'est pas sans raison qu'il a accepté cette date. Notre artiste aurait donc atteint l'âge de quatre-vingts ans.

L'ensemble de la présente notice, bien que fort incomplet encore, ne permet pas, certainement, de confondre Pierre Candido avec son homonyme Pierre De Witte, d'Anvers, né en 1586, à qui M. vanden Branden fait honneur des peintures que les Galeries de Schleissheim et du Belvédère, à Vienne, possèdent du peintre de la cour de Munich[2].

Y eut-il, entre les deux Pierre De Witte, un degré quelconque de parenté? Nous l'ignorons, mais, certainement, l'artiste donné par van Mander n'est pas celui qui travailla et mourut à Anvers en 1651, et fut le père de Gaspard De Witte.

Les travaux de Pierre Candido, bien qu'il en ait péri un bon nombre, abondent encore dans la capitale de la Bavière.

Ainsi, le maître-autel de la cathédrale est décoré d'une œuvre de son pinceau : l'*Assomption de la Vierge*, sa page la plus importante.

Les Franciscains, les Augustins, les Capucins, eurent tous de ses peintures pour leurs églises. A l'église des Jésuites ou de Saint-Michel, on voit l'*Annonciation* et le *Saint Ignace de Loyola*, qui fut peint expressément pour l'autel cité plus haut.

A Schleissheim se trouvent aujourd'hui plusieurs des pages originairement créées pour des églises. Une *Sainte Famille avec Sainte Élisabeth de Thuringe*, le *Martyre de Sainte Ursule* (une des principales toiles du peintre), la *Sainte Famille*, datée de 1623, et citée plus haut, *Saint Charles Borromée*, *Esther devant Assuérus*, *Esther à côté d'Assuérus couronné*, le *Banquet de Mardochée.*

Le *Portrait de Madeleine, fille de Guillaume V*, qui se trouve dans la même Galerie, ne peut être oublié, Nagler nous donnant l'assurance que c'est l'unique portrait que l'on connaisse du maître.

Comme peintre d'allégories décoratives, Pierre Candido s'était formé à bonne école par son séjour à Florence. La Galerie de Schleissheim possède également de lui deux grandes pages de l'espèce : la *Monarchie* et la *Science*, sans parler de ses tapisseries dont plusieurs furent détruites par les Suédois en 1632, dont d'autres sont au Palais et au Musée National de Munich.

Quant à la *Vie d'Othon de Wittelsbach*, qu'il fut chargé de peindre à fresque dans les Galeries du jardin de la Résidence, il n'en reste que les dessins conservés au Cabinet des estampes de Munich et des reproductions, assure M. J. Sighart (*Geschichte der bildenden Künste im Königreich Bayern*, page 707), dans la chapelle princière de Scheyeren[3].

C'est un ensemble remarquable, surtout en ce qui concerne la composition, que l'on

1. *Neues allgemeines Künstler-Lexikon*, tome XXI, page 566. Munich, 1851.

2. *Geschiedenis der Antwerpsche Schilderschool*, page 1061.

3. Il en existe également des tapisseries, appartenant à la couronne, et qui figurèrent à l'Exposition rétrospective de Munich en 1876. (Voyez Eug. Müntz, *Histoire générale de la Tapisserie; Tapisseries allemandes*, page 16.)

peut apprécier par les gravures fort rares de C. G. Amling. Ces planches, au nombre de treize, ne furent jamais mises dans le commerce, ayant été gravées par ordre de Maximilien II, pour être offertes aux personnages de marque.

C'est surtout aux Sadeler et à Lucas Kilian que l'on doit les reproductions des œuvres de Pierre Candido. Ces planches donnent une plus haute idée de la puissance de conception du peintre que de son bon goût. Il est généralement maniéré, pourtant à à un degré moindre que Christophe Schwartz, Zacharie Heintz et ses autres contemporains.

Heineken et Nagler donnent une liste des planches gravées d'après les compositions de De Witte. Nous devons cependant faire une remarque en ce qui concerne quelques-unes des œuvres mentionnées par l'auteur du *Künstler-Lexikon*.

Si nous parcourons la table qu'il a dressée, nous y rencontrons certaines pièces de C. Galle d'après un maître qui signe *G. Petr*. On pourrait voir dans ces planches des compositions de Gerard Petri, Gerrit Pietersz (Sweling), mentionné plus loin [1] comme l'élève de Corneille de Harlem ; Nagler lui-même viendrait ici à notre secours dans deux articles de son Dictionnaire des monogrammes [2].

1. Chapitre xxxv, page 356.
2. *Die Monogrammisten*, tome II, page 527 ; tome III, page 269. Munich, 1860 et 1863.

XXXIV

LES FRÈRES MATHIEU ET PAUL BRIL, D'ANVERS

Balthasar Lauwers. — Guillaume van Nieuwlandt.

Rome, la ville célèbre et séductrice, tant ornée d'œuvres d'art qu'on la dirait créée pour les peintres, a captivé les deux frères Mathieu et Paul Bril, d'Anvers.

Mathieu a travaillé à Rome au palais du Pape[1], dans les salles comme dans les galeries. Dans une de ces dernières[2], située à l'étage supérieur, il a peint à fresque divers jolis paysages, des vues et des processions que l'on a coutume de faire à Rome.

Il est mort dans la Ville éternelle en 1584, âgé de trente-quatre ans[3]. Paul Bril fit son apprentissage à Anvers, chez un peintre obscur du nom de Damien Wortelmans[4]. Ses premiers travaux furent des tablettes de clavecins exécutées à la détrempe, et d'autres travaux du même genre que, dès l'âge de quatorze ans, il faisait pour gagner sa vie.

D'Anvers il se rendit à Bréda[5], revint à Anvers, puis, à l'insu de sa famille, qui ne désirait point qu'il s'expatriât, partit pour la France à l'âge de vingt ans.

Après avoir séjourné à Lyon[6], il s'en fut rejoindre son frère à Rome. Là il fit de grands progrès, surtout dans le paysage, bien qu'il se fût montré dans sa jeunesse assez rebelle à l'étude.

1. Sous Grégoire XIII (1566-1572).

2. Notamment dans la Salle Ducale, où il eut pour collaborateur Jean Soens (voir ci-dessus, chapitre XXXI, page 219), et dans la Sala di Consistorio, dont le plafond est de Perino del Vaga.

3. Son épitaphe, publiée par M. Bertolotti, porte qu'il mourut âgé de trente-six ans.

4. Damien Ortelmans, reçu franc-maître de la gilde de Saint-Luc d'Anvers en 1545. Nous n'avons pas trouvé l'inscription de Paul Bril. Ortelmans est indiqué comme peintre sur toile, c'est-à-dire à la détrempe.

5. La famille Bril paraît avoir été originaire de Bréda. (Van Goor, *Beschrijving van Breda*, page 306; Bertolotti, *Artisti Belgi ed Olandesi a Roma*, page 379. Florence, 1880.)

6. Son séjour ne peut y avoir été de longue durée. M. Rondot n'a point relevé son nom parmi ceux des *Artistes et des maîtres de métier étrangers ayant travaillé à Lyon*. Paris, 1883.

Une de ses œuvres principales est un grand paysage à fresque, long de soixante-huit pieds, et très haut, dont il décora, en 1602, la nouvelle salle du palais apostolique[1]. On y voit l'histoire de saint Clément attaché à une ancre et précipité à l'eau ; des anges apparaissent dans le ciel. C'est une œuvre admirable à considérer.

Il peignit, pour les appartements d'été du pape, six beaux paysages, des vues d'après nature des plus riches abbayes des environs de Rome, et que le pape régit. Ces couvents sont admirablement situés sur des hauteurs.

Il décora une salle entière de paysages et de grotesques, pour le cardinal Mattei[2], et pour le frère de ce prélat, Asdrubal Mattei, il peignit à l'huile, sur toile, six grands paysages, avec six châteaux appartenant à ce seigneur.

Un grand nombre d'œuvres de moindres dimensions, sur toile et sur cuivre, se trouvent chez des amateurs. M. Henri van Os a de lui une jolie petite peinture sur cuivre avec des ruines et des figures, rappelant le Campo Vaccino, ou ancien Forum romain.

En la présente année 1604, Paul Bril est âgé de quarante-huit ans[3].

Il a à Rome un élève qui est marié et s'appelle Balthasar Lauwers. C'est un Flamand, habile paysagiste, âgé d'environ vingt-huit ans[4].

Guillaume van Nieuwlandt, d'Anvers, qui habite Amsterdam et est âgé de vingt-deux ans[5], a été aussi, pendant un an, l'élève de Paul Bril. Il suit de très près la manière de son maître.

1. Salle dite Clémentine, du nom du pape Clément VIII (1592-1605).

2. Jérôme Mattei, mort en 1603.

3. Paul Bril mourut à Rome, âgé de soixante-douze ans, le 7 octobre 1626.

4. Balthasar Lauwers commença son apprentissage à Anvers chez François Borsse. (Voir Rombouts et van Lerius, *les Liggeren*, tome Ier, page 360.)

5. Guillaume van Nieuwlandt (en italien *de Terra Nuova*) naquit à Anvers en 1584 et partit de bonne heure pour Amsterdam, où il fut l'élève de Jacques Savery, en 1599. La durée de son séjour à Rome paraît avoir été de trois ans. Il y habitait chez un oncle nommé également Guillaume. Van Mander n'a pu se tromper, nous semble-t-il, sur le fait du séjour de Nieuwlandt à Amsterdam à l'époque où il écrivait. Comme, d'autre part, le peintre était de retour à Anvers en 1606, on doit supposer qu'il partit pour l'Italie en 1600 ou 1601 et retourna se fixer aux Pays-Bas vers la fin de 1603. (Voir au sujet de van Nieuwlandt : Franc. Jos vanden Branden, *Willem van Nieuwelandt*, 1584-1635. Gand, 1875. — Bertolotti, *Artisti Belgi ed Olandesi a Roma*, page 378. Florence, 1880.)

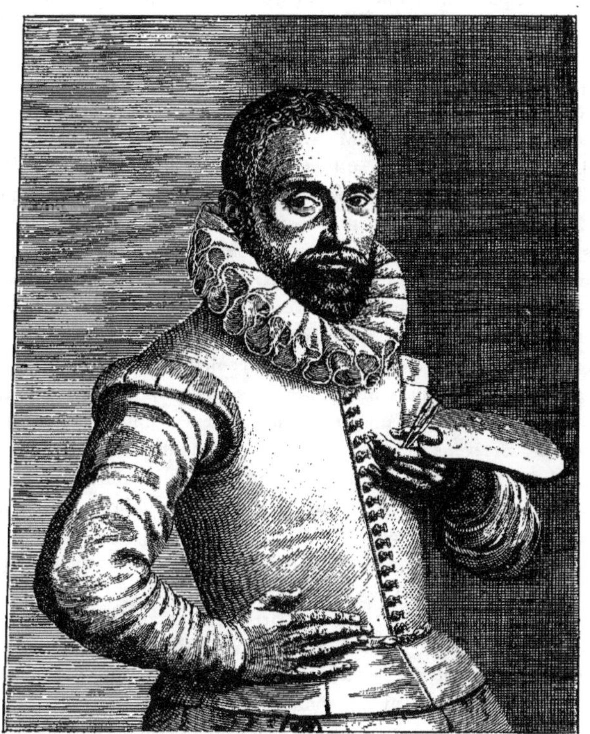

PAUL BRIL.

D'après la gravure de H. Hondius.

COMMENTAIRE

La place importante tenue par les frères Bril et plus spécialement par Paul, dans l'histoire de la peinture italienne, exige que nous donnions de ces deux maîtres une notice un peu plus développée que celle de van Mander. Qu'on n'oublie pas, au reste, qu'une période de vingt années s'écoula entre l'apparition du livre de notre auteur et la mort du plus jeune des deux paysagistes flamands.

Nous avons constaté avec M. Kramm que la famille Bril était originaire de Bréda. Les probabilités qui résultent de la présence, dans cette ville, d'un Mathieu, peintre de fruits, cité par van Goor[1] (le même artiste peut-être que l'on trouve inscrit à la gilde d'Anvers en 1546[2]), se transforment en certitudes par un passage du testament de Paul Bril, fait à Rome, le 24 septembre 1626. Le testateur y dispose, en faveur de ses neveux, de *la maison paternelle située à Bréda*[3]. Ainsi s'explique le passage de la notice de van Mander concernant Paul Bril : « Il se rendit à Bréda, revint à Anvers, et, à l'insu de ses parents, partit pour la France. »

Bien que l'on ne puisse contester aux deux Bril la qualité de Flamands, ils ont laissé peu de traces dans leur pays natal. Les paysages qu'ils créent se ressentent d'abord de l'influence du Titien. Il y a un groupe de peintres, auquel appartiennent P. Breughel, les Savery, P. Steevens et d'autres encore, traitant avec plus ou moins de vérité le paysage italien, revêtant la nature méridionale d'un coloris flamand, comme le dit très justement Nagler, habillant leurs sites, les encombrant de voûtes rocheuses et d'arbres gigantesques, de ponts rustiques, d'ermitages, les baignant de fleuves impétueux. Rien de moins réel assurément. De cette école procèdent Claude Lorrain et le Guaspre, car le premier fut l'élève de Tassi que forma Paul Bril.

Il y a peu de chose à dire de Mathieu Bril, surtout connu par ses peintures de la Sala di Consistorio (*les Quatre Saisons*) et de la Sala Ducale, ces dernières poursuivies par Paul, son frère et son élève. Les tableaux du maître sont rares; nous ne sachions pas que l'on en trouve un seul portant sa signature. Le musée du Louvre et la Galerie de Dresde possèdent chacun deux tableaux; le musée de Brunswick, une œuvre de Mathieu Bril.

Hondius, à La Haye, fit paraître un recueil de paysages : *Topographia variarum regionum*, en 29 pièces, d'après Mathieu Bril.

Raphael Sadeler reproduisit également de ses paysages.

Nous avons mentionné plus haut l'épitaphe de Mathieu Bril. Cette inscription commémorative fut placée sur la tombe des deux frères par Octavia Barra, la veuve de Paul. Elle dit que Mathieu avait atteint, à l'époque de sa mort, l'âge de trente-six ans. Van Mander assure que Mathieu Bril mourut âgé de trente-quatre ans.

En présence de ce désaccord, M. Riegel (*Beiträge zur niederländischen Kunst-*

1. *Beschrijving van Breda*, page 206. La Haye, 1744.
2. *Catalogue du Musée d'Anvers*, page 73.
3. Bertolotti, *Artisti Belgi ed Olandesi a Roma, etc.*, page 379. Florence, 1880.

geschichte, tome II, page 33) fait remarquer que la veuve de Paul Bril n'avait aucune raison d'être renseignée d'une manière précise sur l'âge de son beau-frère et qu'il n'y a pas lieu de rejeter l'assertion de van Mander.

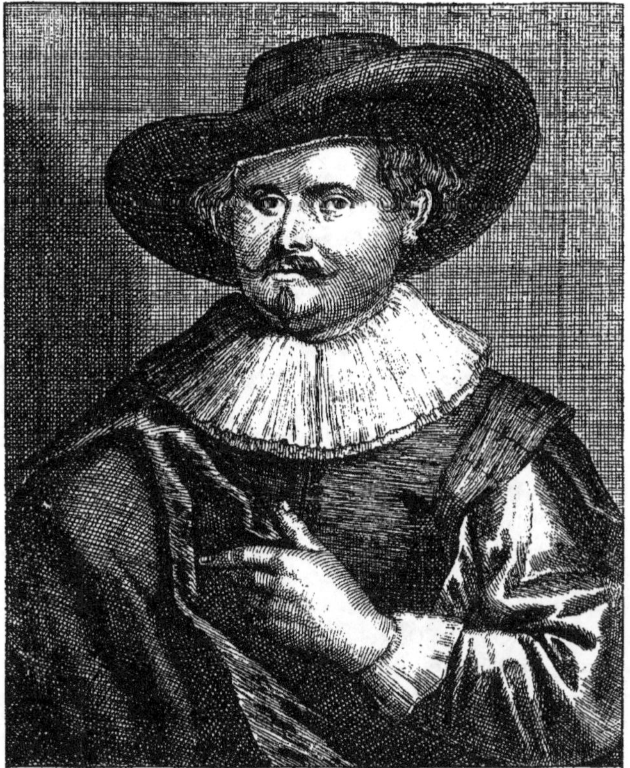

GUILLAUME VAN NIEUWLANDT.

D'après la gravure de Jean Meyssens.

Il y a pourtant cette objection à faire que Paul Bril a dû tout au moins connaître l'âge de son frère et que sa veuve ne s'est probablement pas aventurée lorsqu'elle a songé à ériger une tombe aux deux artistes.

Paul Bril, débutant aux côtés de son frère, sous Grégoire XIII, vécut assez pour voir successivement le trône pontifical occupé par Sixte-Quint, Urbain VIII, Grégoire XIV, Innocent IX, Clément VIII, Léon XI, Paul V, Grégoire XV et Urbain VIII.

Sixte-Quint et Clément VIII lui confièrent des travaux importants pour les nouvelles salles qu'ils ajoutèrent au palais pontifical. La bibliothèque, la galerie géographique, la Salle Ducale, la Sala Nuova, du Vatican; le palais Rospigliosi, l'église de Sainte-Marie-Majeure, de Santa Maria in Vallicella, la Scala Santa, le palais Mattei, et nombre d'autres que cite Baglione, fournirent matière à des créations remarquables et d'un genre vraiment nouveau. On saluait en Paul Bril un des grands peintres du temps, bien qu'il traitât un genre que les peintres italiens avaient jusqu'alors considéré comme inférieur.

Si réellement Paul Bril s'élève jusqu'au grand art dans ses fresques, ses tableaux à l'huile le rangent aussi parmi les peintres distingués et annoncent le précurseur de Claude et de Poussin. Très rares dans les Pays-Bas, on les rencontre dans un grand nombre de Galeries italiennes, ainsi que dans les grands musées d'Allemagne. Le Louvre excepté, ils ne sont pas communs en France. Les biographes italiens assurent que le maître tenait ses œuvres à des prix très élevés; l'on parait en avoir fait grand cas pendant le XVIIe siècle. Dans l'inventaire de Rubens, nous voyons figurer, sous le n° 26, un *Paysage avec l'histoire de Psyché*, et un marchand de tableaux d'Amsterdam, Diégo Duarte, en 1682, évalue, au prix relativement considérable de 200 florins, un *Paysage avec Pan et Syrinx*.

Il peut être intéressant de donner un aperçu des Galeries où se rencontrent des œuvres de Paul Bril :

MODÈNE. — Palazzo Ducale. L'*Évangéliste Saint Jean*.

ROME. — Palais Sciarra.

ROME. — Palais Colonna.

ROME. — Palais Doria Pamfili.

FLORENCE. — Musée des Offices. (10 tableaux.)

FLORENCE. — Palais Pitti. (2 tableaux.)

PARME. — Musée. (Les n°s 245, 247 et 248 et 250 des *Anonymes*.)

NAPLES. — Museo Borbonico. *Baptême du Christ*. (Douteux.)

PARIS. — Louvre. (8 tableaux.)

NANCY. — Musée. (2 tableaux.)

MONTPELLIER. — Musée. (2 tableaux.)

VALENCIENNES. — Musée. *Les Enfants de Niobé* et *Diane et Actéon*.

Ces deux tableaux, très vantés par M. Clément de Ris[1] et également acceptés pour authentiques par M. le docteur Woermann[2], ont cessé de figurer au catalogue sous le nom de Bril.

MADRID. — Musée. (4 tableaux.)

AUGSBOURG. — Musée. (3 tableaux remarquables.)

1. *Les Musées de province*, tome Ier, page 68. Paris, 1859.
2. *Zeitschrift für bildende Kunst* (1881), page 397.

BERLIN. — Musée. (4 tableaux.)

BRUNSWICK. — Musée. (2 tableaux.)

DRESDE. — Musée. (9 tableaux, dont un daté de 1624.)

DARMSTADT. — Musée. (1 tableau.)

GOTHA. — Musée. (1 tableau.)

MAYENCE. — Musée. La *Tour de Babel*, remarquable tableau. (Le musée de Berlin possède le même sujet.)

MUNICH. — Pinacothèque. (2 tableaux.)

MUNICH. — Ancienne résidence. (Miniatures nombreuses.)

SCHLEISSHEIM. — Galerie. (2 tableaux.)

SCHWERIN. — Musée. (2 tableaux.)

BALE. — Musée. (1 tableau.)

LONDRES. — Hampton Court. (2 tableaux.)

AMSTERDAM. — Musée. (1 tableau.)

ANVERS. — Musée. (1 tableau, attribué par Woermann à Lucas van Valckenborgh.)

SAINT-PÉTERSBOURG. — Ermitage. (2 tableaux, dont l'un daté de 1626.)

STOCKHOLM. — Musée. (3 tableaux.)

A ces œuvres figurant dans des collections publiques doivent s'ajouter les tableaux des Galeries de Lord Enfield, de Lord Normanton, du duc de Portland, du duc de Devonshire, du duc de Marlborough, etc., etc.

Cette liste est forcément très incomplète. On y verra peut-être figurer avec surprise des miniatures. Il est à remarquer, toutefois, que l'on ne peut révoquer en doute l'originalité des œuvres de ce genre produites par notre peintre et qui sont au nombre des plus belles de la célèbre collection du palais de Munich. Du reste, par son testament, dont les principales clauses ont été publiées par M. Bertolotti, Paul Bril lègue à Gaspard de Ferraris une miniature sur parchemin, faite par lui-même [1], et nous savons que le duc de Stettin possédait, en 1617, des œuvres analogues émanant de son pinceau [2].

Ce testament est du 24 septembre 1626. Y sont mentionnés : la femme du testateur, Octavie Barra, sa fille Faustine, ses deux fils : Luca Rutilio, — auquel est léguée une somme de 200 écus pour se libérer des mains des infidèles chez lesquels il était esclave, — et Ciriaco; enfin, un neveu de Paul Bril, fils d'un frère défunt du testateur, nommé Pierre.

A en juger par les faits rapportés par M. Bertolotti, les fils de Bril étaient de fort mauvais sujets et Luc, que nous voyons prisonnier des infidèles en 1626, était en prison à Rome en 1624. Ciriaque, de son côté, avait maille à partir avec la justice pour une affaire de coups et blessures.

Mort le 7 octobre 1626, à l'âge de soixante-douze ans, Paul Bril fut inhumé dans l'église de Santa Maria dell' Anima, conformément à ses dernières volontés [3].

1. Bertolotti, *Artisti Belgi ed Olandesi a Roma*, page 379. Florence, 1880.

2. Alex. Pinchart, *Archives des Arts, Sciences et Lettres*, tome II, page 14.

3. M. Ed. Fétis a consacré dans *les Artistes belges à l'étranger*, tome Ier, page 143 (Bruxelles, 1857), une notice étendue aux deux frères Bril.

Quelques eaux-fortes sont attribuées à Paul Bril. Exécutées d'une pointe légère et colorée, elles constituent des spécimens remarquables du genre ; il est assez difficile, toutefois, de les distinguer d'avec les travaux de Guillaume van Nieuwlandt, qui s'est appliqué avec beaucoup de bonheur à la reproduction des œuvres de son maître. Beaucoup d'autres graveurs ont pris les peintures ou les dessins de Paul Bril pour sujets de leurs estampes. Les Sadeler occupent une place importante parmi ces traducteurs.

De Balthasar Lauwers, cité par van Mander comme élève de P. Bril, nous n'avons rencontré aucune création.

Pour Guillaume van Nieuwlandt, il n'en est plus de même, tout au moins en ce qui concerne ses estampes, car les peintures du maître sont rares. (Musée de Copenhague, avec la date de 1609 ; Anvers, 1611 ; Belvédère de Vienne, 1612.) Ce sont des vues de Rome conçues dans l'esprit des œuvres de Paul Bril.

Les estampes de Guillaume van Nieuwlandt offrent un très grand charme à qui s'intéresse aux aspects de Rome au temps même où y travaillait le peintre. Tout y est rendu avec une extrême fidélité. On remarque, notamment, une vue de l'église de la Trinité des Monts avec une partie du Pincio, et surtout une grande estampe en trois feuilles, du Tibre et de l'île Tiberine, où le peintre est vu dessinant dans une barque.

Cette planche fut publiée à Anvers, bien que Nagler assure qu'elle vit le jour en 1600. On y lit des vers assez curieux dont voici un spécimen :

Voyci le pont Romain et toutes ses structures
Le Tybre traversant par ses six curvatures
Qu'on jadis Palatin, ou du Sénat nommoit,
Et maintenant le nom de Sant' Maria reçoit...

Jean Meyssens, dans son précieux recueil, *Images de divers hommes d'esprit sublime* (Anvers, 1649), donne sous le portrait de Nieuwlandt cette biographie sommaire du peintre : « Guillaume de Nieulandt, natif d'Anvers, l'an 1584, peintre renommé partout, il faisoit des ruines de Rome parfaitement bien et adornées de petites figures et paysages, il illuminoit et faisoit des merveilles en eau-forte. Il fut entre les meilleurs poètes de son temps. Ayant appris son art chez Jacques Savery, à Amstelredam, l'an 1599, et il est allé à Rome où il demeuroit trois ans auprès de Paul Bril et retournant de Rome l'an 1607, il est entré dedans la confrérie des peintres à Anvers, et ayant demeuré longtemps en ladicte ville, il retournoit à Amstelredam où il mourut l'an 1635. »

M. F. J. vanden Branden a étudié Guillaume van Nieuwlandt comme peintre et auteur dramatique dans une étude des plus remarquables et à laquelle nous avons emprunté quelques notes [1].

G. van Nieuwlandt n'a pas exécuté que le paysage. Nous avons de lui une estampe où sont réunis, dans des médaillons, saint Ignace de Loyola, saint François Xavier, sainte Thérèse, saint Philippe de Neri et saint Isidore Agricola, tous canonisés le 12 mars 1622. L'estampe est donc postérieure à cette date que, du reste, elle mentionne.

1. *Willem van Nieuwelandt, Schilder en Dichter*. Gand, 1875.

La fille de Guillaume van Nieuwlandt épousa le peintre Adrien van Utrecht. Ce mariage fut célébré à Anvers, où l'époux travaillait encore en 1628 [1].

Le fameux peintre Adrien van Nieuwlandt était un frère cadet de Guillaume, lequel, du reste, eut un fils nommé également Adrien, né en 1607, à Anvers. Meyssens, qui publia son portrait du vivant même d'Adrien, assure qu'il était âgé, en 1649, de cinquante-neuf ans, et qu'il avait été en apprentissage chez François Badens, à Amsterdam, en 1607, après avoir travaillé chez Pierre Isaacsz, dans la même ville. Les créations d'Adrien van Nieuwlandt portent des dates assez reculées. Un tableau du musée de Copenhague est daté de 1655 [2].

Comme autres élèves de Paul Bril, le catalogue du musée d'Amsterdam désigne C. Vroom, fils de Henri Vroom, et Spierings, sans doute le fils du célèbre fabricant de tapisseries de Delft. Toutefois, nous trouvons dans le livre de M. Bertolotti la mention d'un Charles-Philippe Spieringh, de Bruxelles, décédé à Rome en 1639, et qui, par conséquent, pouvait très bien être l'élève de Paul Bril.

1. Vanden Branden, *loc. cit.*, page 113.
2. Vanden Branden, *loc. cit.*, page 109.

XXXV

CORNEILLE CORNELISZ, DE HARLEM

EXCELLENT PEINTRE

Geerit Pietersz (Sweling). — Govert Jansz. — Pierre Lastman.
Langen Jan. — Corneille Jacobsz Delft.
Corneille Engelszen Verspronck. — Gerrit Nop. — Zacharie Paulusz, d'Alkmaar.

Un proverbe courant nous dit que le malheur de l'un fait le bonheur de l'autre, que même, à côté du malheur, il peut y avoir une source de joie, le ciel prenant pitié de nos misères.

Au temps où l'ancienne et noble ville de Harlem attirait tous les regards, et que son nom était dans toutes les bouches, alors que pendant trente et une semaines elle soutenait avec ses faibles remparts le terrible effort des Espagnols[1], à cette époque, ou bientôt après, il se fit qu'une grande et splendide maison patricienne sur la Spaarne fut confiée à la garde de Pierre Schilder, c'est-à-dire de Pierre, le fils de Pierre le Long, d'Amsterdam[2]. Il en résulta que ce Pierre Schilder devint l'initiateur de Corneille Cornelisz, né à Harlem en 1562, et dont les parents avaient fui la guerre et résidaient ailleurs[3].

Ce fut en 1572 ou 1573 que Corneille sentit s'éveiller en lui un vif penchant pour la peinture, voyant journellement pratiquer dans sa demeure ce vers quoi ses dispositions naturelles le poussaient.

Précédemment, déjà, ses goûts s'étaient manifestés, car on l'avait vu des journées entières façonner, au moyen d'un couteau ou de tout autre instrument, des briques rouges.

Corneille commença donc à s'exercer dans notre art sous la

1. Le siège dura du 11 décembre 1572 au 13 juillet 1573.

2. Pierre Pietersz, fils de Pierre Aertsen ou Ariaensz, né à Amsterdam en 1541, et mort dans la même ville en 1603.

3. Le père de Corneille Cornelisz s'appelait Corneille Thomasz. (Vander Willigen, *les Artistes de Harlem*, page 114.) Le nom de la famille devait cependant être *Schilder*, ce que van Mander affirme plus loin et ce qu'il était à même de bien connaître, vu son intimité avec Corneille.

conduite du jeune Pierre le Long[1], qui était un excellent maître dans les diverses parties de la peinture, très entendu dans l'art de mélanger les couleurs, et qui eut en lui un élève appelé à surpasser de haut son maître. Et comme si le destin l'eût ainsi réglé, Corneille, dès le berceau, eut le nom de *peintre*[2] et, l'ayant reçu par héritage, sut s'en montrer digne.

Quand il eut atteint sa dix-septième année, étant déjà un bon artiste, il partit pour la France et s'arrêta à Rouen, d'où la peste le chassa bientôt, et il se dirigea alors vers la fameuse ville d'Anvers avec l'intention de s'y placer chez un des meilleurs maîtres.

Ayant échoué auprès de François Pourbus[3], il alla chez Gilles Coignet[4], où il demeura un an et acquit plus de facilité d'exécution, comme j'ai pu le constater par une toile qu'il peignit, étant encore chez son maître, ou peu de temps après l'avoir quitté. Il y avait là des figures de femmes traitées d'une manière charmante.

Ce fut également à l'époque de son séjour chez Coignet qu'il peignit d'après nature un vase de fleurs, pour ainsi dire sans feuilles, comme son maître l'avait voulu, et ces fleurs étaient si admirablement traitées que Coignet garda longtemps le tableau sans vouloir s'en dessaisir[5].

Rentré à Harlem, Corneille y poursuivit son art avec une application soutenue. Il y livra notamment une Compagnie, peinte d'après nature, pour le jardin des arquebusiers ou Vieux Doelen. C'était en 1583, époque où j'arrivai à Harlem, et je fus très surpris d'y rencontrer de tels peintres.

Le tableau est d'une excellente ordonnance, et chaque personnage y accuse sa condition et même son tempérament. Ainsi, les plus liants se serrent la main, les plus enclins à boire tiennent le verre ou le pot, etc.

1. Voir sur Pierre Aertsen et ses fils, tome Ier, chapitre XLV, page 353.

2. Sans doute *schilder* : peintre.

3. François Pourbus, *le Vieux* (1545-1581). Voir ci-dessus, chapitre VI, page 20.

4. 1540-1599. Voir ci-dessus, chapitre XVII, page 70. Nous n'avons pas trouvé l'inscription de Corneille Cornelisz aux registres de la gilde d'Anvers, comme élève de Coignet ou de tout autre maître.

5. Cornelisz paraît avoir peint d'autres tableaux d'accessoires ou de natures mortes. Il y avait de lui une œuvre de l'espèce parmi les objets délaissés par H. Saftleven, mort à Rotterdam en 1627. (*Archief* d'Obreen, tome V, page 118.)

Envisagée sous le rapport de l'ensemble, l'œuvre n'est pas moins remarquable. Les visages, très ressemblants, sont largement exécutés et pleins d'effet ; les ajustements, les mains et tous les détails ne le cèdent pas en valeur, de sorte que cette œuvre tiendra dignement sa place parmi toutes celles qui orneront le même local[1].

Cornelisz a adopté une manière de peindre large et personnelle, à laquelle il est resté fidèle jusqu'à ce jour.

Il avait peint encore une grande toile en hauteur : une *Charité,* sous les traits d'une femme assise, ayant près d'elle plusieurs enfants dont l'un a saisi par la queue un chat qui semble miauler et lui donne un coup de griffe à la cuisse. La douleur de l'enfant était extraordinairement traduite et le tableau, dans son ensemble, une œuvre excellente.

Malheureusement, Cornelisz fut victime d'un individu qui emporta le tableau en France, et plus jamais il n'eut de nouvelles du personnage, non plus que de l'œuvre ni de l'argent[2].

Après ce tableau, Cornelisz fit une grande toile en largeur, l'*Avarice et la Prodigalité,* cette dernière semant des roses devant les pourceaux, création charmante et des mieux peintes[3].

Au milieu de ses travaux, poussé par son esprit naturellement actif, Cornelisz ne cessait de dessiner d'après nature, choisissant les plus beaux modèles vivants et les plus beaux antiques que nous ayons dans ce pays, comme constituant le meilleur et le plus sûr des guides pour qui est en état d'apprécier dans le beau ce qu'il y a de plus parfait. Aussi puis-je attester que ce n'est point en dormant que lui est venu son mérite, acquis, tout au contraire, au prix d'un dur labeur. J'ajoute que quiconque pense arriver à la perfection par d'autres voies se trompe et n'en atteindra jamais que l'ombre.

1. Cette peinture considérable est aujourd'hui au musée de Harlem (n° 23), elle est datée 1583. Un autre tableau de corporation, daté de 1599, figure au même musée sous le n° 26.

2. Ce tableau est entré en 1855 au musée de Valenciennes, par voie d'achat. Il porte le n° 55 du catalogue de M. Nicolle.

3. On n'en trouve aucune mention parmi les œuvres très nombreuses du maître qui passèrent en vente en Hollande, et qui sont relevées dans le catalogue de Gérard Hoet. Il existe une très grande estampe de Jean Muller, d'après Cornelisz, et représentant la *Fortune qui répand ses dons.* Van Mander n'a pu, sans doute, faire allusion à cette page.

Cornelisz, étant ainsi occupé, fit une grande toile en largeur, une *Scène du Déluge,* qui passa plus tard aux mains du duc de Leicester, et qui était extraordinairement étudiée [1].

Du temps où il soignait le mieux, datent le *Serpent d'airain,* grande toile en largeur [2], et une autre en hauteur de la *Chute des anges rebelles* [3], appartenant toutes les deux à Jacques Ravart, d'Amsterdam. Je ne saurais assez louer ces deux œuvres au point de vue de l'étude des formes des personnages nus, et il est regrettable que de telles choses ne soient pas exposées dans un lieu public, car, à cette époque, il s'attachait particulièrement au dessin, à la pose et à l'étude des proportions.

Depuis lors, il a produit un grand nombre d'œuvres, grandes et petites, entre lesquelles beaucoup de figures nues, par exemple l'*Age d'or,* qui est actuellement à Amsterdam chez un connaisseur éclairé, M. Hendrick Louwersz Spieghel [4]. C'est un travail des plus soignés, où les chairs ont fait l'objet d'une étude extrêmement consciencieuse, car les plus petits renflements de la peau sont rendus avec une fidélité extraordinaire. Le peintre a rarement fait mieux.

A Leyde, chez M. Barthélemy Ferreris, on voit de lui un grand tableau avec des figures nues, une *Scène du Déluge,* je crois, et un *Serpent d'airain,* également très bien traité [5].

Melchior Wijntgis, à Middelbourg, possède un tableau d'*Adam et Ève* [6] et douze petits panneaux de la *Passion,* très bien exécutés; de plus, une toile de la *Purification des enfants d'Israël dans le Jourdain* [7].

1. Le musée de Brunswick possède une *Scène du Déluge* de Corneille Cornelisz, datée de 1592. C'est, probablement, une réduction de l'œuvre citée par van Mander.

2. Musée de Darmstadt, signée *C. Haerlemësis 1597.* Cette toile a moins de deux mètres de large. Rathgeber parle d'un *Serpent d'airain,* existant jadis dans la collection Winkler, à Leipzig.

3. Tableau non retrouvé.

4. L'*Age d'or,* du musée de Brunswick, porte la date de 1615. Ce n'est, par conséquent, qu'un souvenir du tableau mentionné par van Mander qui mourut en 1606. Il est plusieurs fois question du *Monde ancien* dans le catalogue de Gérard Hoet. On a peut-être désigné sous ce titre l'*Age d'or.*

5. Probablement les tableaux, déjà mentionnés, de Brunswick et de Darmstadt.

6. Un tableau d'*Adam et Ève,* au musée de Hambourg, porte la signature de Cornelisz suivie de la date 1622.

7. Probablement le tableau cité dans le catalogue de Gérard Hoet et Terwesten, comme s'étant vendu à Amsterdam en 1767. (Vente Capello.)

Précédemment, il avait peint un grand tableau du *Massacre des Innocents*, qui est à Harlem, à la Cour du Prince, et dont les volets sont de Martin Heemskerck[1]. On remarque dans cette œuvre excellente beaucoup de mouvement parmi les bourreaux nus, l'énergie des mères à défendre leurs enfants, la différence de carnation des hommes de différents âges, la délicatesse des chairs enfantines, enfin la pâleur des cadavres.

Il y a encore, au-dessus d'une porte, un grand tableau en hauteur d'*Adam et Ève*, figures de grandeur naturelle d'une exécution admirable[2].

Dans une autre pièce du même local, on voit un tableau qui occupe une paroi entière et représente le *Banquet des Dieux* ou les *Noces de Thétis et de Pélée*, festin dans lequel la Discorde jette sa pomme sur la table. La composition de cette œuvre est charmante[3].

Après ces travaux et d'autres non moins excellents, Corneille s'appliqua plus que par le passé au coloris des chairs et, sous ce rapport, se transforma d'une façon surprenante, comme le prouvent ses œuvres actuelles comparées à celles d'autrefois.

Jean Mathyssen[4], au Cheval marin, à Harlem, possède de lui un beau tableau, peint en 1602. C'est une *Résurrection de Lazare*, œuvre admirable et d'un coloris éclatant.

A Amsterdam, chez M. Guillaume Jacobsz, il y a aussi de Cornelisz une petite peinture, dont les figures ont au plus un pied de haut et qui représente encore les *Noces de Thétis*, composition agréable avec un grand nombre de personnages nus ou drapés[5].

Il serait trop long d'énumérer toutes les autres œuvres de sa main que l'on rencontre chez les amateurs; il y faut ajouter nombre d'excellents portraits, mieux réussis que ne le ferait croire le peu d'empres-

1. Daté de 1591. Musée de La Haye, n° 19. (Catalogue V. de Stuers, 4e édition.) Gravure au trait dans l'*Histoire de la Peinture hollandaise*, de Henry Havard, page 59. Paris, 1882.

2. Daté de 1592. Musée d'Amsterdam, n° 106.

3. Musée de La Haye, n° 16 *b*. (4e édition du catalogue.)

4. Jean Mathyszen Ban, l'ami de Goltzius, à qui van Mander dédie son *Livre des Peintres*. Nous ignorons où se trouve actuellement le tableau cité.

5. Il n'est pas douteux que le maître n'ait peint, à plus d'une reprise, ce sujet relevé par G. Hoet dans les ventes hollandaises.

sement qu'il met à rechercher l'occasion de les faire. Mais son esprit n'est pas absolument porté vers des travaux si minutieux [1].

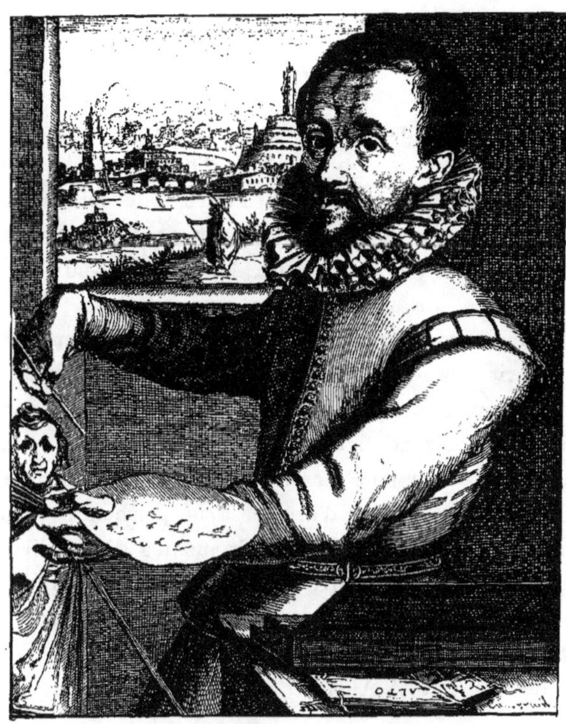

GERARDUS PETRI, AMSTELRED
PICTOR

Pictorum nulli Picturæ cessit amore:
Tractavit tanto peniculum Studio
Dicere qui solitus, Non tanti ducere Sceptrum
Se Hesperium, quanti Peniculum faceret.

GEERIT PIETERSZ (SWELING).
D'après la gravure de S. Frisius.

En la présente année 1604, il est âgé de quarante-deux ans et dans

1. Le musée d'Amsterdam possède de lui un fort beau portrait de D. V. Coornhert. (N° 107.) Il a été gravé par Jean Muller.

toute la force de son talent. Laissons-le poursuivre paisiblement ses travaux[1].

Cornelisz a formé quelques bons élèves, parmi lesquels, et surtout, le frère de Jean Pietersz, le premier des organistes, l'Orphée amsterdamois[2]. Il se nomme Geerit Pietersz[3].

Ce Geerit eut pour premier maître Jacob Lenartsz, d'Amsterdam, dont le père était un marin de Santvoort, mais Lenartsz était bon peintre et excellent verrier, et son habileté d'exécution était peu commune[4]. Geerit fit de tels progrès chez ce maître, que celui-ci finit par lui dire qu'il n'avait plus rien à lui enseigner et qu'il l'engageait à se chercher un meilleur guide. Par l'entremise de Jacques Rauwaert, il entra alors chez Cornelisz et fut, je crois, son premier élève.

Après avoir consacré un an ou deux à se perfectionner dans ses études, Geerit resta encore trois ou quatre ans à Harlem[5], travaillant pour son compte et peignant chaque jour d'après nature, ce qui le rendit extrêmement habile dans la connaissance de la forme, et j'estime qu'on a rarement vu chez des Néerlandais pareille application à l'étude ou pareil désir d'arriver à la perfection, le tout joint à un amour aussi ardent de l'art. Il allait jusqu'à dire qu'il ne voudrait pas échanger son pinceau contre le sceptre du roi d'Espagne, donnant ainsi à entendre qu'à ses yeux, mieux valait être bon peintre que puissant monarque.

Il a, depuis, habité Anvers[6] et séjourné plusieurs années à Rome,

1. Corneille Cornelisz mourut en 1638.

2. Jean Pietersz Sweling, célèbre compositeur et organiste de l'église Saint-Nicolas, à Amsterdam, né à Deventer en 1561, mort à Amsterdam le 16 octobre 1621. Son épitaphe fut composée par le grand poète Vondel. (Voyez sur Sweling : Edm. van der Straeten, *la Musique aux Pays-Bas avant le XIXe siècle*, tome VI, page 306. Bruxelles, 1882.) Nous signalons le précieux portrait du personnage au musée de Darmstadt (n° 292), portrait qui est certainement l'œuvre de son frère. Sweling a aussi été gravé par Jean Muller. (Bartsch, n° 22.)

3. C'est-à-dire, Gérard, fils de Pierre : *Gerardus Petri*.

4. Jacques Lenartsz n'a point marqué dans l'histoire de l'art.

5. Il n'est pas question de Gerrit Pietersz, ni de Gérard Sweling, dans les notes de M. A. vander Willigen.

6. Les registres de la gilde de Saint-Luc d'Anvers sont muets sur le séjour du peintre à Anvers. Par contre, M. De Busscher, dans ses *Recherches sur les Peintres et les Sculpteurs à Gand*, parle très longuement d'un Gérard Pieters, inscrit à la corporation gantoise en 1590, et dont il n'est plus fait mention après 1600. Ce peintre était venu de Bruges où, effectivement, M. Weale signale sa présence dès l'année 1582.

et, actuellement, il demeure à Amsterdam, où plusieurs œuvres excellentes de son pinceau ont vu le jour et où il s'est fait la réputation d'un maître. S'il pouvait être admis à se consacrer à quelque grande création qui fût à la hauteur de son génie, on verrait ce que peut enfanter son intelligence. Malheureusement il est obligé de s'en tenir au portrait et à de petites choses dont le mérite est facile à constater chez les particuliers et les amateurs de la ville d'Amsterdam[1].

Van Mander ajoute à l'*Appendice :*

« En la présente année 1604 il a livré à la Confrérie de Saint-Sébastien, à Amsterdam, une compagnie dont le capitaine est, je crois, Jean Janssen Carel, œuvre excellente sous le rapport de la ressemblance des physionomies, des ajustements et des accessoires, et qui est bien digne de la place qu'elle occupe dans ce milieu distingué[2]. Pourtant l'auteur ne se propose pas de s'arrêter en chemin, mais, toujours passionné pour son art, compte bien faire des choses qui le satisfassent mieux. C'est d'un sentiment pareil que tout artiste doit être animé. Trop facilement content de soi, l'on ne progresse plus, on rétrograde, ce qui n'arrive que trop souvent à ceux qui, après avoir fait preuve, dans leur jeunesse, de beaucoup d'ardeur, arrivés à l'âge mûr, tombent dans la présomption et se montrent incapables de faire ce qu'ils faisaient jadis ni de rien produire qui puisse satisfaire les connaisseurs. »

Il a formé quelques bons élèves : un certain Govert, habile dans le paysage et les figures de petites dimensions[3]; un Pierre Lastman, actuellement en Italie et qui promet[4].

1. Certaines estampes de Corneille et Théodore Galle portent *G. Petr. inv.*, et représentent : la *Perversité des hommes avant le Déluge : sic erat in diebus Noe; Sainte Cécile*, figure en pied; un *Concert champêtre*, planche dédiée à Henri Persyn, secrétaire du comte de Boussu. Le style de ces créations se rapproche de celui de Cornelisz. Nagler assurait d'abord que les planches en question reproduisaient des œuvres de Pierre De Witte (*Candidus*). Dans ses *Monogrammistes*, il n'hésite plus à les attribuer à Pietersz.

Un portrait d'Ad. Vorstius, professeur à Leyde, a été gravé par P. Pontius d'après Gérard Petri.

2. Toutes nos recherches pour retrouver la trace de ce tableau ont été vaines, et ceux de nos amis de Hollande qui ont bien voulu nous prêter leur concours à cet effet n'ont pu arriver à un meilleur résultat. Il nous paraît à peine possible que la grande œuvre citée par van Mander ait pu se perdre. On la retrouvera certainement quelque jour.

3. Govert Jansz, qu'il ne faut pas confondre avec Abraham Govaerts, d'Anvers.

Nous voyons deux paysages de lui dans l'inventaire des tableaux appartenant à Rembrandt; ils sont indiqués comme *paysages avec figures.*

4. Pierre Lastman, né à Harlem (?) vers 1580 et mort vers 1649. (Voir à son sujet : C. Vosmaer,

Corneille Cornelisz a eu encore pour élèves un peintre de Delft surnommé *Langen Jan* (Jean le Long)[1], qui débuta fort bien et mourut jeune; un autre peintre de Delft, Corneille Jacobs, qui est un bon maître[2]; puis un certain Corneille Engelsen, de Gouda, excellent portraitiste[3].

Il y a encore un Gerrit Nop, de Harlem, qui a été longtemps absent du pays, séjournant à Rome et ailleurs, et dont on annonce maintenant le retour. Il saura, je l'espère, se montrer à la hauteur de l'attente générale[4]. J'en dirai autant de Zacharie, d'Alkmaar[5], et d'autres qui, sans doute, auront beaucoup progressé à l'étranger.

COMMENTAIRE

Corneille de Harlem, car c'est sous ce nom qu'il a passé à la postérité, est, quoi qu'on en dise, un maître intéressant. M. Henry Havard[6], tout en le jugeant avec une sévérité légitime, avoue que, « malgré ses défauts, il est difficile de ne pas reconnaître la puissance de ce peintre si étrange, la correction absolue de son dessin, la finesse de sa touche, que viennent malheureusement atténuer un manque de goût souvent fâcheux et une couleur lourde et parfois conventionnelle ».

Rembrandt, sa vie et ses œuvres, 2e édition, pages 68 et suiv.; Riegel, *Beiträge zur niederländischen Kunstgeschichte,* tome II, pages 201 et suiv., Berlin, 1882; Bode, *Studien zur Geschichte der holländischen Malerei,* page 341, Brunswick, 1883.) P. Lastman, peintre fort intéressant d'ailleurs, fut le maître de Rembrandt.

1. Il ne faut pas le confondre avec Jan van Bockhorst, que nous voyons franc-maître de Saint-Luc à Anvers, en 1633. Van Bleijswijck lui-même, dans son histoire de Delft, se contente de reproduire sur le maître cité par van Mander les indications de celui-ci.

2. Corneille Jacobsz Delff, peintre de natures mortes, frère du célèbre graveur Willem Jacobsz Delff. Il naquit en 1571 et mourut en 1645. (Voir Franken, *l'Œuvre de Willem Jacobszoon Delff,* page 8. Amsterdam, 1872.)

3. Cornelis Engelszen Verspronck, élève de van Mander, entré en 1593 dans la gilde de Saint-Luc. à Harlem, mort après 1637. (Voyez vander Willigen, *les Artistes de Harlem*, page 306.)

4. Il ne semble pas qu'il ait laissé des œuvres marquantes; M. Kramm allait jusqu'à supposer que Nop ne rentra point à Harlem. M. vander Willigen (*loc. cit.*, page 232) a trouvé son nom sur les contrôles de la garde civique en 1609, preuve qu'il s'était établi dans sa ville natale.

5. Zacharias Paulusz peignit, en 1620 et en 1627, des portraits de notables pour la ville d'Alkmaar. (Houbraken, *Groote Schouburgh, etc.*, tome II, page 56. Amsterdam, 1719.) En 1643 et 1644, il reçut plusieurs élèves : Adrien Jansz. Dekker, Théod. Barentsz, J. J. Regtop, Pieter Jansz. (Obreen, *Archief*, tome II, page 56.) D'où il faut conclure que Zacharie d'Alkmaar fut, de son temps, un peintre estimé. Ses peintures sont encore au musée d'Alkmaar. (*Nederlandsche Kunstbode,* page 90, article de C. W. Bruinvis, Harlem, 1880; et Riegel, *Beiträge zur niederländischen Kunstgeschichte*, tome Ier, page 127.)

6. *Histoire de la Peinture hollandaise*, page 60. Paris, 1882.

De fait, on ne saurait approuver en aucune façon le système de Cornelisz, mais nous tenons ses défauts comme inhérents à son époque et ses violentes exagérations musculaires pour affaire de mode.

Van Mander contribua, pour une bonne part, à fausser les vues du peintre de Harlem et rien, certainement, ne faisait prévoir en 1583, à l'époque où Cornelisz peignit son *Festin des arquebusiers*[1], qu'il arriverait, en cinq ou six ans, et sans même quitter sa ville natale, aux aberrations du *Massacre des Innocents*[2] et des autres pages où il s'inspire de Spranger.

On sait que van Mander arriva à Harlem en 1583. « Peu de temps après, dit le biographe de notre auteur, il fit la connaissance de Goltzius et de maître Cornelisz, et ils formèrent à eux trois une académie, dans le but de dessiner d'après nature. *Carel les initia à la manière italienne ainsi qu'on le constate par l'Ovide de Goltzius.* » Ce que l'on entendait alors par la « manière italienne », c'était l'exagération musculaire, commencée dès longtemps sous l'influence de Michel-Ange et arrivée à son paroxysme avec Salviati et Spranger.

Goltzius avait donné un joli échantillon de cette manière dans sa grande figure d'Hercule, dite « l'homme musculeux », dont l'anatomie semble étudiée sur un sac de noix. Aussi fut-il très heureux que le peintre se mît en route pour l'Italie précisément à l'époque où cette création venait de voir le jour. La *Galathée*, de Raphael, et l'*Hercule Farnèse*, sans être, sous son burin, des modèles de correction, n'en constituent pas moins dans la manière du maître une évolution importante et décisive.

Corneille Cornelisz n'alla jamais en Italie et rien ne vint entraver sa fantaisie outrée, si ce n'est l'âge, car toutes ses créations ne sont pas entachées, dans une égale mesure, de l'exagération qui distingue les œuvres de sa trentième année.

Mort à Harlem, le 11 novembre 1638, Cornelisz atteignit, par conséquent, sa soixante-seizième année[3]. Le musée de Harlem possède de lui un tableau daté de 1633, un *Christ bénissant les petits enfants* (n° 29) ; nous ignorons s'il existe des œuvres revêtues de dates postérieures, mais le maître travailla fort probablement jusqu'à son dernier jour, car il restait chez lui à l'époque de sa mort un grand nombre de tableaux[4]. Un point qui ne saurait être douteux, c'est que sa carrière fut des mieux remplies, si tant est que, dans le domaine artistique, la fécondité compte à l'actif des maîtres.

Un fait très digne d'être noté est la position spéciale occupée par Corneille de Harlem dans l'histoire de la peinture aux Pays-Bas. Il est l'unique représentant de l'école qui comptait en Italie et en Allemagne des peintres en vue, peintres que bientôt Rubens devait éclipser. Cornelisz demeure à côté de ce grand maître, comme à côté de Frans Hals et de Rembrandt, — tous plus jeunes que lui, — le continuateur d'un

1. Musée de Harlem, n° 23.
2. Musée d'Amsterdam, n° 105. Daté de 1590.
3. Dans une notice de M. Génard sur Otto Venius (*Journal des Beaux-Arts*, 1862, page 149), nous relevons la présence, à Anvers, en 1634, d'un Corneille Cornelisz, témoin du mariage de Marie van Veen avec Léonard van Halle, célébré le 16 mai. Il n'y a là probablement qu'une coïncidence de noms.
4. A. vander Willigen, *les Artistes de Harlem*, page 114.

système si prodigieusement en désaccord avec l'esprit de l'école hollandaise. Son succès n'en fut que plus marqué.

M. vander Willigen a relevé, dans les comptes de la ville de Harlem, un certain nombre de pièces qui nous permettent de constater la faveur dont jouit le peintre, pour ainsi dire dès ses débuts.

Si l'on se souvient que Frans Hals est un élève de Carel van Mander, on s'explique sans peine la direction, tout au moins officielle, que devait suivre la peinture avant l'apparition du maître. Elle s'accuse aussi dans les gravures nombreuses sorties du burin des artistes formés par Henri Goltzius, et dont un fort grand nombre reproduisent des œuvres de Corneille Cornelisz. Goltzius lui-même ouvrit la voie et quelques-unes de ses plus belles planches nous rendent des créations de son ami. Il nous suffira de citer les *Culbuteurs*, estampes d'une virtuosité vraiment extraordinaire. Ce n'était pas à tout le monde que l'illustre graveur prêtait le concours de son talent. Il faut reconnaître, d'autre part, que le style de Cornelisz s'adaptait à merveille au sien propre.

Soutenant jusqu'au bout son rôle de maître italien, Corneille de Harlem s'exerça aussi dans l'architecture. En 1596, les bourgmestres de sa ville natale lui demandèrent les plans du nouveau Poids public, construit en 1597 [1].

Plus tard, on le nomma régent de l'hospice des vieillards. Ce que l'on pouvait être de son temps, dans une petite cité hollandaise de second ordre, il le fut, et jusqu'à la fin de ses jours, il prit une part importante à la direction des choses d'art de son milieu natal.

En 1632, nous le trouvons au nombre des administrateurs de la gilde de Saint-Luc reconstituée [2].

Nous avons dit qu'il mourut le 11 novembre 1638 et fut inhumé dans l'église Saint-Bavon, le 19 ; de même que Goltzius il appartenait au culte catholique, bien que ses œuvres ne le disent guère.

Cornelisz eut pour gendre Pierre Jansz Begyn, l'ancêtre de Corneille Bega. Les œuvres du grand-père, rapprochées de celles du petit-fils, peuvent nous dire la marche suivie par l'école hollandaise en moins d'un demi-siècle.

Les travaux existants de Corneille de Harlem sont relativement nombreux, quoique très dispersés. Il en est beaucoup que mentionnent les vieux catalogues et dont la trace s'est perdue ; il en est de même de plusieurs œuvres mentionnées par van Mander.

Bien que la liste suivante soit nécessairement incomplète, elle peut servir à indiquer où se trouvent actuellement les œuvres du maître.

HOLLANDE. Amsterdam. — *Massacre des Innocents.* 1590. (N° 105.) *Adam et Ève.* 1592. (N° 106.) *Portrait de D. V. Coornhert.* (N° 107.)

La Haye. — *Massacre des Innocents.* 1591. (N° 19.) Les *Noces de Thétis et de Pélée.* (N° 19b.)

1. Vander Willigen, *loc. cit.*

2. Obreen, *Archief*, tome Ier, pages 228-229.

HOLLANDE. Harlem. — *Banquet d'arquebusiers.* 1583. (N° 23.) Le *Miracle de Harlem* (une religieuse accusée d'avoir manqué au vœu de chasteté est miraculeusement reconnue innocente). 1591. (N° 24.) *Auto-da-fé.* 1598. (N° 25.) *Banquet d'arquebusiers.* 1599. (N° 26.) *Baptême du Christ.* (N° 27.) *Adam et Ève.* 1620. (N° 28.) *Jésus-Christ bénit les petits enfants.* 1633. (N° 29.)

Rotterdam. — *Bacchus.* 1602. (N° 98.)

FRANCE. Valenciennes. — La *Charité.* (N° 55.)

Caen. — *Vénus et Adonis.* (N° 129.)

Toulouse. — L'*Age d'or.*

ALLEMAGNE. Berlin. — *Bethsabée.* 1617. (N° 734.)

Darmstadt. — Le *Serpent d'airain.* 1597. (N° 285.)

Brunswick. — L'*Age d'or.* 1615. (N° 440.) *Vénus et l'Amour.* 1610. (N° 442.) *Vénus et Adonis.* (N° 441.) Le *Déluge.* 1592. (N° 444.) *Démocrite et Héraclite.* 1613. (N° 443.)

Dresde. — *Vénus, Apollon et Cérès.* 1614. (N° 1086.)

Carlsruhe. — *Baptême du Christ.* 1623. (N° 220.) *Jésus-Christ bénit les enfants*; grisaille. (N° 221.)

Munich. — Même sujet. 1614. (N° 303.)

Hambourg. — *Adam et Ève.* 1622. (N° 67.)

Schwerin. — Le *Christ mort sur les genoux de la Vierge.* 1629. (N° 151.)

Schleissheim. — *Jupiter et Mercure arrachent la langue à une nymphe.*

AUTRICHE. Vienne (Belvédère). — Le *Dragon dévore les compagnons de Cadmus.* (N° 764.)

(Palais Liechtenstein). — *Allégorie profane : des Nymphes prosternées devant le bouclier de Minerve.* (N° 1017.)

Prague (Musée). — *Conversion de saint Paul*; *Bacchanale.*

BELGIQUE. Bruxelles (collection Ed. Pauwels). — *Sujet allégorique : Un homme et une femme attablés*; figures à mi-corps. 1616.

DANEMARCK. Copenhague. — *Allégorie sur la brièveté de la vie humaine.* (N° 117.)

SUÈDE. Stockholm. — *Vénus et Adonis.* (N° 384.) *Vénus, Cupidon, Cérès et Bacchus.* (N° 385.)

RUSSIE. Saint-Pétersbourg (Ermitage). — *Baptême du Christ.* (N° 505.) *Cymon et Iphigénie.* 1621. (N° 506.)

ESPAGNE. Madrid (Musée du Prado). — Le *Conseil des dieux.* (N° 1390.)

XXXVI

JACQUES DE GHEYN

PEINTRE D'ANVERS

Jean Saenredam. — Zacharie Dolendo. — Robert de Baudouz. — Corneille Drebbel.

L'expérience a victorieusement établi ce que peut la volonté chez un esprit sérieux. L'exemple de Jacques De Gheyn le prouve une fois de plus. Entraîné dès l'enfance par son penchant pour le dessin, il est arrivé finalement à peindre à l'huile, point culminant de l'art, et le mode par excellence de rendre la nature sous tous ses aspects.

Jacques De Gheyn vint au monde à Anvers, en 1565. Son père, Jacques Jansz vanden Gheyn, n'était pas né sur terre, m'a-t-on dit, mais avait vu le jour sur le Zuyderzée pendant une traversée de sa mère, de Harlingen à Amsterdam. Ses parents étaient originaires d'Utrecht et descendaient d'une honorable famille.

C'était un peintre verrier d'une habileté peu commune [1], comme le prouvent plusieurs de ses œuvres, entre autres quatre grandes verrières du chœur de l'église Sainte-Walburge, à Anvers, et plusieurs vitraux qu'il fit pour la nation des Italiens, dans l'église des Récollets de la même ville, et qui sont grandement loués des connaisseurs [2].

Il est enfin, je crois, l'auteur d'un grand vitrail aux vives couleurs, qui se trouve dans la vieille église d'Amsterdam, côté ouest. De Gheyn entendait à merveille l'art de rapprocher les fragments de verre colorés dans la pâte et de les disposer de manière à en obtenir le meilleur effet de lumière et d'ombre.

C'était, en outre, un peintre très soigneux de petits portraits en

1. Jakes (*sic*) van de Geyn est reçu franc-maître de la gilde de Saint-Luc d'Anvers en 1558; il est qualifié peintre sur verre (*Glasschryver*) et reçoit un élève en 1570.

2. Les églises de Sainte-Walburge et des Récollets d'Anvers ont été démolies pendant la domination française.

miniature. Il voulut aussi faire de la peinture à l'huile, de sorte qu'aux cartons qu'il faisait précédemment peindre sur papier, il en vint à substituer de grandes toiles peintes à l'huile par lui-même. Il mourut

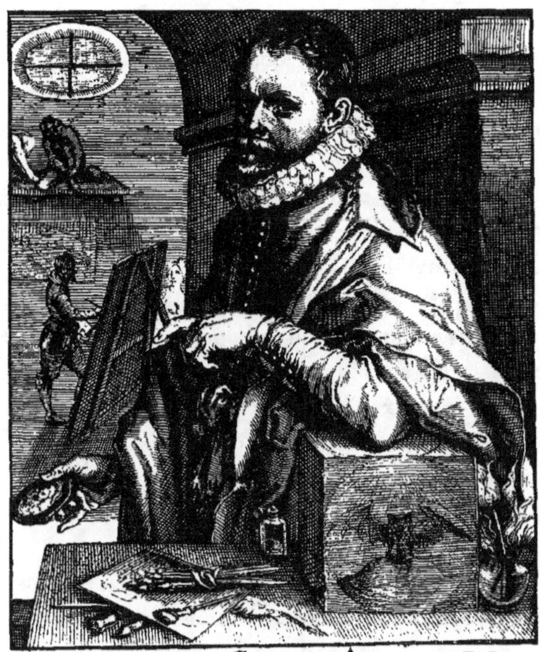

IACOBUS DE GEYN, ANTVERP.
PICT. ET SCULPT.

Gemmus eximius Scalptor, Pictorque peritus,
Inventor felix, iudicioque bonus.
Et Belli et Pacis pingens Insignia, gratus
Ipse Duci Belli qui artibus egregius.

JACQUES DE GHEYN.
D'après la gravure de S. Frisius.

dans toute la force de son talent, lorsqu'il venait d'atteindre sa cinquantième année. L'aménité de son caractère lui avait valu la sympathie de tous.

Jacques De Gheyn, qui n'avait que dix-sept ans[1], était déjà si entendu comme peintre verrier, qu'il termina les travaux inachevés de Jansz. Et comme il s'était exercé quelque peu au maniement du burin, du vivant de son père, celui-ci lui fit promettre, en mourant, de persévérer dans la gravure, ce qu'il fit autant que les circonstances le lui permirent, mais il pratiqua longtemps la peinture sur verre comme profession et s'exerça aussi à la miniature.

Venu enfin chez l'habile Goltzius, à Harlem, il y pratiqua pendant deux ans la gravure sous la direction de ce maître[2], et ensuite, pendant quelques années, tout seul, bien qu'il fût détourné de son art par les plaisirs de la jeunesse, malgré le ferme vouloir de se mettre sérieusement au travail[3].

Marié en 1595[4], et trouvant alors le calme et la tranquillité, il se mit consciensieusement à l'œuvre, poursuivant un certain temps la gravure, et mettant au jour un bon nombre de planches d'après ses propres dessins et ceux d'autres artistes.

Jugeant, toutefois, comme je l'ai dit plus haut, que la peinture était plus propre à rendre la nature, il s'y appliqua de plus en plus et, laissant là la gravure et l'impression, il déplora amèrement son passé qu'il considérait comme du temps perdu.

Sérieusement livré à l'étude, il comprit la nécessité de travailler beaucoup d'après nature et de s'adonner à la composition, afin de mieux se pénétrer des exigences de l'art.

Lorsqu'il aborda la peinture, se disant qu'il aurait quelque peine, au début, à bien différencier les tons, pour aller plus vite, il imagina le système que voici : Prenant un panneau, il le divisa en une cen-

1. Par conséquent, en 1582 ; Kramm fait mention d'une planche datée de 1577, et le catalogue de Weigel mentionne un portrait de 1578. Il nous semble douteux que ces pièces — que nous n'avons jamais rencontrées — émanent de Jacques De Gheyn le fils, celui dont s'occupe plus spécialement van Mander.

2. Sans doute de 1585 à 1587, alors que Goltzius adoptait sa nouvelle manière. Les planches de De Gheyn se succèdent assez régulièrement, à dater de 1586; il n'y en a aucune de 1585 ; les *Uniformes*, d'après Goltzius, sont de 1587, ainsi que la superbe planche appelée *le Règne de Neptune*, d'après Guill. Telcho, et qui porte : *H. Goltzius exc.*

3. En 1591, Jacques De Gheyn est à Anvers, appelé par les Jésuites. (Voir A. Pinchart, *Archives*, tome III, page 320.)

4. Sa femme était la demoiselle Eva Stalpart van de Wiele. (Kramm, *De Levens en Werken der Hollandsche en Vlaamsche Kunstschilders*, etc., page 1559. Amsterdam, 1861.)

taine de carrés et leur donna, dans un carnet, un numéro d'ordre correspondant à chacun d'eux, puis peignit les carrés en diverses nuances de gris, de vert, de jaune, de bleu, de rouge, de tons de chair, etc., donnant à chaque nuance ses ombres normales, et nota le tout, comme il vient d'être dit, dans un carnet.

Bien que cette manière de procéder fût quelque peu singulière, De Gheyn la trouva fort utile pour apprendre à colorer et il se mit alors à peindre et à voir comment il se tirerait d'affaire.

Son premier tableau fut un petit vase de fleurs appartenant encore à Henri van Os, à Amsterdam. C'est une peinture extrêmement soignée et surprenante pour un premier essai.

Malgré son vif penchant pour la figure, il ne se contenta pas de cette tentative et voulut faire une autre épreuve du même genre. Il peignit un tableau de fleurs plus grand, dans le but de corriger ce qui lui déplaisait dans l'œuvre précédente [1]. Prenant un verre, il y mit tremper un bouquet de fleurs, s'appliquant à reproduire le tout avec autant de patience que de précision. Ce tableau fut acquis par Sa Majesté impériale [2], ainsi qu'un petit volume dans lequel De Gheyn peignit plus tard en miniature des fleurs et des animaux.

De Gheyn jugea alors qu'un trop grand fini n'était pas favorable à ses progrès et qu'il fallait changer de manière. Ce fut alors qu'on le vit adopter un procédé plus large, convaincu que le grand art réside surtout dans les œuvres plus développées, pour qui est en état d'y réussir.

A cette époque, Son Excellence le prince Maurice étant, par suite de la guerre de Flandre, entré en possession d'un superbe cheval ayant appartenu au Sérénissime Archiduc [3], fit savoir à De Gheyn qu'il désirait obtenir de lui un portrait du coursier, de grandeur naturelle, offre que le peintre accepta avec d'autant plus d'empressement que les

1. Ce sont exclusivement des tableaux de fleurs qui figurent sous son nom dans les catalogues de ventes publiés par Gérard Hoet et Terwesten. Une œuvre du même genre se vendit 20 florins à la vente Nieuhoff, à Amsterdam, en 1777.

2. Le musée du Belvédère ne contient aucune peinture de De Gheyn.

3. L'archiduc Albert. C'était un genet blanc d'Espagne qui fut capturé en 1600 par le prince Louis Gunther de Nassau, à la bataille de Nieuport, et donné au prince Maurice. (Voir *Nederlandsche Kunstbode*, page 239. Harlem, 1880.)

grandes choses convenaient mieux à ses goûts. Il peignit donc le cheval et le palefrenier qui le tenait par la bride [1].

Le tableau satisfit grandement Son Excellence, mais non pas le peintre, qui voulut faire l'essai d'une nouvelle manière et peignit la *Tête de mort* qui appartient à Renier Antonissen, d'Amsterdam [2].

En la présente année 1604, il a peint la *Vénus endormie* qui est à Amsterdam chez Guillaume Jacobsz. Près de la déesse, de grandeur naturelle, on voit l'Amour également endormi et deux satyres, dont l'un s'apprête à enlever par surprise une draperie légère qui voile les charmes de Vénus [3].

Sans détour, j'estime que cette œuvre, envisagée au point de vue de la composition, de la pose, de la proportion, de l'exécution et de l'aisance, est une chose surprenante pour un début dans la branche la plus difficile de notre art. Je ne crois pas, toutefois, que l'auteur en reste là, son amour de la peinture devant le pousser à faire de mieux en mieux [4].

De Gheyn a formé quelques bons graveurs. Il y a d'abord l'excellent et célèbre Jean Saenredam, aujourd'hui fixé à Assendelft [5], puis Zacharie Dolendo [6], qui débuta d'une manière supérieure, comme on

1. Ce tableau a été offert à l'État néerlandais, en 1880, par M. le chevalier van Panhuys. Il est signé *De Gheyn fe. 1603* et porte le chronogramme suivant :

hVnC DedIt aVstrIaCo teLLVs hIspana CreatrIX
VICtorIqVe DedIt fLandrIa MaVrItIo.

L'addition des chiffres donne 1600.

Il est actuellement au Musée National d'Amsterdam, où un autre cheval, peint aussi par De Gheyn, est entré depuis peu. (Communication de M. le chevalier de Stuers.) Le musée de Berlin possède une série d'études de chevaux dessinées à la plume par notre artiste, sans doute en vue des deux peintures dont il s'agit.

2. Nous ignorons où se trouve cette peinture. Nous n'avons pas besoin de dire qu'il existe un nombre considérable d'œuvres du même genre, qualifiées *Memento mori* et *Vanitas*.

3. Nous craignons fort que ce tableau n'ait été enlevé à son auteur pour être attribué à quelque autre maître.

4. En dehors du cheval cité plus haut, nous ne connaissons d'autre peinture qu'une *Apparition de Jésus-Christ à sainte Hélène*, signée et datée de 1611. Cette œuvre est au séminaire de Bruges. Elle mesure 0m,60 sur 0m,45.

5. Jean Saenredam, né à Zaandam en 1565, mort à Assendelft en 1607. Il fut également l'élève de H. Goltzius. Son œuvre, décrit par Ad. Bartsch (*Peintre-Graveur*, tome III, page 217), se compose d'environ 125 pièces.

6. Zacharie Dolendo, né à Harlem en 1561 ; ses planches, très remarquables, sont traitées dans la manière de H. Goltzius.

peut le voir par quelques-unes de ses planches, entre autres une petite suite de la *Passion* d'après mes dessins, et d'autres œuvres.

Il était possédé de l'amour de son art, mais mourut jeune, des suites d'une lésion des poumons contractée par la danse, les gambades et l'abus des boissons. Il eut de nombreux crachements de sang et, finalement, ne put être sauvé.

Il y a encore certain Robert qui habite Amsterdam[1] et un Corneille qui est actuellement en France[2].

COMMENTAIRE

Jacques De Gheyn pouvait être le rival de Goltzius, et l'œil exercé du connaisseur constate seul chez lui l'absence de cette liberté d'allures qui, dans le maniement du burin, accuse le graveur de profession. Mais il mit aussi au jour des compositions originales et, sous ce dernier rapport, son œuvre est des plus intéressants.

L'eau-forte devait avant peu, en Hollande, éclipser la gravure linéaire. L'incomparable génie de Rembrandt rejette bien loin les productions sages et méthodiques du burin. Que dire, cependant, d'un artiste composant des scènes, parfois très développées, pour venir ensuite les retracer sur le cuivre, dans leurs moindres détails, avec toute la précision requise et le soin d'un miniaturiste? Tel fut Jacques De Gheyn.

Sa réputation grandit rapidement et de grands travaux lui tombèrent en partage. Dès l'année 1591, alors qu'il était à peine âgé de vingt-cinq ans, les Jésuites d'Anvers, chargés par leur général de faire graver en cuivre « certaines figures[3] », le faisaient venir tout exprès, « estant advertys qu'en la ville d'Amsterdam se trouve ung Jacques de Ghein fort excellent ouvrier en matière de schulpture ».

Il fallut solliciter un sauf-conduit, l'Espagne étant alors en guerre avec les Provinces-Unies, et répondre de l'orthodoxie du graveur. Le jésuite Melandt répondit qu'il ne croyait pas De Gheyn hérétique; toutefois, que s'il en était ainsi, « il espérait, avec l'aide de Dieu, le convertir, pendant qu'il travaillerait au collège ».

1. Robert de Baudouz, né à Bruxelles en 1575, bourgeois d'Amsterdam en 1598, vivait encore en 1648. (Voir *Archief* d'Obreen, tomes II, pages 5, 161-162; III, page 221, et V, page 40.)

2. Très probablement, Corneille Drebbel, né à Alkmaar en 1572 et mort à Londres en 1634. Il a gravé des planches d'après van Mander et Goltzius, dont on le croit l'élève.

3. Alexandre Pinchart, *Archives des Arts, Sciences et Lettres*, tome III, page 320. Bruxelles, 1881. Ne s'agirait-il pas de l'exécution du recueil : *Vita B. P. Ignatii Loyolæ Societatis Jesu fundatoris*, Rome, 1609? Ces planches, au nombre de quatre-vingt-une, sont d'origine flamande, et Mariette en a même attribué, sans aucune raison, le dessin à Rubens. Elles virent le jour à la suite de la béatification de saint Ignace (1607). Le Cabinet des Estampes de la Bibliothèque Nationale de Paris possède la série complète de la *Vie de saint Ignace*, avec des retouches à la plume. (Voir à ce sujet notre *Histoire de la gravure dans l'École de Rubens*, pages 26-31. Bruxelles, 1879.)

Nous ne sommes pas renseignés sur le plus ou moins de nécessité de la chose, mais, sûrement, De Gheyn était de retour à Amsterdam en 1593 et y assistait, en qualité de témoin, au mariage de sa sœur Anne avec le docteur vander Borcht, originaire de Bruxelles[1].

La même année, il gravait, par ordre des États, une planche du siège de Gertrudenberg, payée 120 florins[2]. Pareil travail, procédant d'un homme qui venait si récemment de travailler pour l'ordre des Jésuites, ne dénote pas une bien grande ferveur de sentiments religieux. Il faut même observer que, l'année suivante, De Gheyn participait, à Amsterdam, à une représentation organisée par les rhétoriciens en l'honneur de Maurice de Nassau.

En 1597, il gravait la *Bataille de Turnhout*, nouveau triomphe des armes néerlandaises[3], estampe payée par les États, de même qu'un plan de La Haye[4], dont la commande se fit au mois de janvier 1598. En un mot, De Gheyn s'était absolument acclimaté en Hollande, et nous serions très enclin à douter, avec Kramm, de l'authenticité de son tableau de *Sainte Hélène*, de 1611, s'il ne nous avait été donné de voir personnellement cette œuvre, qui décore un des salons du séminaire épiscopal de Bruges, où le public a difficilement accès.

La plupart des auteurs font mourir Jacques De Gheyn en 1616. Selon J. D. Passavant[5], sa carrière prit fin en 1615. Grâce aux recherches de M. A. Bredius, on sait aujourd'hui que l'habile artiste mourut à La Haye, sans doute le 31 mars 1629, car son inhumation se fit dans la grande église, le 2 avril[6].

Il avait un moment habité Leyde, à dater du mois de mai 1598.

Quant à Jacques De Gheyn, troisième du nom, Kramm le suppose né vers 1594 et publie une résolution des États-Généraux de Hollande, établissant qu'il habitait la Suède en 1620[7]. Toutefois, aucune œuvre ne figure au musée de Stockholm, ni sous le nom du père ni sous celui du fils.

De Gheyn le jeune fut un graveur adroit, un compositeur original, fondant très intelligemment l'eau-forte et le burin, comme on le constate par une suite des *Sept Sages de la Grèce*, publiée à La Haye en 1616 avec une dédicace au père de l'auteur, ce qui suffirait seul à démontrer l'erreur de Passavant.

Cette date de 1616 figure également sur une *Leçon d'anatomie*, du professeur P. Paauw, de Leyde, gravée d'après De Gheyn pour André Stock[8]. Il est douteux que la composition, qui n'est pas sans analogie avec celle qui sert de titre au traité d'anatomie de Vésale, soit du fils, encore à ses débuts.

1. Kramm, *Levens en Werken der Hollandsche en Vlaamsche Kunstschilders*, etc., Supplément, page 19.
2. *Ibid.*, page 570.
3. *Ibid.*
4. Voir *Nederlandsche Kunstbode*, page 380. Harlem, 1881.
5. *Le Peintre-Graveur*, tome III, page 115. Leipzig, 1862.
6. *Nederlandsche Kunstbode*, page 421. 1881.
7. Kramm, Supplément, page 62.
8. Voir Vosmaer, *l'Art*, 1877, tome II, page 73.

L'œuvre gravé de Jacques De Gheyn compte au delà de deux cents planches; on en trouve la nomenclature dans le tome III du *Peintre-Graveur*, de Passavant. (Pages 115 et suiv.) Il s'en faut de beaucoup que cette liste soit complète; nous y ajoutons, en suivant l'ordre adopté par l'iconographe allemand, les pièces suivantes :

Henri II de Bourbon, troisième prince de Condé, æt. X. 1599.

Moïse tenant les Tables de la Loi. J. de Gheyn excud.

La *Vierge sur le Croissant*. Petite pièce ovale.

Une Femme injuriant son mari.

Un Avare surpris par la Mort.

Deux bouffons : « Elck Sotken prijst zijn Marotken ».

Paysage avec la Chute d'Icare. Planche en hauteur.

Paysage d'hiver avec patineurs. Planche en largeur.

Paysage avec un cerf sur un pont. Planche en largeur.

Andromède, d'après Carel van Mander.

Le *Gouvernement d'un roi enfant*, d'après le même.

La *Sainte Famille*, d'après Corneille Cornelisz. 1589.

Belgica florens et Belgica destructa, planche destinée peut-être à servir de titre à la suite des *Soldats*, d'après Goltzius[1].

Le *Plan de La Haye*, gravé en 1598, et non retrouvé jusqu'à ce jour.

Les élèves de Jacques De Gheyn furent des graveurs distingués. Jean Saenredam (1565-1607), qui surpassa son maître, fut, à la suite de Goltzius, un des plus superbes burinistes de l'école hollandaise. Son œuvre a été décrit par Bartsch.

Zacharie Dolendo, né en 1561, à ce que l'on prétend, et mort jeune, laissa pourtant un œuvre considérable où figurent des planches très importantes et très approfondies, d'après son maître, d'après Goltzius (1586) et d'après van Mander.

Il eut un frère, Barthélemy Dolendo, son aîné, dont la manière se rapproche de la sienne, mais dont l'œuvre est loin d'être égal en valeur à celui de Zacharie.

Robert de Baudouz est moins généralement connu. Il était Belge et s'était, sans doute, fixé en Hollande pour des motifs religieux, car, dans la première moitié du XVIIe siècle, il était diacre de la communauté flamande réformée, à Amsterdam[2].

Agé de trente ans, il déclara, au mois de janvier 1605, avoir habité la Hollande depuis quatorze ans, c'est-à-dire depuis l'année 1591. La déclaration dont il s'agit précédait le mariage de l'artiste avec Heyltje Jacobs, âgée de vingt-sept ans.

De Baudouz fut à la fois graveur et éditeur; son nom figure, en cette dernière qualité, sur un grand nombre de planches de Jacques De Gheyn. Toutefois, R. de Baudouz est un excellent graveur, traitant avec un remarquable talent la figure et le paysage.

Il fut au nombre des artistes qui illustrèrent de leurs planches le bel ouvrage de

1. Bartsch, tome III, page 120, 1-12.

2. Obreen, *Archief*, tome III, page 221.

Gérard Thibault : *l'Académie de l'Espée*, et mit au jour une œuvre fort rare que Passavant[1] et Nagler[2] ont successivement commentée sans pouvoir déterminer son auteur. Le premier de ces iconographes en attribue l'invention à De Gheyn.

La planche dont il s'agit, — quatre feuilles destinées à être jointes, — est une satire cruelle du culte catholique; elle est datée de 1606 et signée *B. Rob.*

Nous ignorons en quelle année mourut Robert de Baudouz. Il vivait encore en 1648 et habitait Leyde en 1646. Son fils, à cette époque, était négociant à Amsterdam[3].

Nous avons rapporté à Corneille Drebbel (le célèbre physicien, qu'on dit l'inventeur du thermomètre, de la teinture écarlate, du bateau sous-marin, etc.) la dernière mention de van Mander. On ne saurait, en 1604, rattacher à aucun autre maître l'allusion vague de notre auteur. Les planches de Drebbel, rares et peu nombreuses, il est vrai, sont excellentes, surtout un plan d'Alkmaar, gravé en 1597, qui est une merveille. Il existe, en outre, dans la série des compositions gravées d'après Goltzius, une suite des *Arts libéraux*, qui porte la signature de Drebbel, que nous rencontrons également au bas d'une planche appartenant à une série à laquelle collaborèrent Pierre De Jode et d'autres artistes de la fin du XVIe siècle.

Le tout est traité dans la manière hollandaise du temps; Drebbel, du reste, compte parmi les élèves de Goltzius; son faire a la plus complète analogie avec celui de De Gheyn. Si, à l'époque où écrivait van Mander, Drebbel n'était pas en France, il n'était pas non plus en Hollande, car, précisément, en 1604, il se trouvait en Angleterre où, comme on le sait, il acheva sa carrière trente ans plus tard.

Comme artiste, il l'avait, croyons-nous, terminée en Hollande.

1. *Peintre-Graveur*, tome III, page 126. Leipzig, 1862.
2. *Die Monogrammisten*, tome Ier, no 2058. Munich, 1858. L'auteur y donne une description détaillée de l'estampe, qui est des plus rares.
3. Obreen, *loc. cit.*, tome V, page 40.

XXXVII

OCTAVE VAN VEEN, DE LEYDE

ET AUTRES PEINTRES D'ANVERS ET D'AILLEURS

Guibert van Veen. — Pierre van Veen. — Jean Snellincx. — Tobie Verhaecht. — Adam van Noort. — Henri van Balen. — Sébastien Vrancx. — Josse de Momper. — François Savius (Le Sayve). — Martin Fréminet. — Toussaint Du Breuil. — Jacques Bunel et Marguerite Bahuche. — N. Bollery. — François Stellaert (Stella). — Gaspard Heuvick. — Herder.

Il me peinerait d'avoir passé sous silence des noms de quelque valeur, si loin de moi et si dispersés que puissent être ceux qui les portent. J'ai d'abord à consigner ici le souvenir de l'éminent et habile peintre Octave van Veen[1], lequel, issu d'une honorable maison[2], a vu le jour à Leyde[3] et, cédant à son vif amour de l'art, a visité, je crois, l'Italie, Rome et autres lieux et est devenu un artiste de si grand mérite, qu'il s'est conquis l'estime du prince de Parme[4] et des plus hauts personnages.

A l'*Appendice*, van Mander ajoute :

« Octave van Veen étudia la peinture jusqu'à sa quatorzième année sous Isaac Claeszoon de Leyde[5] et, conjointement, pendant quelques heures chaque jour, les lettres. Son père l'envoya alors chez Dominique Lampsonius, secrétaire de l'évêque de Liège[6], savant et poète, qui

1. Ce prénom d'Octave paraît être devenu Otto par l'abréviation d'*Ottavio*. Toutefois, sur un tableau du musée de Bruxelles, le *Mariage mystique de sainte Catherine*, on lit : *Otho Venius*.

2. Son père, Corneille van Veen, fut plusieurs fois pensionnaire et bourgmestre de Leyde, d'abord de 1561 à 1565, ensuite entre 1581 et 1591, année de sa mort. On a toujours écrit que la famille van Veen descendait d'un bâtard de Brabant. M. Rammelman Elsevier, dans une note insérée dans le *Navorscher* (1871, page 189), assure qu'il n'a point trouvé le nom dans les listes de la noblesse de Leyde.

3. En 1556 ou 1557; il n'y a pas lieu de révoquer en doute l'assertion de van Mander.

4. Alexandre Farnèse, dont il fit plusieurs fois le portrait. Guibert van Veen a gravé, d'après son frère, une de ces effigies où le prince de Parme est conduit par la Vertu au temple de la Gloire.

5. Isaac Claesz Swanenburgh, mort en 1614, le père de Guillaume Swanenburgh, le graveur, et de Jacques « Nicolaï », le maître de Rembrandt. Il fut échevin et bourgmestre de sa ville natale, dont le musée possède de lui six curieux tableaux illustrant le métier de la draperie. Il fit également des vitraux pour l'église Saint-Jean, à Gouda.

6. Gérard de Groesbeek.

entendait aussi fort bien la peinture, de telle sorte qu'Octave reçut chez Lampsonius une éducation soignée, quoique son maître ne maniât pas lui-même le pinceau. Mais Lampsonius avait pratiqué la peinture dans sa jeunesse[1] et s'était lié avec les plus célèbres artistes de la chrétienté, notamment Frédéric et Thadée Zucchero, à Rome.

« Octave, à l'âge de dix-huit ans, se rendit en Italie et resta environ sept ans à Rome[2]. Après avoir quitté l'Italie, il fut un certain temps chez l'empereur actuel[3], puis chez le duc de Bavière[4]; enfin, chez l'évêque de Liège, qui ne se sépara de lui qu'à regret[5]. En la présente année 1604, il peut être âgé d'environ quarante-sept ans. »

Octave jouit d'une considération toute spéciale auprès de l'archiduc Albert et de l'archiduchesse, au service desquels il est entré[6], refusant les offres brillantes que sa réputation lui a values de la part de l'archevêque de Salzbourg, de l'empereur, du roi d'Espagne[7] et du roi de France[8], qui a cherché dans les dernières années à se l'attacher. Ne désirant pas s'éloigner de ses amis et de ses proches, il est resté sourd à ces propositions venues du dehors.

Il a créé plusieurs belles choses et des portraits, notamment ceux de Leurs Altesses, qui ont été envoyés au roi d'Angleterre Jacques Ier[9].

1. Il existe effectivement de lui un grand tableau à l'église Saint-Quentin de Hasselt.

2. M. Bertolotti n'a trouvé aucune trace de ce séjour, pendant lequel Octave fut, dit-on, l'élève de Zucchero et logea chez le cardinal Madrucci. Nous ne sachions point qu'il y ait de lui aucune œuvre marquante en Italie.

3. Rodolphe II. Van Veen ne figure pas dans le dictionnaire de Dlabacz, consacré spécialement aux artistes ayant travaillé en Bohême.

4. La Galerie de Schleissheim possède encore une série de seize tableaux du peintre retraçant la *Vie et la Passion du Christ,* et six compositions du *Triomphe de l'Église,* autrefois à la Pinacothèque de Munich.

5. Otto Venius fut page d'Ernest de Bavière, prince-évêque de Liège et Électeur de Cologne en 1585, à ce que suppose Merlo (*Nachrichten von dem Leben und den Werken Kölnischer Künstler,* page 489, Cologne, 1850), et envoyé par ce prélat à la cour de l'empereur. C'est à Ernest de Bavière qu'Othon et Guibert van Veen dédièrent la gravure du portrait d'Alexandre Farnèse.

6. Il fut d'abord peintre de l'archiduc Ernest d'Autriche, gouverneur des Pays-Bas, pour lequel il fit plusieurs portraits (1595). (Voyez *Bulletin de la Commission royale d'histoire,* tome XIII, page 119. Bruxelles.)

7. Philippe III.

8. Henri IV, qui lui offrait quatre cents écus par an. (Voyez Pinchart, *Archives des Arts, Sciences et Lettres,* tome III, page 206. Gand, 1881.)

9. De ces deux portraits, un seul, celui de l'infante Isabelle, est aujourd'hui au palais de Hampton Court (n° 343), et le catalogue de M. Ernest Law mentionne qu'il avait pour pendant l'image de l'archiduc Albert, d'après une lettre de lady Arabella Stuart (1606). M. Law ajoute à ce renseignement, d'ailleurs confirmé par une lettre qu'il nous fait l'honneur de nous écrire, qu'une répétition du

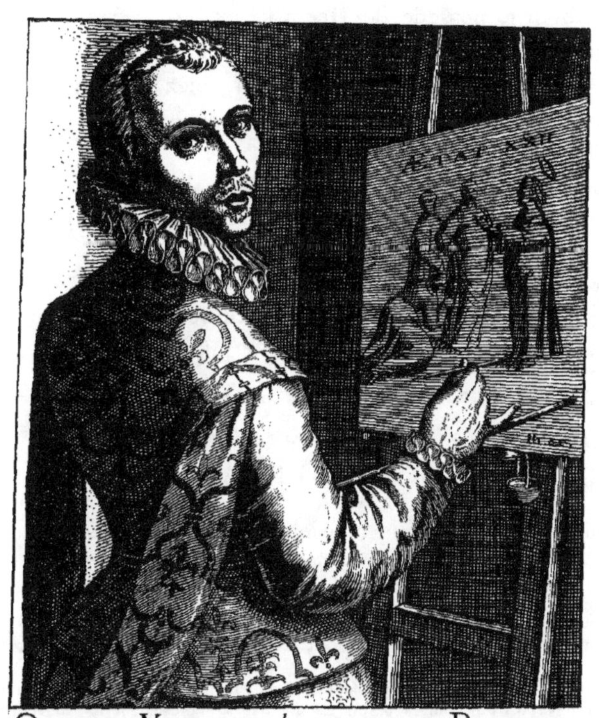

OTTO VENIUS, LEIDANUS, PICTOR,

Moribus, ingenio præclarus VENIUS *Arte est.*
Quæ ingenio finxit, pinxit et ipse manu.
Regibus hic magnis est invitatus: at ipse
Regna, orbes dulci post habuit Patria.

OCTAVE VAN VEEN.

D'après la gravure de H. Hondius.

En la présente année 1604, on a vu de lui une grande toile, *la Fête ou le Triomphe de Bacchus*, dans le genrè du tableau que M. Wijntgis[1], de Middelbourg, possède de Heemskerck, et de la même composition que l'estampe. C'est une fort bonne peinture[2].

Il y a, de plus, de son habile main, chez M. Wijntgis, un *Zeuxis peignant d'après nature cinq femmes nues*, une page excellente[3].

G. VAN VEEN. — Il y a aussi un frère d'Octave, Guibert van Veen, bon maître graveur et peintre, qui habite, je crois, Bruxelles[4].

PIERRE VAN VEEN. — Maître Pierre van Veen, un autre frère, n'est pas artiste de profession, mais ses œuvres étonnent grandement les artistes les plus sérieux, qui regrettent infiniment de le voir s'en tenir à des travaux d'amateur[5].

COMMENTAIRE

Bien que la famille van Veen ait compté parmi ses membres plusieurs peintres de valeur, le talent artistique n'y était pas héréditaire.

Corneille van Veen, le père du futur maître de Rubens, avait vu le jour à Leyde en 1520 ; docteur en droit civil et canon, il s'était vu investir, à diverses reprises, de fonctions municipales, après avoir débuté comme pensionnaire ou avocat de la ville[6].

portrait d'Isabelle, œuvre qui a pour pendant celui de l'archiduc Albert, figure au musée de Bruxelles. Ces deux derniers portraits, rangés parmi les anonymes, représentent les souverains des Pays-Bas en pied.

L'assertion de van Mander est formelle; toutefois, M. Pinchart a publié un compte du payement de 700 livres fait en 1603 à Guibert van Veen, pour avoir peint les portraits des archiducs envoyés au roi d'Angleterre. (*Archives des Arts, etc.*, tome Ier, page 284.) Guibert a-t-il fait métier de simple copiste ? Nous l'ignorons.

1. Melchior Wijntgis était en 1615 conseiller et maître extraordinaire de la Chambre des Comptes à Bruxelles pour le duché de Luxembourg. (Voyez Pinchart, *loc. cit.*)

2. Voyez la biographie de Heemskerck, tome Ier, page 368. Nous ignorons où se trouve le tableau d'Otho Venius. La composition de cette œuvre appartient à Jules Romain. La peinture de Heemskerck est au Belvédère, à Vienne.

3. Tableau non retrouvé.

4. Né à Leyde en 1558 (?), mort à Anvers en 1628. On vient de voir qu'il fut, en réalité, peintre et graveur. On le croit élève de Corneille Cort pour cette dernière branche.

5. Né à Leyde en 1562, mort à La Haye en 1629. C'est à tort que M. Taurel le dit né en 1570, attendu qu'il étudiait le droit en 1578. Pensionnaire de la ville de Leyde, il fut échevin de La Haye. Comme peintre, il exécuta à Leyde un tableau de la *Levée du Siège*, figures de grandeur naturelle. (Musée de Leyde, n° 376.)

6. Rammelman Elsevier, dans le *Navorscher*, 2e série, tome IV, page 189. Amsterdam, 1871.

Il se vantait de noblesse et prétendait descendre des ducs de Brabant, par un bâtard de Jean III[1].

Corneille van Veen dut s'expatrier, en 1572, car il tenait pour l'Espagne. M. vanden Branden a fait connaître la déclaration même de l'ancien bourgeois de Leyde[2]; elle nous apprend que ce fut le 24 octobre que la famille fugitive vint à Anvers. Dès le mois de février suivant, Corneille informait la municipalité de son intention de transporter ailleurs ses pénates. Il alla d'abord à Aix-la-Chapelle faire une cure et se fixa ensuite à Liège pour retourner à Leyde, peu d'années après, et y mourir en 1591, après avoir repris ses anciennes fonctions de bourgmestre.

Othon ou Octave van Veen était le quatrième des dix enfants issus du mariage de Corneille van Veen avec Gertrude Neckin. Né en 1557[3], il avait, par conséquent, atteint sa quinzième année lors de l'expatriation de son père. Nous ignorons ce qu'il apprit, comme peintre, de Dominique Lampsonius, dont certainement, l'influence fut considérable sur ses destinées, mais il garda longtemps, sinon toujours, la vive empreinte de l'enseignement de son premier maitre Isaac Swanenburg, un artiste consciencieux et intelligent et un homme instruit, appartenant, comme le père van Veen, à l'administration municipale de Leyde.

On ne sait rien touchant le séjour du jeune peintre à Liège ni sur les travaux auxquels il se livra en Italie, où l'on assure qu'il devint l'élève de Frédéric Zucchero, le peintre alors le plus en vogue[4], et l'ami de Lampsonius.

Baldinucci rapporte que ce fut en Italie même que van Veen entra au service d'Alexandre Farnèse: ceci n'est point exact, attendu que nous savons par van Mander que lorsque de Josse van Winghen partit, le titre de peintre de la cour échut à Octave[5]. Il paraît constant, aussi, que le jeune artiste servit l'Électeur de Cologne après avoir quitté l'Italie et qu'il eut l'occasion de se joindre à une ambassade envoyée par ce prélat auprès de Rodolphe II.

Mais lorsque Merlo fixe à l'année 1585 les relations d'Otto Venius avec Ernest de Bavière, il se trompe, attendu que l'on a une preuve évidente de la présence de l'artiste dans son pays, l'année précédente.

Revenu à Leyde en 1584, il y créa son œuvre la plus intéressante : le portrait de famille que possède maintenant le musée du Louvre, qui toutefois, nous ignorons pour quel motif, la juge indigne de sa galerie, pour l'accrocher dans l'étroit passage qui conduit au musée de la marine.

Non seulement on lit sur l'œuvre même les noms de toutes les personnes qui y sont

1. Pour de plus amples détails à ce sujet, voir un article de M. P. Génard dans le *Journal des Beaux-Arts*, tome IV, page 148.

2. *Geschiedenis der Antwerpsche Schilderschool*, page 402.

3. On n'a point retrouvé à Leyde l'inscription du peintre aux registres des baptêmes. La date de 1557 nous paraît la plus acceptable, car elle est d'accord avec l'assertion de van Mander et avec l'âge de soixante-douze ans qui figure sur le portrait gravé par Paul Pontius.

4. « Des frères Zucchero », dit-on tout rondement, sans paraître se douter que Thadée avait cessé de vivre dès l'année 1566.

5. Voyez page 88.

représentées, mais le peintre y a ajouté, en latin, cette inscription : « Otho Venius a peint, en 1584, pour lui et pour les siens, ce tableau qu'il dédie à la mémoire sacrée de Dieu, afin que s'il lui arrive de mourir sans laisser d'enfants du sexe masculin, il reste dans la famille du frère le plus âgé, tant que sa descendance mâle existera, et qu'après l'extinction de celle-ci il revienne toujours au frère dont l'âge se rapprochera le plus du sien et à sa famille, aussi longtemps que sa descendance mâle subsistera[1]. »

Quels motifs déterminèrent le peintre à se fixer dans les Pays-Bas catholiques, on l'ignore, mais il y fut, dès son arrivée, le peintre d'Alexandre Farnèse et vécut à Bruxelles jusqu'à la mort du prince, arrivée à la fin de 1592. Ce fut pendant cette période, en 1589, qu'il créa le délicieux tableau du *Mariage de sainte Catherine*, au musée de Bruxelles.

Fixé ensuite à Anvers, il y épousa, en 1594, une demoiselle fort riche, Maria Loets[2], et l'on vit rapidement grandir sa réputation. Quand l'archiduc Ernest d'Autriche vint prendre, au nom du roi d'Espagne, le gouvernement des Pays-Bas, Octave et Guibert van Veen se trouvèrent bientôt investis de sa confiance. L'un eut pour mission de peindre, l'autre de graver l'effigie du nouveau gouverneur[3], mission analogue à celle qu'ils avaient précédemment reçue d'Ernest de Bavière, le prince-électeur de Cologne, et d'Alexandre Farnèse.

Ces travaux permirent à Octave de manifester son savoir artistique. Franc-maître de la gilde de Saint-Luc, en 1594, il peignait la même année une grande toile du *Martyre de saint André*, pour l'église de ce nom, œuvre qui occupe toujours son ancienne place. Pour les merciers, il exécuta une suite de quatre peintures où se trahit l'influence de ses études italiennes : *Zachée sur le figuier*, la *Vocation de saint Matthieu* et deux épisodes de la *Légende de saint Nicolas*[4].

L'archiduc Albert, que la mort de son cousin appela ensuite à prendre le gouvernement des Pays-Bas, était à peine débarqué en Belgique, que déjà la municipalité d'Anvers chargeait van Veen de peindre le portrait de l'ancien cardinal de Tolède[5]. En 1597, elle lui demandait les cartons des tapisseries destinées à être offertes au nouveau gouverneur et que devait exécuter le fabricant Martin Reynbouts[6]. Enfin, lorsque, en 1599, l'archiduc, accompagné de l'infante, fit sa « joyeuse-entrée » à Anvers, ce fut de nouveau le maître de Rubens[7] qui se vit appelé à livrer le dessin des ensembles décoratifs érigés sur les diverses places de la ville[8].

1. *Notice des tableaux exposés dans les galeries du musée impérial du Louvre*, par F. Villot. École flamande, n° 535.

2. Vanden Branden, *Geschiedenis*, page 405.

3. Voyez *Bulletin de la Commission royale d'histoire* (article du Dr Coremans), tome XIII, page 119. Le portrait d'Ernest d'Autriche est au musée du Belvédère, à Vienne, n° 1342.

4. Musée d'Anvers, nos 479 à 482.

5. Vanden Branden, page 406. Ce portrait est gravé par G. Velden en 1597.

6. *Ibid.* Il s'agit évidemment de la suite des *Batailles de l'archiduc Albert*, tentures que l'on conserve encore à Madrid, et que Jean Snellincx fut appelé à compléter.

7. P. P. Rubens est inscrit comme franc-maître aux registres de la gilde de Saint-Luc en 1598.

8. J. Bochii, *Historica narratio profectionis et inaugurationis Sereniss. Belgii principum Alberti et Isabellæ*. Antv., ex offic. Plant., 1602. In-folio.

Otho Venius était donc le premier peintre d'Anvers, et rien de plus naturel que de voir les souverains des Pays-Bas lui conférer le titre de peintre de leur cour. On peut dire qu'en matière d'honneurs il fut presque aussi bien partagé que devait l'être, dans quelques années, son glorieux disciple.

La distance si grande qui sépare les œuvres des deux artistes ne doit pas, cependant, faire perdre de vue l'influence exercée par Otho Venius sur Rubens encore à ses débuts.

On a quelque peine à se figurer ce dernier reprenant presque textuellement des compositions déjà peintes par son maître : le *Christ à table chez le Pharisien*, tableau important de van Veen à l'église de Bergue Saint-Winnocq[1], s'inspirer de ses *Allégories sur le Triomphe de la Religion* (Schleissheim), et copier une autre peinture considérable, le *Christ et les pénitents* (Mayence).

Il paraît même que le maître et l'élève travaillèrent ensemble à quelques peintures. Il ne nous paraît nullement improbable que le *Parnasse*, au musée de Berlin, doive compter parmi les travaux de cette catégorie, car M. vanden Branden a trouvé la mention d'un *Parnasse* d'Octave et de Breughel ébauché par Rubens.

Lorsque ce dernier revint dans les Pays-Bas, il fut investi sans délai du titre de peintre des archiducs. (23 septembre 1609.) La faveur d'Otho Venius auprès des princes paraît s'être éclipsée fort peu de temps après.

Le 12 octobre 1608 il recevait encore une somme de 600 livres, qu'il faudrait peut-être envisager comme un règlement de compte, car elle est accordée *en recognoissance de tout ce qu'il a peinct et travaillé jusques au jour de ceste ordonnance*[2], et le 30 avril 1612 il obtenait la charge de « waradin » ou garde de la Monnaie de Bruxelles[3], qui, toutefois, ne mettait point fin à sa carrière artistique.

C'est, en effet, de l'année de sa nomination que paraissent dater les douze petits tableaux illustrant la *Guerre des Romains et des Bataves*, que l'on voit aujourd'hui au musée d'Amsterdam (nos 496-507), et que Pierre van Veen vendit aux États-Généraux le 26 janvier 1613, sans doute pour être offerts à Maurice de Nassau[4].

En outre, M. Pinchart a donné des extraits de comptes établissant que, par ordre même d'Albert et Isabelle, Otho Venius exécuta, pour la ville de Bruxelles, un triptyque de *Saint Georges* dont il reçut le payement, au mois de décembre 1617, et qu'il lui fut fait, en juin 1621, un autre payement pour deux tableaux, les portraits des Archiducs en ermites, destinés à orner l'ermitage de Marlagne, près de Namur[5].

Comme directeur de la Monnaie de Bruxelles, van Veen avait nécessairement cessé d'habiter Anvers. Bien qu'il ait été doyen de la gilde de Saint-Luc, on ne trouve guère de jeunes gens inscrits comme ayant travaillé sous sa direction, ce qu'il faut peut-être attribuer à une exemption spéciale, accordée par les souverains. Nous relevons

1. H. Hymans, *Sur quelques œuvres d'art conservées en Flandre, etc.*, dans le *Bulletin des Commissions royales d'art et d'archéologie*, tome XXII, page 247. 1883.
2. Pinchart, *Archives*, tome III, page 205.
3. *Ibid.*, page 206.
4. *Archief* d'Obreen, tome V, page 66.
5. Pinchart, tomes II, page 176, et III, page 208.

seulement, en 1600, Jean Rol, Jean Bonsins et Adrien Put, dont aucun ne s'est signalé par des œuvres de quelque valeur.

Deux fils et six filles naquirent du mariage d'Otho Venius avec Maria Loets. Trois de ces enfants moururent en bas âge et Ernest van Veen, l'unique fils survivant, n'embrassa point la carrière des arts. Par contre, Gertrude van Veen, qui devait être, à en juger par son portrait [1], une fort jolie personne, et qui devint l'épouse de Louis Malo, se distingua par son talent de peintre. Le portrait de son père, que la gravure a popularisé, émane d'elle [2].

Otho Venius mourut le 6 mai 1629. Dès le mois de mai 1617, son fils Ernest avait obtenu la survivance des fonctions de waradin de la Monnaie de Bruxelles [3]. Plus tard, il fut avocat du conseil de Brabant [4].

On a de lui :

Religiosus, sive de præcipuis religiosi virtutibus liber. Bruxelles, 1637. 1 vol. in-8°.

Tractatus physiologicus de Pulchritudine. Bruxelles, 1662. 1 vol. in-8°.

Illustrateur d'un incontestable talent, Otho Venius a laissé des recueils non moins admirés de ses successeurs que de ses contemporains, car on les réimprimait encore au XVIIIe siècle. Voici les titres de ces ouvrages :

Horatii Flacci emblemata imaginibus in æs incisis notisque illustrata. Anvers. H. Verdussen, 1607. In-4°.

Le même. Antv. Philippum Lisaert, 1612. (Avec vers français, italiens, espagnols et flamands.)

Theatro moral de la Vida humana. En Brusselas, 1660. In-folio.

Le même. En Brusselas, 1672.

Q. Horatii Flacci emblemata, imaginibus in æs incisis, notisq. illustrata. Studio Othonis Vænii; editio nova correctior et SS. Patrum, Senecæ atque aliorum philosophorum et poetarum sententiis, novisq. versibus aucta. Bruxelles, Fr. Foppens, 1683.

Autre édition à Amsterdam, 1684.

Le Spectacle de la Vie humaine, ou leçons de sagesse, en 103 tableaux en taille douce, dont les sujets sont tirés d'Horace par Otto Vænius avec maximes en françois, hollandois, latin et allemand, etc., par Jean Leclerc. La Haye, 1755. In-4°.

Q. Horatii Flacci emblemata imaginibus in æs incisis notisq. illustrata. Studio Othonis Vænii Batavo-Lugdunensis, nunc curâ et operâ Stephani Mulinari iterum in lucem edita. Florence, 1777.

La Doctrine des mœurs, représentée en cent tableaux, par Othon Vænius, et expliquée en autant de discours pour l'instruction de la jeunesse, dédiée au Roi par Gomberville. Paris, Louis Sylvestre et P. Daret, graveurs. 1646. In-folio.

La Doctrine des mœurs en cent tableaux, gravés par P. Daret, et expliquée par Gomberville. 1666. In-folio.

1. Gravé par Lucas Vorsterman le Jeune.
2. Cette œuvre existe au musée de Bruxelles.
3. Pinchart, *loc. cit.*, page 209.
4. Vanden Branden, page 405.

Le même. Paris, 1685.

Amorum Emblemata figuris æneis incisa. Studio Othonis Vænii Batavo-Lugdunensis. Antverpiæ venalia apud auctorem, prostant apud Hieronymum Verdussen. 1608.

Le même. — *Emblems of Love with verses in latin, english and italian*, dédiés à Philippe Lord Pembroke. Anvers, 1608.

Vita D. Thomæ Aquinatis. Anvers, 1610. Titre et trente planches par G. van Veen, Q. Boel, C. Galle, Egb. van Panderen et G. Swanenburg. In-folio.

Batavorum cum Romanis Bellum a Corn. Tacito Lib. IV et V Hist. olim descriptum, figuris nunc æneis expressum, auctore Othone Vænio, Lugdunobatavo. Antv., apud auctorem væneunt M.DC.XII. Les planches, au nombre de trente-six, sont supérieurement gravées par Ant. Tempesta. Le privilège est du 25 novembre 1611.

(N. B. Un texte de vingt-cinq pages doit accompagner cette suite, indépendamment du texte imprimé au verso de chaque feuillet.)

Histoire de la guerre des Bataves et des Romains avec les planches d'Otto Vænius, rédigée par le marquis de Saint-Simon et accompagnée de plans et de cartes nouvelles. Amsterdam, 1770. In-folio.

Historia septem infantium de Lara auth. Ott. Vænio. Historia de los siete infantes de Lara. Antv., prostant apud Philippum Lisaert. Anno M.DC.XII. Quarante planches gravées par Ant. Tempesta. (Félibien, dans ses *Entretiens sur les vies et les ouvrages des plus excellents peintres anciens et modernes*, Paris, 1688, tome II, pages 131-141, a donné une description détaillée de ces planches.)

Amoris divini emblemata studio et ære Othonis Vænii concinnata. Anvers, 1615. Ouvrage dédié à l'Infante Isabelle, d'après les désirs de laquelle le maître composa ce recueil.

Les planches sont de Q. Boel et G. van Veen.

Le même, avec texte en espagnol, flamand et français. Anvers, Plantin, 1660.

Emblemata, sive Symbola a principibus, viris ecclesiasticis, ac militaribus aliisque usurpanda. Bruxelles, 1624. In-4°. Ouvrage dédié à Jean de Montfort, « *maistre général des monnoies et garde des dames de la serenissime Isabelle Claire Eugénie, Infante d'Espagne* ».

Emblemata amatoria aliquot selectiora, versibus lat., belgicis et gallicis. Amsterdam, Janson. 1618.

Les tableaux d'Otho Venius, qui abondent en Belgique, se rencontrent assez souvent aussi dans les autres pays.

La liste suivante, sans être complète, sans doute, aura son utilité :

Amiens (musée). *Portrait de Jean de Baarle*, âgé de six ans.

Anvers (musée). *Zachée sur le figuier ; Vocation de saint Matthieu ; Actes de charité de saint Nicolas ; Saint Paul devant Félix ; Portrait de Miræus, évêque d'Anvers*.

Anvers (église Saint-André). *Martyre de saint André*.

Anvers (église Saint-Jacques). La *Vierge en contemplation, au milieu de quatre anges qui tiennent des cierges allumés*[1]; *le Christ apparaissant à la Madeleine* (volet); *Sainte Cécile touchant de l'orgue* (volet).

ANVERS (Notre-Dame). La *Résurrection de Lazare ; la Cène.*

ANVERS (Hôtel de ville). *Philippe IV*, jeune.

AMSTERDAM (musée, nº 12). Panneaux illustrant la *Guerre des Romains et des Bataves.*

AUGSBOURG (musée). La *Paix et la Justice couronnées par un génie.*

BERGUE SAINT-WINNOCQ (église Saint-Martin). Le *Christ chez le Pharisien.* (Ouvrage de premier ordre.)

BERLIN (musée). Les *Muses sur le Parnasse.* (Tableau auquel paraît avoir collaboré Rubens.)

BORDEAUX (musée). *Tête de femme*, d'après le Corrège.

BRUNSWICK (musée). *Assomption de la Vierge; Sacrifice d'Abraham; Caïn et Abel.*

BRUXELLES (musée). *Portement de la croix; Mariage mystique de sainte Catherine*, gravé par G. van Veen; *Crucifiement* (triptyque); la *Sainte Famille.*

BRUXELLES (Galerie d'Arenberg). La *Madeleine*, en buste, grandeur naturelle.

BRUXELLES (M. de Cousebant d'Alkemade). *Portraits.*

BRUXELLES (M. Hollender). *Suzanne et les vieillards.*

COLOGNE (musée). *Un Jeune Homme entre le Vice et la Vertu.*

COPENHAGUE (musée). Même sujet.

DARMSTADT (musée). *Saint Pierre.* (Figure à mi-corps.)

DIJON (musée). *Combat des Amazones.*

GAND (église de Saint-Bavon). *Résurrection de Lazare.*

GAND (église de Saint-Bavon, salle du chapitre). *Ecce Homo.*

HAMPTON COURT. *Portrait de l'infante Isabelle.*

LONDRES (collection Blodgett). La *Vierge et l'Enfant Jésus.* (Gravé dans *l'Art*, 1876, tome II, page 261.)

LOUVAIN (Hôtel de ville). *Résurrection du Christ.* (Gravé par C. E. Taurel.)

MADRID (musée). *Portraits votifs.*

MAYENCE (musée). *Jésus-Christ et les quatre pénitents.* (Œuvre capitale.)

MONS (église Saint-Waudru). *Résurrection de Lazare.*

NANTES (musée). *Sainte Famille.*

PARIS (Louvre). La *Famille van Veen.* (1584.)

ROUEN (musée). La *Madeleine.*

SCHLEISSHEIM. Six chars illustrant le Triomphe de l'Église.

SCHLEISSHEIM. *Histoire du Christ et de la Vierge.* (Douze tableaux.)

STOCKHOLM (musée). *Minerve protège un jeune homme contre les tentations de la Volupté.* (Voyez Cologne et Copenhague.)

STUTTGART (musée). *Enlèvement de Proserpine; Bacchanale.*

TURIN (musée). *Portrait d'une petite princesse.*

1. Ce tableau est porté ici pour mémoire, comme attribué au maître; il est, en réalité, de Jean Snellincx. (Vanden Branden, page 433.)

Vienne (Belvédère). La *Fortune; Portrait de l'archiduc Albert; Portrait de l'archiduc Ernest* (œuvre d'une qualité exceptionnelle); la *Vierge et l'Enfant Jésus auquel les anges offrent des raisins.* (Gravé par G. van Veen.)

Vienne (palais Liechtenstein). Les *Israélites sortant d'Égypte.*

Ouvrages cités par Gérard Hoet: *Abraham renvoyant Agar; Moïse sauvé des eaux.* (Pendant du précédent.)

A la vente du prince de Conti, en 1777, parut une œuvre d'Otto Venius, représentant : *Une Femme qui fait jaillir du lait de ses mamelles dans le bec de deux pigeons; elle a des roses sur sa coiffure.* Ce tableau se vendit 2,000 livres.

Beaucoup de graveurs ont reproduit des œuvres d'Otto Venius. Nagler donne de ces estampes une liste étendue, à laquelle, toutefois, manquent plusieurs pièces. Nous signalons une grande planche de P. Perret, intitulée : *Speculum Philippo II Hisp. et Ind. Regi. Consecrat;* le *Mariage du Christ avec l'Église,* dédié par Otto Venius à Maximilien de Bavière; le *Christ chez Marthe et Marie,* dédié à Abraham Ortelius, deux planches qui sont probablement l'œuvre de G. van Veen.

Le portrait du maître, âgé de vingt-deux ans, a été gravé par H. Hondius; nous le rencontrons ensuite à soixante-douze ans, par P. Pontius et Égide Rucholle, d'après Gertrude van Veen, portrait dont la peinture originale appartient au musée de Bruxelles.

Guibert van Veen, graveur assez fécond, et nullement maladroit, gravite dans l'orbite de son aîné. Ses meilleures planches, en effet, sont exécutées d'après des œuvres d'Octave, et, pour ses peintures, nous n'en savons, en vérité, que très peu de chose.

On a vu plus haut que les documents authentiques manquent pour établir la date de la naissance de Guibert van Veen; l'année 1558 est celle que l'on accepte comme la plus vraisemblable. Aucun auteur ne nous apprend sous quel maître le frère d'Otto Venius étudia la gravure. Nagler signale, avec raison, une analogie entre ses planches et celles de Corneille Cort. Ce graveur, Hollandais de naissance et des plus célèbres, mourut à Rome en 1578 : il faudrait donc, pour que la supposition de Nagler fût correcte, que le séjour de Guibert van Veen eût remonté à un certain temps.

Nous le voyons à Rome en 1588, gravant la *Visitation,* d'après le Baroche, et, en 1589, à Venise, où il exécuta le portrait de *Jean de Bologne,* dédié à Jacob Kœnig (Kinig), le peintre.

Il grave aussi le portrait du Tintoret d'après une peinture de Pozzoserrato (Toeput).

Quoi qu'il en soit, en 1594, nous avons la certitude de la présence de Guibert van Veen dans les Pays-Bas, où il reçoit, de l'archiduc Ernest, une somme de cent thalers pour avoir gravé le portrait de ce prince[1]. En 1596, il exécute des portraits peints pour les archiducs Albert et Isabelle[2], et, la même année, fait l'effigie du cardinal Albert. Nous ne pouvons voir dans ces derniers travaux que des copies d'après Otto Venius,

1. *Bulletin de la Commission royale d'histoire,* tome XIII, page 100.

2. Pinchart, *Archives,* tome Ier, page 206.

car il est certainement invraisemblable que le nouveau gouverneur, ayant été peint une première fois par le peintre, se fût adressé, presque immédiatement après, au frère d'un maître qu'il venait d'attacher à son service.

Nous n'hésitons donc pas à envisager le rôle de peintre de G. van Veen comme secondaire, quelque talent, du reste, qu'ait pu avoir cet artiste.

Outre les sommes payées en 1596 à Guibert, il touche, en 1601, 500 livres pour les portraits des archiducs destinés à être offerts à Charles-Philippe de Croy. En 1602, il touche 25 livres pour deux cartes (sur parchemin) de terres communes entre Leurs Altesses et le duc de Lorraine.

En août 1603, on lui paye 150 livres « pour affaires secrètes concernant grandement le service de Leurs Altesses ». Enfin, l'année suivante, il peint les portraits des Archiducs et ceux de Philippe IV et de Marguerite d'Autriche, destinés à être offerts au roi Jacques Ier d'Angleterre[1].

M. Pinchart a d'abord cru pouvoir rapporter à Guibert van Veen la qualité de waradin de la Monnaie de Bruxelles. Les textes publiés depuis, par M. Pinchart lui-même, établissent d'une manière formelle l'octroi de la qualité susdite à Octave van Veen.

Comme peintre, le frère d'Otto Venius a passé inaperçu, et sa réputation se fonde exclusivement sur des estampes, assez peu nombreuses d'ailleurs.

G. van Veen est mort à Anvers en 1628, selon certains catalogues; Nagler le fait mourir à Amsterdam. Nous ignorons la source de l'une ou de l'autre version. Ce qui est sûr, c'est que Guibert n'est point inscrit aux registres de la gilde d'Anvers, mais habitait cette ville en 1604, d'après l'*Histoire de la gravure d'Anvers*[2], œuvre très consciencieuse de MM. Verachter et Terbruggen ; les auteurs ajoutent que le maître décéda à Bruxelles vers 1630.

Van Mander dit avec raison que Pierre van Veen ne pratiqua la peinture qu'en amateur. Son grand tableau du musée de Leyde, la *Levée du siège* de la ville, est un tableau surtout intéressant, mais d'une exécution passablement maladroite et d'un coloris assez lourd[3]. L'auteur reçut, en 1615, une coupe d'argent pour avoir peint cette œuvre[4].

Pourtant, d'autres tableaux de Pierre van Veen sont mentionnés dans les catalogues. Nous en trouvons trois qui paraissent avoir été d'une certaine importance dans la collection van Slingelandt, vendue à Dordrecht en 1785 : le *Christ guérissant la femme affligée d'un flux de sang;* le *Christ et le Centenier;* le *Bain de Diane.* Les deux premiers se vendirent 140 florins, le troisième 26.

1. Conf. A. Pinchart, *Archives*, tome Ier, pages 206, 283.

2. Anvers, 1874-1875.

3. Nous voyons dans le catalogue de Hoet la mention singulière de la *Levée du Siège de Leyde*, « avec beaucoup de figures », par *Otho Vœnius*, tableau mesurant en hauteur 1 pied 3 pouces, en largeur, 1 pied 11 pouces. (Vente Tierens, à La Haye, 1743.)

4. *Navorscher*, page 189. 1871.

Un autre sujet : le *Christ bénissant les petits enfants,* figurait dans la collection Vosmaer, vendue à Delft en 1641, en même temps qu'une *Tête de porc, une assiette*

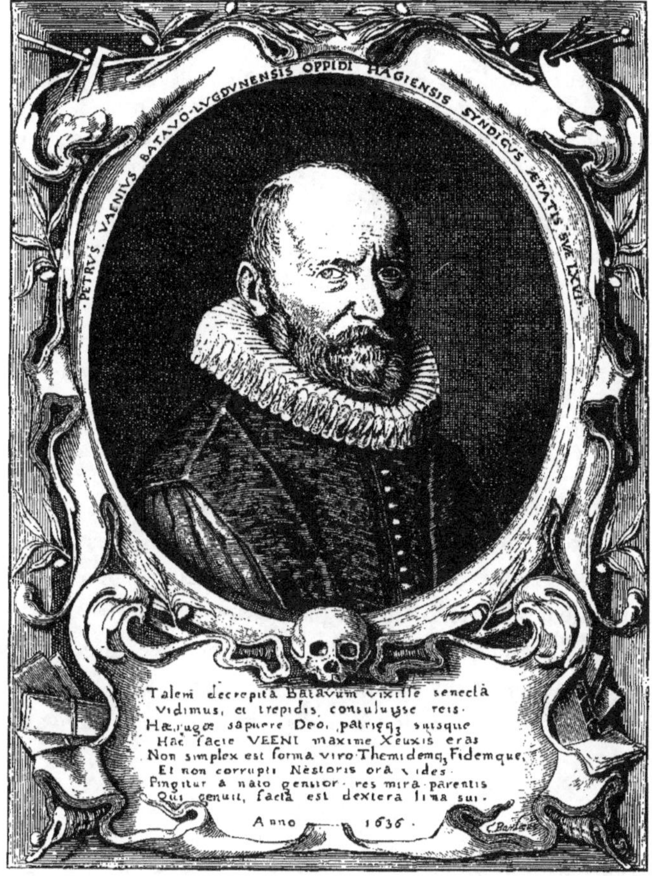

PIERRE VAN VEEN.

D'après la gravure attribuée à son fils Corneille.

avec des alouettes, des raisins blancs et bleus[1], qui paraissent avoir été plutôt des études.

1. Ces trois œuvres figurent dans l'inventaire des tableaux laissés par J. Vosmaer, capitaine major à Delft, 1641. (*Archief* d'Obreen, tome V, page 55; communication de M. A. Bredius.)

Ce sont là, évidemment, des œuvres d'amateur.

Pierre van Veen fut avocat de la ville de Leyde en 1606, à la place de Joost van Swanenburgh; il se rendit ensuite à La Haye, où il mourut en 1629.

M. C. E. Taurel (*l'Art chrétien*, tome II, page 214) fait naître Pierre van Veen en 1570; cette date a été avancée, par M. Rammelman Elsevier, de huit ans, d'après les documents authentiques.

Il existe deux portraits de Pierre van Veen, l'un et l'autre des plus rares, mais tous deux semblent inspirés d'un même modèle.

Le grand portrait, fort bien traité au burin, sans nom d'auteur, fut publié en 1636 seulement. Il porte des vers de Barlæus et passe pour l'œuvre d'un fils de Pierre van Veen, Corneille, qui fut grand amateur d'art, secrétaire des plus méritants de la gilde artistique de La Haye, au XVIIe siècle (1656 à 1665 [1]).

Un portrait à l'eau-forte, réduction du précédent, serait de P. van Veen lui-même. Le personnage y est représenté à l'âge de soixante-six ans.

Nous ne saurions omettre de rappeler que c'est au personnage dont il est ici question que Rubens a adressé, le 19 juin 1622, l'intéressante lettre dans laquelle il donne sur les gravures exécutées par Vorsterman des indications si précieuses, et que ce fut lui également qui obtint la faveur de la dédicace de la belle estampe de l'*Adoration des bergers*. (Basan, 6; Schneevoogt, 28.)

JEAN SNELLINCX. — Il y a encore à Anvers un maître de grande valeur et excellent peintre, natif, je crois, de Malines [2], Jean Snellincx, qui excelle dans les compositions et les batailles, genre de sujets qu'il a fréquemment abordé pour les princes et seigneurs. Il a peint divers épisodes de batailles des Pays-Bas, rendant avec une grande vérité la fumée des canons, dans laquelle se meuvent les combattants. Il peut être âgé, en la présente année 1604, de cinquante-cinq ans [3].

COMMENTAIRE

Jean Snellinck, dont van Dyck nous a laissé le merveilleux portrait à l'eau-forte que nous reproduisons, portait le titre de peintre des archiducs Albert et Isabelle, obtenu, sans doute, en récompense des travaux qu'il exécuta entre 1597 et 1599 pour le compte de la municipalité d'Anvers lorsque celle-ci fit hommage au nouveau souverain

1. *Catalogue de la collection de gravures et d'eaux-fortes de J. J. De Kruyff, libraire à Utrecht.* (Vente Frederik Muller, à Amsterdam, 1883. N° 915.)

2. Jean Snellinck ou Snellincx était, effectivement, Malinois.

3. Il résulte des recherches de M. vanden Branden que cette indication est correcte. Jean Snellinck naquit en 1549, et non en 1544, comme l'affirment tous ses biographes.

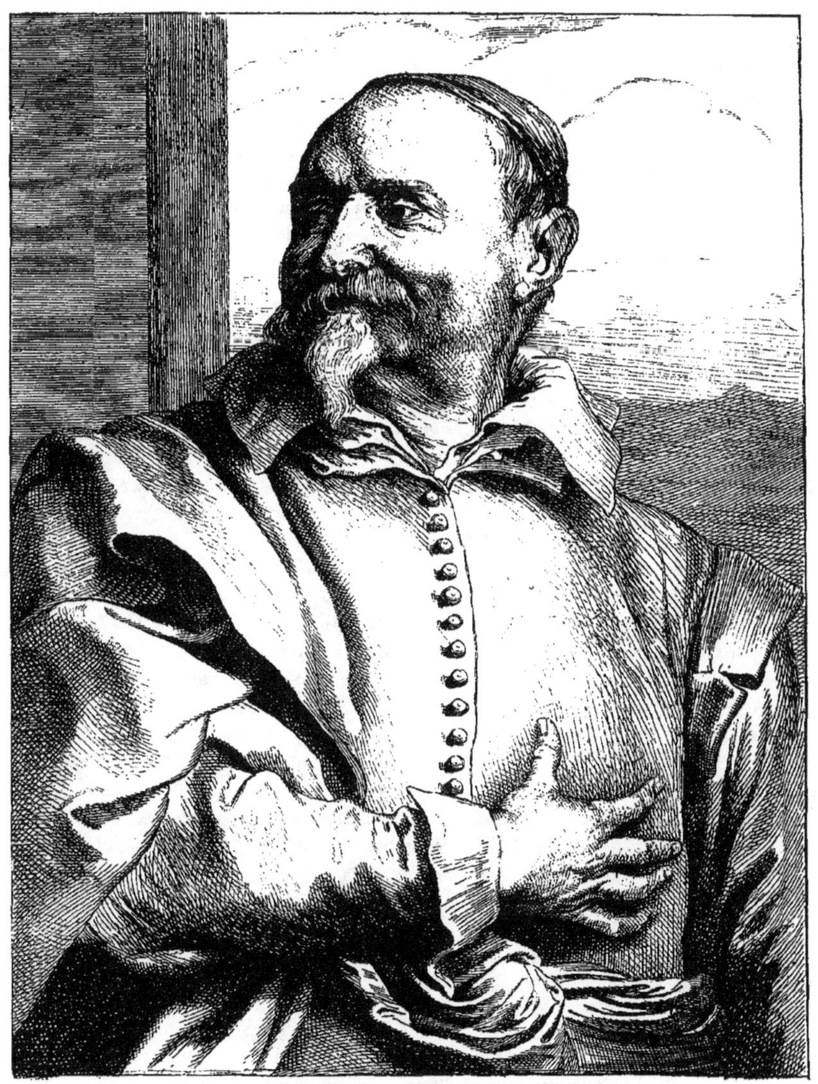

IOANNES SNELLINCX
PICTOR HVMANARVM FIGVRARVM ANTVERPIÆ.

JEAN SNELLINCK.

Fac-similé de l'eau-forte de van Dyck, reprise par Pierre De Jode le Jeune.

d'un ensemble de tapisseries exécutées d'après les cartons d'Otto Venius et de Snellinck[1]. Nous avons dit plus haut que ces tentures ne pouvaient être que les *Batailles de l'archiduc Albert*, encore conservées à Madrid, et qui confirment les éloges donnés par van Mander à Snellinck, comme peintre de batailles.

Reçu à la bourgeoisie d'Anvers le 10 juillet 1597, le peintre malinois avait épousé en 1574 Hélène De Jode[2], qui était sans doute la sœur de Pierre le Vieux, l'excellent graveur, élève de H. Goltzius. Sa femme étant décédée en 1581, il se remaria en 1586 avec Pauline Cuypers. Sur treize enfants issus de ces deux unions, six fils furent peintres : Daniel, Gérard, Jean, André, Pierre et David. Il nous suffira de citer leurs noms.

Jean Snellinck, mort à Anvers en 1638, âgé de quatre-vingt-dix ans, fut, en réalité, un peintre secondaire, habile comme l'étaient les maîtres de son temps, mais sans une originalité bien franche, et nécessairement éclipsé par le rayonnement de l'école de Rubens. M. Max Rooses donne toutefois de justes éloges au *Christ entre les larrons*, grande page qui orne le musée d'Anvers et qui porte la date de 1597[3]. C'est la plus ancienne peinture que l'on connaisse du maître.

Pour sa ville natale, Snellinck peignit en 1601 un triptyque de la *Résurrection*, avec des volets de l'*Annonciation à la Vierge* et de l'*Adoration des bergers*, et à l'extérieur, en grisaille, *Saint Rombaut* et *Saint Nicolas*[4].

En 1607, il peignit pour Georges Ghuys, fabricant de tapisseries à Audenarde, huit cartons de l'*Histoire de Zénobie, reine de Palmyre*[5]. « Ces cartons, dont la reproduction avait eu beaucoup de succès en France, dit M. Alphonse Wauters[6], furent achetés par Gérard Peemans (1665), qui les fit dessiner dans de plus petites proportions; ce dernier travail lui coûta 9,000 florins, outre 6,000 qu'il avait dû donner pour les cartons originaux. MM. Braquenié possèdent de cette tenture une pièce qui représente *Zénobie à la chasse* (hauteur, 4m05 ; largeur, 4m90). »

Snellinck reçut en 1608 la commande d'un tableau pour l'église de Notre-Dame-de-Pamele, à Audenarde. L'œuvre, un triptyque que possède toujours l'église, représente, au centre, la *Création* et, sur les volets : *Adam et Ève mangeant le fruit défendu* et *Adam et Ève chassés du Paradis terrestre*. A l'extérieur, en grisaille, *Adam bêchant la terre* et *Ève portant entre ses bras son enfant*. Le tableau a beaucoup souffert et les grisailles extérieures sont à peine visibles.

L'église de Sainte-Walburge, à Audenarde, possède deux autres peintures du maître, une *Transfiguration*, datée de 1616, et, de la même époque, un *Couronnement de la Vierge*[7].

1. Vanden Branden, page 434.
2. P. Génard, *les Grandes Familles artistiques d'Anvers*. (*Revue d'histoire et d'archéologie*, tome Ier, page 468. Bruxelles, 1859.)
3. Max Rooses, *Geschichte der Malerschule Antwerpens*, page 109. Munich, 1881.
4. E. Neefs, *Histoire de la peinture et de la sculpture à Malines*, tome Ier, page 246. Gand, 1876.
5. D. J. vander Meersch, dans la revue *de Vlaemsche School*, tome V, page 131. 1859.
6. *Les Tapisseries bruxelloises*, page 342. Bruxelles, 1878.
7. Vander Meersch, *loc. cit.*, page 146.

A Malines existe encore un fragment de tableau daté de 1606 : la *Descente du Saint-Esprit sur les Apôtres;* l'œuvre est à l'église Sainte-Catherine [1].

Snellinck décora de fresques, en 1610, la Sodalité des Gens mariés établie à Anvers; le tout fut achevé en trois jours! [2] De 1611 à 1612, neuf compositions, exécutées à l'huile cette fois, vinrent s'ajouter à ces peintures. Les sujets étaient tirés de la Passion du Christ [3].

On vendit à La Haye en 1762 un tableau de *Noé sortant de l'Arche*, comme l'a fait observer Kramm.

Nous avons dit que Snellinck mourut âgé de quatre-vingt-dix ans; le nombre des élèves qu'il forma pendant sa longue carrière fut très restreint; en dehors de ses fils, on en compte dix à peine [4]. Un seul acquit quelque célébrité, Abraham Janssens, qui entra chez le maître peu de temps après son arrivée à Anvers, en 1585.

Parmi les précieux renseignements recueillis par M. vanden Branden touchant le vieux Snellinck, figure la mention d'une série de vingt-sept tableaux de *Sièges de villes* et d'une seconde suite des *Sept Merveilles du monde.* Ces peintures avaient été exécutées à l'huile en 1619.

Le maître laissa aussi un grand nombre de toiles à la détrempe, — façon malinoise, — paysages, etc., et parmi ces dernières, la fameuse *Rencontre de cavalerie,* dite de Leckerbetje (Gérard Abrahamsz.), entre les cavaliers espagnols commandés par ce dernier, et les cavaliers français sous la conduite de Breauté. Il existe de ce sujet un nombre considérable de représentations. Nous avons tout lieu de croire qu'une partie des toiles de Snellinck servit de modèle de tapisseries.

La vieille église Saint-Georges d'Anvers, démolie en 1797, contenait le tombeau de Jean Snellinck, surmonté du portrait du maître, dû au pinceau d'Antoine van Dyck. L'épitaphe donne, il est vrai, au défunt l'âge de quatre-vingt-quatorze ans, mais nous pensons, avec M. vanden Branden, que la déclaration même de l'artiste, se disant âgé de soixante-douze ans en 1620 et de quatre-vingt-six ans en 1635, doit prévaloir sur l'inscription funéraire [5]. L'historien de l'école de peinture anversoise fait observer, au surplus, que l'épitaphe ne fut gravée qu'une vingtaine d'années après la mort du personnage.

Nous ignorons ce qu'est devenu le portrait peint par van Dyck.

La femme de Snellinck ne survécut à son mari que de cinq jours.

Jean Sadeler a gravé d'après Snellinck un *Portement de la Croix* et une suite de

1. Neefs, *loc. cit.*, page 247.

2. *Catalogue du musée d'Anvers,* page 352. 3e édition, 1874. Sodalité est synonyme de Compagnonnage.

3. *Ibid.*

4. Par une lettre écrite à Juste Suttermans, son oncle, par Jean van Gelder, et datée de Modène, le 22 juin 1675, nous apprenons qu'André Snellincx, fils de Jean, devint l'élève de Henri van Balen. Cet André Snellincx, à son tour, eut pour élève Jean van Geldri *(sic).* Il n'est peut-être pas sans intérêt de dire que le susdit van Gelder proposait à son oncle de traduire en italien le livre de van Mander. (Voyez Campori, *Gli artisti italiani e stranieri negli Stati Estensi,* pages 479-480. Modène, 1855.)

5. *Geschiedenis, etc.,* page 431.

six planches de l'*Histoire d'Alexandre le Grand*. Nous connaissons aussi un *Cavalier et une Dame*, planche gravée par P. De Jode, faisant partie d'une suite à laquelle a collaboré Adam van Noort.

TOBIE VERHAECHT. — Il y a aussi à Anvers Tobie Verhaecht, bon peintre de paysages.

COMMENTAIRE

Tobie Verhaecht ou van Haecht fut le premier maître de Rubens. Il naquit à Anvers en 1561, et non en 1566, comme le dit une inscription placée sous son portrait[1]. Paysagiste d'un très réel mérite, Verhaecht séjourna en Italie, ce que suffiraient d'ailleurs à démontrer ses sites accidentés et semés de ruines.

On assure qu'il obtint la protection du grand-duc de Toscane et produisit à Florence des œuvres importantes. Sandrart parle d'une *Tour de Babel*, sujet souvent répété par le maître, et dont une copie se trouvait à Lierre.

En dehors de Rubens, les élèves reçus par Verhaecht et inscrits aux registres de la gilde de Saint-Luc d'Anvers sont considérables : Abraham Mattysens, Pierre Viael, Léonard Kemp, Hans van Os, Hans Smits, Adrien Dape, Pierre van Hoeck, Bartolomeo Scharasone (Italien), Corneille Bol, Hans Verbelen, Gérard Beemel et Georges Backereel. Il y avait entre Rubens et son premier maître un certain degré de parenté qui explique le choix de cet initiateur.

Habile praticien, Tobie Verhaecht prit une part active aux travaux de décoration de la ville d'Anvers, à l'occasion de l'entrée de l'archiduc Ernest en 1594[2]. Il peignit également la même année un paysage pour le nouveau gouverneur, et de ce chef reçut 48 florins. Aujourd'hui, malheureusement, nous n'avons pour apprécier sa valeur que quelques estampes exécutées d'après des dessins : les *Parties du Jour*, par E. van Panderen, les *Ages du Monde*, par J. Collaert, et un seul tableau signé et daté de 1616, au musée de Bruxelles : l'*Épisode de chasse de l'Empereur Maximilien*, qui, tombé sur une saillie de rocher de la Martinswand, reçoit d'en bas le viatique. Un autre paysage, avec *Guillaume Tell enlevant d'un coup de flèche la pomme placée sur la tête de son fils*, dans la collection de M. Guillaume Morissens, à Malines, nous paraît à tous égards émaner du maître. Verhaecht mourut à Anvers en 1631[3].

ADAM VAN OORT qui est fort habile peintre de figures[4], de même

1. F. J. vanden Branden, *Geschiedenis der Antwerpsche Schilderschool*, page 385.
2. *Ibid.*
3. *Bulletin de la Commission royale d'histoire*, tome XIII, page 102.
4. Adam van Noort. On lit sous le portrait de ce maître, gravé par Henri Snyders d'après Jordaens : « Adam van Oort fut un peintre renommé de magnifiques ordonnances, ce qu'on peut voir par diverses œuvres qu'on trouve entre les mains des amateurs; il a eu pour maître son père, nommé Lambert van

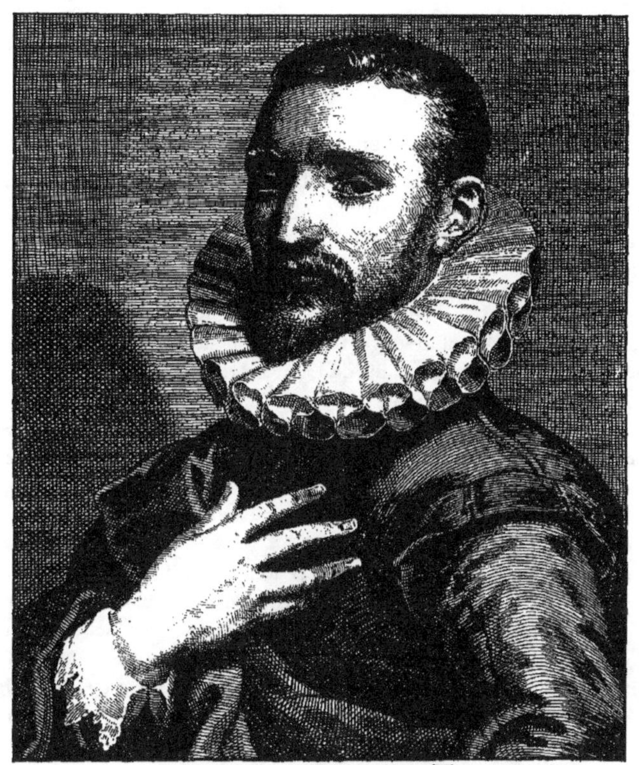

TOBIE VERHAECHT.
Peintre en peisages fort renomme' par ses rare tableau a ſt eſte primiez maiſtre du fameux P. Paul Rubbens eſt ne a' Anuers l'an 1566 et mourut 1677

TOBIE VERHAECHT.

D'après la gravure de Corneille van Caukercken, reproduisant un portrait d'Otto Venius.

Henri van Balen[1] et Sébastien Vrancx, élèves de van Noort ; Vrancx est âgé aujourd'hui d'environ trente et un ans et est fort entendu dans le paysage, les chevaux et les figures en petit[2].

Josse De Momper. — Il y a, toujours à Anvers, Josse De Momper qui excelle dans le paysage et exécute habilement[3].

François Savius. — J'entends parler avec éloge de certain François Savius, à Mons, dans le Hainaut[4].

COMMENTAIRE

Adam van Noort — plus souvent désigné sous le nom de van Oort, bien qu'il signât lui-même van Noort, — était le fils de Lambert van Noort d'Amersfoort, peintre verrier. dont il a été question au tome Ier, pages 66 et 78, de cet ouvrage. Venu au monde en 1562, Adam perdit son père dès l'âge de huit ans et ne paraît pas avoir eu d'autre maître, ce qui ne l'empêcha pas d'obtenir la franchise de la gilde de Saint-Luc en 1587 et de former à son tour trente-cinq élèves, parmi lesquels : Henri van Balen, — le maître de van Dyck et de Snyders, — Sébastien Vrancx, Rubens, Jordaens, Rombaut Eynhoudts, etc.

A ces titres déjà si honorables, vient se joindre la distinction enviable d'avoir servi de modèle à van Dyck pour une de ses plus belles eaux-fortes. Toutefois, les biographes n'ont pas épargné la mémoire de van Noort. Bien que l'on sache que Rubens fut quatre ans son élève, ils répètent d'un accord unanime que le futur chef de l'école flamande ne put faire qu'un séjour passager chez van Noort, à cause des brutalités de celui-ci. Nous venons de dire que trente-cinq jeunes artistes voulurent se former sous la conduite de van Noort; c'est là, nous semble-t-il, un argument assez puissant à opposer à l'accusation de Bullart et de ses continuateurs.

Les œuvres d'Adam van Noort ne sont pas communes et, en dehors des églises d'Anvers, assez riches en productions de son pinceau, nous ne connaissons que les seuls musées de Valenciennes et de Lille où figurent de ses peintures. La première de ces galeries possède un *Christ mort sur les genoux de la Vierge* (no 160); la seconde :

Oort, il est né à Anvers l'an 1557 (Vanden Branden, 1562) et y mourut l'an 1641. » (*Images de divers hommes d'esprit sublime, etc.*, par Jean Meyssens. Anvers, 1649.)

1. Né à Anvers en 1575, mort en 1632.
2. Né à Anvers en 1573, mort en 1647.
3. Né à Anvers en 1564, mort en 1635.
4. Il ne peut être question que de François Sayve, Le Sayve, Saive, Le Save, admis franc-maître à la gilde d'Anvers en 1599.

le *Christ chez Marthe et Marie*, œuvre acquise il y a peu d'années et qui nous paraît donner l'idée la plus juste du talent de son auteur. Il est impossible de méconnaître ici un précurseur de Rubens.

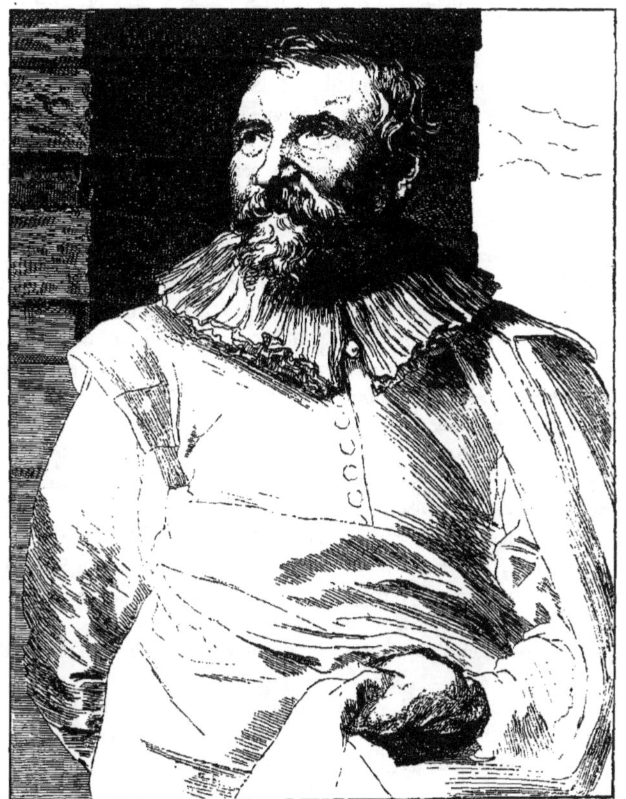

ADAMVS VAN NOORT
ANTVERPIÆ PICTOR ICONVM.

ADAM VAN NOORT.
Réduction de l'eau-forte de van Dyck.

Il faut, toutefois, se bien garder de juger van Noort à ce point de vue spécial. Mourant en 1641, le maître survivait à l'élève, et Rubens exerça sur ses contemporains une influence trop puissante pour qu'il soit interdit de croire que ses prédécesseurs purent échapper à l'entraînement presque général. L'église Saint-Jacques, à Anvers, possède depuis 1844 un tableau d'Adam van Noort : *Saint Pierre trouvant dans le poisson l'argent du tribut*, qui, par la vigueur du coloris et la hardiesse du pinceau, rivalise avec les œuvres de Rubens et de Jordaens.

Bien que moins accentuée dans ses rapports avec le style de Rubens, l'*Adoration des bergers*, à l'église Saint-Paul d'Anvers, est encore une page d'un incontestable mérite. Il y a une différence radicale entre ces œuvres et les autres créations du maître, la *Descente du Saint-Esprit sur les Apôtres*, à l'église du Béguinage, triptyque dont les volets représentent le *Jugement dernier* et l'*Ascension;* le *Christ au tombeau*, à la chapelle de l'Orphelinat des filles, et même le *Saint Jérôme* appartenant aux Hospices d'Anvers, une page incontestablement distinguée, conçue, de même que les précédentes, sous l'influence de l'ancienne école. Nous avons quelque hésitation à ranger parmi les œuvres authentiques le *Christ bénissant les petits enfants*, du musée de Bruxelles, épisode qui se retrouve dans un tableau de la collection de M. Éd. Pauwels, à Bruxelles, d'une authenticité irrécusable.

Compositeur habile, Adam van Noort n'est pas sans rappeler Martin De Vos dans les dessins qu'il livre aux graveurs. Nous connaissons de lui un recueil de trente-deux planches de la *Vie de sainte Claire* reproduit par Adrien Collaert; les *Cinq Sens*, du même graveur, *Jésus-Christ chez Nicodème* et une *Adoration des bergers*, de Pierre De Jode le Vieux, ainsi que plusieurs planches de *Costumes* extrêmement curieuses, sorties du même burin; les *Cinq Sens*, par J. Wiericx (Alvin, n° 1390); enfin, le *Crucifiement*, gravé par J. Sadeler.

Le musée Plantin, à Anvers, conserve une belle collection de dessins exécutés par van Noort pour divers ouvrages publiés par la puissante librairie plantinienne. Ils sont exécutés largement et rehaussés d'encre de Chine[1].

M. vanden Branden, dans sa consciencieuse *Histoire de l'École de Peinture d'Anvers*, a fait connaître (page 396) les démêlés du peintre avec la gilde de Saint-Luc d'Anvers pendant son décanat de 1597. Hâtons-nous d'ajouter que les contestations qui surgirent n'avaient rien qui pût entacher l'honorabilité du doyen et qu'il s'agissait en réalité d'une initiative plus ou moins légitime, prise par celui-ci au sujet de l'exécution d'un tableau.

Van Noort eut pour gendre son élève Jacques Jordaens, et nous voyons fréquemment la vénérable figure de l'aïeul paraître dans ces festins où le puissant coloriste réunit la famille sous la présidence de sa gracieuse épouse[2].

HENRI VAN BALEN. — Van Mander, beaucoup mieux informé que les écrivains de notre temps, affirme, comme on l'a vu, que van Balen était l'élève de van Noort. Les registres-matricules de la corporation de Saint-Luc ne confirment pas le fait, et les rédacteurs du Catalogue du musée d'Anvers déclarent inadmissible l'assertion de notre auteur. En effet, il paraissait étrange que van Balen, venu au monde en 1560, eût

1. Max Rooses, *Catalogue du musée Plantin-Moretus*, page 18. Anvers, 1881.

2. M. P. Génard a donné une excellente biographie d'Adam van Noort dans la revue *de Vlaemsche School*, tome II, page 105. 1856.

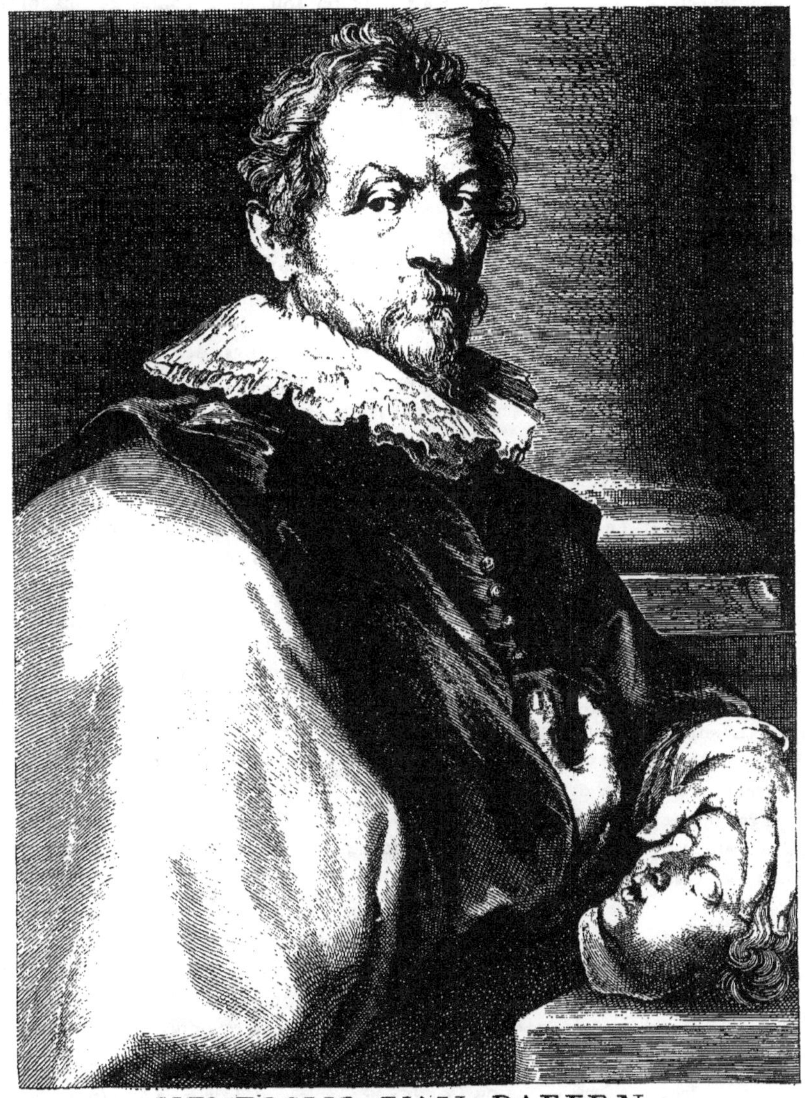

HENRICVS VAN BAELEN

PICTOR. ANTV: HVMANARVM FIGVRARVM VETVSTATIS CVLTOR.

HENRI VAN BALEN.

Fac-similé de la gravure de Paul Du Pont, d'après Ant. van Dyck.

fréquenté l'atelier d'un maître qui était à peine son aîné. Toutes ces hypothèses viennent de tomber depuis la constatation faite par M. vanden Branden[1], que l'on doit reculer de quinze ans la date de naissance de van Balen et la reporter de 1560 à 1575. Alors, tout s'explique et, loin d'avoir affaire à un artiste attardé, nous voyons, au contraire, un peintre reçu à la maîtrise dès l'âge de dix-huit ans, en 1593. Doyen de la gilde en l'année 1608, van Balen vit passer par son atelier un très grand nombre d'élèves, mais nous constatons que, sauf van Dyck, inscrit en 1609, et Snyders, que nous savons avoir fréquenté son école, après avoir débuté sous Pierre Breughel, aucun des apprentis n'est arrivé à la célébrité.

Henri van Balen mourut le 17 juillet 1632; sa veuve, Marguerite Briers, le suivit dans la tombe le 23 octobre 1638; ils furent enterrés dans l'église Saint-Jacques d'Anvers où un monument de marbre noir, orné de têtes de chérubins en marbre blanc, fut érigé aux deux époux. Ce monument existe encore; il est décoré des médaillons de van Balen et de sa femme, et d'une *Résurrection*, peinte par le maître lui-même[2].

Le peintre Théodore van Thulden épousa, en 1625, Marie van Balen, fille de notre artiste[3].

Van Dyck a laissé le portrait de son maître, inséré dans l'*Iconographie* et admirablement gravé par Paul Pontius. Nous le reproduisons ici même.

Henri van Balen était doué d'un talent très honnête; le qualifier de grand artiste serait à coup sûr exagéré. Sa peinture vitreuse et mince, son coloris chatoyant le rangent à peu près au niveau de F. Franck.

Les églises d'Anvers gardent de van Balen des tableaux religieux avec des personnages de grandeur naturelle; c'est là toutefois que le maître se distingue le moins, et sa manière se prête infiniment mieux aux petits ensembles.

Les Galeries de Dresde et de Munich représentent particulièrement bien notre artiste dans ses sujets de petit format, et l'on ne peut nier que lorsque van Balen, J. Breughel, Josse De Momper et van Kessel associent leur talent, ils n'arrivent à créer des œuvres charmantes et semées de mille détails curieux.

Les comptes de l'église de Notre-Dame d'Anvers ont fait connaître que l'ancienne cathédrale avait confié à van Balen les cartons de plusieurs verrières qui, malheureusement, ont cessé d'exister[4].

Sébastien Vrancx que beaucoup d'auteurs ont aussi appelé Franck, bien que l'on sache aujourd'hui qu'il n'appartient pas à cette dynastie artistique, naquit en 1573, à Anvers[5], et y fut élève de van Noort. De très bonne heure on le trouve en Italie, et dès l'année 1597 on publiait d'après lui, à Rome, une grande estampe de la *Conversion de*

1. *Loc. cit.*, page 463.
2. Ph. Rombouts et Th. van Lerius : *les Liggeren et autres archives de la gilde de Saint-Luc*, tome Ier, page 372. Anvers, s. d.
3. *Ibid.*
4. *Ibid.*, pages 371 et 391.
5. Vanden Branden, page 470.

saint Paul[1]. En 1600, la gilde de Saint-Luc d'Anvers le recevait franc-maître; en 1611, il y fonctionnait comme doyen; Pierre Snayers fut son élève.

L'*Iconographie* de van Dyck nous donne le portrait de Sébastien Vrancx gravé

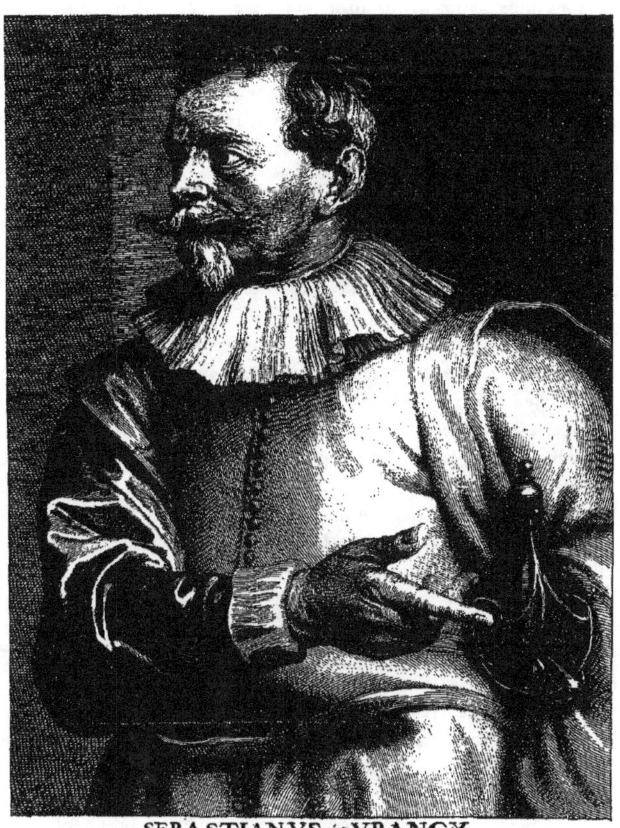

SÉBASTIEN VRANCX.

Réduction de la gravure de S. à Bolswert, d'après A. van Dyck.

par S. à Bolswert; l'inscription qualifie le peintre de *Cohortis civium Antverp. ductor.* Il fut en effet, pendant de longues années, commandant de la garde civique anversoise,

1. L'auteur de cette estampe est Jean Turpinus. (Conf. Riegel, *Beiträge zur Niederländischen Kunstgeschichte*, tome II, page 51.)

et ses goûts militaires nous sont attestés par des rencontres de cavalerie et d'autres combats remarquablement traités.

Sébastien Vrancx était un peintre de très grand mérite, composant avec infiniment de goût, dessinant correctement, et dont l'œuvre mérite d'être étudié au point de vue des mœurs de son temps. Nous avons tout lieu de croire qu'il travailla pour les Médicis. C'est ainsi que le musée de Naples expose, sous le nom imaginaire de *Samuel Vabasson*, un magnifique ensemble de la *Villa Médicis*, pris du côté des jardins, où se promène une société nombreuse de seigneurs et de dames. Le tableau est deux fois signé du monogramme S. V. et porte la date de 1615[1]. Au musée de Parme figure une autre peinture du même genre, en même temps qu'un *Combat des Centaures et des Lapithes.*

Il existe du pinceau de Vrancx plusieurs éditions de l'escarmouche de Gérard Abrahamsz., dit « Leckerbetje », qui eut lieu le 5 janvier 1600, non loin de Bois-le-Duc, entre les Flamands et les Français que commandait Breauté. Le musée de Brunswick, celui de Bruxelles et d'autres possèdent des exemplaires de cette peinture qui fut reproduite par Michel Snyders.

Le musée royal de La Haye montre un tableau fort intéressant, une *Fête à la cour de Bruxelles en 1611*, exécuté par François Pourbus le jeune, en collaboration avec Francois Francken le jeune.

M. Vosmaer avait cru devoir attribuer cette œuvre à Sébastien Vrancx[2]. La signature du véritable auteur, relevée sur la peinture, ne permet pas de maintenir l'attribution du savant critique.

Le Belvédère de Vienne, par contre, nous offre un intérieur de *l'Église des Jésuites d'Anvers* au temps de sa splendeur, et Pierre De Jode (le Vieux) a gravé d'après Vrancx un ensemble de costumes des différents pays, d'un intérêt capital, et dont les originaux étaient peut-être exécutés en peinture, quoique les panneaux de cette espèce qui figurent aux musées de Rotterdam et de Lille manquent de la précision qui caractérise les estampes.

A ses talents d'artiste et de commandant militaire, Sébastien Vrancx joignait encore ceux de rhétoricien. Il écrivit un grand nombre de comédies, et peignit le blason des rhétoriciens qui est encore au musée d'Anvers[3].

Sébastien Vrancx mourut le 19 mai 1647.

Josse de Momper est né à Anvers en 1564, d'après sa propre déclaration[4]. La physionomie de ce paysagiste distingué nous est connue par une magnifique eau-forte de van Dyck. Issu d'une famille d'artistes, De Momper, dont le père était à la fois peintre et marchand d'œuvres d'art, se forma dans l'atelier paternel.

1. Musée de Naples, salle VI, n° 89. Jacques Matham a gravé d'après Vrancx une autre fête dans les jardins de Médicis.

2. *Journal des Beaux-Arts*, page 23. 1863. *Notice historique et descriptive des tableaux et des sculptures du musée royal de La Haye*, par le chevalier V. de Stuers, page 320. 1874.

3. M. Rooses, *Geschichte der Malerschule Antwerpens*, page 153.

4. Vanden Branden, page 310.

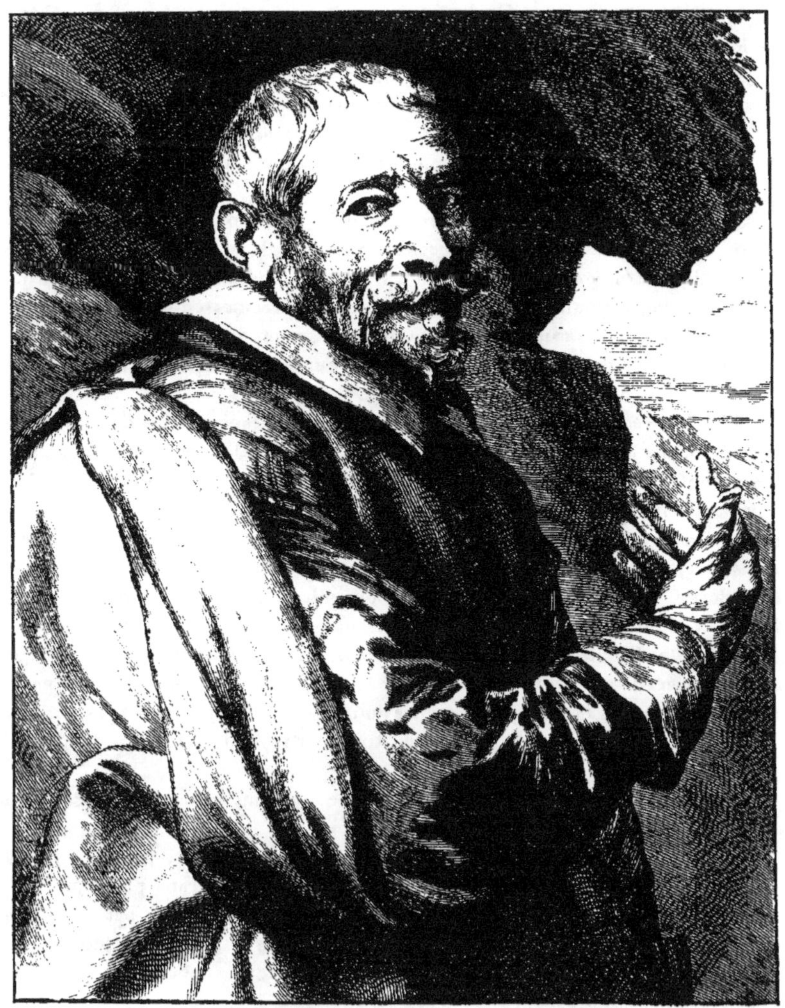

IVDOCVS DE MOMPER
PICTOR MONTIVM ANTVERPIÆ.

JOSSE DE MOMPER.

D'après la gravure de van Dyck, reprise par L. Vorsterman

Admis franc-maître de la gilde en 1581, alors que, précisément, Barthélemy De Momper était doyen, son inscription est consignée aux registres en ces termes : « Josse De Momper, mon fils ».

On ne sait si le jeune De Momper fit le voyage d'Italie; les sujets traités par lui permettent de le croire[1]. Mais, d'autre part, comme le fait observer avec raison M. Max Rooses[2], qui analyse avec beaucoup de sagacité la manière du peintre, Josse De Momper doit être envisagé comme ayant donné un des premiers au paysage flamand sa véritable importance.

Quoi qu'il en soit, notre peintre travaillait dans son pays en 1594. Dès cette année, la ville de Bruxelles le chargeait de diriger la décoration des rues pour l'entrée de l'archiduc Ernest d'Autriche[3], et il était en relations suivies avec le gouverneur à la même époque, attendu qu'il reçut, pour travaux exécutés en 1594 et 1595, diverses sommes[4]. Il faut remarquer cependant que la mention du compte de 1595 dit expressément : « à Josse de Momper, *à Anvers*, pour les premiers dessins des tapisseries destinées à l'archiduchesse ».

S'il fallait rechercher quels étaient les sujets de ces tapisseries, nous les trouverions peut-être dans les vastes toiles (11 pieds de haut sur 9 de large), possédées par le duc d'Aerschot, Charles de Croy, et existant au château de Beaumont en 1613. Ces toiles représentaient une *Chasse au lion*, avec un personnage renversé et un autre victorieux tenant une javeline; sept pièces contenant les mois de *Janvier*, *Février*, *Mai*, *Juin*, *Novembre*, *Décembre*, puis le *Feu* et la *Terre*[5]. Et si nous poussons plus loin encore la curiosité, nous trouverons peut-être le souvenir de ces œuvres dans les estampes de Jacques Callot (Meaume, 723 à 728) représentant les *Mois* et gravées d'après Josse De Momper dans l'atelier de Philippe Thomassin, à Rome, à ce qu'assure M. Meaume.

Le paysagiste anversois mourut en 1635, précédé de peu dans la tombe par son fils unique Philippe, également peintre, mais dont les œuvres ne paraissent pas avoir marqué.

M. Bertolotti[6] a relevé la présence à Rome, en 1675, d'un Jean De Momper; c'était probablement un neveu de notre maître.

Chose singulière, cependant, un autre Josse de Momper se trouve inscrit à la gilde des peintres brugeois dès l'année 1512.

Les œuvres de Josse De Momper sont loin d'être rares, partout ailleurs qu'en Belgique. Le musée d'Anvers possède, il est vrai, un assez grand panneau : l'*Archiduc Maximilien à la chasse* (l'épisode de la Martinswand traité aussi par T. Verhaecht) ; mais cette peinture, qui provient de l'abbaye de Tongerloo, n'est pas exposée. Le musée d'Ypres renferme un très beau paysage avec une route sinueuse parcourue par des chariots et des cavaliers.

1. Le musée de Valenciennes expose sous son nom une *Vue du Campo Vaccino*, et le musée de Berlin une *Vue des Alpes*.
2. *Geschichte der Malerschule Antwerpens*, page 123.
3. Alph. Wauters, *les Tapisseries bruxelloises*, page 235. Bruxelles, 1878.
4. *Bulletin de la Commission d'histoire*, tome XIII, pages 104, 120. (Article du Dr Coremans.)
5. Alexandre Pinchart, *Archives*, tome Ier, page 168.
6. *Artisti Belgi ed Olandesi a Roma nei secoli XVI e XVII*, page 113. Florence, 1880.

En France, les musées de Dunkerque, Caen, Lille, Orléans, Valenciennes, Nantes, exhibent de ses œuvres.

Brunswick possède de lui la suite des *Saisons* et d'autres peintures [1]. Nous considérons toutefois comme hors de pair le *Repos en Égypte*, au musée de Naples, et le *Paysage avec une grotte où se dit la messe*, au musée de Pesth, peut-être l'œuvre capitale de l'artiste. Parmi les six paysages du musée de Dresde, le n° 899, *Paysage avec des voyageurs traversant un pont*, est surtout remarquable. A Madrid, il y a jusqu'à douze tableaux de Josse De Momper, qui trouva des collaborateurs précieux dans Sébastien Vrancx et J. Breughel de Velours [2]. Rubens possédait de lui un *Paysage avec des animaux de Breughel*, catalogué sous le n° 257 de l'inventaire après décès du grand peintre.

Un paysage, au musée de Berlin, porte la signature *f. de Momper*, et est attribué en conséquence à Frans de Momper. Nous devons faire observer que Barthélemy et Jean étaient les frères de Josse, et que l'œuvre en question doit donc émaner de son neveu qui fut admis franc-maître à Anvers en 1629-1630.

François Savius. — Nous avons identifié ce maître avec *Francisco de Namur*, inscrit comme franc-maître à la gilde de Saint-Luc d'Anvers en 1599. Cette mention précise ne nous permet guère de croire que van Mander ait pu confondre François Le Sayve ou Le Save avec Jean Sayve ou Le Saive, son frère, qui mourut à Malines en 1624 et fut, dès l'année 1594, un peintre assez distingué pour avoir livré à l'archiduc Ernest d'Autriche des œuvres qui furent envoyées à Gratz [3]. C'étaient des paysages : les *Saisons* et un *Marché*.

François Le Sayve habitait Namur en 1627 [4]. A Mons, il n'est point cité. Jean de Saive l'aîné a signé *Savius* des volets déposés au musée archéologique de Namur, mais la plupart de ses œuvres se trouvent dans les églises de Malines, où il s'était fixé au début du XVIIe siècle et où il mourut le 6 avril 1624. C'était un peintre médiocre.

A Mons, nous le répétons, il n'y a point de trace du peintre cité par van Mander, comme on peut s'en assurer par le soigneux travail de M. Léopold de Villers : *le Passé artistique de Mons* [5].

Martin Fréminet. — En France, à Paris, il y a quelques bons

1. L'*Hiver*, au musée d'Orléans, reproduit le sujet du musée de Brunswick. (Voyez Woermann, *Zeitschrift für bildende Kunst*, 1881, page 331.)

2. G. Crivelli, *Giovanni Breughel o sue lettere e quadretti*, pages 208, 310, 315. Milan, 1868.

3. *L'Archiduc Ernest, sa cour et ses dépenses*, par le Dr Coremans. (*Bulletin de la Commission royale d'histoire*, tome XIII, page 85.)

4. Voyez la généalogie des Le Saive dans les *Annales de la Société archéologique de Namur*, tome XII, page 33, 1872-1873 (article de M. E. Neefs). Voyez aussi *Les deux de Saive*, par M. Alph. Bequet; *Annales*, tome VI, page 452 ; *Jean de Saive*, par Ad. Siret, *Ibid.*, page 203 ; E. Neefs, *Histoire de la peinture et de la sculpture à Malines*, tome Ier, page 431 et *passim*. Gand, 1876.

5. *Annales du Cercle archéologique de Mons*. 1880.

maîtres tels que Martin Fréminet, un Français, originaire de Paris[1], récemment entré au service du roi[2] et qui, en présence de son souverain, aurait exécuté, sans dessin préalable, un pied, une main, une tête, jetés comme au hasard sur une toile, le tout devenant, à la fin, une figure entière, au grand ébahissement du roi.

Du Breuil. — Il y a peu d'années il y avait encore à Paris un artiste, qui précéda Fréminet au service du roi, et se nommait Du Breuil, Parisien[3]. C'était le fils d'un sellier et il était fort habile et intelligent, surtout pour le dessin et le nu, car il avait longtemps étudié l'anatomie chez un barbier. Il recourait souvent aux Flamands pour peindre ses œuvres et les renforçait alors d'ombres vigoureuses, se servant parfois de noir pur.

Il excellait à jouer du luth, à jouter de la lance, et était passionné pour l'équitation.

Il est mort jeune et presque subitement, après avoir fourni une course rapide pour venir de Saint-Denis recevoir quelques convives qu'il avait invités. Une ancienne lésion interne se serait, dit-on, rouverte en route[4].

Ce maître figure ici au nombre des vivants, ayant été omis plus haut. Il fut le contemporain de Fréminet et ils ont étudié ensemble à Paris chez un barbouilleur[5].

Bollery. — Il y a encore un certain Bollery[6], qui fait de beaux effets de nuit, des mascarades et autres fêtes semblables, ainsi que des

1. Né à Paris le 23 septembre 1567, mort dans la même ville le 18 juin 1619. Il s'appelait, en réalité, Freminel. (Voyez A. Jal, *Dictionnaire critique de biographie et d'histoire*, page 616. Paris, 1872.)

2. Henri IV. Ce ne fut toutefois qu'en 1609, dit M. Jal, que Fréminet fut d'abord porté sur les états de la maison royale.

3. Toussaint Du Breuil. Il était né vers 1560. (Jal, *loc. cit.*, page 280.)

4. Le 22 novembre 1602. « Ce jour, Dubrevil, peintre de Sa Majesté, singulier en son art, et qui avoit faict et devisé tous ces beaux tableaux de St Germain, revenant dud. Sainct Germain à Paris, sur ung cheual qui estoit restif et alloit fort dur, fust à son retour surprins d'ung renuersement de boyaux que les médecins appellent *miserere*, qui en moings de vingt quatre heures l'envoya en l'aultre monde. » Journal de Lestoile, 22 novembre 1602. Jal, *Dictionnaire*, page 280.

5. Il est à observer que le père de Fréminet était peintre.

6. Nicolas Bollery, né à Paris en 1565 (?), mort dans la même ville en octobre 1630. (Jal, page 244.) D'après Félibien, Jérôme Baullery (le père de Nicolas) travailla au Louvre.

troupeaux à la manière du Bassano. Il se comporte en grand seigneur et se promène à cheval suivi d'un laquais.

François Stellaert. — A Lyon demeure un excellent paysagiste et dessinateur, non moins habile peintre de figures que de compositions et de portraits, un Flamand du nom de François Stellaert dont j'ignore le lieu et la date de naissance[1].

COMMENTAIRE

Martin Fréminet. — Si nous ouvrons le livre de Félibien : *Entretiens sur la vie et les ouvrages des excellents peintres anciens et modernes*, publié à Paris en 1648, c'est-à-dire bien peu de temps après la mort du peintre, nous y lisons cette observation de « Pymandre » : « Vous serez obligé de m'avouer qu'il n'y a guère eu de peintres dont la réputation ait si peu duré que celle de Fréminet, car je n'entends point parler de luy, je ne voy aucun de ses ouvrages dans les cabinets ; et si j'ose vous parler librement, je vous dirai qu'ayant considéré plusieurs fois la chapelle de Fontainebleau, je n'ai rien trouvé qui m'ait pu plaire, quoique je tâchasse de me conformer en quelque sorte au jugement de ceux qui en faisoient estat, à cause peut-estre que l'ouvrage n'estant faict que pour les sçavans, j'ai trop peu de connoissance pour en découvrir les beautés[2]. »

Dans sa réponse, Félibien ne fait aucune difficulté de convenir des défauts de Fréminet.

Le Louvre possède un tableau de ce maître : *Mercure ordonne à Énée d'abandonner Didon;* au musée de Tours, on voit un *Jugement dernier*, que M. Clément de Ris jugeait des plus médiocres ; au musée d'Orléans se trouve une figure de *Saint Jean l'Évangéliste ;* enfin, la chapelle de Fontainebleau conserve le seul des grands ouvrages de Fréminet qui ait survécu, mais qui n'a guère suffi à sauver son nom d'un oubli total.

« Ce magnifique ouvrage, qui subsiste encore et que la gravure, au grand regret des artistes et des amateurs, n'a jamais reproduit, mérita à son auteur le cordon de Saint-Michel », dit M. Robert-Dumesnil[3].

Fréminet obtint successivement la faveur d'Henri IV et de Louis XIII, et le titre de

1. Il s'agit nécessairement ici de François Stella, que Félibien dit originaire de Malines et qui, d'après cet auteur, mourut à Lyon en 1605, âgé de quarante-deux ans. Il serait donc né en 1563. M. E. Neefs, l'auteur d'une très consciencieuse *Histoire de la peinture et de la sculpture à Malines*, n'a rien trouvé, absolument, qui ait trait aux Stellaert ou vander Sterre. D'autre part, nos recherches dans les archives de la gilde artistique d'Anvers ont été également infructueuses.

2. Voyez sur Martin Fréminet la notice de M. Charles Blanc dans *l'Histoire des Peintres* (*École française*, Paris, 1872), avec une gravure de la *Chute des Anges*, à Fontainebleau.

3. *Le Peintre-Graveur français*, tome VIII, page 170. Paris, 1850.

premier peintre du Roi. Il mourut en 1619. Son buste, par Francheville, est au Louvre.

Marié deux fois, Martin Fréminet épousa en premières noces Françoise de Hoey, la petite nièce de Jean de Hoey (Doué), dont il a été question dans la biographie de Lucas de Leyde.

Les auteurs ne sont pas unanimes à croire que Fréminet visita l'Italie ; Félibien est très formel dans l'affirmative ; d'autres, l'abbé de Marolles, par exemple, assurent que le peintre se forma exclusivement en France. M. Jal, dans son précieux *Dictionnaire*, discute ces deux opinions et juge comme très probable le séjour en Italie, en quelque sorte prouvé par la publication, à Rome, de quelques estampes d'après le maître, et d'une eau-forte de lui-même. (Robert-Dumesnil, nº 1 : *la Vierge et l'Enfant Jésus.*)

Toussaint Du Breuil. — M. Ludovic Lalanne, dans l'*Inventaire des tableaux et autres curiosités* qui se trouvaient au Louvre en 1603[1], reproduit un passage intéressant de Sauval, où il est dit : « La Gallerie des rois est la mieux peinte et la plus accomplie de Paris. Bunel et Dubrueil, tous deux excellents maîtres, lui ont donné tous les ornements qui la font admirer. Chacun en a peint la moitié. Dubrueil a peint la partie la plus proche de l'appartement du roi, Bunel l'autre où Porbus a fait le portrait de Marie de Médicis ; ils ont tous réussi et se sont surpassés eux-mêmes. » Ces peintures ont péri dans l'incendie du 6 février 1661.

Du Breuil travailla aussi aux châteaux de Fontainebleau et de Saint-Germain ; il restaura dans la première de ces résidences royales la *Galerie d'Ulysse* de Niccolò dell' Abbate[2], et exécuta pour la *Galerie des Cerfs* treize plans à vol d'oiseau des maisons royales[3]. Il portait le titre de peintre et de valet de chambre du Roi. Le style du maître permet de le ranger à la suite de l'école dite « de Fontainebleau ». Il existe des estampes gravées d'après lui par Pierre Fatoure[4].

Quant aux Flamands qui furent les associés du maître dans ses grands travaux, leur nom n'est pas mentionné, mais il est permis de les chercher parmi ces maîtres que désigne van Mander comme ayant trouvé à s'employer aux travaux décoratifs des palais royaux de France : Jean de Maeyer, Ambroise Francken, etc.

Du Breuil fut chargé de fournir les dessins de plusieurs tentures à la fabrique ancienne des Gobelins. Une série de huit pièces représentant la *Fable de Diane*, contenant 43 aunes, sur 3 aunes 3/4 de haut, entourée d'une bordure de festons, de fleurs et fruits, rinceaux et cartouches, était tissée de laine, de soie et d'or. Elle fut détruite par ordre du Directoire, avec d'autres œuvres analogues, en vue d'en tirer l'or, le 26 prairial an V[5].

1. *Archives de l'Art français*, tome III, page 49. Paris, 1853-1855.

2. *Les Peintres de Fontainebleau*, par Albert de la Fizelière. (*Gazette des Beaux-Arts*, tome III, page 201. 1859.)

3. *Voyage d'Évelyn à Paris en 1644*, publié par la Société des bibliophiles français, page 245, note 2. Paris, 1873.

4. Ces pièces, au nombre de quatre (d'après Heinecken), sont datées de 1609 à 1619. (Voyez aussi Robert-Dumesnil, *le Peintre-Graveur français*, tome VI, page 143.)

5. *Chronique des Arts*, page 332. Paris, 1883.

Nicolas Bollery ou Baulery. — Nous n'avons aucun renseignement sur ses peintures. On connaît des planches de Jean Leclerc d'après lui[1].

François Stella, que van Mander qualifie de paysagiste et peintre de figures, était, selon l'acception commune, originaire de Malines. Félibien consacre à la famille des Stella plusieurs pages de renseignements qu'il n'a certainement pu rassembler par ouï-dire, et que probablement il tenait de Jacques, le fils même de François, mort en 1657. Voici donc, à défaut d'aucun renseignement authentique, le passage de Félibien concernant le maître cité par van Mander :

« Les ancêtres de Jacques estoient Flamans. Son grand-père, nommé Jean, estoit peintre, et faisoit sa demeure à Malines. S'estant retiré sur la fin de ses jours à Anvers, il y mourut âgé de soixante-seize ans. Il laissa deux filles et un fils nommé François, qui fut aussi peintre. François estant allé à Rome y demeura quelque temps et ensuite vint en France. S'estant arrêté à Lyon, il s'y établit et prit pour femme la fille d'un notaire de la Bresse, avec laquelle il ne vescut pas longtemps, car il mourut âgé de quarante-deux ans l'an 1605. »

Nous avons dit qu'à Anvers pas plus qu'à Malines, les Stellaert ne figurent dans la liste des peintres.

Une sanguine de Demarteau porte le nom de Stellaert. Ce n'est toutefois qu'une reproduction du *Christ au tombeau* de Michel-Ange de Caravage, aujourd'hui à la Pinacothèque du Vatican. Les musées de Lyon et de Toulouse conservent des peintures de François Stella.

Bunel. — Il y a encore à Paris un bon maître qui travaille à la cour et habite le faubourg Saint-Germain. Il a une belle manière de peindre et tire bon parti de ses couleurs. Son nom est Bunel[2] et il se comporte avec dignité.

On vante sa femme comme étant supérieure à lui-même et à d'autres bons maîtres dans la peinture[3].

COMMENTAIRE

Jacob Bunel fut, pour les travaux de la petite Galerie du Louvre, première Galerie d'Apollon, le collaborateur de Du Breuil; à la mort de celui-ci, il acheva les peintures

1. *Comme le Roy alla incontinent à l'église Nostre-Dame rendre grâces solennelles à Dieu. — Sortie des Espagnols de Paris.* Charles Le Blanc, n°s 10 et 11.

2. Jacques Bunel, né à Tours en 1558 (?), mort à Paris au mois d'octobre 1614. Il peignit beaucoup pour le roi, au Louvre et ailleurs. (Jal, page 296.)

3. Elle s'appelait Marguerite Bahuche, était née à Tours et peignait le portrait. Après la mort de

commencées. La femme de Bunel, Marguerite Bahuche, fut chargée d'une partie des portraits qui, d'après les plans de Du Breuil, faisaient corps avec la décoration [1].

Bunel fit de nombreux voyages en vue de ces portraits. « Il peignit d'après le naturel ceux des personnes qui vivoient de son temps. Pour déterrer les aultres, il voyagea par tout le royaume, et prit les stucs des cabinets, des vitres, des chapelles et des églises où ils avoient été peints de leur vivant [2]. » Ces travaux périrent, on l'a vu plus haut, en 1661.

Félibien cite encore de Bunel un grand tableau de la *Descente du Saint-Esprit*, à l'église des Grands-Augustins, et une *Assomption de la Vierge*, aux Feuillants, rue Saint-Honoré. Pourtant Bunel, de même que sa femme, était calviniste [3] et fut enterré comme tel.

Après la mort de son mari (1614), Marguerite Bahuche, « en considération des longs et fidèles services que feu Jacob Bunel vivant l'un des peintres ordinaires ayant la charge des peintures des Galleries du Louvre et des Thuilleries a cy devant rendus », obtint sa demeure sa vie durant au Louvre, à charge d'y accommoder son neveu Robert Picou, également peintre. Il leur était, en outre, accordé conjointement le traitement de douze cents livres dont avait joui Bunel [4].

Thomas de Leu a gravé d'après Jacques Bunel un certain nombre de portraits.

GASPARD HEUVICK. — Il y a bien loin en Italie, à Bari, dans la Pouille, chez l'évêque, je crois, un très bon maître dans toutes les branches de la peinture et qui a bien réussi en cet endroit écarté, tant comme artiste que comme marchand de grains, à l'époque de la disette dont l'Italie a eu naguère à souffrir. Je l'ai connu à Rome ; il est originaire d'Audenarde, en Flandre, et s'appelle Gaspard Heuvick [5].

Il a vécu un certain temps chez Costa, le peintre de feu le duc de

son mari, elle convola en secondes noces avec Paul Galland, receveur de la province de Touraine, et le précéda dans la tombe. M. Jal (page 295) affirme qu'elle mourut avant le 9 octobre 1632.

1. Voir à ce sujet les *Archives de l'Art français*, tome III, page 54.

2. Sauval, *apud* Lalanne, *loc. cit.*

3. A. Jal, *Dictionnaire*, page 295.

4. *Archives de l'Art français*, tome III, page 190.

5. M. le greffier Grau, du tribunal d'Audenarde, a eu l'obligeance de parcourir pour nous les registres paroissiaux, mais n'y a point relevé la date du décès de Gaspard Heuvick. Ces registres commencent en 1582 pour les naissances et en 1592 pour les décès. En 1659, un enfant, Gaspard Heuvick, est présenté au baptême; il est fils d'Arnold et d'Anne van Hollebeke.

Du peintre mentionné par van Mander, deux tableaux sont conservés à l'hôtel de ville d'Audenarde. Le premier, qui provient sans doute de l'église Sainte-Walburge, est un *Jugement dernier* de près de deux cents figures. Il mesure environ deux mètres de haut sur une largeur pareille. Le second tableau représente la *Justice avec la Tempérance et la Foi*. La date de 1582 figure sur le cadre. Nagler (*Monogrammisten*, tome III, page 162, n° 517) nous dit que Heuvick fut en relations avec Jacopo Ligozzi, chose inadmissible, attendu que ce maître naquit en 1627. Le même auteur attribue à Heuvick le monogramme [monogramme] accompagné de la date 1608.

Mantoue. Je le crois âgé d'environ cinquante-quatre ans. S'il avait habité moins loin de moi, je me serais souvenu de lui plus tôt.

HERDER DE GRONINGUE. — Il en eût été de même d'un habile peintre de Groningue, nommé Herder, qui doit être du même âge et que j'ai également connu à Rome. Il fut à Groningue le peintre de Verdugo[1] et mérite d'être cité avec éloge à tous les points de vue, comme le prouvent ses œuvres[2].

1. Francesco Verdugo, gouverneur de la Frise, de la Gueldre et de Groningue, pour Philippe II.

2. Immerseel affirme, mais sans indiquer à quelle source est puisé son renseignement, que Herder mourut à Groningue en 1609. Vander Aa (*Biographisch Woordenboek*) donne l'initiale C au peintre. Le nom de Herder fut peut-être traduit, selon la mode italienne, pour devenir *Pastore;* nous avons toutefois cherché sans succès dans cette direction. Le *Pastorino* de Vasari est incontestablement d'origine italienne, puisque sa généalogie nous est donnée par le fameux historien. (Vasari, édition Lemonnier, tome VIII, pages 108-114.

Y a-t-il quelque chose de commun entre « G. P. *Groening* » et Herder de Groningue? Nous l'ignorons. Nagler (*Monogr.*, tome III, page 231) affirme que l'indication se rapporte à Crispin Paludanus, de Groningue, ce qui paraît fort singulier, Crispin Paludanus et Crispin vanden Broeck ne faisant qu'un seul et même personnage. Les planches de l'*Apocalypse* de G. P. sont d'ailleurs remarquables, et la série d'images illustrant la Parabole des *Talents*, gravée par Herman Muller, d'après le maître de Groningue, est digne d'attention.

Nagler (*Monogrammisten*, tome III, page 561) parle d'un tableau de Herder, signé Ђ, qui faisait partie de la collection Wallerstein. Nous ne savons quelle valeur il faut attacher à l'assertion, non plus qu'à l'attribution au même maître d'un dessin du Cabinet de Munich.

Gian. Maria Averoldo (*Le scelte Pitture di Brescia additate al Forestiere*, page 94. Brescia, M.D.CC) signale à San Francesco une *Sainte Élisabeth de l'ordre des Franciscains*, par *Giovanni de Hertz fiammingo*, dont il fait le plus grand éloge. Nous nous bornons à signaler la mention, certainement digne d'être recueillie.

XXXVIII

JEAN ROTTENHAMER, DE MUNICH

ET QUELQUES AUTRES PEINTRES

Adam Elsheimer. — Théodore De Vries. — Louis Toeput.

Il est très profitable aux jeunes artistes de trouver dans leur lieu natal des précurseurs dont l'exemple leur sert de stimulant.

La ville de Munich, grâce à l'appui éclairé du duc de Bavière, est devenue le lieu de réunion de plusieurs maîtres dont l'excellence a pu se produire au grand jour. C'est là qu'est venu au monde, en 1564, le peintre Jean Rottenhamer, issu d'une honorable famille [1].

Son apprentissage s'est fait chez un peintre médiocre, du nom de Donauwer [2]. A son arrivée à Rome, il se mit à peindre sur des plaques de métal à la manière des Néerlandais, non pas, toutefois, comme la plupart des élèves, mais faisant de véritables compositions. La première œuvre qui le mit en évidence fut une plaque assez grande, en hauteur : la *Toussaint,* c'est-à-dire une assemblée céleste de saints et d'anges, travail considérable d'une excellente exécution : draperies, têtes, ajustements et toutes sortes de jolies choses, d'un beau coloris [3].

Il alla ensuite à Venise [4], où il épousa une Vénitienne, et produisit un nombre considérable de jolies peintures sur métal, grandes et petites, que l'on trouve aujourd'hui chez les amateurs. Il y a notamment chez Jean Knotter, à Utrecht, plusieurs spécimens du talent de Rottenhamer. Je citerai particulièrement l'*Assomption de la Vierge* et

1. Son père, Thomas, peintre de la cour, paraît avoir été le premier maître du jeune artiste.

2. Hans Thonauer, peintre de la cour de Bavière sous Guillaume V; il est l'auteur de la décoration de l'*Antiquarium,* attribuée à tort à Pierre De Witte (Candido). Häutle, *Die Königliche Residenz in München,* page 22. Leipzig, 1883.

3. La Pinacothèque de Munich possède de Rottenhamer un *Jugement dernier,* de très petit format, et que l'on ne peut confondre avec l'œuvre mentionnée ici.

4. Il fut l'élève du Tintoret, dont il suivit de très près la manière; il existe encore à Venise plusieurs œuvres de Rottenhamer.

Diane et Actéon [1], d'une composition entendue, d'une coloration agréable et chaude, et, de même que ses œuvres sont recherchées des amateurs, son nom mérite une place parmi les plus estimés.

COMMENTAIRE

On a retrouvé le contrat d'apprentissage intervenu entre Jean Rottenhamer et son maître Thonauer; daté de 1582, il devait avoir une durée de six ans. A son expiration, le jeune peintre se mit en route pour l'Italie, aux frais du duc de Bavière [2], et nous obtenons, par une *Sainte Famille* au musée de Cassel, datée de 1605 et signée *H. R. in Venetia*, inscriptions et dates répétées sur un *Jugement de Pâris*, à Munich (nº 1383), la preuve que le séjour du jeune peintre se prolongea au delà des Alpes pendant sept années.

Longtemps avant de revenir à Munich, Rottenhamer s'était fait une brillante réputation [3], et il laissait à Venise des œuvres importantes : une *Annonciation*, à San Bartolomeo, commandée par l'empereur Rodolphe II [4], et une *Sainte Christine*, aux Incurables. Ce fut à Venise qu'il eut, dit-on, pour élève Adam Elsheimer [5].

Fixé d'abord à Munich, ensuite à Augsbourg, où il mourut en 1623, Rottenhamer eut une vogue immense, et ses œuvres, grandes et petites, attestent sa dextérité. De fait, le maître composait avec talent, ses types ne manquaient point de distinction, et son coloris était généralement agréable. Un peu moins maniériste que Spranger ou van Achen, il donne parfois à ses œuvres des fonds de paysages de J. Breughel et de Paul Bril.

La meilleure biographie que l'on ait de Rottenhamer est celle de Nagler, dont les renseignements sont puisés aux sources authentiques. Nous y voyons que le tableau des *Noces de Cana* (Pinacothèque de Munich, nº 1388), commandé par l'Électeur palatin, fut payé 3,000 florins. D'autre part, alors que déjà le peintre était fixé à Augsbourg, il reçut pour le palais de Munich une commande de six panneaux qui lui furent payés 900 florins [6]. Un assez singulier tableau de Rottenhamer se trouve à la Pinacothèque de Munich : un *Jugement dernier*, où la partie supérieure est copiée de Michel-Ange et la partie inférieure de Rubens.

Bien que Rottenhamer eût une prédilection marquée pour les sujets mythologiques et

1. Ce sujet a été plusieurs fois traité par le maître. La Pinacothèque de Munich possède de lui cette composition. (Nº 1385.)

2. Nagler : *Neues allgemeines Kunstler-Lexikon*, tome XIII, page 468.

3. Lanzi, *Histoire de la Peinture en Italie* (trad. Dieudé), tome III, page 187. Paris, 1824.

4. Nagler, *loc. cit.*

5. D'après le texte du portrait de ce maître, gravé par W. Hollar pour le recueil de Meyssens : *Images de divers hommes d'esprit sublime, etc.* (Anvers, 1649). Plus tard, on supprima le nom de Rottenhamer pour le remplacer par celui d'Uffenbach « à Francfort ». Nous ne connaissons l'état de la planche avant cette modification que par M. Bode.

6. Häutle, *loc. cit.*, page 56.

qu'il nous ait laissé dans ce genre des tableaux estimés, tels qu'un *Banquet des Dieux* que l'on retrouve plusieurs fois, notamment au musée de Saint-Pétersbourg, au palais Liechtenstein, etc. ; il fit pour les églises de Munich, d'Augsbourg et de Freising des tableaux religieux.

A l'église métropolitaine de Munich se trouve le *Couronnement de la Vierge;* à l'église du Saint-Esprit, la *Vierge et l'Enfant Jésus;* à Benedictbeueren, *Saint Léonard;* à la cathédrale d'Ulm, la *Nativité;* à l'église Saint-Ulrich, à Augsbourg, la *Chute des Anges*, la *Vierge et l'Enfant Jésus avec saint Ulrich et sainte Afra*, l'*Assomption de la Vierge* et l'*Annonciation.* Pour l'église Saint-Maurice, il peignit une *Assomption;* à Freising, un *Saint Sébastien.*

De même, la célèbre salle de l'hôtel de ville d'Augsbourg, dite *Salle d'or*, contient de lui des peintures exécutées en 1620.

Le musée du Louvre possède une œuvre capitale de Rottenhamer : la *Mort d'Adonis.*

Les œuvres du maître paraissent avoir été très estimées en France [1], dans les Pays-Bas et en Angleterre. Les musées de Hollande nous montrent d'assez beaux spécimens de son talent. La Galerie de La Haye expose jusqu'à cinq de ses peintures; les musées d'Amsterdam et de Rotterdam en possèdent d'autres. De même, la Galerie de Hampton Court en conserve. Un assez important tableau, représentant le *Parnasse (Minerve visitant les Muses)*, parut en vente à Bruxelles, à la salle Saint-Luc, au mois de décembre 1883. Nous ignorons à qui fut adjugée cette œuvre, certainement authentique, mais non signée.

Rottenhamer laissa deux fils, dont l'un, Dominique, fut peintre, mais resta très oublié. Nagler cite de lui un dessin daté de 1613.

On possède de Lucas Kilian un portrait de Jean Rottenhamer, gravé en 1626 d'après un dessin fait d'après nature.

ADAM ELSHEIMER. — Il y a actuellement à Rome un excellent peintre allemand nommé Adam [2]. Il est né à Francfort et fils d'un tailleur d'habits. Assez médiocre à son arrivée en Italie, il a fait à Rome de rapides progrès et est devenu, par l'étude, un habile artiste. Il ne s'occupe pas seulement de dessiner, mais, dans les églises et

1. Il faut observer, cependant, que le *Baptême du Christ*, qui parut en vente chez le duc de Tallard en 1756, après avoir été acquis 1,007 livres par M. Blondel de Gagny, et revendu 1,501 livres, après sa mort, en 1776, n'atteignit plus, à la vente Nogaret, en 1780, que 600 livres. En revanche, la *Chute de Phaéton*, avec beaucoup de figures, et dont le paysage était, comme celui de l'œuvre précédente, attribué à Breughel de Velours, après s'être vendu 1,510 florins à la vente Wassenaer, en 1750, et 1,900 livres en 1777, chez le prince de Conti, monta, en 1810, à 11,500 livres à la vente de Clavière. (Ch. Blanc, *Trésor de la Curiosité*, tome II, pages 18, 278. Paris, 1857.)

2. Adam Elsheimer, né à Francfort-sur-le-Mein en 1578, mort à Rome en 1620. Il était élève de Philippe Uffenbach à Francfort, peintre-graveur de mérite dont l'œuvre est décrit par Bartsch dans *le Peintre-Graveur*, tome IX, page 577, et par Passavant. (*Peintre-Graveur*, tome IV, page 238.)

ailleurs, s'absorbe dans la contemplation des œuvres des grands maîtres et les grave dans son esprit.

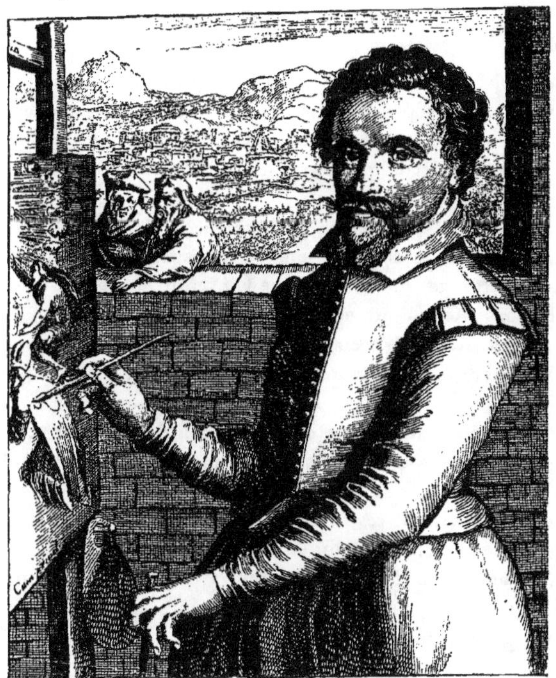

ADAM ELSHEIMER.

D'après la gravure de S. Frisius.

Il excelle à peindre sur cuivre de curieuses inventions et, s'il ne produit pas beaucoup, ce qu'il fait est très habile.

Extrêmement obligeant, il ne demande qu'à rendre service. J'estime qu'en la présente année 1604, il peut être âgé de vingt-huit à trente ans.

COMMENTAIRE

A l'époque où Jean Meyssens fit paraître le portrait d'Adam Elsheimer[1], il disait de lui : « Sa vie a esté de peu de durée; il mourut pauvre, laissant par le monde une renommée qui durera à jamais. » La prophétie ne s'est point complètement réalisée, et c'est à la critique moderne que le peintre de Francfort devra d'être rangé à sa juste place dans l'histoire de l'art.

Par elles-mêmes, les œuvres d'Elsheimer ne suffiraient pas, sans doute, à lui faire une haute réputation, à côté de tant de pages éminentes créées de son temps; et pourtant, chose étrange, son influence se fait sentir au loin et agit sur les plus grands peintres : Rubens, Rembrandt et Teniers en tête.

« C'est un remarquable spectacle de voir cet Allemand attiré vers l'inévitable Rome, dit M. C. Vosmaer[2], comme la mouche vers la chandelle, sans que pourtant il y brûle ses ailes.

« Il paraît avoir été un homme d'une originalité inébranlable, d'une humeur parfois mélancolique, sérieuse toujours, d'un esprit pensif et rentré en soi-même. Se fixant à Rome, il s'y maria[3] et eut des enfants; il avait plusieurs disciples, de nombreux amis, un succès complet; ses œuvres furent payées largement, et tout cela n'a pu le satisfaire. A quoi aspirait ce chercheur? Peut-être à une peinture nouvelle dont il entrevoyait les merveilles. Ayant d'abord peint en grand, « il devint », dit Sandrart, qui l'a connu, « le premier qui inventa un genre de petites scènes, de paysages et autres curiosités. »

« Un jour, dit encore le même contemporain, il exposa à Rome un petit tableau sur « cuivre. On y voyait l'ange conduisant le jeune Tobie, à travers un filet d'eau, tandis « que le chien de Tobie saute de pierre en pierre : le soleil se lève et frappe en plein « dans le visage des figures. Tout cela est si beau, si naturel, si plein d'expression, de « vie, de naïveté, et dans un paysage si charmant, qu'à Rome chacun avait force « louanges pour cette *nouvelle manière de peindre* d'Adam de Frankfurt... »

« D'où vient à Rome, en pleine Italie, où régnait dans tout son éclat le prestige du grand art, ce succès brillant d'un petit tableau bien simple, sans prétention aucune et différant entièrement de ce qui était universellement reconnu être la beauté?

« La raison en est dans cette manière nouvelle :

« Au lieu de représenter les scènes bibliques et mythologiques dans un entourage et sur une terre idéale, il les attira près de nous, les fit mouvoir dans des paysages charmants et gracieux empruntés aux sites d'Italie; à leurs personnages, il prêta des

1. *Images de divers hommes d'esprit sublime, etc.* Anvers, 1649.

2. *Rembrandt Harmens van Rijn, ses précurseurs et ses années d'apprentissage*, page 99. La Haye, 1863.

3. D'après Baglione, la femme d'Elsheimer était une Écossaise.

costumes, des allures, des sentiments humains : il en fit des hommes. Et l'homme, en s'y reconnaissant, éprouva pour eux une sympathie subite.....

« Il est indubitable qu'il a exercé une très grande influence. Quantité d'élèves et d'amis l'entouraient. Ceux qui nous sont le plus connus sont Lastman, Pinas, Teniers, qui resta dix ans chez lui [1], Thomas de Hagelstein (qui était le Dietrich de ce Rembrandt); enfin, Goudt, le gentilhomme d'Utrecht, son ami, qui le protégea et propagea ses œuvres par ses gravures. Bramer encore et Wytenbrouck, Poelenburg et vander Laar ont été de son entourage.

« Ce n'est donc pas une coïncidence fortuite qui fait retrouver Elsheimer dans une partie de Rembrandt. »

Nous avons cité Rubens; ce grand peintre fut certainement en relations avec Elsheimer pendant son séjour à Rome, car il nous l'apprend lui-même dans une lettre adressée à Pierre van Veen en 1622, lorsqu'il parle au frère de son ancien maître des procédés de gravure à l'eau-forte employés par le peintre allemand et dont celui-ci lui avait confié le secret [2].

Rubens possédait quatre tableaux d'Elsheimer : *Judith*, l'*Annonciation*, *Cérès, effet de nuit*, et un *Paysage* en rond [3]. Il avait même copié d'après lui *Une pièce d'un sacrifice*, et, parmi les estampes gravées d'après le maître, nous trouvons une planche de Soutman, le *Sultan à la tête de son armée*, qui, au premier état, porte le nom d'Elsheimer, et, au deuxième celui de Rubens [4].

J. D. Passavant, en 1847, consacra une monographie étendue à Elsheimer [5]. Plus récemment, le docteur W. Bode, d'abord dans *l'Annuaire des musées royaux de Prusse* [6], ensuite dans ses *Études pour servir à l'histoire de la peinture hollandaise* [7], a repris le sujet et étudié le peintre sous ses faces les plus diverses. C'est un travail de premier ordre et pour lequel aucune source d'information n'a été négligée. Il en ressort que la réputation d'Elsheimer, de son vivant, était en quelque sorte européenne. On doit attribuer à ce fait la diffusion extraordinaire de ses œuvres.

Toutefois, M. Bode ne tient pas pour authentiques toutes les peintures qui ont été assignées à Elsheimer par les divers catalogues et, notamment, il lui retranche celles du musée de La Haye et de la Galerie de Pesth. Cette dernière, où l'on voit des *Femmes qui se baignent non loin d'un groupe de bœufs au pâturage*, est cependant une création des plus remarquables.

Nous renvoyons le lecteur au travail de notre savant confrère pour ce qui concerne les peintures d'Elsheimer, ainsi que ses dessins, dont le musée de Francfort possède

1. C'est fort difficile à croire, Teniers étant né en 1582 et sa présence à Anvers en 1606 étant attestée par les registres de la gilde de Saint-Luc.

2. Ch. Ruelens, *P. P. Rubens, documents et lettres*, page 83. Bruxelles, 1877.

3. *Spécification des peintures trouvées à la maison mortuaire de feu messire Pierre-Paul Rubens, chevalier*. (*Sub* n°s 32, 33, 34 et 35.)

4. Basan, 34; Schneevoogt, 76. Ce premier état est resté inconnu à Schneevoogt et Basan.

5. *Archiv für Frankfurts Geschichte und Kunst*, tome Ier, page 44. Francfort, 1847.

6. *Jahrbuch der Königlich Preussischen Kunstsammlungen*, tome Ier, pages 51 et 245. 1880.

7. *Studien zur Geschichte der Holländischen Malerei*, pages 233-356. Brunswick, 1883.

un recueil d'une importance exceptionnelle que M. Bode suppose avoir appartenu au chevalier Goudt, sinon à Rembrandt.

Passavant, de son côté, donne la liste des estampes gravées d'après Adam de Francfort, et qui sont très nombreuses. Elles émanent des meilleurs maîtres du XVIIe siècle : le chevalier Goudt, Madeleine De Passe, — qui dédie à Rubens la planche de *Céphale et Procris*, — de Hollar, qui ne reproduit pas moins de vingt-deux dessins de la collection du duc d'Arundel, de Matham, de Vorsterman (dont la *Vénus* paraît avoir échappé à Passavant comme à M. Bode)[1].

Elsheimer a également gravé à l'eau-forte, mais ses planches sont en petit nombre et généralement fort rares. Outre quatre petits *Paysages avec des nymphes et des satyres*, on cite un *Saint Joseph tenant l'Enfant Jésus par la main*, dans un paysage; *Tobie et l'Ange*, sujet deux fois répété; une *Famille de satyres*, un *Jeune homme debout près d'un cheval*[2]; enfin *Adam et Ève*, planche qui faisait partie du Cabinet Charles van Hulthem vendu à Gand en 1846 (nº 527), et que nous croyons pouvoir identifier avec une pièce du Cabinet des Estampes de Bruxelles.

Le portrait d'Adam Elsheimer, peint par lui-même et de grandeur naturelle, appartient au musée des Offices, à Florence. (Nº 439.) Il a été gravé par Jean-Dominique Ferretti, Jacob Frey, B. Eredi, J. Eisenhardt (pour l'article de Passavant), et J. B. Meunier.

Un second portrait, gravé par S. Frisius, figure dans le *Theatrum honoris*.

Wenceslas Hollar, enfin, a gravé, d'après un original de J. Meyssens, le portrait qui fait partie du recueil de ce dernier, *Images de divers hommes d'esprit sublime*, et qui passa dans le *Gulden Cabinet* de C. De Bie.

Les portraits des livres de Sandrart, Descamps, Houbraken, De Jongh, etc., sont des copies de l'un des originaux cités.

THÉODORE DE VRIES. — Il y a encore à Venise deux Néerlandais de talent : Théodore De Vries[3], un Frison, et Louis Toeput, qui est de Malines, je crois.

J'aurais voulu pouvoir m'étendre plus longuement sur ces artistes;

1. H. Hymans, *Histoire de la gravure dans l'école de Rubens*, page 163. Bruxelles, 1879.

2. Reproduit en fac-similé dans le *Jahrbuch der K. Preussischen Kunstsammlungen*, tome Ier, page 260.

3. M. W. Eeckhoff, l'archiviste de Leeuwarden, dans ses recherches sur les artistes originaires de la Frise : *De Stedelijke Kunstverzameling van Leeuwarden*, page 281 (1875), ne parvient pas à fournir sur Théodore De Vries d'autres renseignements que ceux de Kramm, lesquels, du reste, sont empruntés à van Mander. Tout le monde sait que le célèbre *Chien de Goltzius*, gravé en 1597, est le portrait du fils de Théodore De Vries.

Peut-être ce jeune homme devint-il plus tard le peintre Abraham De Vries, qui travailla à Anvers en 1634-1635, à Rotterdam et à Amsterdam, et que l'on trouve un temps en relations avec le conseiller Peiresc. (Voyez C. Ruelens, *le Peintre Adrien de Vries*, Bruxelles, 1882; et A. Castan, *Contributions à la biographie du portraitiste A. De Vries*. (*Bulletin de l'Académie royale de Belgique*, 3e série, tome VII, page 199. Bruxelles, 1884.)

mais je suis obligé de me borner à dire ceci : que j'ai vu de De Vries divers tableaux de nature morte et des marchés de fruits, traités à la manière vénitienne, fort bien peints et d'un coloris chaud. Je ne pouvais les passer sous silence. J'ignore absolument l'âge de ce peintre.

Pour ce qui concerne Toeput, il habite à quelque distance de Venise, à Derviso[1]. C'est un habile compositeur, digne d'être compté parmi les bons peintres.

On m'assure qu'il est également bon rhétoricien, ce qui n'a rien de surprenant, la peinture et la poésie étant sœurs.

1. Trévise. — Louis Toeput, au sujet duquel M. Neefs (*Histoire de la peinture et de la sculpture à Malines*) ne put trouver aucun renseignement, porta en Italie le nom de Pozzo ou *Pozzoserrato* (traduction italienne de son nom). Né, dit-on, vers 1550, « il passa, dit Lanzi, pour être de Trévise, à cause de sa longue résidence dans cette ville, où il mourut, la laissant décorée d'un grand nombre de ses ouvrages. Il réussit surtout à peindre des objets éloignés, comme Paul Bril, son rival, à Venise, peignit avec plus de succès les choses rapprochées. Lodovico est plus riant et plus heureux dans sa manière de varier les nuages et les accidents de la lumière; il eut aussi quelque mérite pour les tableaux d'autels. » Si, comme le dit la *Guida di Rovigo* citée par Lanzi, Toeput mourut âgé de soixante ans, on peut fixer la date de sa mort vers 1610.

Nous connaissons une belle *Vue de la Piazzetta*, gravée par un anonyme et dédiée en 1585 par L. Pozzoserrato à J. B. Morosini, procureur de Saint-Marc.

Pierre De Jode, Raphael et Jean Sadeler ont gravé d'après le maître des planches du même genre, et nous avons cité plus haut un portrait du Tintoret, gravé à Venise par Guibert van Veen, d'après une peinture de Pozzoserrato.

On cite comme particulièrement remarquables ses fresques au mont-de-piété de Trévise : la *Multiplication des pains*, le *Riche Epulon* et *Moïse frappant le rocher*.

XXXIX

JOACHIM WTTEWAEL[1], D'UTRECHT

Quand l'amour sacré de l'art prend possession d'une âme ardente, rien ne saurait contenir ses élans. C'est au plus haut degré de la perfection qu'elle aspire, comme l'arbre vigoureux pousse vers le ciel ses rameaux. Il en fut ainsi de Joachim Wttewael, peintre d'Utrecht, lequel vint au monde dans cette ville, en 1566.

Son père était un peintre verrier[2], et son aïeul maternel, nommé Joachim Schuyck, compté, de son temps, parmi les bons peintres[3].

Jusqu'à l'âge de dix-huit ans, Joachim Wttewael suivit l'état paternel de vitrier et de peintre sur verre; prenant alors sa profession en dégoût, comme il aspirait à produire des travaux d'un ordre plus élevé, il se mit à la peinture et étudia pendant une couple d'années chez un peintre d'Utrecht assez médiocre : Josse De Beer, élève de Frans Floris[4].

Wttewael partit ensuite pour l'Italie et, à Padoue, entra en relations avec un prélat français, l'évêque de Saint-Malo, avec lequel il voyagea pendant deux ans en Italie et qu'il accompagna en France, passant chez lui deux autres années[5].

Pendant tout ce temps Wttewael fit pour l'évêque un grand nombre de travaux, tous de son invention.

Rentré en Hollande, il n'a cessé depuis de résider à Utrecht[6], où

1. Van Mander écrit Wttewael, orthographe ancienne des noms débutant par Ui.

2. Il s'appelait Antoine Uyttwael. (J. Muller, *de Utrechtse Archieven*, page 14. 1880.) M. C. Justi signale l'existence d'un tableau de l'*Annonciation* du XVIe siècle, signé GERALD WYTVEL DEVTRECHT, existant dans la chapelle de la Conception, à Osuna, en Andalousie. (Voyez *Jahrbuch der Königlich preussischen Kunstsammlungen*, tome V, page 160, 1884.)

3. Il est inscrit à la gilde des selliers (et des peintres !) d'Utrecht en 1569. (S. Muller, *De Utrechtse Archieven*, page 60. Utrecht, 1880.)

4. Mentionné dans la biographie de Frans Floris, il figure comme doyen de la gilde d'Utrecht en 1582, 1583 et 1585 (S. Muller, *loc. cit.*) Voy. tome Ier, pages 349 et 350. Abraham Bloemaert fut aussi son élève.

5. Sans doute Charles de Bourgneuf, qui fut évêque de Saint-Malo de 1587 à 1596.

6. Admis comme maître des selliers et des peintres en 1592, il fut, en 1611, un des commissaires

il a fait beaucoup d'œuvres petites et grandes, que l'on trouve en divers endroits chez les amateurs qui les tiennent en haute estime.

On aurait quelque peine à dire s'il excelle davantage dans les œuvres petites ou dans les grandes. Ce fait n'est pas commun, car il démontre l'intelligence et le jugement d'un artiste.

Que de fois, en effet, ne rencontre-t-on pas des créations d'une même main, que l'on croirait de deux auteurs différents, selon qu'elles sont grandes ou petites?

Wttewael n'excelle pas moins dans toutes les parties de son art. C'est ainsi que je puis citer de son pinceau de beaux intérieurs de cuisine, tout remplis d'objets peints d'après nature[1]. Il y a notamment, à Gouda, une œuvre capitale de ce genre, grande toile exécutée par lui.

A Anvers, chez un Italien, il y a une peinture haute de six pieds et large de dix, représentant *Loth et ses filles*[2]. Les nus et les têtes de grandeur naturelle sont remarquablement traités. De même l'embrasement de Sodome, les troncs d'arbres, etc., sont des plus intéressants à voir.

A Amsterdam, chez son cousin Lucas, peintre d'Utrecht[3], à l'enseigne d'Apelle, il y a un fort bon tableau en hauteur, largement peint, d'un dessin et d'un coloris excellents. Il représente l'*Annonce aux bergers*, pendant la nuit[4], et prouve à suffisance quels sont les moyens artistiques de Joachim.

On trouve de sa main beaucoup de petits tableaux qui se distinguent par la plus remarquable précision de détail.

D'abord, à Amsterdam, chez M. Jean Ycket, ou son fils, une

délégués par ceux-ci dans l'enquête qui fut ouverte par l'autorité municipale, préalablement à l'institution d'une gilde exclusivement artistique. (S. Muller, *De Utrechtse Archieven*, page 19.)

1. Le musée d'Utrecht expose, sous le n° 105, un important tableau du genre : *Une Marchande de légumes et de fruits*. Un autre, tout petit, mais charmant, daté de 1627, représentant un *Intérieur*, se voit dans la Galerie du prince de Liechtenstein, à Vienne. (N° 895.)

2. Rathgeber, Nagler et Kramm parlent d'un petit tableau sur bois, de *Loth et ses filles*, par Wttewael, existant au musée de Berlin. Cette œuvre n'est pas mentionnée dans le catalogue de MM. Meyer et Bode.

3. Lucas Dammertss (Wttewael?), inscrit à la gilde des selliers et des peintres d'Utrecht en 1569. (S. Muller, *op. cit.*, page 59.)

4. Un tableau répondant à cette description est au musée du Belvédère, à Vienne; seulement, il est daté de 1607. (N° 1409.)

charmante petite peinture sur cuivre du *Banquet des Dieux*, composition extrêmement détaillée et soigneusement peinte[1].

Depuis peu il a livré à M. Jean van Weely[2] un excellent petit cuivre en hauteur : *Mars et Vénus*, tout semé de détails minuscules, et aussi achevés que l'œil le plus exigeant peut le vouloir : la table, le lit, et, dans le ciel, l'assemblée des dieux avec nombre de petits amours[3].

Un autre tableau de *Mars et Vénus* se voit chez Melchior Wijntgis, à Middelbourg.

En somme, je considère Joachim Wttewael comme digne d'occuper une place parmi les meilleurs peintres néerlandais.

C'est chose extraordinaire aussi de voir combien il excelle dans la peinture, considérant que ce n'est là pour lui qu'une occupation accessoire, car le négoce absorbe le meilleur de son temps. J'ai même entendu exprimer la crainte que le peintre ne soit quelque jour métamorphosé en lin, — matière dont il trafique, — à l'instar d'Arachné, prise dans sa propre toile par la colère de Minerve.

Il est âgé, en la présente année 1604, de trente-huit ans[4].

COMMENTAIRE

Rappelons d'abord au lecteur que l'orthographe Wttewael est une forme vieillie, le W tenant la place de Uy ou Ui. A proprement parler, Wttewael équivaut donc à Uyttewael.

La date de la mort du peintre a préoccupé les auteurs; il en est qui, sans prendre garde aux millésimes inscrits sur ses tableaux, assurent que sa carrière prit fin en 1604.

Sandrart déclarait pourtant l'avoir connu à Utrecht en 1626, limite extrême admise

1. Musée de Brunswick (n° 452), daté de 1602. (Conf. Riegel, *Beiträge zur Niederländischen Kunstgeschichte*, tome II. page 170. Berlin, 1882.) Peut-être identique aux *Noces de Thétis et de Pélée*, à la Pinacothèque de Munich, catalogue Reber, n° 304.

2. Joaillier et peintre amateur d'Amsterdam; il fut dépouillé et assassiné en 1616 pendant un voyage qu'il faisait à La Haye, porteur de joyaux destinés à la cour. (Jacobus De Jongh, 3e édition de van Mander, tome II, page 190. Amsterdam, 1764.) Il est cité déjà dans la biographie de Corneille Ketel, page 150.

3. Musée de La Haye, n° 190 : *Mars et Vénus surpris par Vulcain*.

4. D'après M. S. Muller (page 125, note 2), Wttewael mourut en 1638, âgé, par conséquent, de soixante-douze ans.

par les plus récents catalogues. M. S. Muller[1] affirme que Joachim Wttewael mourut en 1638, et nous ne sommes point du tout d'avis qu'il faille rejeter cette assertion, bien que l'auteur ait omis de nous dire sur quel document il la fonde. Nous ferons remarquer au surplus que la date 1627 figure sur un petit tableau de la collection Liechtenstein, à Vienne, que, par conséquent, ce n'est pas à 1626, mais à 1627 qu'il faut borner la période active, sinon l'existence de l'artiste, autant que permettent de l'établir les dates.

Pour ce qui concerne les débuts de Joachim, bien que nous le trouvions inscrit à la gilde d'Utrecht à dater de 1592, par conséquent, dès son retour de France, aucune peinture antérieure à 1596 n'est aujourd'hui mentionnée parmi ses œuvres. Le *Parnasse*, au musée de Dresde, porte la date de 1596, que nous lisons également sur l'un des deux vitraux du maître à l'église Saint-Jean, à Gouda.

En dehors de ce que rapporte van Mander, on sait peu de chose de la vie du peintre d'Utrecht. Il est même surprenant que notre auteur ait omis de parler des verrières de la grande église de Gouda, dont l'exécution remontait à plusieurs années, au temps où il écrivait. Ces pages ont une grande importance dans l'œuvre de l'artiste. Elles représentent une allégorie sur la *Liberté religieuse* et le *Prophète Nathan reprochant à David son péché*. Remontant aux débuts de leur auteur, on n'y trouve point encore les exagérations de tout genre qui déparent ses créations, à dater des premières années du XVIIe siècle.

Il est à peine douteux que van Mander n'ait contribué pour une part à entraîner Joachim Wttewael dans la voie du maniérisme le plus fantastique, en se faisant le propagateur du système de Spranger dans sa patrie d'adoption.

Pour se faire une idée de ce que deviennent les sujets les plus sérieux sous l'influence de la mode nouvelle, il faut parcourir le recueil intitulé *Thronus justitiæ*, gravé en 1605 et 1606 par Guillaume Swanenburgh, d'après Wttewael. Les plus solennels exemples de justice de l'histoire ancienne, le *Jugement dernier* lui-même, ne sauraient contenir le maniérisme du peintre.

Les peintures de Joachim Wttewael sont peu nombreuses, même en Hollande. Voici la liste de celles que nous connaissons :

BERLIN (musée). *Loth et ses filles*. (Rathgeber, nº 3378.)

COPENHAGUE (musée). *Saint Jean-Baptiste prêchant*. 1618.

DRESDE (musée). Le *Parnasse*. 1596.

GOTHA (musée). La *Vierge et l'Enfant Jésus entourés d'anges*. 1608.

HADZOR (Angleterre). Collection Howard Galton. *Banquet des Dieux*. (Signé.)

MADRID (Prado). *Adoration des bergers*.

MUNICH (Pinacothèque). *Noces de Thétis et de Pélée*.

STOCKHOLM (musée). *Jugement de Pâris*.

STOCKHOLM (musée). *Vénus entourée d'amours*.

UTRECHT (musée *Kunstliefde*). *Portrait de J. Wttewael*.

UTRECHT (musée *Kunstliefde*). *Portrait de la femme du maître*.

1. *De Utrechtse Archieven, I. Schilders-Vereenigingen te Utrecht*, page 135. 1880.

UTRECHT (musée *Kunstliefde*). *Marchande de fruits et de légumes.*

VIENNE (Belvédère). *Adoration des bergers*, effet de nuit. 1607.

VIENNE (Belvédère). *Diane et Actéon.* (Signé.)

VIENNE (palais Liechtenstein). *Intérieur.* 1627.

Wttewael a formé des élèves parmi lesquels se distingue surtout Henri De Keyser, le célèbre sculpteur et architecte de la ville d'Amsterdam [1].

1. S. Muller, *loc. cit.*, page 98.

XL

ABRAHAM BLOEMAERT

PEINTRE ÉMINENT DE GORCUM

Le sort favorable a prescrit et disposé que la prévoyante Nature ferait choix d'Abraham Bloemaert pour venir, au printemps de la vie, parer de fleurs la peinture, cette fleur des arts [1], et faire retentir de sa renommée la ville de Gorcum, où il vint au monde en 1567 [2], vers la Noël.

Son père, Corneille Bloemaert, était un habile sculpteur, architecte et ingénieur, né à Dordrecht [3], d'où il se vit contraint de s'expatrier par suite du refus de prêter certain serment [4]. Pour échapper aux troubles imminents, il se rendit à Gorcum, non sans avoir eu en route de fâcheuses aventures. De Gorcum, le père Bloemaert s'en vint alors à Bois-le-Duc avec sa famille et passa ensuite à Utrecht [5].

Ce fut chez son père que Bloemaert s'exerça d'abord à dessiner, prenant pour modèles des dessins de Frans Floris ou des reproductions de ses œuvres. Son père l'envoya alors chez un barbouilleur du nom de Gérard Splinter [6], pour qu'il apprît le maniement des couleurs, et, bientôt après, Bloemaert fut mis à peindre des drôleries pour un maître d'armes, son maître assurant qu'il en savait plus long que lui.

1. Jeu de mots sur le nom du peintre, Bloemaert étant presque synonyme de « parterre de fleurs ».

2. Il résulte de la déclaration même du maître qu'il avait vingt-sept ans en 1592, que, par conséquent, il avait vu le jour en 1565. (Voir Kramm, *De Levens en Werken der Hollandsche en Vlaamsche Kunstschilders, etc.*, page 101.)

3. La date de sa naissance n'est pas indiquée.

4. La portée de ce serment n'a été définie par aucun des auteurs venus après van Mander. Il est difficile de croire que Corneille Bloemaert refusa son adhésion au soulèvement contre l'Espagne, par la raison qu'il érigea, pour la ville d'Utrecht, des arcs de triomphe à la réception de Leicester. (Kramm, *loc. cit.*, page 105.)

5. Il y fut inscrit en 1576 comme architecte, peintre et ingénieur, à la gilde des selliers et peintres. (S. Muller, *De Schilders-Vereenigingen te Utrecht*, pages 14-58. 1880.)

6. Gérard Splinterss, peintre, admis par la gilde des selliers et peintres d'Utrecht en 1569. (S. Muller, *loc. cit.*, page 60.)

Mais comme le susdit Splinter se grisait quotidiennement, Bloemaert ne passa chez lui qu'une couple de semaines, laissant là les choses commencées.

Les principales de ces peintures, destinées au maître d'armes, émanaient d'un peintre très humoristique, nommé Henri Withoeck[1].

Bloemaert passa ensuite chez Josse De Beer, élève de Floris, habitant également Utrecht[2].

Bien que De Beer ne fût pas le meilleur maître de l'endroit, il possédait beaucoup de jolies choses de Blocklandt[3] et d'autres bons peintres. Bloemaert put faire, étant chez lui, une copie à l'huile d'un tableau de Théodore Bernaerts, un *Banquet moderne* dont l'original est encore à Amsterdam, chez Corneille vander Voort, peintre[4]. On y voit un personnage jouant de la harpe, une jolie figure de femme qui chante, et d'autres groupes, le tout très bien traité. Considérant sa jeunesse, Bloemaert avait extraordinairement bien rendu le modèle.

Le père, ainsi édifié, comme il ne s'entendait pas avec De Beer, qui faisait peu de cas du travail du commençant, reprit son fils dans l'intention de lui procurer de bons modèles à copier, et il lui donna, en effet, un fort bel *Intérieur de cuisine* du Long Pierre[5], où se voit une tête de bœuf. Malgré cela, Bloemaert n'était guère en état de produire, son père l'astreignant à d'autres travaux.

Il fut alors placé chez le drossart[6] van Heel, qui peignait un peu[7] et promettait au père d'user de son influence en faveur du jeune homme et de le faire entrer plus tard chez Blocklandt, ce qui ne se réalisa pas, car le drossart se servait de son élève comme d'un laquais, si bien que Bloemaert ne fit que perdre et qu'au bout du compte, après un an et demi, il rentra chez son père.

1. Nous n'avons rien trouvé sur ce Withoeck.

2. Il fut aussi le maître de Joachim Wttewael. (Voy. ci-dessus, page 314.)

3. Antoine van Montfort. (Voyez sa biographie, tome Ier, page 401.)

4. Il s'agit sans doute du tableau mentionné par M. A. D. De Vries Az., sous le n° 12 de sa monographie de Théodore Barentsen, insérée dans *l'Art chrétien* de C. E. Taurel (tome II, page 175), comme ayant passé en vente à Amsterdam en 1708. J. Sadeler a fait une gravure de cette œuvre; un homme y joue de la guitare et non de la harpe.

5. P. Aertsen. (Ce tableau est mentionné tome Ier, page 354.)

6. C'est-à-dire le bailli.

7. Il n'est pas inscrit parmi les peintres à Utrecht.

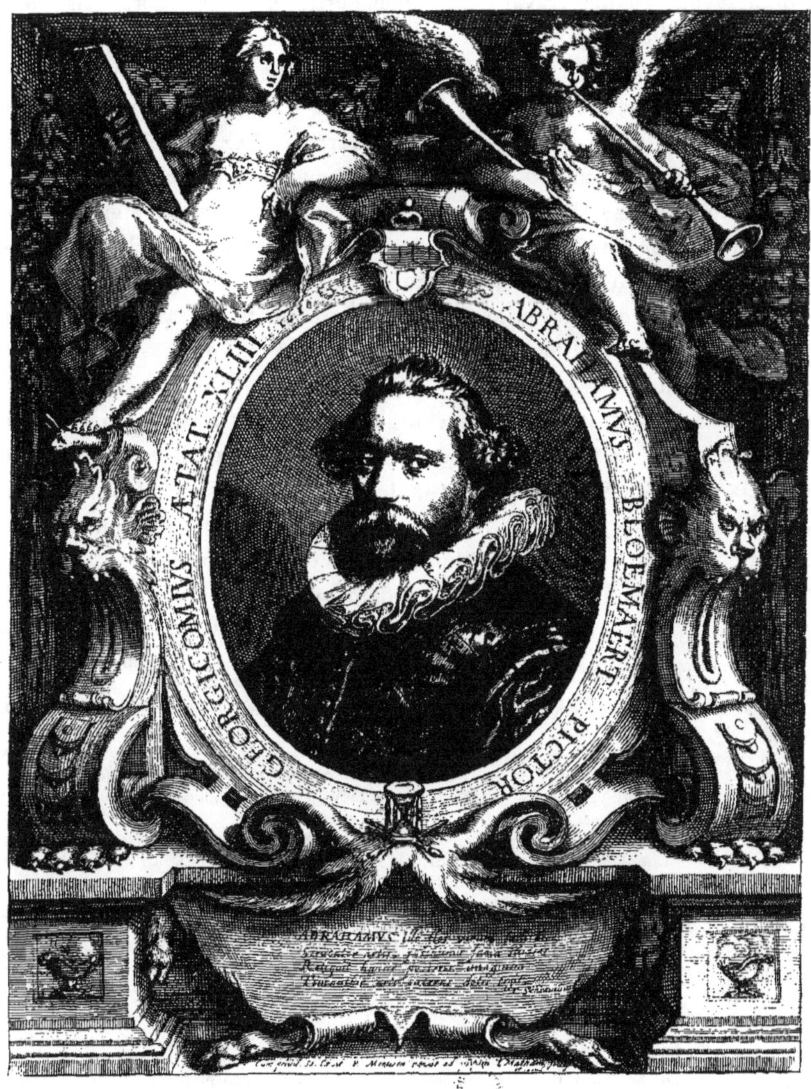

ABRAHAM BLOEMAERT.

Fac-similé de la gravure de Jacques Matham, d'après Paul Moreelse.

On l'envoya alors à Rotterdam, je crois, chez le susdit Withoeck, lequel, ayant vu des travaux de Bloemaert, l'eût volontiers pris pour élève, n'eût été l'opposition de sa femme.

Bloemaert, âgé de seize à dix-sept ans, fut alors envoyé à Paris chez un certain Jean Bassot[1], où il resta six semaines, pour passer chez un autre peintre nommé maître Herry[2], chez lequel il resta six ou neuf mois, peignant d'idée, mais recevant peu ou point de conseils. Dans l'entre-temps, il s'exerçait aussi à crayonner des compositions.

Ayant passé aussi un peu de temps chez Jérôme Franck, d'Herenthals[3], il revint à Utrecht et accompagna ensuite son père à Amsterdam, lorsque celui-ci obtint l'emploi d'architecte de la ville[4]. A la mort de son père, Bloemaert retourna à Utrecht où il s'est fixé[5] et marié deux fois[6].

Bloemaert s'est tant appliqué à l'art qu'il est devenu, en quelque sorte sans maître, un peintre de premier ordre, et il a pu dire, en exhortant ses élèves au travail : « Je voudrais qu'il m'eût été donné, ne fût-ce qu'une fois dans ma vie, de voir travailler un bon maître, afin de pouvoir apprendre de lui comme l'on procède ».

A l'époque où il vint à Amsterdam avec son père, il y eut pour

1. Nous n'avons trouvé aucun renseignement sur cet artiste; peut-être est-il identique à Philippe Baccot, mentionné par M. Jal comme peintre de Henri II, prince de Condé, au début du XVIIe siècle, et par M. Herluison en 1609.

2. Nous ne connaissons que Claude de Héry, maitre orfèvre et graveur général des monnaies, de 1557 à 1582.

3. Jérôme Franck habita Paris de 1566 jusqu'à sa mort, arrivée en 1610. (Voyez Jal, *Dictionnaire critique de biographie et d'histoire*, page 612, Paris, 1872, et vanden Branden, *Geschiedenis der Antwerpsche schilderschool*, page 340.) Van Mander le cite dans la biographie de Frans Floris. (Voir tome Ier, page 349).

4. Corneille Bloemaert partagea ses fonctions avec Henri De Keyser. Nous le trouvons admis à la bourgeoisie à Amsterdam le 29 octobre 1591, le même jour que Henri De Keyser, et Abraham Bloemaert est admis, à son tour, le surlendemain. (Obreen, *Archief*, tome II, page 274.) D'autre part. Corneille Bloemaert est doyen de la gilde artistique d'Utrecht en 1594. (S. Muller, *loc. cit.*, page 58.) Il est donc permis de croire que le séjour de Corneille Bloemaert à Amsterdam ne fut que temporaire.

5. Il y figure, en 1611, au nombre des confrères de la gilde de Saint-Luc à sa constitution.

6. Le 2 mai 1592, il épousa, à Amsterdam, Judith van Schonenburch. Le peintre déclarait être âgé de vingt-sept ans. Sa seconde femme fut Gérarde De Roy, au profit de laquelle il fit son testament en 1601, le 8 novembre. (Note de M. C. A. De Kruyff dans l'*Archief*, tome V, page 334.) Le 22 mars 1595, Abraham Bloemaert est inscrit à Utrecht comme franc-bourgeois, et M. Kramm (*loc. cit.*), à qui nous empruntons ce renseignement, reproduit le bail de la maison occupée par le peintre, à Utrecht, le 4 janvier 1600. En 1609-1610, il achète, toujours à Utrecht, une rente au profit de ses quatre enfants, alors mineurs, Henri (huit ans), Corneille (six ans), Hugues (trois ans), Judith (cinq ans), et nous venons de le voir inscrit parmi les peintres en 1611.

atelier une église ou quelque grande construction[1], et il y produisit, indépendamment de plusieurs œuvres de moyenne grandeur, un vaste et magnifique morceau qui est aujourd'hui à Amsterdam chez M. Simon Luz. On y voit plusieurs figures de femmes et d'hommes nus, de grandeur naturelle, extrêmement bien comprises et traitées. C'est l'*Histoire de Niobé,* dont les enfants sont percés de flèches par Apollon et Diane[2].

Le même sujet, mais autrement composé, est chez l'empereur, grande et excellente peinture, dont Sa Majesté et tous les hommes compétents se montrent extrêmement satisfaits. C'est une œuvre toute récente[3].

Il y a en outre de lui, dans le pays, un magnifique *Banquet des Dieux,* bien composé et peint; c'est une page distinguée[4]. Un second *Banquet des Dieux,* de moindre format et peint antérieurement, est chez le comte de Lippe. C'est également une œuvre excellente[5].

Chez Jacques Razet, le grand amateur d'Amsterdam, on voit de Bloemaert trois grandes figures en rond : *Vénus, Junon et Pallas,* d'un effet excellent, bien que ces peintures soient d'une époque moins avancée de la carrière du peintre[6].

Le même Razet possède, en outre, plusieurs petits tableaux, entre autres *Un crâne entouré de divers accessoires,* œuvre très bien traitée et composée[7], et une autre petite peinture ayant à l'avant-plan une

1. Le couvent des Clarisses, ainsi qu'il résulte de la note de M. A. De Kruyff, citée ci-dessus.

2. Ce tableau est au musée de Copenhague. Il porte la date de 1591.

3. Nous ignorons où elle se trouve.

4. « J'ai vu à Bruxelles, il y a vingt-deux à vingt-trois ans, un assez grand tableau représentant un *Festin des Dieux*, composé et peint par le célèbre Abraham Bloemaert au meilleur temps de sa carrière séculaire; les figures pouvaient avoir une aune de haut, étaient extraordinairement bien dessinées, avaient de charmants visages, étaient très bien arrangées. On eût dit que les dieux et les déesses étaient sortis du pinceau de Hans Rottenhamer et les fleurs et fruits ne le cédaient pas aux produits du même genre émanant de Breughel de Velours. » (*Oorspronkelyk en Vermaard konstryk Tekenboek, etc.*, in-folio, page 4. Amsterdam, 1740.)

5. Il était encore en 1740 au château de Detmold, chez le comte de Lippe. (*De Levensbeschryving van den Vermaarden konstschilder Abraham Bloemaert,* en tête du Recueil d'études de dessin. Amsterdam, 1740.)

Un sujet analogue, daté de 1638, est au musée de La Haye. On en trouvera la gravure dans l'*Histoire de la Peinture hollandaise,* de M. H. Havard, page 60. Paris, Quantin, 1882.

Le musée de Stockholm possède une petite peinture des *Noces de Neptune et d'Amphitrite.*

6. Il en existe des estampes par Boetius à Bolswert.

7. Cette *Vanitas* a été gravée d'une manière excellente par Jean Saenredam. (Bartsch, n° 30.)

buccine des Indes et d'autres coquillages sur lesquels reposent des divinités marines. Au fond, la mer et une petite Andromède délivrée par Persée. C'est non moins bien coloré que peint.

On peut voir de sa main, chez divers amateurs, de jolis paysages semés de fermes, d'instruments aratoires, d'arbres, d'accidents de terrain comme on en rencontre aux environs d'Utrecht. Car il travaille beaucoup d'après nature, maniant la plume d'une jolie façon et rehaussant ensuite ses dessins de quelques tons verdâtres qui leur donnent un excellent effet.

Comme il est très habile dans les diverses parties de l'art, lorsqu'il aborde des sujets de l'espèce, il excelle à leur donner un aspect agréable, soit en les éclairant des rayons du soleil, soit en chargeant le ciel de sombres nuées ou de vives lueurs selon l'exigence de la donnée. Ensuite, il anime ses paysages d'animaux, de vaches, de chiens, etc., ou bien y introduit de petits groupes de personnages, le tout traité fidèlement d'après nature. Quoique ces créations soient peu poussées, elles sont d'un excellent effet et, selon moi, ne pourraient être mieux.

Il lui arrive encore d'introduire dans ses sujets rustiques des mares où flottent de grandes plantes, des pièces d'eau entourées de glaïeuls et de hautes herbes, et dont la surface se couvre de plantes aquatiques, les avant-plans étant occupés par d'imposantes bardanes ou autres végétations, bien traitées et non trop touffues [1].

Pour laisser un libre cours à son inspiration, il ne fait pas de portraits d'après nature [2].

Plusieurs de ses œuvres, compositions ou figures dessinées à la plume et ensuite rehaussées à l'huile, de blanc et noir, ont été gravées en cuivre par le très habile Jean Muller et plus encore par le célèbre

1. Boèce de Bolswert a gravé, d'après les paysages d'Abraham Bloemaert, une suite charmante de paysages, au nombre de vingt pièces, ayant pour titre un paysan et une paysanne environnés d'instruments aratoires, etc. Un cartouche porte un très gracieux poème de G. Ryckius débutant par ces vers :

O nimium felix, et verâ sorte beatus,
Cui licet immunes curis civilibus annos!

Bolswert a daté ses planches de 1614.

2. C'était probablement vrai du temps de van Mander, mais Bloemaert a fait par la suite un assez bon nombre d'œuvres de l'espèce. Il y en a notamment au Louvre et au musée de Stockholm.

Saenredam, qui, étant très enthousiaste de sa manière, s'applique de son mieux à la traduire par le burin.

En la présente année 1604, Bloemaert est âgé de trente-sept ans, et, à la Noël, entrera dans sa trente-huitième année. C'est un homme de manières réservées et correctes, s'appliquant tout entier à la recherche des perfections et des beautés de son art, et obtenant en échange une renommée que les mille bouches de la Gloire ont répandue par le monde, dérobant pour jamais sa mémoire aux cruels ciseaux d'Atropos.

COMMENTAIRE

On a pu voir par les notes qui précèdent qu'il n'y a point accord absolu, entre les divers auteurs, sur la date précise de la naissance de Bloemaert. Nous avons donné la préférence à la déclaration du maître lui-même, assurément la plus croyable des autorités. Le portrait inséré par J. Meyssens dans son recueil d'*Images de divers hommes d'esprit sublime* (Anvers, 1649) porte cette inscription : « Abraham Bloemaert, un très vaillant painctre, etc., natif de Gorckom en l'an 1564. » Le portrait de N. Visscher, d'autre part, porte l'inscription *1648, æt. 82*, et fixe ainsi à l'année 1566 la date de la naissance de l'artiste.

Les autres effigies, ayant respectivement pour auteur Jacques Matham (d'après Paul Moreelse) et Guill. Swanenburg, se conforment à l'indication de van Mander. M. le docteur Riegel donne la préférence à l'année 1564[1].

En somme, quelle que soit la date que l'on adopte, il ne s'agit ici que d'un écart d'une couple d'années; mais il n'en est plus de même pour ce qui concerne la mort du peintre.

Beaucoup de catalogues — la plupart même, — se fondant sur le dire de Sandrart, limitent à l'année 1647 la carrière de Bloemaert. Or, cette date est insoutenable, et déjà Houbraken[2], se fondant sur l'assertion de Corneille De Bie, qui écrivait en 1661 et assurait que Bloemaert était mort depuis deux ou trois ans, la reculait jusqu'en 1658, ce qui, du reste, concordait avec un vers de l'historien-poète : « La mort l'a épargné bien près de cent ans. » Abraham Bloemaert aurait donc atteint sa quatre-vingt-treizième année et survécu de plus de cinquante ans à van Mander[3].

En parcourant la liste des peintres ayant appartenu à la gilde d'Utrecht, nous y

1. *Beiträge zur Niederländischen Kunstgeschichte*, tome II, page 166.

2. *De Groote Schouburgh der Nederlandsche Konstschilders en Schilderessen*, tome Ier, page 44 Amsterdam, 1718.

3. Nous ne trouvons sur ses œuvres aucune date postérieure à 1645. (Galerie Liechtenstein, à Vienne.)

relevons une douzaine d'élèves formés par notre artiste jusqu'en 1624[1]. Un seul, Jean Both, devint célèbre. Mais, d'autre part, Corneille Poelenburg, J. B. Weenix, Jean Cuyp, Gérard Honthorst, N. Knupfer, et les quatre fils de Bloemaert : Henri, Frédéric, Corneille et Adrien, viennent plus tard grossir la liste des élèves du maître.

Il suffit presque de citer tous ces noms pour donner une idée de la variété des aptitudes du peintre. Le classer parmi les génies artistiques serait évidemment exagéré, mais nous sommes d'accord avec le docteur Riegel sur ce point, que l'on ne parcourt pas sans admiration les centaines d'estampes que les plus fameux graveurs hollandais du XVIIe siècle nous ont laissées d'après les œuvres de ce très sérieux artiste.

Du reste, les peintures de Bloemaert offrent de réelles qualités, et si le maître se ressent encore du maniérisme, fort admiré en Hollande au temps de ses débuts, il est incontestable que l'exemple des grands peintres naturalistes, qu'il apprit à connaître dans le cours de sa longue carrière, a modéré beaucoup les excès de cette pernicieuse influence d'école.

Il est à peine besoin de dire que Bloemaert produisit un nombre de tableaux infiniment supérieur à celui que l'on peut rassembler en compulsant les catalogues ; il a également donné aux graveurs une quantité extraordinaire de dessins.

On trouve dans le *Dictionnaire des artistes*, de Heinecken (Leipzig, 1789, tome III, pages 22 à 38), un relevé très étendu des planches exécutées d'après Bloemaert. Plusieurs sont de véritables chefs-d'œuvre, particulièrement celles émanant de Boèce de Bolswert, des élèves de Goltzius et de Corneille Bloemaert, en qui nous pouvons voir le créateur du système de gravure moderne. On porte à 573 — les études exceptées, — le nombre d'estampes exécutées d'après Bloemaert.

Abraham lui-même a gravé quelques planches d'un burin très souple et d'un excellent effet. Voici la liste de ces pièces :

La *Sainte Famille au pied d'un arbre*. 1593.

Junon.

Paysage où un paysan s'occupe de traire une vache.

Paysage avec un chasseur près d'un puits.

Moïse. Camaïeu.

Aaron. Camaïeu. Pendant de la pièce précédente.

Saint Jérôme lisant. Camaïeu.

Marie-Madeleine dans une grotte. Camaïeu.

Comme peintures, voici les œuvres que nous connaissons personnellement, ou dont il nous a été possible de trouver la mention.

BERLIN (musée). Le *Songe de saint Joseph.* (Voyez aussi VIENNE.)

BRUNSWICK (musée). La *Nativité.*

BRUNSWICK (musée). *Prédication de saint Jean-Baptiste.*

BRUNSWICK (musée). *Saint Pierre et saint Paul.* (Figures à mi-corps.)

CARLSRUHE (musée). *Bergère tenant un plateau de raisins.*

CHELTENHAM (Lord Northwick). Le *Christ mort sur les genoux de la Vierge* (trip-

1. Voyez S. Muller, *Schilders-Vereenigingen de Utrecht.*

tyque). Volets : *Descente aux limbes* et figures d'*Apôtres*. (Waagen, *Art treasures*, tome III, page 206.)

COPENHAGUE (musée). *Niobé*. 1597.

COPENHAGUE (musée). *Hercule et Omphale*. 1607.

COPENHAGUE (musée). *Vénus et Adonis*. 1632.

DRESDE (musée). *Martyre de saint André*.

DRESDE (musée). *Tête de vieillard*. 1632.

FLORENCE (Offices). *Portrait de Bloemaert par lui-même*.

GRENOBLE (musée). *Adoration des Mages*. Tableau qui fut à l'église des Jésuites de Bruxelles jusqu'à la suppression de l'ordre, puis transporté à Vienne, ensuite enlevé par Napoléon et donné en 1811 au musée de Grenoble [1], où il est attribué à Henri de Clerck.

HARLEM (musée). L'*Annonciation aux bergers*.

LA HAYE (musée). L'*Assemblée des Dieux aux noces de Pélée*. 1638.

LA HAYE (musée). *Hippomène recevant le prix de la course*.

LIÈGE (cathédrale). *Dispute du Saint-Sacrement*.

MUNICH (Pinacothèque). La *Résurrection de Lazare*. 1607.

MUNICH (Pinacothèque). *Diogène montre le coq plumé à ses disciples*.

PARIS (Louvre). La *Salutation angélique*.

PARIS (Louvre). La *Nativité*. 1612.

PARIS (Louvre). *Portrait d'homme*.

ROTTERDAM (musée). *Saint Willebrord*.

SCHLEISSHEIM (Galerie). *Prédication de saint Jean-Baptiste*.

STOCKHOLM (musée). Les *Noces de Neptune et d'Amphitrite*.

STOCKHOLM (musée). *Portrait* de trois quarts et en buste d'un vieillard à barbe blanche. 1635.

STOCKHOLM (musée). *Portrait* de profil et en buste d'une vieille femme coiffée de blanc.

UTRECHT (musée *Kunstliefde*). *Adoration des Mages*.

UTRECHT (musée *Kunstliefde*). *Latone*.

VIENNE (Belvédère). Le *Songe de saint Joseph*.

VIENNE (Galerie Czernin). *Joueur de musette*.

VIENNE (Galerie Liechtenstein). *Argus et Mercure*.

Tableau cité par Descamps (*Vie des peintres*, tome Ier, page 248) : *Prédication de saint Jean-Baptiste* [2].

Œuvres citées par Hoet : *Une Madone*. Amsterdam. 1695.

Deux Philosophes ; Diogène. Vente Pierre Six, Amsterdam. 1704.

Un Berger musicien. Vente Sorgh, Amsterdam. 1720.

1. Voir Perger, *Das Herkommen verschiedener Gemälde der k. k. Belvedère* (*Mittheilungen der Central-Commission für Erforschung und Erhaltung der Kunst und historische Denkmäle*, tome X, page 20. Vienne, 1865.)

2. Peut-être le tableau de Schleissheim ou de Brunswick.

Un Berger et une bergère ; la Paix « et son pendant ». Vente Pellicorne, Amsterdam. 1724.

Paysage avec la fuite en Égypte. Amsterdam. 1727.

La *Cène.* Amsterdam. 1729.

Paysage avec Juda et Thamar. Vente A. Deutz, Amsterdam. 1731.

La *Nativité.* Vente A. Deutz, Amsterdam.

Les *Évangélistes.* Amsterdam. 1734.

Portraits d'homme et de femme. Vente du bourgmestre Jean De Vries, Amsterdam. 1738.

La *Cène.* Vente Jean de Gise, à Bonn. 1742.

Une « *Œuvre vigoureuse.* » Vente Corneille van Lill, Dordrecht. 1743.

La *Sainte Famille.* Vente vander Dussen, Amsterdam. 1752.

La *Vierge et l'Enfant Jésus.* Collection Merian, Francfort. 17...

La *Madeleine* (grandeur naturelle). Amsterdam. 1737.

La *Fuite en Égypte.* Amsterdam. 1737.

Triomphe marin. Vente Guérin, La Haye. 1740.

Sainte Famille. Vente du peintre Philippe van Dyck, La Haye. 1753.

Paysage avec deux figures. Vente Tonneman, Amsterdam, 1756.

Vénus et Cupidon (haut., 2 pieds 6 pouces; larg., 2 pieds 3 pouces). Amsterdam. 1756.

Grand paysage avec Tobie et l'ange (haut., 5 pieds; larg., 7 pieds). Rotterdam. 1756.

La *Nativité* (haut., 5 pieds 7 pouces; larg., 4 pieds). Martin Robyns, Bruxelles. 1748.

Portraits d'un vieillard et d'une vieille femme. Vente Wierman, Amsterdam. 1762.

Sainte Famille, où l'Enfant Jésus est sur les genoux de la Vierge et saint Joseph assis à son côté (haut., 31 pouces; larg., 25 pouces). Amsterdam. 1765.

Adam et Ève au Paradis terrestre entourés de beaucoup d'animaux (larg., 2 pieds 5 pouces; haut., 2 pieds 8 pouces). Vente Conrad van Heemskerk, La Haye. 7 octobre 1765.

Médor et Angélique (haut., 5 pieds 3 pouces; larg., 6 pieds 8 pouces). 325 florins. Anvers. 31 mai 1768.

Le texte du Recueil d'études d'Alb. Bloemaert, gravé par son fils Frédéric, et classé par B. Picart[1], mentionne avec enthousiasme la collection des dessins de Bloemaert, appartenant à M. Tonneman, à La Haye, à qui fut dédié, conjointement avec M. Denis Muilman, le susdit recueil. Il fait une mention spéciale de l'*Ascension* et de son pendant, l'*Assomption de la Vierge*, chez Tonneman, dont la collection est, au dire de l'auteur, un *océan de dessins.* Toutefois, il cite un *Portement de croix*, un *Moine agenouillé devant l'autel et environné d'autres figures;* puis une *Adoration des Mages.* Le Cabinet Simonis, à Bruxelles, également fort riche, fut, dit-il, vendu à Londres. Enfin, le Cabinet Mathieu Verheyden, à La Haye, méritait une citation spéciale pour ses beaux dessins d'Abraham Bloemaert.

1. *Oorspronkelyk en Vermaard Konstryk Tekenboek van Abraham Bloemaert, geestryk getekent en meesterlyk gegraveert by zyn zoon Frederik Bloemaert.* Amsterdam, R. et J. Ottens, 1740. In-folio.

XLI

PIERRE CORNELISZ VAN RYCK, DE DELFT

Les peintres qui ont fait à l'étranger, particulièrement en Italie, un séjour de quelque durée, rapportent généralement chez nous un style qui surpasse en beauté, comme en excellence, l'ancienne manière néerlandaise et se présente sous une forme éminemment agréable et intelligente. C'est ce que l'on constate chez Pierre van Ryck, un peintre natif de Delft.

Il commença son apprentissage chez Jacob Willemsz[1], à Delft, mais, au bout de deux mois, dut abandonner l'art pour se livrer à d'autres occupations pendant trois ans.

Toutefois, la force irrésistible de son penchant le ramena vers la peinture et il se plaça alors chez Hubert Jacobsz, bon peintre et portraitiste, à Delft[2].

Après avoir consacré six mois à l'étude du dessin et six autres mois au maniement du pinceau, Pierre se rendit en Italie avec son maître et y resta quinze ans, qu'il passa à travailler pour divers artistes ainsi que pour des princes, des seigneurs, des prélats, des communautés d'hommes et de femmes et des particuliers, tant à fresque qu'à l'huile.

En la présente année 1604, Pierre Cornelisz van Ryck est âgé de trente-six ans et habite Harlem[3], où il a peint diverses jolies choses en grand et en petit.

Il a peint, entre autres, un intérieur de cuisine avec l'histoire du

1. Jacob Willemsz Delff, mort le 5 mai 1601.

2. Hubert Jacobsz, qui fit dans sa jeunesse un long séjour à Venise et en rapporta, dit Bleyswyck, le surnom de Grimani. « C'était, ajoute le chroniqueur, un bon portraitiste, comme on le voit par ses œuvres dans beaucoup de maisons bourgeoises. Mais, à force de faire des portraits de personnages anglais et autres, qui n'ont pas la patience de poser, Hubert s'est relâché. Il est mort à la Brielle, vers 1628 ou 1629. » (*Beschryvinge van Delft*, page 846.)

3. Il n'est pas cité parmi les maîtres dont M. A. vander Willigen a relevé les noms dans son excellent ouvrage : *les Artistes de Harlem*. Harlem, 1870.

Pauvre Lazare et du Mauvais Riche, tableau qui est aujourd'hui non loin de la ville, à la Léproserie.

Plus récemment il a fait encore, sur une très grande toile, un *Intérieur de cuisine* avec des volailles et d'autres choses, des personnages et divers animaux [1].

Sa manière dénote qu'il a beaucoup étudié le Bassano ; il est d'ailleurs fort habile dans ses procédés. Ses œuvres, qu'on rencontre en divers endroits, le rangent parmi les grands maîtres de notre art, tant pour la composition que pour le portrait.

COMMENTAIRE

En dehors du tableau de la Galerie de Brunswick, dont l'authenticité est établie par la signature, P. C. van Ryck n'est représenté dans aucun autre musée que celui de Pesth, où nous avons eu l'occasion de voir de lui un joli tableau de *Volailles.* (Salle VII, n° 28.)

Deux estampes, gravées par Jacques Matham, reproduisent des œuvres de van Ryck. La première (Bartsch, n° 195) représente la *Nativité* et porte la date de 1604. La seconde, non datée (Bartsch, n° 196), représente l'*Enfant prodigue dissipant ses richesses.* Le mot *inventor,* inscrit sur la *Nativité,* donne à croire que le graveur reproduisait un dessin. Par contre, van Ryck est indiqué comme ayant peint la composition de l'*Enfant prodigue.*

1. C'est probablement le tableau du musée de Brunswick signé et daté de 1604. (Riegel, *Beiträge zur niederländischen Kunstgeschichte,* tome II, page 197.)

XLII

FRANCESCO BADENS

PEINTRE D'ANVERS

Jean Badens.

On a vu, dans les derniers temps, progresser l'art néerlandais, particulièrement sous le rapport du coloris, des carnations et des ombres, abandonner les tons gris et froids de la pierre ou décolorés du poisson, et revêtir des principes de vigueur et d'éclat de plus en plus généraux. Ce résultat est dû, en grande partie, à l'intervention de Francesco Badens, né à Anvers en 1571, et qui était âgé de cinq ans à l'époque de la Furie espagnole, arrivée le 4 novembre 1576.

Le père de Badens, mort à Amsterdam en la présente année 1604, vint en Hollande peu après la Furie[1], de sorte que Francesco a habité Amsterdam dès son enfance. Il n'eut point d'autre maître que son père, qui était un peintre assez obscur[2].

En compagnie de Jacques Matham, le beau-fils de Goltzius, Badens alla en Italie et y séjourna quatre ans.

Rentré à Amsterdam, il fut le premier à appliquer, dans notre pays, les procédés récents, et les jeunes artistes ne le nommèrent plus que « le peintre italien ».

Sa manière est large et lumineuse, et il est vraiment un maître excellent, soit qu'il aborde des sujets historiques, soit qu'il peigne le portrait ou de simples têtes.

J'ai vu chez lui, cette année même, une assez grande toile, une *Bethsabée au bain,* recevant la lettre que lui remet la vieille émissaire dont elle écoute les propos, ayant près d'elle d'autres femmes nues,

1. La « Furie espagnole », c'est-à-dire le pillage de la ville d'Anvers par la garnison espagnole de la citadelle, le 4 novembre 1576.

2. Josse Badens, admis à la gilde de Saint-Luc d'Anvers, comme fils de maître, en 1569. Il avait un frère et un oncle, Josse et François, également peintres, et élèves de Jean (van Amstel) le Hollandais.

des accessoires, etc., œuvre éminente, pleine de grâce, agréablement traitée, bien conçue et distribuée.

Il y a de Badens d'excellents portraits, dont quelques-uns, appliqués à des sujets historiques, ainsi que des banquets, des mascarades traités en effet de lumière, à la façon moderne, dans le costume de notre temps, un genre qu'il cultive avec succès [1].

Chez Corneille vander Voort, peintre d'Amsterdam, je connais un *Couple d'amoureux* dans la manière italienne. Ils chantent à l'unisson et l'homme s'accompagne du luth.

J'aurais voulu désigner d'autres œuvres, mais de grandes difficultés m'ont été suscitées par le peu d'empressement que nos contemporains apportent à me venir en aide, et cela sous prétexte qu'ils tiennent trop peu de place dans les arts pour pouvoir briller ou être cités à côté des grands maîtres. Il résulte de là, qu'aucun renseignement ne me venant des morts et que les vivants ne me fournissant aucune indication, je n'ai pu naviguer contre vents et marée.

Francesco avait un frère du nom de Jean, qui naquit à Anvers en 1576, le 18 novembre, quinze jours après la Furie espagnole. Il était parti pour l'Italie, y avait fait de grands progrès dans les arts et semblait appelé à un bel avenir. En Allemagne, comme en Italie, la fortune lui fut propice et les hauts personnages le tenaient partout en grande estime pour ses talents artistiques.

Revenant au pays, sur son propre cheval, et l'escarcelle bien garnie, il eut la malechance, au moment même où il pénétrait dans les Pays-Bas, d'être assailli par la soldatesque et dépouillé de tout son avoir. Il en mourut de chagrin l'an 1603 [2].

1. On ne cite, de nos jours, qu'une seule œuvre de Badens. Elle représente *Une Compagnie joyeuse* et se trouve dans la collection Hammer, à Stockholm. (*Description succincte des collections relatives à l'Histoire de l'art et du travail de M. Christian Hammer, à Stockholm*, page 29. Stockholm, 1871.) On a d'après lui un *Saint Jérôme en pénitence*, gravé par Egbert van Panderen, et un groupe de *Bacchus, Vénus et Cérès*, gravé en manière noire par B. Lens. Nous savons par van Mander que Goltzius exécuta un certain nombre de tableaux pour Badens. Au mois de janvier 1613, il assista à la vieille église d'Amsterdam comme témoin au baptême du poète Matthieu Tengnagel, fils du peintre Jean Tengnagel. (Voir J. H. W. Unger, *Mattheus Gansneb Tengnagel*, dans la revue *Oud-Holland*, tome Ier, page 197.)

2. Nous n'avons rien trouvé sur Jean Badens.

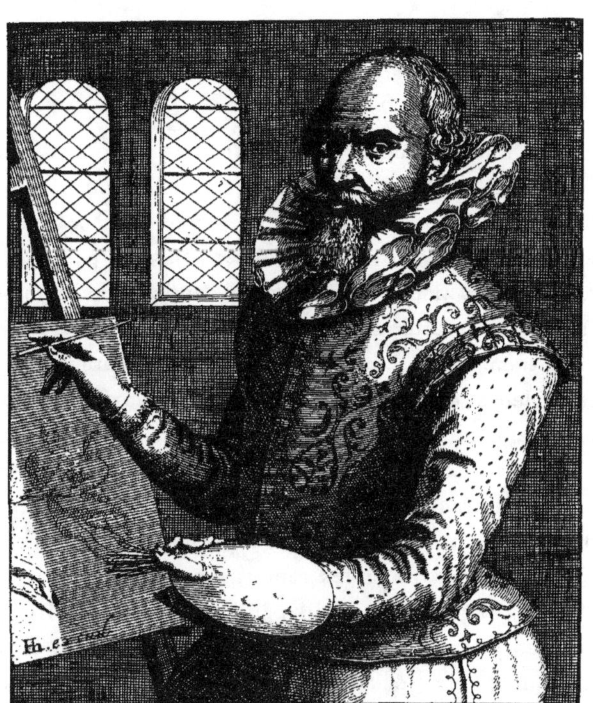

FRANCISCUS BADENSIS, ANTVERP.
PICTOR.

Addit Picturæ meliùs nemo colores.
Qui verus color est noscitur imaginibus.
Tu pictor doctus. multum est novisse colores.
Delitias doctas pingis et Italiæ.

FRANÇOIS BADENS.

D'après la gravure de H. Hondius.

XLIII

DAVID VINCKEBOONS, DE MALINES

A moins que l'on ne m'ait calomnié, je ne pense pas avoir encouru le reproche de surfaire la valeur de mes travaux. Je les laisse, pour autant qu'ils vaillent, se produire au grand jour comme témoignage de ce que je sais. S'il ne leur appartient pas de parler très haut en ma faveur, du moins pourront-ils plaider, auprès des hommes compétents, des circonstances atténuantes et faire qu'on les juge avec indulgence.

Et si mon savoir était insuffisant pour apprécier dignement les artistes et leurs œuvres, j'évite cependant d'entrer dans des comparaisons, d'affecter pour les uns un puéril dédain, ou d'exalter les autres au détriment de ce que produisent leurs confrères.

Je me suis tracé pour ligne de conduite, en arrivant chez un amateur, de considérer et de noter soigneusement les peintures qu'il possède, les noms des auteurs et les remarques touchant le mérite et la réputation de ces œuvres. Car, s'il peut m'arriver de faire quelque état de mes propres jugements, je m'incline de grand cœur aussi devant l'opinion des juges plus éclairés. Je ne puis donc omettre de consigner ici la mémoire de David Vinckeboons, né à Malines en 1578.

La première enfance de ce peintre s'écoula à Anvers, et il avait à peine sept ans lorsqu'il vint avec ses parents à Amsterdam, qu'il habite encore [1].

Philippe Vinckeboons, le père, était un assez bon peintre à la détrempe [2]; il est mort à Amsterdam en 1601. David, qui eut son père pour seul maître, commença également par la détrempe avant de

1. Nous n'acceptons pas sans réserves ce renseignement, car il faut observer que Philippe Vinckeboons, « de Malines », est reçu bourgeois d'Amsterdam seulement le 8 mars 1591. (Obreen, *Archief voor nederlandsche Kunstgeschiedenis*, tome II, page 274.)

2. Il est inscrit à la gilde de Saint-Luc à Anvers en 1580 et y est encore mentionné le 30 septembre 1586.

s'adonner à la peinture à l'huile. Il fait surtout de petites figures d'un excellent effet.

Je citerai d'abord de lui deux jolis petits tableaux qui sont à Amsterdam chez M. Jean De Bruyn, amateur qui habite la Calverstraat. L'un est un *Portement de la croix* avec un grand mouvement de figures de tout genre, comme il convient à un pareil sujet[1]; l'autre, une *Fête champêtre,* également peuplée d'épisodes plaisants, avec des chevaux, des maisons, des arbres et un paysage, toutes choses qu'il traite avec un grand talent[2].

Il a fait encore deux peintures de petites dimensions qui ont été envoyées à Francfort chez M. Caymocx : un paysage avec le *Christ rendant la vue à l'aveugle*[3], et une *Noce villageoise,* très agréablement traités[4].

On voit de lui à Amsterdam, à l'hospice des Vieillards, dans le bureau, une toile longue de quatorze pieds et haute de huit, représentant la loterie organisée au profit de l'établissement, une scène nocturne avec la place et les maisons peintes d'après nature, et une grande foule de gens avec des lanternes et d'autres lumières, tout cela fort bien exécuté. Cette œuvre date de 1603[5].

Actuellement, en 1604, il s'occupe de deux petites peintures pour Jean van Conincxloo, le peintre; l'une est la *Prédication du Christ*[6], l'autre une *Noce villageoise,* avec nombre de petites figures et de

1. C'est, selon toute vraisemblance, le tableau n° 191 du musée d'Augsbourg. La Pinacothèque de Munich possède une œuvre analogue et supérieure à tous égards, mais datée de 1611, par conséquent inconnue à van Mander. (Catalogue Reber, n° 719.)

2. La *Kermesse* en question fut gravée en 1602 par Nicolas De Bruyn; il en existe un grand nombre de répétitions. M. Riegel (*Beiträge, etc.*, tome II, page 69) place le prototype dans la Galerie de Hambourg. Le musée de Brunswick en possède une édition, également originale, datée de 1608. La Galerie Harrach, à Vienne, les musées d'Augsbourg, d'Anvers, de Bruges, de Parme (*Scuola fiamminga,* n° 253), nous en montrent des exemplaires plus ou moins parfaits. M. Riegel nous assure qu'il existe même une tapisserie, reproduisant la même donnée, au Palais impérial de Vienne.

3. Nous ignorons où se trouve ce tableau. Il a été gravé par Jean van Londerseel.

4. Musée de Brunswick, n° 652.

5. Le tableau d'Amsterdam représente la *Façade extérieure de l'hospice des Vieillards.* Devant la construction se passe une scène nocturne de loterie, éclairée par des torches et des lanternes; une foule d'assistants prennent part à la réjouissance. (E. Neefs, *Histoire de la peinture et de la sculpture à Malines,* tome Ier, page 241.) Voir aussi la *Procession des Lépreux*, gravée par Nicolas Jansz Visscher.

6. Nous n'avons ni vu, ni vu citer cette œuvre peinte. Van Mander désigne la composition de seize personnages, dont il existe une estampe de J. van Londerseel.

détails variés : maisons, bateaux, fond de paysage, le tout très bien conçu [1].

Plusieurs paysages, animés de figures modernes, ont été dessinés par lui et reproduits en gravure par Nicolas De Bruyn, lequel est fort habile comme graveur de paysages. Ces planches sont, d'ailleurs, assez connues et donnent une idée de son intelligence et de son talent.

David, que ses goûts ont poussé à s'adonner à plus d'un genre, a fait d'abord des gouaches et des miniatures : des insectes, des oiseaux, des poissons, des arbres, etc., d'après nature, le tout avec beaucoup de talent.

Ses essais de peinture sur verre, également fort réussis, et ses productions au burin et à l'eau-forte sont des choses vraiment surprenantes, pour avoir été produites sans enseignement préalable [2].

Tout cela ne l'empêche pas de tirer de ses jolis travaux un médiocre profit et d'être peu ou point payé du temps, des efforts et de l'intelligence qu'il y consacre [3].

COMMENTAIRE

Nous avons peu de chose à ajouter à la biographie de David Vinckeboons. M. le docteur Hermann Riegel lui consacre quelques pages pleines d'intérêt dans ses *Beiträge zur niederländischen Kunstgeschichte*, sans parvenir, toutefois, à dégager sa carrière de l'obscurité qui l'environne encore. Les œuvres du maître se rattachent à un ensemble de créations des plus intéressantes, retraçant la vie et les mœurs de son temps, et jusqu'aux sites de la Hollande, avec infiniment de bonheur, sans qu'il soit possible, néanmoins, de classer le peintre parmi les naturalistes proprement dits. Faut-il le qualifier de paysagiste ou de peintre de figures ? On ne saurait le dire, car l'un et l'autre genre le séduisent, bien qu'on fasse assez souvent de lui le collaborateur d'autres maîtres tels que Rottenhamer (où l'a-t-il connu ?), Sébastien Vrancx, etc.

M. Riegel suppose que Vinckeboons séjourna à Anvers après la mort de son père, c'est-à-dire entre 1601 et 1608 ou 1610. Sans rejeter l'hypothèse, nous ne voyons pas

1. Nous n'hésitons pas à croire que cette *Noce* était une répétition de la grande fête déjà mentionnée, la seule création de l'espèce où se voient des bateaux.

2. Les eaux-fortes authentiques de David Vinckeboons ne paraissent être qu'au nombre de deux 1° *Une Mendiante avec deux enfants*, planche datée de 1604; 2° le *Nid dérobé*, avec la date 1606 et l'inscription : *Die den Nest weet die wethen, maer die hem rooft die heeften;* ce qui veut dire : « Qui sait où se trouve le nid, sait où le prendre ; mais qui le prend le tient. »

3. Vinckeboons est mort à Amsterdam en 1629.

qu'elle se fonde sur aucun fait établi. Il en est de même de la présence du maître en Angleterre.

En somme, nous ne savons rien qui puisse compléter les renseignements fournis par van Mander, et le mieux est encore de s'abstenir jusqu'à ce qu'un document nouveau permette de marcher à coup sûr.

Les œuvres de Vinckeboons sont très répandues et nous en relevons une liste passablement longue, dans laquelle ne figurent qu'une faible partie des compositions supérieurement retracées par le burin des deux Bolswert, de J. van Londerseel, Nicolas De Bruyn, W. Swanenburg, P. Serwauter, etc. L'ensemble de ces planches forme, dans l'histoire de la gravure, un groupe des plus intéressants, et nous doutons que le paysage ait trouvé de meilleurs interprètes [1].

On a prétendu (Neefs, *Histoire de la peinture et de la sculpture à Malines*, tome Ier, pages 241 et suiv.) que la signature de Vinckeboons était une nuée de pinsons semés dans les arbres, traduction du nom du peintre, *Vinck*, pinson, *booms*, arbre, mais c'est là une assertion bien risquée. Van Mander n'aurait pas manqué de nous parler de cette habitude, si fréquente chez les Savery et même chez Breughel de Velours.

Les scènes de mœurs de notre artiste sont absolument dignes d'intérêt. La série des compositions qu'il qualifie : *Boeren verdriet*, misère du paysan, et que Boétius à Bolswert reproduisit en 1610, est une des illustrations les plus frappantes de la situation des Pays-Bas à l'époque dont il s'agit, bien qu'elle soit destinée à célébrer la conclusion de la trêve de 1609.

L'*Entrée du Christ à Jérusalem*, la grande et belle planche gravée en 1613 par Schelte à Bolswert, et le *Portement de la croix*, de la Pinacothèque de Munich, donnent une idée du talent du maître, incontestablement habile peintre de figures, comme le dit van Mander, bien que les auteurs vantent spécialement ses paysages.

En dressant la liste des peintures laissées par Vinckeboons, on constate que certains sujets ont été répétés plusieurs fois. Nous avons cité plus haut les nombreuses éditions de sa grande *Kermesse*. Il a traité aussi, à plus d'une reprise, la *Distribution des aumônes au couvent*, que nous trouvons à Dresde, à Berlin et à Stockholm. Il reste à prouver cependant que toutes ces répétitions émanent du maître lui-même, ce qui nous paraît douteux.

Il peut être utile de donner ici la liste des tableaux de Vinckeboons existant dans les principales Galeries :

ANVERS (musée). *Kermesse* [2].

AUGSBOURG (musée). *Portement de la croix* [3].

AUGSBOURG (musée). *Kermesse*.

BERLIN (musée). *Mendiants recevant l'aumône à la fenêtre d'un couvent* [4].

BRUGES (musée). *Kermesse*.

1. Nous renvoyons à Nagler pour la liste des planches gravées d'après Vinckeboons.
2. Voyez aussi Augsbourg, Bruges, Brunswick, Hambourg, Parme, Vienne (Galerie Harrach).
3. Voyez aussi Munich.
4. Voyez aussi Dresde et Stockholm.

BRUNSWICK (musée). *Kermesse.* 1608.

BRUNSWICK (musée). *Paysage avec cortège de noce.*

CASSEL (musée). *Paysage avec un château entouré d'un fossé.*

COLOGNE (musée). *Paysage avec l'apparition du Christ à la Madeleine.*

COPENHAGUE (musée). *Forêt épaisse. Au premier plan, Abraham renvoie Agar.*

DARMSTADT (musée). *Grand paysage.* (Signé.)

DRESDE (musée). *Mendiants recevant l'aumône à la fenêtre d'un couvent.*

DRESDE (musée). *Kermesse sur une pelouse.*

FLORENCE (Offices). *Paysage avec figures sur la glace.*

FRANCFORT (musée Stædel). *Kermesse avec un joueur de vielle aveugle, entouré d'enfants.*

HAMBOURG (musée). *Baptême de l'Eunuque.*

LILLE (musée). *Une Foire*[1].

LILLE (musée). *Concert d'anges.*

LISBONNE (palais royal). *Paysage*[2].

MUNICH (Pinacothèque). Le *Portement de la croix.* 1611.

MUNICH (Pinacothèque). *Paysage avec figures sur la glace.*

NANTES (musée). *Paysage avec des voyageurs pillés par des brigands.* 1603.

NAPLES (musée). *Paysage avec saint Paul et saint Antoine abbé.*

NEW-YORK (musée). L'*Automne*. L'*Été*. (Paysages.)

NEW-YORK (musée). *Repos en Égypte.*

PARME (musée). *Kermesse.*

PRAGUE (palais impérial). *Conversion de saint Paul.*

SAINT-PÉTERSBOURG (Ermitage). *Forêt.* A droite, un lion près d'un homme couché sur le dos. (Signé et daté 1618.)

SAINT-PÉTERSBOURG (Ermitage). *Paysage avec un chasseur descendu de cheval.*

SCHLEISSHEIM (palais). *Paysage avec une chasse au cerf.* (Signé et daté 1624.)

SCHLEISSHEIM (palais). *Paysage boisé avec fabriques. Crucifiement.* 1611.

SCHWERIN (musée). *Couple d'amoureux à la pêche.* (Signé et daté 1629.)

SCHWERIN (musée). Le *Nid dérobé* (dont il existe une eau-forte du maître).

STOCKHOLM (musée). *Mendiants recevant l'aumône à la fenêtre d'un couvent.*

STOCKHOLM (musée). *Rivière qui traverse un village.* Un homme, assis sur un cheval blanc, conduit une charrette où a pris place une campagnarde.

STUTTGART (musée). *Paysage.* Forêt avec figures.

VALENCIENNES (musée). Grand et beau paysage avec *Diane et Actéon.*

VIENNE (Belvédère). *Crucifiement.*

VIENNE (Belvédère). *Paysage avec le Repos en Égypte.*

VIENNE (Belvédère). *Paysage avec le Repos en Égypte.* (Figures de Rottenhamer.)

VIENNE (Belvédère). *Saint Fulgence devant une grotte.*

1. Nous n'acceptons pas ce tableau pour original; il nous paraît émaner de Willaerts.

2. Cité comme une des plus belles œuvres du maître par M. A. Bredius. (*Nederlandsche Kunstbode*, page 372. Harlem, 1881.)

Vienne (comte Harrach). *Kermesse.*

Vienne (palais Liechtenstein). *Paysage.* Forêt avec chasseur.

Ypres (musée). *Paysage avec voyageurs attaqués par des brigands.*

A cette liste, déjà fort longue, s'ajoutent les œuvres de plusieurs Galeries privées d'Angleterre (Waagen, *Art treasures*), de Belgique (Galerie d'Arenberg, à Bruxelles; collections Henri van Havre, à Anvers, J. F. Du Sart, vendue à Bruxelles en 1884, — l'*Enlèvement de Ganymède*, signé et daté de 1627, — attribué à « Thierry van Balen »), etc., et de Russie.

XLIV

DIVERS ARTISTES NÉERLANDAIS ENCORE VIVANTS

Corneille Floris. — Paul Moreelse. — François Pieterszoon Grebber. — Corneille Claesz (van Wieringen). — Bernard et Paul van Somer. — Corneille vander Voort. — Evrard Krynsz (vander Maes). — Jean van Ravesteyn. — Arnold Jansz Druyvesteyn. — Jacques de Mosscher. — Thonis Ariaensz. — Nicolas vander Heck. — Pierre Gerritsz Montfoort. — Pierre Diericksen Cluyt. — Jean Ariaensz, de Leyde. — Hubert Tons.

Pendant que le terrible Mars épouvante notre contrée du bruit de ses foudres, et fait dresser sur la tête du Temps ses cheveux gris, on s'étonne de trouver encore dans nos Pays-Bas un si grand nombre d'hommes appliqués à la culture de notre art pacifique. S'il me fallait les citer tous, mon livre en grossirait démesurément.

Pour achever mon œuvre, je me borne à mentionner ici quelques noms qui se présentent à ma mémoire.

Corneille Floris. — Il y a d'abord Corneille, fils de Corneille Floris, sculpteur et architecte de la ville d'Anvers. C'est un excellent peintre et sculpteur, habitant Anvers où ses mérites ne sont pas assez récompensés, car il est extrêmement habile [1].

Paul Moreels. — A Utrecht, il y a un peintre du nom de Paul Moreels, qui est un excellent portraitiste d'après nature. On trouve beaucoup de ses portraits, et il en a d'autres en voie d'exécution, qui sont des œuvres magistrales.

Il y a surtout le comte et la comtesse de Culembourg, figures en pied, de grandeur naturelle, la femme de M. Knotter, tête extrêmement bien traitée, et beaucoup d'autres.

1. Corneille Floris, fils de Corneille et neveu de Frans Floris, né à Anvers en 1551, élève de Jérôme Franck à Paris, reçu franc-maître à Anvers en 1577, mort dans la même ville le 12 mai 1615. (Voir P. Génard, *Journal des Beaux-Arts*, 1869, page 36, et Rombouts et van Lerius, *les Liggeren, etc.*, tome Ier, page 264.)

Corneille Floris forma plusieurs élèves, parmi lesquels se distingua surtout Jérôme van Kessel. Nous n'avons pas rencontré ses œuvres.

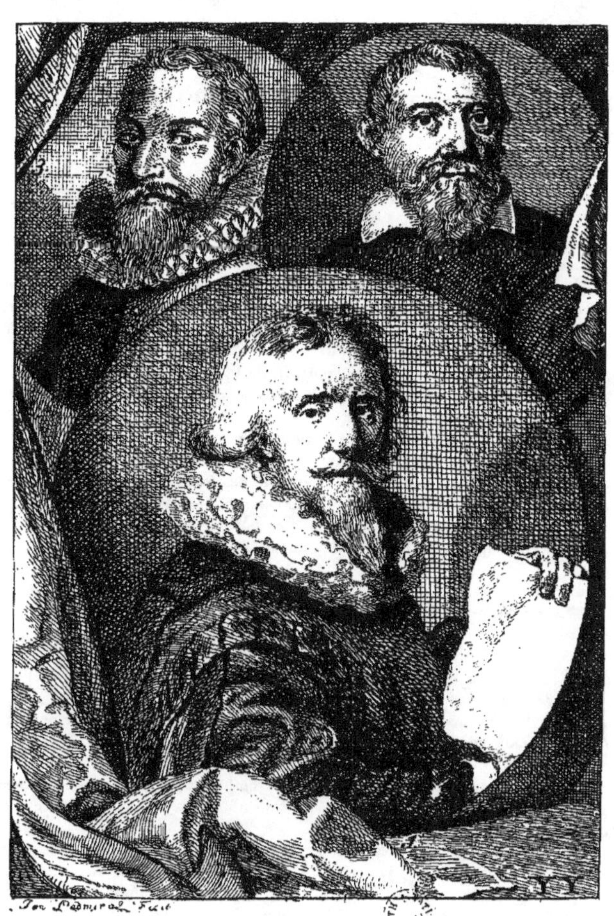

1. PAUL MOREELSE.

2. BALTHASAR LAUWERS. — 3. FLORENT VAN DYCK.

D'après la gravure de Jean Ladmiral.

Élève de Michel Miereveld, Moreels est d'un âge peu avancé[1].

François Pietersz Grebber. — A Harlem, il y a un bourgeois du nom de Frans Pietersz Grebber qui est un excellent portraitiste, peignant aussi parfois la figure et, à l'occasion, faisant des travaux de broderie. Il a été élève de Jacques Savery, mais pour le paysage seulement[2].

1. Paul Moreelse naquit à Utrecht en 1571 et devint franc-maître de la gilde des selliers (et peintres) de sa ville natale en 1596. Doyen en 1611, il contribua puissamment à l'érection d'une gilde indépendante de la profession artistique, et en fut le doyen dès sa constitution. Une trentaine de jeunes artistes se formèrent sous sa direction. (Voyez S. Muller, *De Schilders-Vereenigingen te Utrecht*. Utrecht, 1880, *passim*.) On distingue parmi eux Théodore Baburen. Moreelse exerça plusieurs fois les fonctions municipales à Utrecht, où son fils Henri (homme de loi) fut plus tard bourgmestre. Il fut également architecte, mais non point graveur, bien qu'on lui ait attribué des planches. Il mourut en 1638.

Le musée royal de La Haye possède le portrait de Paul Moreelse, peint par lui-même, et plusieurs autres effigies. Le musée d'Amsterdam est plus riche encore, mais c'est à l'Hôtel de ville que se trouvent les œuvres les plus importantes du maître : trois grands tableaux de corporations comprenant, respectivement, vingt et un, vingt-quatre et jusqu'à vingt-huit personnages de grandeur naturelle. Au musée de Valenciennes figure le portrait de Guillaume-Louis, stadhouder de la Frise.

Outre ses portraits, Moreelse avait la spécialité des jolies bergères, blondes jeunes filles, représentées le plus souvent à mi-corps, dans un galant déshabillé. On signale en outre, au musée de Rotterdam, une composition représentant *Vertumne et Pomone*.

Le musée de Bruxelles possède probablement le dernier tableau du maître, un portrait d'homme, daté de 1638.

Une note intéressante, sur la famille Moreelse, a été insérée par M. A. C. De Kruyff, d'Utrecht, dans l'*Archief voor Nederlandsche Kunstgeschiedenis*, tome V, page 335.

2. François, fils de Pierre Grebber ou De Grebber (un élève de Goltzius), naquit à Harlem en 1570, et mourut dans la même ville en 1649. Doyen de la gilde de Saint-Luc en 1627, il forma de nombreux élèves et eut un fils, Pierre Grebber, mort en 1676. (Voir vander Willigen, *les Artistes de Harlem*, page 135. Harlem, 1870.)

Le musée de Harlem possède de F. P. Grebber quatre tableaux très importants, des *Banquets d'officiers de la garde bourgeoise*. Ils sont datés de 1600, 1610 et 1619.

Les recherches de M. vander Willigen ont confirmé l'assertion de van Mander touchant les travaux de broderie exécutés par Grebber. D'après le livre de la gilde des chirurgiens, une somme est payée en 1611 à Frans Pietersz pour avoir livré l'or destiné aux inscriptions du drap mortuaire de la corporation.

Le consciencieux auteur de l'excellente étude sur les artistes de Harlem nous fait connaître des particularités fort intéressantes sur la carrière de F. P. De Grebber. Ce fut lui, par exemple, qui étant doyen de la gilde de Saint-Luc, céda, de sa propre autorité, à un dominicain de Bruges, la relique du saint patron de la confrérie, et toutes les démarches des successeurs de De Grebber pour rentrer en possession du vénérable objet furent vaines.

Un document plus précieux est la liste d'une loterie de tableaux organisée par Frans Pietersz De Grebber, loterie qui donnait droit aux possesseurs de trois billets de participer à un festin. Les tableaux avaient été estimés par plusieurs artistes parmi lesquels nous trouvons Corneille Kittensteyn, Jean van de Velde et Salomon Ruysdael. La liste des œuvres mises en loterie comprend trois peintures du père de Grebber et cinq de lui-même : le *Combat d'Achille*, un *Paysage*, une *Madeleine*, un *David* et *Deux Ermites*. (Vander Willigen, *les Artistes de Harlem*, page 11.)

On voit de ses portraits, — grands ou très petits, — d'une parfaite ressemblance et fort bien faits.

CORNEILLE CLAESZ. — Il y a encore à Harlem, et originaire de cette ville, un Corneille Claesz[1] qui, ayant été marin, s'est mis à dessiner et à peindre des bateaux et ce qui se rattache à la marine, faisant preuve d'une extraordinaire entente et intelligence, comme s'il avait eu pour vocation d'être artiste. Il est très versé dans la connaissance du gréement des navires et s'est montré déjà si ferme et si habile dans le tracé des cordages, etc., qu'il ne le cède à personne sous ce rapport.

BERNARD ET PAUL VAN SOMER. — Il y a, à Amsterdam, deux frères, Bernard et Paul van Somer, originaires d'Anvers. Bernard, qui a épousé et ramené d'Italie la fille d'Arnold Mytens[2], est fort bon portraitiste et habile compositeur. Il a habité l'Italie pendant plusieurs années[3].

Paul, qui est encore célibataire, est également habile dans toutes les parties de l'art : compositions, portraits, etc.[4]

1. Corneille Claeszoon (fils de Nicolas) van Wieringen. Il est superflu de faire observer l'erreur, commise par Immerseel, qui le fait naître vers 1600. A cette époque déjà le peintre était arrivé à l'âge viril, attendu que M. le Dr vander Willigen l'a trouvé inscrit aux contrôles de la garde civique. (*Les Artistes de Harlem*, page 330. Harlem, 1870.) Le même auteur fournit de précieux détails sur les travaux confiés par le Conseil de l'Amirauté d'Amsterdam à Corneille van Wieringen en 1621-1622, par suite du refus de Henri C. Vroom d'exécuter, au prix offert, une représentation de la *Bataille de Gibraltar*.

Nagler le fait naître vers 1580; il mourut en 1643. (*Catalogus van de Schilderijen op het Museum der Stad Harlem*, page 44.)

Le musée de Harlem possède de van Wieringen un tableau représentant l'*Arrivée à Flessingue, en 1613, de Frédéric V, électeur palatin, et Élisabeth, fille de Jacques Ier d'Angleterre*, très grande toile, et une *Prise de Damiette*. Au musée de Madrid il y a du maître un *Combat naval*. (No 1819.)

Henri Goltzius, N. J. Visscher, Robert de Baudouz et Simon Frisius ont reproduit des dessins de van Wieringen à qui Nagler attribue aussi quelques eaux-fortes.

2. Voyez ci-dessus, chapitre XIX, page 85.

3. Bernard van Somer est inscrit à la gilde de Saint-Luc d'Anvers, comme élève de Philippe Lisart, en 1588; c'est la seule date positive que l'on possède sur lui.

4. Paul van Somer, né en 1576, d'après Vertue (Walpole, *Anecdotes of Painting in England*, édition Dallaway, 1828, tome II, page 6), mourut à Londres, le 5 janvier 1621. On ignore la date précise de sa venue en Angleterre.

Les Galeries anglaises, et particulièrement celle du palais de Hampton Court, contiennent de fort belles peintures de Paul van Somer. M. Law assigne la date de 1606 au portrait de Christian IV de Danemark; une effigie du roi Jacques Ier est datée de 1615 ou 1618; une autre, du même prince,

CORNEILLE VANDER VOORT. — Amsterdam possède encore un excellent maître portraitiste, originaire d'Anvers, je crois[1], Corneille vander Voort, qui excelle à donner à ses œuvres un aspect agréable et un bon effet. C'est un célibataire dans la force de l'âge.

EVRARD KRYNSZ. — A La Haye, est actuellement fixé Evrard Krynsz vander Maes[2], récemment revenu d'Italie, et qui a rapporté de Rome

dans le costume de la Jarretière, paraît avoir été peinte entre les années 1619 et 1620, jugeant par le bâtiment de la salle des banquets de Whitehall que l'on voit dans le fond et qui ne fut commencé qu'en 1619. Anne de Danemark, épouse de Jacques Ier, figure également deux fois dans la Galerie de Hampton Court. Un de ces portraits, en pied comme tous les autres, est daté de 1617.

Vertue fournit une liste très longue des principales œuvres de Paul van Somer existant en Angleterre; le même auteur nous donne le portrait du maître et reproduit, en tête de son deuxième volume, un grand portrait en pied de la comtesse d'Arundel, d'après van Somer, appartenant au duc de Norfolk. Le conseiller Mols, dans ses annotations manuscrites aux *Anecdotes* de Walpole, compare aux œuvres de van Dyck certains portraits de van Somer. « Cette famille des van Somer existe encore à Londres, ajoute l'auteur, et descend de notre Paul van Somer, mais ce nom n'est plus connu à Anvers, au moins comme parenté de notre Paul. Les descendants ont actuellement (1771) établi à Londres une belle manufacture de tapis de pieds. »

On ne doit pas perdre de vue, cependant, Jean et Paul van Somer, excellents graveurs, surtout en manière noire, travaillant à Amsterdam dans la seconde moitié et jusqu'à la fin du XVIIe siècle, et qui peuvent avoir été les fils de Paul. (Voyez J. E. Wessely dans l'*Archiv* de Naumann, tome XV, page 105, et tome XVI, page 39, et Vertue, *Anecdotes of Painting in England*, édition Dallaway, tome V, page 204.)

1. Le nom de vander Voort n'apparaît pas dans les registres de la gilde de Saint-Luc d'Anvers. La plupart des auteurs, après De Jongh dans son édition de van Mander (Amsterdam, 1764), le font naître à Amsterdam. Nagler fixe même à l'année 1580 la date de sa naissance, peut-être uniquement parce que David Bailly fut pendant quelques années l'élève de vander Voort qu'il quitta en 1608. Une chose est certaine concernant le peintre, c'est qu'il se fit admettre à la gilde de Saint-Luc à La Haye le 5 octobre 1648, et que l'acquit de son droit d'entrée le mentionne comme étranger (*vreemd*), ce qui peut vouloir dire, il est vrai, que vander Voort était venu d'une autre ville. (*Archief* d'Obreen, tome Ier, page 42.)

Quant aux œuvres du maître, nous n'en trouvons mentionnée qu'une seule datée de 1624 et signée G. (?) vander Voort, un portrait de Jean vanden Hoeke, vendu 2,400 florins à la vente Bierens, à Amsterdam, le 15 novembre 1881. La peinture est désignée comme « sèche et dure ». (*Nederlandsche Kunstbode*, 1881, page 375.) M. A. D. De Vries Az., au contraire, déclare ce portrait fort remarquable dans sa notice sur Barentsen. Voy. *l'Art chrétien* de C. E. Taurel.

Dans l'œuvre de W. J. Delff figure un portrait de Jacques Rolandus, pasteur réformé à Delft (mort en 1632), gravé d'après vander Voort. (Franken, n° 77.)

Le catalogue de Gérard Hoet ne mentionne aucune œuvre du peintre comme s'étant présentée en vente dans les Pays-Bas de 1684 à 1798.

2. Nous savons par la biographie de van Mander qu'Evrard Krynsz vander Maes fut un des élèves de notre historien. En 1604, nous le trouvons inscrit parmi les peintres de la gilde de Saint-Luc, à La Haye. (Voir A. Bredius dans l'*Archief* d'Obreen, tome III, page 260. Rotterdam, 1880-1881.) Immerseel le fait naître en 1568. M. J. Ph. vander Kellen lui attribue le portrait en pied d'un porte-étendard de la garde bourgeoise existant à l'hôtel de ville de La Haye, remarquable peinture datée de 1617. (*Nederlandsche Kunstbode*, 1881, page 30, article de M. A. Bredius.) Les archives municipales de La Haye nous montrent aussi le peintre vander Maes peignant, la même année, des armoiries et, en 1626,

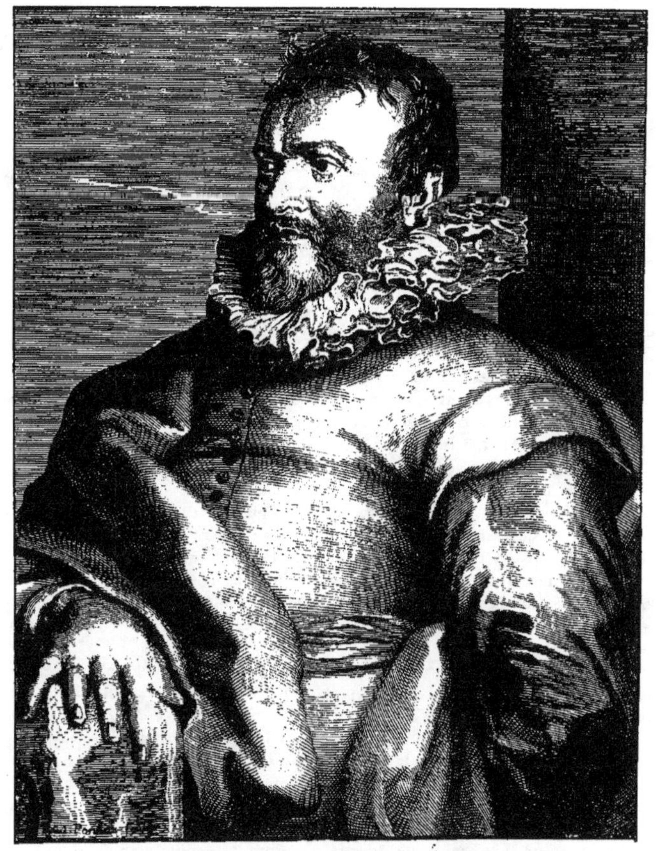

IOANNES VAN RAVESTEYN
PICTOR ICONVM HAGÆ COMITIS

Ant. van Dyck pinxit cum privilegio

JEAN VAN RAVESTEYN.

Réduction de la gravure de Paul Pontius, d'après van Dyck.

une manière large et facile de procéder, autant pour l'histoire que pour le portrait.

Ravesteyn. — Je ne puis omettre de citer encore à La Haye un très bon peintre et portraitiste du nom de Ravesteyn, lequel a une bonne manière de procéder[1].

Arnold Jansz Druyvesteyn. — A Harlem, il y a un jeune homme, Arnold Jansz Druyvesteyn, qui peint habilement le paysage et les petites figures, mais qui ne pratique qu'en amateur[2].

mettant en couleur une ancienne vue de la ville. (P. A. Leupe, *Aanteekeningen uit het dagboek van burgemeesteren, etc., van den Haag.* (*Archief* d'Obreen, tome II, pages 105 et 126.)

Ad. Siret (*Dictionnaire des Peintres*, 3e édition, 1881, page 512) assure qu'il peignit des vitraux pour la chapelle du château de Fredericksborg, près Copenhague, détruit par le feu en 1859.

De 1631 à 1666 nous trouvons Evrard Krynsz vander Maes d'une manière presque ininterrompue parmi les dignitaires de la corporation artistique de La Haye. (Voir A. Bredius, *De Deekens en Hooftmans van Haagsche St. Lucas Gilde*, dans l'*Archief* d'Obreen, tome V, pages 67-84.) Il ne saurait donc être admis, comme le veut Immerseel, que la carrière du peintre prit fin en 1627.

1. Jean van Ravesteyn, né en 1572 et mort au mois de juin 1657, à La Haye, fut un des plus grands portraitistes de son temps. On voit de lui, dans les salles de l'hôtel de ville et au musée municipal de la Haye, de grandes toiles représentant les officiers de la garde bourgeoise, œuvres trop peu connues et qui peuvent compter parmi les plus belles du genre. L'une est datée de 1616, l'autre de 1617. Cette dernière fut commandée au peintre par Pierre van Veen, au nom de la ville, et payée 500 florins. (Voir A. J. Servaas van Rooyen dans le *Nederlandsche Kunstbode*, page 334. Harlem, 1881.)

Le Magistrat, délibérant sur la construction du nouveau Doelen, quatorze personnages, 1636. Autre tableau d'officiers, 1638.

Au musée de La Haye se trouvent vingt-quatre portraits de colonels au service de la République des Provinces-Unies. Ils sont datés de 1611, 1612, 1615, 1616, 1621 et 1624 et furent probablement exécutés pour le prince Maurice. (Voir Vict. de Stuers, *Catalogue des tableaux et sculptures du musée royal de la Haye*, 4e édition (1883), pages 20-21.) Les œuvres de Ravesteyn ne se rencontrent pas seulement en Hollande. Il y a au musée de Dresde un portrait du prince Maurice daté de 1605 ; à Munich, trois belles peintures dont l'une date de 1622. Le musée de Lille possède de lui deux magnifiques portraits des époux Vrydaghs van Vollenhoven, acquis en 1868. (Nos 436-437.) Ils ne sont point datés.

On ne connaît pas le maître de Ravesteyn. Admis à la gilde de Saint-Luc à La Haye, en 1597, il y fonctionna plusieurs fois comme doyen jusqu'en 1636. (Voir A. Bredius dans l'*Archief* d'Obreen, tome III, page 285, et tome V, page 67.) En parcourant la liste des doyens, nous rencontrons d'autres peintres du nom de Ravesteyn : Antoine, ayant servi trois ans déjà en 1632, et Arnold, en 1666 et 1667 ; ce dernier était fils de Jean ; il était venu au monde en 1615. (C. Vosmaer, *Rembrandt Harmens van Rijn, ses précurseurs et ses années d'apprentissage*, pages 81 et suiv. et 161. La Haye, 1863.)

Van Dyck a inséré le portrait de Jean van Ravesteyn, gravé par Paul Pontius, dans son *Iconographie*. Nous le reproduisons.

2. Arnold Jansz Druyvesteyn naquit à Harlem en 1567. Samuel Ampsing (*Beschryvinge en Lof der Stad Haerlem*, page 366. Harlem, 1628) affirme qu'il mourut le 5 août 1627, âgé de cinquante ans; De Jongh, d'après des « renseignements particuliers », reprenait cette date du chroniqueur, rectifiant ainsi Houbraken qui faisait mourir Druyvesteyn dix ans plus tôt. Pourtant Houbraken était

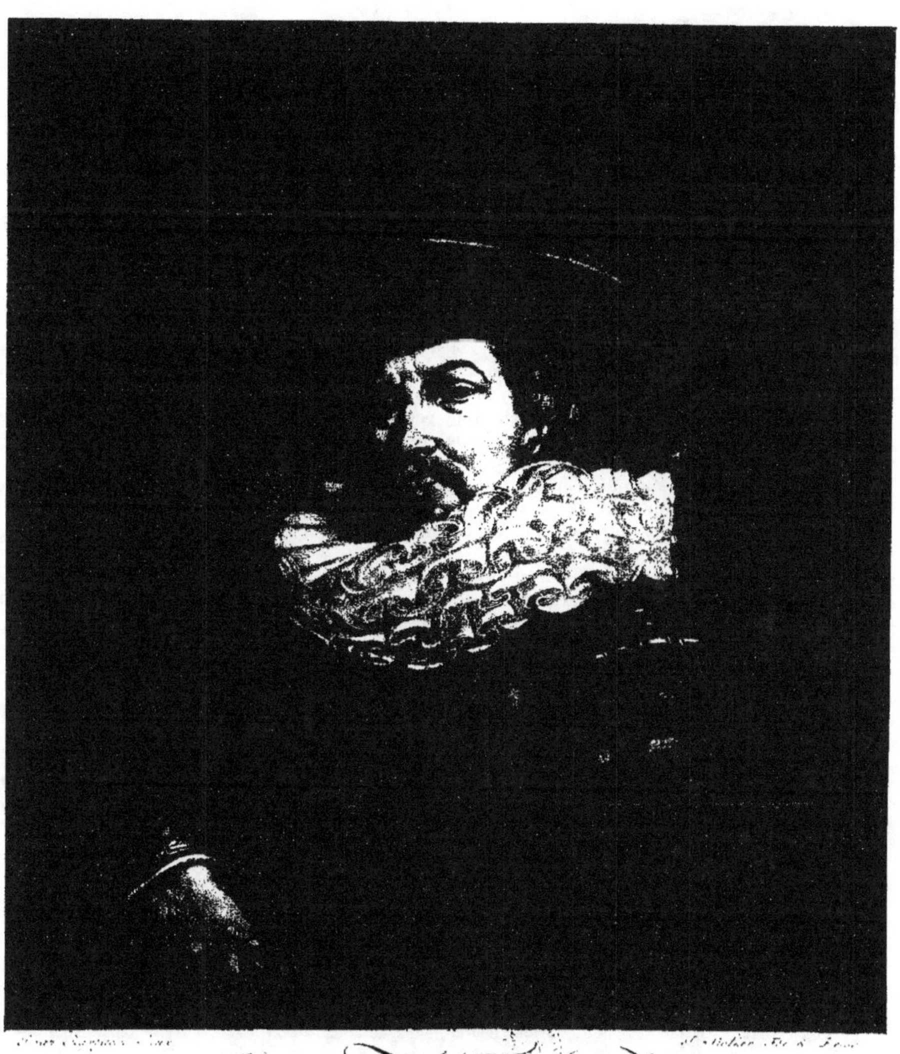

Jaques de Mosscher Pictor

JACQUES DE MOSSCHER.

Fac-simile d'une gravure de J. Stolker, d'après J. van Ravesteyn.

Jacques De Mosscher. — A Delft, il y a Jacques de Mosscher, très expert dans toutes les parties de l'art[1].

Thonis Ariaensz. — A Alkmaar, il y a Thonis Ariaensz, un bon peintre[2].

Nicolas vander Heck. — Nicolas vander Heck, de la famille de Martin Heemskerck et élève de Jean Naghel, bon peintre, surtout pour le paysage[3].

dans le vrai, car M. A. vander Willigen (*les Artistes de Harlem*, page 122) a trouvé dans les archives de l'église de Saint-Bavon, à Harlem, sous la date du 5 août 1617, la mention de la mort de Druyvesteyn qui occupait alors (pour la cinquième fois) les fonctions de bourgmestre.

M. vander Willigen ajoute que Frans Hals peignit plusieurs fois le portrait d'Arnold Jansz Druyvesteyn. Il faut se rappeler, toutefois, que le plus ancien tableau que l'on connaisse de Frans Hals est de 1613 (voir W. Bode, *Studien zur Geschichte der Holländischen Malerei*, page 43), que, dès lors, les portraits dont il s'agit doivent être au nombre des premières œuvres du grand peintre, son modèle étant mort en 1617.

Nous ne pourrions citer aucune œuvre de Druyvesteyn qui, du reste, n'a pratiqué qu'en amateur, on vient de le voir.

1. Jacques Fransz De Mosscher fut élève de van Mander et entra dans la gilde de Harlem en 1593. (A. vander Willigen, *les Artistes de Harlem*, page 227.) Nous le trouvons également inscrit à la gilde de Delft, le trente-huitième sur la liste commencée en 1613. (*Archief* d'Obreen, tome Ier, page 5.) Il porte le nom de Jacob Musscher, et, en marge, il est dit « Jacob Fransz Muskel ». Les anciens auteurs ne mentionnent pas Jacques De Mosscher, dont le portrait gravé en manière noire par J. Stolker d'après Ravesteyn est joint à cet article. La Galerie de Schleissheim possédait, sous le nom de J. van Mopel, un paysage signalé pour la première fois par le Dr W. Bode, qui nous donne aussi le fac-similé de la signature du maître : *J. van Mosscher*. (*Die Künstler von Harlem*. (*Zeitschrift für bildende Kunst*, tome VII, page 173.)

Jugeant toutefois par le style, M. Bode ne se croit pas justifié à ranger ce tableau, qui est aujourd'hui à la Pinacothèque de Munich, dans l'œuvre du maître cité par van Mander. La Pinacothèque possèd un second paysage attribué au maître. Il provient également de Schleissheim.

Jacques De Mosscher était poète et le sonnet qu'il adresse à van Mander, et que celui-ci fait imprimer en tête de son livre, est loin d'être dénué de valeur.

2. La gilde de Saint-Luc ne fut érigée à Alkmaar que le 30 décembre 1631. Nous avons parcouru la liste des confrères qui y furent inscrits, à partir de cette date. Cette liste a été publiée par M. A. vander Willigen dans le *Nederlandsche Spectator* du 25 mai 1857. Un seul porte le prénom d'Antoine (Thonis); il est admis en 1645 et s'appelle vande Zande; il nous est impossible de savoir si van Mander a entendu le désigner. De quatre Adrien, également inscrits, pas un ne s'appelle vande Zande. Antoine vande Zande n'est donc pas fils d'Adrien. Si, d'autre part, nous jetons les yeux sur les peintures conservées à Alkmaar, — nous parlons des tableaux de corporation, — Thonis Ariaensz n'est pas cité comme l'auteur d'une de ces toiles que décrit avec beaucoup de soin M. Bruinvis dans le *Kunstbode* de 1880, page 96.

Passant aux artistes cités sous le nom d'Aertsz, nous en trouvons un portant le prénom d'Antoine qui se fait admettre à la gilde de La Haye à la fin du XVIe siècle. (Voir *Archief* d'Obreen, article de M. A. Bredius, tome V, page 11.) Mais ce serait beaucoup s'aventurer que de l'identifier avec celui que mentionne van Mander.

Et, pour épuiser la matière, nous ajouterons que la gilde de Dordrecht admit le 15 juillet 1621 un Teunes Aertsz, peintre verrier.

3. Nicolas vander Heck fut, selon Houbraken, un des fondateurs de la gilde de Saint-Luc d'Alk-

Pierre Geeritsz Montfort. — Toujours à Delft demeure un jeune artiste fort distingué, Pierre Geeritsz Montfort, né à Delft et issu de bonne famille. Il cultive l'art par goût et s'y montre très appliqué. Il est âgé d'environ vingt-cinq ans et est élève de Michel Miereveld chez qui, toutefois, il n'est resté que six mois. Il s'applique sans relâche à l'étude des beautés de la peinture, du coloris, etc., et pratique par lui-même de diverses façons, faisant aussi sur papier bleu des dessins rehaussés de blanc et de noir. Son aspiration n'est pas de beaucoup produire, mais de produire quelque chose qui vaille[1].

Pierre Diericksen Cluyt. — Un autre élève de Miereveld est Pierre Diericksen Cluyt, de Delft. Son père, botaniste distingué, auquel était confiée la direction du jardin botanique de Leyde, a écrit un savant ouvrage flamand sur les abeilles et leur miel.

Pierre, le fils, est très appliqué à la poursuite de la perfection artistique et se montre intelligent dans la composition, le dessin et la peinture[2].

Jean Ariaensz, de Leyde. — Il faut compter aussi honorablement parmi les peintres Jean Ariaensz, de Leyde, qui traite le paysage et d'autres parties de l'art avec talent, et fait de jolies architectures.

maar en 1631. L'auteur se trompe. Toutefois le maître avait dès longtemps placé des peintures à l'hôtel de ville, — notamment en 1613 un grand paysage où figurait la noblesse (voir Bruinvis, *Kunstbode*, 1880, page 90), — lorsqu'il se fit inscrire en 1635. Houbraken mentionne de lui le *Jugement de Salomon*, la *Justice de Cambyse*, enfin une autre scène où un magistrat est décapité pour avoir rendu un arrêt injuste, comme existant à l'hôtel communal d'Alkmaar.

Le même auteur cite d'autres toiles de vander Heck qu'il connaît chez des particuliers : une *Fête villageoise*, la *Table de Cèbes*, le portrait du naturaliste Adrien Matius, etc. Nous n'avons point la date de la mort du peintre. Le catalogue du musée de Dresde (édition de 1868) lui attribue deux paysages. Nicolas vander Heck était petit-neveu de Martin Heemskerck et fils de Jacob Dirksz vander Heck qui fut l'héritier de ce maître. (Voir la généalogie publiée par vander Willigen, *les Artistes de Harlem*, page 173.)

1. Van Mander a parlé déjà de ce jeune homme dans la biographie de Miereveld. (Voir ci-dessus, page 175.) M. Henry Havard (*l'Art et les Artistes hollandais*, tome Ier, *Appendice* B. Paris, 1879) rappelle un passage de Bleyswijck où il est dit que Miereveld avait des égards particuliers pour Montfort, et nous apprend, d'après ses propres recherches, que le peintre-amateur vivait encore le 24 juillet 1620. Pour être âgé de vingt-cinq ans en 1604, comme le fait observer M. Havard, Pierre Montfort avait vu le jour vers 1579.

2. Cluyt a été mentionné déjà à la page 175. Nous avons dit alors qu'il était fils de Théodorus Clutius. A notre connaissance, aucune œuvre ne figure sous son nom dans les Galeries.

Après avoir visité un grand nombre de pays, il s'est fixé à Leyde. C'est un homme dans la force de l'âge[1].

Hubert Tons. — Je ne puis omettre de citer non plus, parmi les jeunes peintres d'avenir, le très intelligent Hubert Tons, un descendant du Tons dont il a été question plus haut. Il fait de très jolis paysages et des figures en petit et habite Rotterdam[2].

Bien d'autres jeunes talents mériteraient sans doute de trouver place ici, mais leur nom m'est inconnu ou m'échappe en ce moment. Je compte que leurs progrès seront tels que la Renommée se chargera de les faire connaître et de transmettre leur souvenir à la postérité.

S'il m'était arrivé, par contre, de vanter quelqu'un au delà de ses mérites, puisse-t-il y trouver un stimulant à se montrer digne un jour de tels éloges.

Je souhaite, enfin, que nul ne dénigre mon labeur, soit à cause de ses imperfections, soit pour y avoir trouvé quelque chose qui ait été de nature à lui déplaire.

Que personne, non plus, ne cherche à se grandir par vanité, au nom de cet art que j'ai, ci-dessus, appelé le reflet de la vie et qualifié de fleur; qu'on se souvienne que notre vie n'est elle-même qu'une ombre fugitive et une fleur des champs bientôt flétrie.

Le sceptre du plus puissant monarque, la plume et le pinceau les plus habiles, sont arrachés par la mort aux mains qui les détiennent, aussi l'art par excellence à cultiver et à pratiquer est-il l'amour du prochain, seule voie de l'éternelle félicité.

1. Orlers, dans sa description de Leyde (*Beschryvinge der Stadt Leyden*, page 370, 1641), se borne à reproduire van Mander en ajoutant qu'Adriaensz est « mort en cette ville, il y a quelques années ». M. Vosmaer (*Rembrandt, sa vie et ses œuvres*, page 28, La Haye, 1877) nous montre Jean Adriaens « *paysagiste, mort vers 1612* », s'associant à quelques autres peintres pour obtenir la constitution d'une gilde de Saint-Luc par la ville de Leyde.

2. Nous avons, comme l'entendait van Mander, donné place à la présente notice, à la suite de celle de Guillaume et Jean Tons (tome Ier, chapitre XXXIV, page 270), en ajoutant que Hubert fut inscrit à la gilde de Saint-Luc d'Anvers en 1596.

Il peut être utile d'ajouter ici qu'un Jean Tons, statuaire, fut admis en qualité de maître, le 21 mars 1641, dans le métier des Quatre Couronnés de Bruxelles. (Voir A. Pinchart, *Archives des Arts, Sciences et Lettres*, tome Ier, 1860, p. 37.)

J'aurais pu consacrer quelques chapitres aux plus habiles d'entre les peintres verriers et aux graveurs, ainsi qu'aux femmes qui, dans nos Pays-Bas, ont manié le pinceau. Mais, outre que j'ai eu l'occasion de mentionner les principaux en parlant des peintres, je m'aperçois que mon livre grossit à vue d'œil. Je m'en tiens donc à mon projet primitif de parler des peintres seulement.

Au surplus, il est grand temps, me semble-t-il, qu'ayant relaté comment ont peint les autres, je m'en retourne à mes propres pinceaux afin de constater si moi-même je puis faire quelque chose qui vaille.

Je dépose donc, pour l'amour de l'art, cette plume que jusqu'ici j'ai tenue pour l'honneur de ses adeptes, l'enseignement et la délectation de la jeunesse artiste, et maniée non sans grande dépense de temps et de fatigue et de préjudice pour moi-même.

Ce qui ne m'a pas empêché de poursuivre et d'achever ma tâche avec le même amour qui me l'avait fait entreprendre.

APPENDICE

AUX DEUX VOLUMES DU « LIVRE DES PEINTRES »

Aertsen (Pierre). — Le musée du Belvédère, à Vienne, a récemment exposé une œuvre de Pierre Aertsen, retirée du dépôt. Elle est datée de 1550 et représente une *Fête villageoise* de vingt et une figures. (Catalogue de 1884 : Écoles néerlandaises, nº 653.)

Nous avons mentionné, tome Ier, page 361, une petite estampe d'un *Homme corpulent*, pouvant être attribuée à Pierre Aertsen.

Une pièce identique, mais en contre-partie, est signalée par M. J. Ph. vander Kellen, comme existant au Cabinet des estampes de Berlin dans l'œuvre de W. Buytewech, attribution d'ailleurs contestée par le savant iconophile hollandais. Dans l'épreuve de Bruxelles, le vieillard est tourné vers la droite. (Voyez *le Peintre-Graveur hollandais et flamand*, par J. Ph. vander Kellen, tome Ier, page 123.)

Aldegrever (Henri). — Ce maître a fait, comme peintre, l'objet d'une importante étude de M. Memminger dans le *Repertorium für Kunstwissenschaft*, tome VII, page 267 (1884). L'auteur de ce travail révèle l'existence, dans la Wiesenkirche, à Soest, d'une *Adoration des Mages* qu'il serait peut-être permis d'identifier avec la *Nativité* dont parle van Mander. (Voyez tome Ier, page 249.) L'œuvre est signée d'un monogramme H. T. Il résulte, en effet, des recherches de M. Memminger que le nom vrai d'Aldegrever était Trippenmeker, « le sabotier », et que le monogramme bien connu d'Aldegrever, en réalité celui d'Albert Dürer, avec la substitution du G au D, ne fut adopté par l'artiste qu'après la mort de son glorieux précurseur nurembergeois.

L'*Adoration des Mages*, où Aldegrever a introduit son portrait, porte pour marque distinctive, indépendamment du monogramme H. T., un sabot.

Une lettre adressée, en 1561, par la municipalité de Soest à celle de Strasbourg, fait connaître qu'à cette époque Aldegrever avait cessé de vivre.

Antonello de Messine. — La Galerie Nationale de Londres est entrée en possession, en 1884, d'un *Crucifiement*, composition pareille, dans ses grandes lignes, à celle du musée d'Anvers, moins les larrons, toutefois. L'œuvre est datée de 1477, et conséquemment postérieure de deux années au tableau d'Anvers.

Beuckelaer (Joachim). — Le tableau des *Quatre Évangélistes*, cité par van Mander comme appartenant à Hans Verlaen, à Harlem, a été, dans ces derniers temps, retrouvé parmi les anonymes de la Galerie de Dresde, n° 119 du catalogue de 1880. M. Max Lehrs, conservateur du Cabinet royal d'estampes à Dresde, y a relevé le monogramme de Beuckelaer. Cette composition, dont les personnages sont de grandeur naturelle, est reproduite en gravure dans l'*Histoire de la Peinture* de M. Woermann, tome III, page 65, Leipzig, 1884.

Bles (Henri de). — M. Bode signale une œuvre importante du maître, la *Décollation de saint Jean-Baptiste*, faisant partie de la collection Hainauer, à Berlin. Cette peinture provient de la Galerie Pourtalès, où elle était attribuée à Albert Dürer. On en trouve une bonne eau-forte de M. W. Rohr dans le *Jahrbuch der K. Preussischen Kunstsammlungen*, tome IV, page 132, Berlin, 1883.

Bouts (Thierry). — Dans l'*Annuaire des Musées Royaux prussiens*, tome V, page 158, 1884, M. C. Justi révèle l'existence, dans la cathédrale de Grenade, des fragments d'un retable de Pierre Bouts.

Breughel (Pierre). — Van Mander cite, parmi les tableaux du maître (tome Ier, page 303), une *Folle Marguerite, en train de recruter pour les Enfers*, en ajoutant : « Je crois que ce tableau se trouve au palais de l'Empereur. »

Le récent catalogue du musée du Belvédère, tome II, 1884, mentionne, sous le n° 753, une œuvre nouvellement exposée sous le nom de Pierre Breughel le Jeune, et qui n'est autre que la création désignée par van Mander. C'est, en réalité, une *Tentation de saint Antoine*, où une femme monstrueuse offre à boire au pieux anachorète, tandis que dans le ciel, une sorcière nue, montée sur un poisson ailé, engage à coups de balai un combat contre des guerriers fantastiques abrités derrière un gigantesque entonnoir. Ce tableau provient de l'ancienne Galerie de l'empereur Rodolphe.

Cornelisz d'Oostsanen (Jacob). — (Tome Ier, page 108.) Nous avons omis de dire, en parlant de ce maître, que la première identification de son monogramme appartient à M. le docteur W. Schmidt. (*Jahrbücher für Kuntwissenschaft*, de A. von Zahn, tome V, page 48, Leipzig, 1873.)

M. A. Bredius (*Academy*, 29 décembre 1883, page 439) ajoute à l'œuvre de Jacob Cornelisz une *Adoration des Mages*, de la Collection Yeaman, exposée à Édimbourg, en 1883.

Hemessen (Jean van). — Guichardin, comme on l'a vu (tome Ier, page 77), comprend ce maître parmi les artistes décédés. Sur un tableau de la *Femme adultère*, offert en vente au musée de Bruxelles en octobre 1884, nous avons relevé l'inscription Joannes De Hemessen me fecit 1575.

Hoefnagel (Georges). — L'estampe des *Trois Parques*, due à la collaboration de Georges Hoefnagel, de Jean van Achen et de Gilles Sadeler, et mentionnée au tome II, page 81, porte pour inscription *Inventm Hoefnaglii* et non *Inven. Ni Hoefnagel.*

Key (Guillaume). — Le dernier catalogue du musée du Belvédère (1884), se fondant sur un passage de l'inventaire des tableaux de l'archiduc Léopold-Guillaume, restitue à Guillaume Key le portrait de Gilles Mostart (nº 952), précédemment classé parmi les œuvres d'Antonio Moro.

M. le chevalier Alphonse de Stuers, ministre des Pays-Bas à Madrid, a bien voulu nous faire savoir que la duchesse d'Albe est entrée en possession, il y a quelques années, d'un portrait anonyme du duc d'Albe, offrant d'ailleurs de l'analogie avec la peinture de Bruxelles, et qu'il serait permis d'attribuer à Guillaume Key.

Lucas de Leyde. — M. A. Bredius (*Academy*, 29 décembre 1883) n'hésite pas à donner à Lucas de Leyde le tableau des *Joueurs*, de la Galerie du comte d'Haddington, qui figura, en 1883, à l'Exposition rétrospective d'Édimbourg, sous le nom de Quentin Metsys.

Il résulte aussi d'une communication que veut bien nous faire M. Bredius, que le *Triomphe de David*, peinture sur verre, citée par van Mander (tome Ier, page 147), se trouve à l'Ambrosienne, à Milan. Nous ferons observer que l'habitude des peintres sur verre de copier des estampes nous avait fait hésiter à voir ici une création originale de Lucas de Leyde.

Mabuse (Jean Gossaert). — Nous avons cité, tome Ier, page 240, une peinture fort endommagée du maître, une *Séance du Grand Conseil de Malines*, existant au musée de cette ville.

M. Victor Vervloet, professeur à l'Académie de Malines, nous a récemment assuré que cette vaste toile appartient à un ensemble existant au Palais de Justice de Vienne, et qui procède incontestablement de Mabuse.

Menton (François). — De ce maître d'Alkmaar, élève de Frans Floris, cité tome Ier, page 348, il existe une série de quatre estampes, représentant l'*Histoire de Loth*. La première pièce est signée au bas de la droite : *Franciscus Menton Inventor*.

Mostaert (Gilles). — Le musée du Belvédère possède le portrait de ce maître, peint par Guillaume Key, nº 952 du catalogue de 1884.

Orley (Bernard van). — M. K. Woermann a consacré, dans le *Repertorium für Kunstwissenschaft* (tome VII, page 446, 1884), un article étendu au portrait d'homme, peint par Albert Dürer en 1521, que possède la Galerie de Dresde, et que nous n'hésitons pas à considérer, avec M. C. Ephrussi, comme un portrait de Bernard van Orley.

Aucune des raisons invoquées par notre honorable confrère ne nous engage à revenir sur notre appréciation. Nos vues, à cet égard, ont été exposées dans une notice insérée dans le *Bulletin de l'Académie Royale de Belgique*, 3e série, tome VIII, page 470, Bruxelles, 1884.

Tome Ier, page 129, il est dit que Bernard « le Vitrier » reçut des élèves à Anvers en 1591. C'est nécessairement 1519 qu'il faut lire.

Orley (Evrard van). — Il résulte d'un passage de l'*Histoire générale de la Tapisserie*, de M. Eug. Müntz (Tapisseries allemandes, page 11), qu'en 1603, le duc Maximilien de Bavière négociait un ensemble de huit tapisseries de l'*Histoire de Josué*, exécutées à Franckenthal, d'après les cartons d'Evrard van Orley.

Patenier (Joachim). — Le musée de Bruxelles s'est enrichi récemment d'une œuvre remarquable de ce maître ; elle représente le *Repos en Égypte*.

Schongauer (Martin). — Une grande importance s'attache, comme on l'a vu, pour l'histoire de ce maître, à son portrait peint par Hans Burgkmaier et dont la date a fait l'objet d'interprétations diverses.

Il résulte d'un travail de M. Richard Muther (*Zeitschrift für bildende Kunst*, page 338, 1884), que Burgkmaier, né en 1473, fut probablement l'élève de Schongauer, jusqu'à la mort de celui-ci, arrivée en 1488, et le portrait de la Pinacothèque de Munich aurait été peint vers 1511. (*Zeitschrift*, page 381.)

Une belle photographie de ce portrait a été insérée dans *Kunst und Alterthum in Elsass-Lothringen* du docteur Franz X. Krauss, tome II, page 376, 1883. La planche est accompagnée d'un fac-similé photographique de l'inscription fixée au revers du panneau.

Le même recueil, page 256, publie la photographie de la *Vierge à la haie de rosiers* et, en outre, page 717, planche XVI, la reproduction d'un second tableau, de composition analogue, appartenant à M. le professeur Sepp, à Munich.

Vereycke (Jean). — Le dessin de ce maître, au Cabinet de Munich, cité tome Ier, page 79, ne porte pas la date 1538, mais celle de 1598, fort lisiblement tracée, nous assure M. le docteur Schmidt.

ERRATA

Mostaert (Jean). — Tome Ier, page 263, ligne 18 : « Quand vint l'après-midi il fallut que le *prince*, etc. Lisez : « *le peintre* ».

Breughel (Pierre). — Tome Ier, page 305 : *le Christ donnant les clefs à saint Jean*, lisez : *saint Pierre*.

Grimmer (Abel). — L'*Intérieur* indiqué comme existant au musée d'Amsterdam (tome II, page 14) figure au musée de Rotterdam, sous le nom de François Francken le Jeune, et le n° 359 du catalogue de 1884.

Heintz (Joseph). — Il est dit, tome II, page 231, note 3, que cet artiste mourut à Prague, en 1607. Il faut lire en 1609, conformément à l'indication de la page 232, note 1.

Savery (Jacques). — Tome II, page 56, le texte porte : « il était appliqué au travail et *signait* ses œuvres... » Il faut lire : « il était appliqué au travail et *soignait* ses œuvres ».

TABLE ANALYTIQUE

DES

MATIÈRES CONTENUES DANS LES DEUX VOLUMES DU « LIVRE DES PEINTRES »

A

B

C

D

E

F

G

H

I

J

K

L

M

O

P

Q

R

S

58

T

U

V

des *Disciples d'Emmaüs*, par H. De Bles, I, 198. Le *Songe de saint Joseph*, par Abr. Bloemaert, II, 327. P. Breughel, la *Tour de Babel*, I, 302. *Tentation de saint Antoine*, II, 354. *Conversion de saint Paul*, I, 302, note 7. *Jeux de l'enfance*, I, 303. Épisodes de la *Vie de l'Enfant prodigue*, par Henri van Cleef, I, 274. *Fête rustique*, par Martin van Cleef, I, 274. Matthias Cock, *Tour de Babel*, I, 289. Corneille Cornelisz, *le Dragon dévore les compagnons de Cadmus*, II, 261. Jacob Cornelisz, *Saint Jérôme enlève l'épine de la griffe du lion*, triptyque (*Donateurs à genoux, les Pères de l'Église et plusieurs saints et saintes*, volets extérieurs ; la *Messe de saint Grégoire*), I, 111. M. Coxcie, *Madone*, II, 36, note 2. Tableaux d'Albert Dürer, I, 118, notes 2 et 4. Marc Geeraerts, portrait, II, 30. Portrait de Geldorp Gortzius, II, 170. Tableau de Gérard de Saint-Jean, I, 90. *Fête de Bacchus*, de Martin Heemskerck, I, 368. Portrait de Rodolphe II, par Joseph Heintz, II, 231, note 3. Portrait de Mabuse, par J. van Hemessen, I, 236, note 2. Portrait de Jane Seymour, par Holbein, I, 222. Peinture de H. Jordaens, II, 26. Marinus, *Saint Jérôme*, II, 64. *Administrateur infidèle*, II, 64. *Lucrèce*, attribuée à Gérard vander Meire, par M. Alph. Wauters, I, 67. Q. Metsys, *Saint Jérôme*, I, 165. Portrait d'un orfèvre, I, 166. *Actéon métamorphosé en cerf*, tableau d'Ant. de Montfort, I, 407. Antonio Moro, portrait du cardinal Granvelle, I, 281. Portrait d'un jeune homme, I, 282. Tableaux attribués à J. Mostart, I, 267. Paysages de F. Mostart, II, 62. Portrait de G. Mostart, par G. Key, II, 355. Guill. van Nieuwlandt, II, 248. *Légende de saint Thomas*, triptyque de B. van Orley, complété par les volets du musée de Bruxelles, I, 134. *Baptême du Christ*, par Patenier, I, 196. G. Rems, *Saint Jérôme en pénitence*, II, 224, note 3. Portrait de l'artiste par lui-même, II, 224, note 3. *Saint Sébastien*, par Égide Sadeler, II, 232, note 3. Portrait de J. Speeckaert, par lui-même, I, 271. *Saint Pierre délivré de prison*, par H. van Steenwyck, II, 66, note 5. Peintures de P. Stevens, II, 232, note 2. Tableaux de J. Stradan, II, 115. Frédéric van Valckenborgh, œuvre, II, 48, note 8. L. van Valckenborgh, œuvres, II, 48. Copie du *Combat de paysans* de Breughel, II, 50. *Les Saisons* (paysages), II, 49. M. van Valckenborgh, une *Kermesse* (paysage), II, 50. Oct. van Veen, la *Fortune*, portrait de l'archiduc Albert, II, 281. Portrait de l'archiduc Ernest, II, 276, 281. *La Vierge et l'Enfant Jésus auquel les anges offrent des raisins*, II, 281. Vermeyen, suite des cartons de la *Conquête de Tunis*, I, 225, note 1. Tapisseries de la *Conquête de Tunis*, I, 225. David Vinckeboons, Paysage avec le *Repos en Égypte* (figures de J. Rottenhamer), II, 338. *Crucifiement*, II, 338. *Saint Fulgence devant une grotte*, II, 338. L'*Église des Jésuites à Anvers*, par Séb. Vrancx, II, 296. Intérieur d'architecture, par J. Vredeman de Vries, II, 108. Roger vander Weyden, *Descente de croix*, I, 104. Retable, I, 104. *Apelle peignant Campaspe*, par Josse van Winghen, II, 88. Joachim Wttewael, *Adoration des bergers*, 1607, II, 318. *Annonciation aux bergers*, 1607, II, 315, note 4. *Diane et Actéon*, II, 318. Galerie Ambras (Belvédère inférieur) : l'*Adoration des Mages* ; volets : *Nativité* et *Circoncision*, par Jacob Cornelisz, I, 111. Portrait d'un homme tenant un œillet par Jean Schoorel, I, 319. Paysages, par L. van Valckenborgh, II, 49. Suite des *Mois*, paysages par M. van Valckenborgh, II, 49.

Trésor impérial : Recueil de miniatures de Georges Hoefnagel, II, 79, note 1. Bibliothèque impériale : Missel de G. Hoefnagel, II, 78. Albertine : *Jugement dernier*, dessin de Jacques de Backer, I, 280. Les *Disciples d'Emmaüs*, dessin de Th. Barents, II, 46. Études d'Albert Dürer, I, 117, note 3. *Adoration des Mages*, dessin de Jacques Grimmer, II, 12. Portrait de Memling, gravé par van Oost, I, 70.

Musée de l'Académie des Beaux-Arts : *Portement de la croix* et *Prédication de saint Jean-Baptiste*, par Henri De Bles, I, 201. *Jugement dernier*, triptyque de Jérôme Bosch (répétition au musée de Berlin, attribué à Jean Bellegambe, I, 174). *Couronnement de la Vierge*, tableau de Thierry Bouts, I, 96. *Couronnement de la Vierge*, de vander Goes (?), attribué aussi à Memling et à Thierry Bouts, I, 56. *Auguste et la Sibylle*, tableau de Lucas de Leyde (?), I, 151. Portrait de femme, par F. Pourbus le Vieux, II, 25. *Sainte Famille*, de B. Spranger, II, 135, note 3. Œuvre de Spranger, II, 144.

Galerie Czernin : Jean van Achen, II, 235. *Joueur de musette*, par Abr. Bloemaert, II, 327. *Vierge*, de B. van Orley, I, 134. Portrait de prélat, par F. Pourbus le Vieux, II, 25.

Collection du comte Harrach : *Kermesse*, par David Vinckeboons, II, 339.

Galerie Liechtenstein : *Sainte Famille*, de 1586, par Jean van Achen, II, 235. Portrait d'un jeune homme, par Aldegrever, I, 252. Portrait d'Oldenbarneveld, par T. Barents, II, 46. *Argus et Mercure*, par Abr. Bloemaert, II, 327. *Triomphe de la Mort*, de P. Breughel, I, 303. *Travaux*

W

Y

Z

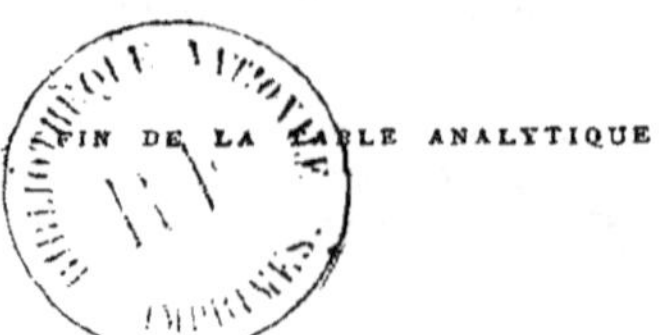

FIN DE LA TABLE ANALYTIQUE

TABLE ALPHABÉTIQUE

DES

MAITRES DONT LE NOM OU LA BIOGRAPHIE SE TROUVENT DANS LA VIE

DES PEINTRES FLAMANDS, HOLLANDAIS ET ALLEMANDS

DE

VAN MANDER[1]

1. Cette table ne comprend que les artistes mentionnés par van Mander. Pour l'ensemble des noms propres, voir la table analytique.

FIN DE LA TABLE ALPHABÉTIQUE

TABLE DES GRAVURES

DU

DEUXIÈME VOLUME

FIN DE LA TABLE DES GRAVURES

TABLE DES CHAPITRES

DU

DEUXIÈME VOLUME

VIES DES FAMEUX PEINTRES ENCORE VIVANTS

1. Voir aussi le chapitre XXXI.
2. Voir aussi le chapitre XXXVI.
3. Voir aussi le chapitre XIII.

1. Voir aussi le chapitre XXIX.

[library stamp]

FIN DE LA TABLE DES CHAPITRES

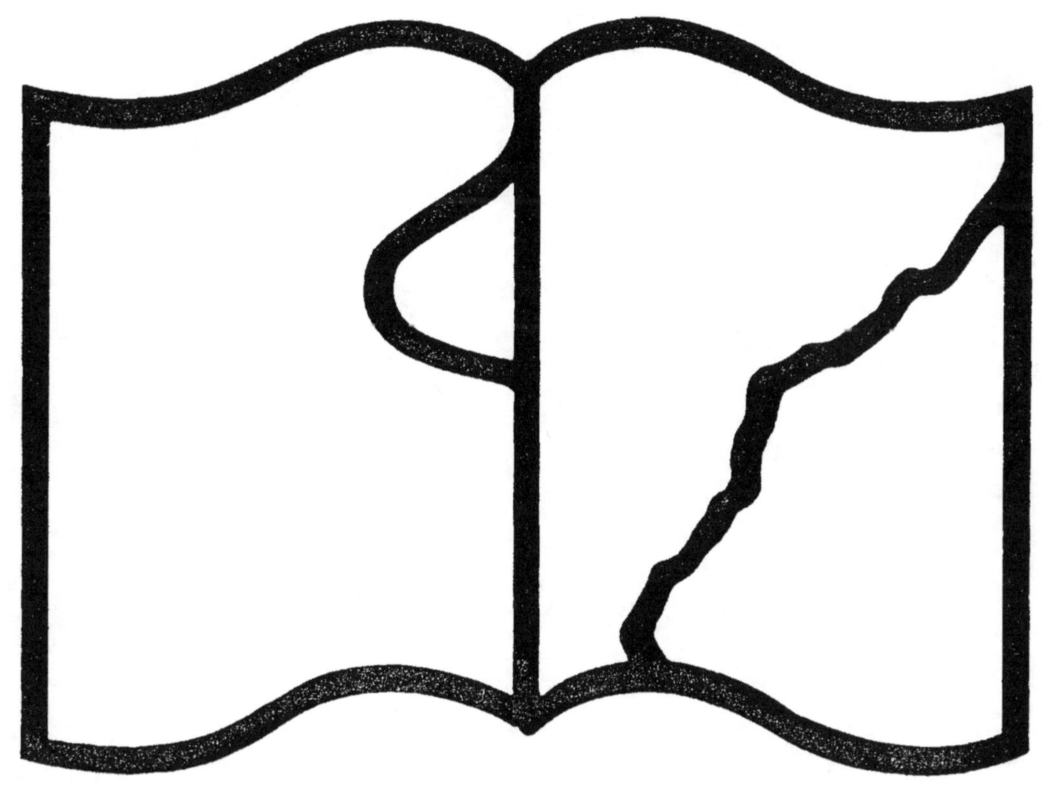

Texte détérioré — reliure défectueuse

NF Z 43-120-11

www.ingramcontent.com/pod-product-compliance
Lightning Source LLC
LaVergne TN
LVHW010526100826
845148LV00001B/103

* 9 7 8 2 0 1 2 5 6 9 2 6 3 *